SHG/01-2018
SHG/01A-2018
SHG/01B-2019
SHG/01C-2020
SHG/01D-2023

中国铁路上海局集团有限公司

普速铁路行车组织规则

2018年4月1日起施行
2018年11月1日第一次修改
2019年11月1日第二次修改
2020年6月20日第三次修改
2023年10月1日第四次修改

2018年·上海

图书在版编目(CIP)数据

中国铁路上海局集团有限公司普速铁路行车组织规则/上海铁路印刷有限公司主编. ——上海：上海科学技术文献出版社，2023

ISBN 978-7-5439-8890-3

Ⅰ.①中… Ⅱ.①上… Ⅲ.①铁路行车-行车组织-规则-中国 Ⅳ.①U292-65

中国国家版本馆 CIP 数据核字(2023)第 135984 号

中国铁路上海局集团有限公司普速铁路行车组织规则

作　　者：上海铁路印刷有限公司

责任编辑：付婷婷

装帧设计：陆立荣

出版发行：上海科学技术文献出版社
地　　址：上海市长乐路 746 号
邮政编码：200040
经　　销：全国新华书店
印　　刷：上海铁路印刷有限公司
开　　本：889×1240　1/32
印　　张：16
字　　数：332.8 千字
版　　次：2023 年 10 月第 1 版
印　　次：2023 年 10 月第 1 次印刷
书　　号：ISBN 978-7-5439-8890-3
定　　价：55.00 元

中国铁路上海局集团有限公司文件

上铁师〔2018〕14 号

中国铁路上海局集团有限公司关于印发《中国铁路上海局集团有限公司普速铁路行车组织规则》的通知

集团公司各单位，各所属合资铁路公司，各工程指挥部，电化局上海维管处，京沪高铁苏州、蚌埠维管段：

根据中国铁路总公司《铁路技术管理规程》（普速铁路部分）和《普速铁路行车组织规则编制规则》要求，现将《中国铁路上海局集团有限公司普速铁路行车组织规则》（技术规章编号：SHG/01-2018）予以公布（单行本另发），自 2018 年 4 月1 日起正式施行，请认真组织学习并贯彻执行。

中国铁路上海局集团有限公司

2018 年 1 月 11 日

抄送：中国铁路总公司科技和信息化部、运输统筹监督局、调度部，各铁路局集团公司，各铁路办事处，集团公司机关各部门，上铁公安局，驻局军代处。

中国铁路上海局集团有限公司办公室　　2018 年 1 月 12 日印发

中国铁路上海局集团有限公司文件

上铁师〔2018〕435号

中国铁路上海局集团有限公司关于第一次修改《中国铁路上海局集团有限公司普速铁路行车组织规则》和《中国铁路上海局集团有限公司高速铁路行车组织细则》部分内容的通知

集团公司各单位，各所属合资铁路公司，各工程指挥部，电化局上海维管处，京沪高铁苏州、蚌埠维管段：

针对《中国铁路上海局集团有限公司普速铁路行车组织规则》和《中国铁路上海局集团有限公司高速铁路行车组织细则》实施以来存在的问题，结合运输组织、设备变化以及新线开通情况，经研究，决定对《中国铁路上海局集团有限公司普速铁路行车组织规则》和《中国铁路上海局集团有限公司高速铁路行车组织细则》部分内容进行修改（技术规章编号：SHG/01A-2018、SHG/02A-2018）。涉及青盐铁路、杭昌高铁的修改内容自运行试验时实施（具体日期另行通知），其他修改内容自2018年11月1日实施。请各有关单位认真组织学习并遵照执行。

中国铁路上海局集团有限公司

2018年10月17日

抄送：中国铁路总公司科技和信息化部、运输统筹监督局、调度部，各铁路局集团公司，金温公司，庐铜公司，各铁路办事处，集团公司机关各部门，上铁公安局，驻局军代处。

中国铁路上海局集团有限公司办公室　2018年10月18日印发

中国铁路上海局集团有限公司文件

上铁科信〔2019〕375 号

中国铁路上海局集团有限公司关于第二次修改《中国铁路上海局集团有限公司普速铁路行车组织规则》和《中国铁路上海局集团有限公司高速铁路行车组织细则》部分内容的通知

集团公司各单位,各所属合资铁路公司,各工程指挥部,电化局上海维管处,京沪高铁苏州、蚌埠维管段:

针对《中国铁路上海局集团有限公司普速铁路行车组织规则》和《中国铁路上海局集团有限公司高速铁路行车组织细则》实施以来存在的问题,结合运输组织、设备变化以及新线开通情况,经研究,决定对《中国铁路上海局集团有限公司普速铁路行车组织规则》和《中国铁路上海局集团有限公司高速铁路行车组织细则》部分内容进行第二次修改(技术规章编号:SHG/01B-2019、SHG/02B-2019)。涉及郑阜高速、京港高速、徐盐客专、连镇客专(董淮段)的修改内容自运行试验时实施(具体日期另行通知),其他修改内容自 2019 年 11 月 1 日实施。请各有关单位认真组织学习并遵照执行。

中国铁路上海局集团有限公司

2019 年 10 月 12 日

抄送:中国国家铁路集团有限公司科技和信息化部、运输统筹监督局、调度部,各铁路局集团公司,金温公司,庐铜公司,各铁路办事处,集团公司机关各部门,上铁公安局,东部战区军事运输投送调度中心。

中国铁路上海局集团有限公司办公室　2019 年 10 月 14 日印发

中国铁路上海局集团有限公司文件

上铁科信〔2020〕147 号

中国铁路上海局集团有限公司关于第三次修改《中国铁路上海局集团有限公司普速铁路行车组织规则》和《中国铁路上海局集团有限公司高速铁路行车组织细则》部分内容的通知

集团公司各单位，各所属合资铁路公司，各工程指挥部，电化局上海维管处，京沪高铁苏州、蚌埠维管段：

根据集团公司“敬畏规章、执行标准、夯实基础”专项教育活动要求，针对《中国铁路上海局集团有限公司普速铁路行车组织规则》和《中国铁路上海局集团有限公司高速铁路行车组织细则》实施以来存在的问题，结合运输组织、设备变化以及满足合杭高铁、通沪铁路开通运营需要，经研究，决定对《中国铁路上海局集团有限公司普速铁路行车组织规则》和《中国铁路上海局集团有限公司高速铁路行车组织细则》部分内容进行第三次修改（技术规章编号：SHG/01C-2020、SHG/02C-

2020)。涉及合杭高铁、通沪铁路的修改内容自运行试验开始时实施（具体日期另行通知），其他修改内容自2020年6月20日实施。请各有关单位认真组织学习并遵照执行。

中国铁路上海局集团有限公司

2020年5月27日

抄送：国铁集团科信部、运输部、调度中心，各铁路局集团公司，金温公司，各铁路办事处，集团公司机关各部门，上铁公安局，东部战区军事运输投送调度中心。

中国铁路上海局集团有限公司办公室　　2020年5月27日印发

中国铁路上海局集团有限公司文件

上铁科信〔2023〕183 号

中国铁路上海局集团有限公司关于第四次修改《中国铁路上海局集团有限公司普速铁路行车组织规则》部分内容的通知

集团公司各单位，各工程指挥部，电化局上海维管处，电化局徐州、合肥、南京、杭州维管段，京沪高铁维管公司苏州、蚌埠维管段：

结合运输组织、设备变化，现对《中国铁路上海局集团有限公司普速铁路行车组织规则》部分内容进行第四次修改(技术规章编号：SHG/01D-2023)并予以公布，请各有关单位认真组织学习并遵照执行。

本次修订内容自 2023 年 10 月 1 日起施行，由集团公司科信部负责组织有关部门进行解释。

中国铁路上海局集团有限公司

2023 年 8 月 29 日

抄送：国铁集团科信部、运输部、调度中心，各铁路局集团公司，各国铁监管铁路公司，各国铁控股铁路公司，金温铁道公司，各铁路办事处，集团公司机关各部门，上铁公安局，东部战区军事运输投送调度中心。

中国铁路上海局集团有限公司办公室　　2023年8月29日印发

目　　录

总　　则

第一章　技术设备

第二章　行车组织基本要求

第三章　编组列车

第四章　调车工作

第五章　行车闭塞

第六章　接车与发车

第七章　列车运行

第八章　调度集中区段特殊行车组织办法

第九章　CTCS-2 区段特殊行车组织办法

第十章　行车应急处置

第十一章　施工维修

第十二章　设备故障应急处理

第十三章　信号显示

第十四章　附　则

重点用语说明

附　件

附　表

总　　则

为加强中国铁路上海局集团有限公司(以下简称“集团公司”)铁路技术管理,根据《铁路技术管理规程(普速铁路部分)》(以下简称《技规》)和《普速铁路行车组织规则编制规则》规定,结合集团公司普速铁路具体条件和运输生产实际,制定本规则。

本规则适用于集团公司管内200km/h以下的铁路(仅运行动车组列车的铁路除外)。委托集团公司运营管理的合资铁路公司应执行本规则。其他合资铁路公司、地方铁路可比照执行。

本规则是集团公司基本规章,也是集团公司贯彻落实《技规》,加强普速铁路技术管理的基本规则。集团公司管内普速铁路的行车工作,除应认真执行《技规》及国铁集团颁布的有关技术规章制度文件外,均应按照本规则执行。

集团公司各相关部门须根据本规则的规定,补充完善相应专业技术规章。任何部门、任何单位、任何人员均不得违反本规则的规定。

第一章　技术设备

第 1 条　提供行车设备技术资料的规定(《技规》第 4、8、9、35、236 条)

1. 提供技术资料的时限及交接要求。

因新建、改建工程等发生行车设备变化时,施工单位应在设备开通前 30 天向设备管理单位、使用单位、集团公司业务部门提供相关技术资料。设备管理单位对施工单位提供的技术资料应及时审核,在开通后 15 天内,将经过审核、修改的技术资料提供给使用单位。

对新建、改建工程,需要联调联试时,施工单位应正确及时编制有关 LKJ 基础数据,在联调联试前 45 天,经设备管理单位和集团公司业务部门审查后,报集团公司科信部公布。

交接的技术资料须加盖单位公章,送达使用单位应办理签字交接,并抄送有关站段和集团公司相关部门。技术资料发生变化时,应及时书面通知。

2. 设备管理单位提供的技术资料。

(1)工务部门。

车站平、纵断面图(含路产及代维修非路产岔线)。

车站线路平面图中应包括车站中心里程,各股道编号、线路有效长,线间距离,站界标中心里程,道岔编号,道岔辙叉号,道岔侧向过岔速度,路产与非路产岔线、段管线分界点、曲线半径等。其中,道岔辙叉号、侧向过岔速度和曲线半径可采用表格形式提供。站内设置道口、平过道时,应在平面图中注明设置位置(中心里程、宽度)。

车站纵断面图应包括站内正线、站线、岔线,有效长范围内标有起止点的实际逐段坡度,驼峰纵断坡度。

股道表、道岔表(含路产及代维修非路产岔线)。

进站信号机外最大制动距离内实际逐段坡度和曲线数据。

站线、岔线、段管线限制速度,限制机车类型及其地点资料。

工务设备建筑限界,对侵限设备应注明具体侵限部位及侵限数据。

(2)电务部门。

信号设备平面布置图(含信号机中心里程)、联锁图表、特殊信号显示说明、特殊联锁关系、闭塞设备的类型、控制设备盘面图、设备基本性能和使用方法。

CTC/TDCS、STP设备基本性能和使用方法。CTCS-2/3级区段,设有列控信息的股道和进路。

自动化驼峰最短分路道岔轨道电路长度。

与行车有关的通信、信号设备的技术资料和使用方法。

电务通信、信号设备建筑限界,对侵限设备应注明具体侵限部位及侵限数据。

(3)供电部门。

区间和股道接触网最低高度、供电分段示意图,分相、分段绝缘器、接触网终点标、电力机车禁停标位置及隔离开关使用说明书。线路挂网范围(含线路部分挂网时的挂网长度)。

照明灯桥、灯塔等设备的数量、位置、能力(容量),供电来源与方式。

供电设备建筑限界,对侵限设备应注明具体侵限部位及侵限数据。

(4)房建部门。

候车室、仓库、行车房舍使用面积,站台、天桥、风雨棚的长度、宽度和高度。

房建设备建筑限界,对侵限设备应注明具体侵限部位及侵限数据。

水塔、水栓等设备的数量、位置。

(5)信息部门。

车站与行车有关的信息系统设备技术文档及其使用维护手册。

(6)机务部门。

站内机车整备设备规模、整备地点及供应能力。

(7)车辆部门。

固定脱轨器设置地点,距离出站(发车进路)信号机距离。

换长 1.6 及以上的四轴货车车辆类型及其二、三轴间的距离。

吸污设备、站内试风装置、地面电源的数量、位置(非车辆部门管理的,由实际管理部门提供)。

车辆地面固定设备的具体侵限部位及侵限数据。

(8)货运部门。

超偏载检测装置及轨道衡设置情况,装卸机械设备情况,各种装卸机械设备的设置地点,起重能力等。

货运量(发送吨、装车数、卸车数)等货运技术指标完成情况。

货运设备设施、安装在线路两侧或上空侵入限界的装卸机具限界尺寸、货位及装卸作业能力、尽头式站台设置的车钩缓冲装置等。

经过轨道衡、特殊线路(如油库线、危险品仓库线、洗刷线等)作业要求及限制条件。

货场内线路用途分工。

办理鲜活货物运输作业和货车洗刷消毒作业的项目、作业地点、设施及其作业条件。

固定防护信号牌(灯)的安设位置。

危险品货物装卸、保管的办法和安全防范措施。

3. 行车设备发生变化时,设备管理单位应及时将变化的技术资料分送有关单位。

第2条 主要行车设备技术资料公布的规定

1. 主要行车设备技术资料公布的基本要求。

LKJ基础数据、列控基础数据、运行图技术资料等按规定公布,其他行车设备技术资料由集团公司主管业务部门负责公布。

2. 行车设备技术资料名称及责任部门见下表。

序号	技术资料名称	责任部门
1	特殊地段因条件限制需设于右侧的信号机	电务部
2	特殊情况设置的矮型信号机	电务部
3	装有容许信号的通过信号机	电务部
4	机车信号人工转换地点	电务部
5	中继站设置地点	电务部
6	通信GSM-R/450M转换地点表	电务部
7	C2区段及C0/C2、C2/C3级间转换地点	电务部
8	救援列车的列车基本编组表和救援管辖范围表	机务部
9	电力机车禁停标设置地点	供电部
10	救援队设置地点	运输部
11	区间、站内最小线间距	工务部
12	多线并行特殊地段(接触网)	供电部
13	其他有必要公布的技术资料	主管业务部

第 3 条 行车设备管理界面的规定

1. 行车设备的管理界面应按照有利于安全生产,有利于施工维护,有利于专业管理的原则进行分工。

2. 行车设备的管理界面分工明确后,相关部门、单位须完善相应规章制度。各部门、单位在制定行车设备使用管理办法时,必须对管理界面进行明确。

3. 具体各专业设备管理分工见附件 9。

第 4 条 《技规》要求集团公司批准(确定、同意)事项的规定(《技规》第 16、35、50、53、54、70、71、92、137、169、199、202、204、215 条)

1. 需集团公司批准、确定或同意的事项表。

序号	需集团公司批准(确定、同意)的事项	牵头部门	相关部门	备注
1	在铁路线路安全保护区内修建各种建（构）筑物等设施,取土、挖砂、挖沟、采空作业或者堆放、悬挂物品	工务部	安监室、运输部、土房部、电务部、供电部等	
2	站内、区间线路平面及纵断面变动	工务部	运输部、机务部、电务部、供电部等	
3	铁路道口、人行过道的等级、标准、铺设、拆除及是否看守	工务部	安监室、运输部、电务部等	
4	站内铺设及拆除道岔、线路	科信部	工务部、运输部、供电部、电务部等	
5	各种建(构)筑物、电线路、管道及渡槽跨越铁路，横穿路基，或在桥梁上下、涵洞内通过铁路	科信部	供电部、工务部、电务部等	
6	特殊情况需设矮型信号机	科信部	运输部、机务部、电务部等	
7	特殊地段因条件限制,列车信号机需设于列车运行方向右侧	科信部	电务部、运输部、机务部等	
8	特殊情况调车信号机设于运行方向右侧	电务部	机务部、运输部等	

续上表

序号	需集团公司批准(确定、同意)的事项	牵头部门	相关部门	备注
9	信号设备联锁关系的临时变更或停止使用	电务部	运输部、科信部等	
10	区间通信柱(通话柱)的设置	电务部	工务部、供电部	
11	机车乘务制度的确定	机务部	运输部、土房部	
12	确需由车站接触网引接小容量非牵引负荷	供电部	运输部	
13	特殊情况需调整轨面标准线	供电部	工务部	
14	特殊情况接触网支柱需悬挂通信、有线电视等非供电线路设施	供电部	电务部	
15	需要改变房建设备使用环境和用途	土房部	相关部门、铁路公安局等	
16	新建改建铁路专用线接轨工程,新建改建公路、城市道路、轨道交通与铁路交叉工程,新建改建各类市政管线上跨铁路工程,航道和河道新建改建工程	科信部	安监室、工务部、电务部、供电部等	
17	道口(含平改立)工程、各类市政管线下穿铁路工程、邻近营业线的深基坑工程、爆破工程、航道和河道疏浚工程	工务部	安监室、科信部、电务部、供电部等	
18	在铁路保护区内设置地方相关通讯设备	电务部	工务部	

2. 批准的方式。

所有需集团公司批准(确定、同意)的事项,由牵头部门负责,以正式文件予以批复。

第5条 铁路技术设备定期全面检查和专项检查的补充规定(《技规》第21、22条)

1. 全面检查办法。

(1)集团公司以董事长、总经理为主任委员,有关部门和单位负责人为委员,组成委员会,每年春秋两季进行全面检查。

(2)车站以站长或负责人为主任委员,工务、电务、供电等单位有关负责人为委员,组成委员会,对车站(含段管线)内的线路、道岔、道口、通信、信号、供电、信息系统等行车设备每季度联合检查一次。

2. 专项检查办法。

(1)对时速200km/h以下的客货共线铁路重要线路(京沪、陇海、京九、沪昆、皖赣、水蚌、宁芜、铜九、宣杭、阜淮、淮南、合九、萧甬、新长、宁西、金山)的平面、纵断面应每五年至少检查一次;其他正线及主要站线(到发线、调车线)应每十年至少检查一次,由集团公司工务检测所负责。新建、改建线路的检查周期由集团公司工务部明确。

(2)对设备的建筑限界由集团公司业务部门组织有关单位每五年至少检查一次,并由工务、电务、供电、建筑等单位每年复测一次。

(3)集团公司主管业务部门根据运输生产需要,结合设备特性和管理要求, 组织对相关技术设备进行专项检查,并制定具体检查办法,明确检查周期。根据检查难度可委托具有相关资质的第三方单位完成专项检查和检测。

3. 固定行车设备检查结果处理的规定。

固定行车设备全面检查结果,记入专用《行车设备检查登记簿》内。专项检查中发现问题,设备管理单位要及时解决;对危及行车安全的,应立即采取措施,并记入《行车设备检查登记簿》内;当时不能解决的,要安排计划,限期完成,并进行复查;需要上级解决的,要按程序上报。

4. 其他规定。

(1)对桥梁、隧道应按《技规》第22条规定进行检定,由工务部门负责。桥梁、隧道结构如有变化时,应随时检定。

(2)工务、电务、供电、建筑等有关单位，每年应根据检查、鉴定情况和基建、大中修竣工文件以及其他原因引起的变化情况，及时修改技术图表和技术资料，并书面通知有关单位。

第 6 条　事故救援列车、救援队管理的补充规定(《技规》第 23 条)

1. 救援列车的列车基本编组表和救援管辖范围表应包括设置地点、编组顺序、限速要求、起重机朝向、型号、吨位和救援管辖区段范围等内容。救援列车应时刻处于整备完好的待发状态，必须保证在接到调度命令 30min 内具备出动条件。

2. 对集团公司公布的设置救援队的车站，由车站牵头组建不脱产的事故救援队，救援队由站区内相关车站、货运、工务、电务、供电、车辆、机务等单位人员组成，人员不少于 20 人，配齐性能良好的简易起复设备、工具和备品，接到事故救援的通知后要迅速出动。日常管理工作由所在车务站段负责，集团公司运输部负责检查指导。

3. 机务、车辆、工务、电务、供电等单位要组建不脱产的专业应急救援队，分管安全副段长任队长，设副队长 1~2 名，人数不少于 20 人，日常管理工作由所在单位负责，集团公司主管业务部门负责检查指导。

4. 需要出动铁路救援列车进行事故救援，调度所在发布救援列车出动命令时，应通知相关机务段机车调度员安排内燃机车担当救援列车的牵引任务。遇折角运行、转线作业及其他特殊情况时，可安排二台机车分别连挂于救援列车的两端。

第 7 条　利用到发线装卸货物的管理规定（《技规》第 37、297、356 条）

1. 除装卸路料、抢险救灾外，到发线原则上禁止装卸散堆装货物。确需办理时，由货运、车务、工务单位派人现场勘查，商定相关事宜，并制定安全措施，报集团公司运输部批准。

2. 在到发线装卸货物(不含行包)时，应遵守下列规定：

(1)须经车站值班员准许，并由车站值班员将道岔锁闭在不能通往该线路的位置。作业完毕后应及时报告车站值班员。

(2)不准影响邻线接发列车及调车作业。

(3)列车装卸作业时，不再设置装卸防护信号。需接触网停电装卸车时，应办理停电手续。

(4)装卸散堆装货物时，应对线路采取加固保护措施，不得改变线路技术状态、影响排水功能。每批货物装卸完毕，装卸人员应负责清道，撤除防护信号，检查线路。工务检查发现扒空枕底、道砟散失、损坏路肩、道床严重污染等情况，要及时采取安全措施。

(5)接发列车、调车作业前，车站应指派人员检查线路，确认货物不侵限、堆放稳固。

3. 货物快运列车在办理站装卸作业时，原则上应在基本站台进行。不能在基本站台时，车站应制定安全措施。

第8条 道岔加锁装置及道岔表示器管理的补充规定(《技规》第49条、86条)

1. 非集中联锁的道岔和未设联锁的手扳道岔，均应安装加锁装置。使用部门负责按规定加锁。

2. 除按《技规》第86条规定执行外，无联锁道岔均应设置道岔表示器。

3. 衔接正线、到发线和其他站线的工程线道岔，均应装设道岔表示器。

4. 具体管理分工按附件9执行。

第9条 道岔紧固的规定(《技规》第49条)

1. 遇下列情况应对道岔进行紧固：

(1)现场准备进路，手摇道岔听不到“咔嚓”声(包括 2 个及以上转辙机有任一个不能摇到位)时。

(2)辙叉号为 18 号及以上的道岔无表示，需现场人工准备进路时。

(3)按施工特定行车办法行车或采用无线电话交付行车凭证办法行车，需现场人工准备进路时。

(4)按《技规》要求，因施工防护需要时。

2. 道岔紧固位置按本规则第 87 条规定执行。

第 10 条　道口管理的补充规定(《技规》第 51 条)

1. 道口栏杆(门)以对道路开放为定位。道路流量较少的道口，经集团公司道口管理部门批准，可实行以对道路关闭为定位。

2. 道口栏杆(门)以对道路关闭为定位时应采取以下安全措施。

(1)对道路关闭为定位的道口，关闭时段栏杆(门)以锁闭公路为定位，看守单位应在道口两侧按规定设置公告牌。

(2)看守管理单位应制定关闭时间内道路有机动车通行时开放栏杆(门)的办法。

第 11 条　站内铺设及拆除道岔、线路的补充规定（《技规》第 53 条)

1. 因施工需铺设拆除站内线路、道岔时，应由施工单位向集团公司提出附有下列资料的书面申请：

(1)铺设拆除线路、道岔的示意图(在示意图内应注明线路、道岔的新旧编号，线路的坡度，如系与信号机有联锁的道岔，还应有工电部门的道岔编号对照，以及道岔的里程位置和辙叉号数等)。铺设拆除线路长短链长度以及开通后线路允许列车运行速度。

(2)道岔铺设后,定位开通的位置,是否与信号有联锁关系。暂时与信号无联锁关系的起讫日期和采取的相应安全措施(包括向工程线送车卸料时的安全措施)。

(3)道岔铺设后,在未正式启用前,应明确派人看管道岔的单位。

(4)衔接正线、到发线的工程线道岔,铺设后加入联锁过渡方案及安全措施。

2. 道岔铺设后,集中联锁道岔表示须纳入联锁。严禁经由未纳入联锁的道岔开放信号,办理接发列车和调车作业。

3. 新铺到发线邻靠站台时,应满足建筑限界要求,相关设备管理单位应对限界进行复测。

4. 新建线路及道岔未经验收需取送工程用料车辆时,事前施工单位应向集团公司书面申请,写明线路对机型、运行速度等限制及注意事项,经集团公司施工管理部门批准后执行。取送车辆时,调车及安全工作由施工单位负责。

第 12 条 配备 GSM-R 手持终端和无线对讲设备的补充规定(《技规》第 130、340、341 条)

1. 配备 GSM-R 手持终端和无线对讲设备的岗位。

准许助理值班员、道口看守员、防护员、车站客运值班员和巡守人员配置无线对讲设备, 在 GSM-R 区段还应配备 GSM-R 手持终端。

2. GSM-R 手持终端和无线对讲设备的使用管理要求。

GSM-R 手持终端和无线对讲设备业务主管部门为集团公司电务部,具体配置标准、管理、运用、维修等要求由电务部门另行规定。

在 GSM-R 区段,列车长、随车机械师(车辆乘务员)、车站客运人员等按国铁集团、集团公司相关规定使用 GSM-R

手持终端和无线对讲设备。

使用GSM-R手持终端时，司机、车辆乘务员（随车机械师）、列车长和乘警应进行车次功能号注册；车站（助理）值班员等承担行车指挥职能的人员应进行身份功能号注册。

第13条 行车相关信息系统管理的补充规定（《技规》第148、149、151、153条）

1. 行车直接相关信息系统（本条以下简称“信息系统”），包括运输调度管理系统（TDMS）、车站管理信息系统（SMIS）、编组站综合集成自动化系统（CIPS/SAM）、机务运用安全管理信息系统、车辆轴温智能探测系统（THDS）、货运计量安全检测监控系统、货车装载视频监控系统等。

2. 信息系统运行维护界面管理中设备分界和数据交换管理特殊规定。

（1）设备分界管理。

设备管理单位应严格执行有关专业管理办法，并制定日常维护办法；未明确设备管理分界或在执行过程中对既有分界有异议的专业信息系统，由集团公司业务部门及时协调并完善相关办法。

（2）数据交换管理。

①数据共享要求：数据提供方应确保数据的完整性、准确性、及时性，数据交换双方应明确数据交换接口管理分界，制定故障处理细则、协调配合机制。

②数据接口故障处理：发生数据交换故障时双方应同时检查各自系统，处理故障并通报对方，双方应做好协调配合工作。数据提供方应及时补发缺失的数据，以确保数据使用方以及全路数据的完整性。

3. 信息系统施工管理及故障处置的特殊规定。

(1)施工管理。

已纳入集团公司营业线施工管理范围的信息系统设备施工、维护,按照集团公司营业线施工安全管理有关要求执行,设备管理单位应组织制定应急预案和替代作业方案。

(2)故障处置。

信息系统发生影响行车的故障,需要不同单位或部门维护人员协调处理时,各级维护人员应协调配合,排除故障。故障登销记办法按集团公司相关规定执行。

4. 信息系统网络安全管理的基本要求。

有关设备管理单位应采取必要措施防范对网络的攻击、入侵、干扰、破坏和非法使用以及意外事故,使网络处于稳定可靠运行的状态,以及保障网络存储、传输、处理信息的完整性、保密性、可用性的能力。应严格执行下列规定:

(1)信息系统软硬件纳入维保的,应落实维保责任主体,并与其签订维保协议。

(2)使用人员应按规定使用设备,不得擅自安装、移动和拆卸设备,不得安装、运行与业务无关的软件。严禁"一机两网"。严禁向无关人员泄露业务数据和信息。

(3)设备管理单位必须确保信息机房基础设备设施良好;应按铁路防雷接地技术规范要求,每半年对信息机房防雷及接地设备进行检测。

(4)信息部门定期组织开展信息系统安全等级保护测评。

(5)信息系统数据采集、产生的数据,须经集团公司主管业务部门、科信部共同审批同意后,方可提供数据共享。

(6)信息系统应部署企业级防病毒软件,对业务终端操作系统进行扫描检查;病毒库代码库应及时升级。

第 14 条　非供电人员使用隔离开关的规定（《技规》第

163条）

1. 配置操作隔离开关备品的规定。

隔离开关操作使用单位应配备绝缘靴、绝缘手套、安全帽、验电器等安全备品。

新购置的绝缘工具须经供电单位试验合格后方准使用。使用中的绝缘工具每6个月由使用单位送供电单位进行一次试验，试验合格后方准使用。绝缘工具应存放在阴凉干燥、防尘处所，每次使用前用干布擦拭，并进行外观检查，发现漏气、裂损等异常现象禁止使用。

2. 隔离开关使用的规定。

(1)隔离开关操作和监护人员必须经供电单位培训、考试，考试合格并发给隔离开关操作证后，方准上岗作业。

(2)接触网隔离开关原则上以合闸状态为定位，特殊情况需要以分闸状态为定位时，由集团公司供电、运输部门批准；使用完毕须立即恢复定位。隔离开关无论在分闸或合闸状态，其操作机构均应由使用单位加锁，一站或一段有两个及其以上隔离开关时，应自编号码，加锁钥匙按编号分别存放在车站行车室(整备场值班室或动车所调度室)，由车站值班员(整备场值班员或动车所调度员)保管，使用时一并登记。

需进行隔离开关倒闸作业时，操作人在《隔离开关使用登记簿》内登记申请，经车站值班员(整备场值班员或动车所调度员)签认后，携带钥匙前往操作，操作完毕立即加锁交还钥匙。影响列车运行时，车站值班员须取得列车调度员的同意方能办理，作业完毕应及时合上开关，并同时报告列车调度员。

(3)隔离开关分闸后，车站值班员在控制台上揭挂“停电”表示牌(计算机联锁车站为画有“接触网供电分段示意图”的占线板)。整备场和动车所自定。

(4)隔离开关操作时,必须执行一人操作一人监护制度。

①操作前,先确认开关位置和开合状态无误,再进行操作。

②操作前, 须确认隔离开关控制范围内的所有电力机车、动车组受电弓已降下。严禁带负荷操作隔离开关。

③操作时,操作人必须戴好安全帽和绝缘手套,穿绝缘靴,操作准确迅速,一次开闭到位,中途不得停留和发生冲击。

④操作完毕,须确认隔离开关状态无误后加锁。

⑤带接地装置的隔离开关,操作前还要确认接地装置良好, 操作人员在断开隔离开关并确认接地装置闭合到位,验明无电后,方可进行后续作业;不带接地装置的隔离开关,操作人员断开隔离开关后,须验明无电,挂好接地线,方可进行后续作业。

(5)遇雷雨天气时,禁止操作隔离开关。装卸货物线的接触网隔离开关平时要处于合闸状态,雨、雪、雾、霾等恶劣天气下,严禁处于分闸状态。

(6)操作人员发现隔离开关及传动、接地装置状态不良时,应通过车站值班员(整备场值班员或动车所调度员)通知供电单位维修,禁止非供电人员擅自修理。

(7)使用单位须根据设备具体情况和作业特点,制定管理制度和操作程序。

第 15 条 机车运用状态的补充规定(《技规》第 170 条)

1. 轮缘原设计厚度在 25mm 及以下的机车,原则上禁止经国铁线路运行。必须运行时,由集团公司机务部组织检查,确定运行限制条件。

2. 在设有机车“三项设备”检修工区的机务段和机务折返所折返的机车,其“三项设备”(机车信号、列车运行监控装置、列车无线调度通信设备)和列尾控制盒必须良好,但进出厂修的机车、改变配属的机车“三项设备”及列尾控制盒临时拆除时,仅限附挂运行。

第16条 电动转辙机钥匙、手摇把保管使用的规定(《技规》第237条)

1. 电动转辙机钥匙、手摇把由电务部门配备,车站集中保管,按规定存放在手摇把箱内。手摇把由电务统一编号,手摇把箱由车站加锁、电务加封。

2. 使用手摇把前,使用单位应在《行车设备检查登记簿》内登记申请,经车站值班员(调车区长)签认后方可领取。

3. 手摇把使用完毕后,使用单位应及时归还、销记。车站、电务共同确认手摇把数量、编号正确后,由车站加锁、电务加封。

4. 电锁器钥匙由电务部门配备,车站保管。使用时须在《行车设备检查登记簿》内登记,经车站值班员签认后方可领取。

第17条 信号机夜间加挂信号灯的补充规定(《技规》第364条)

1. 遇进站及线路所通过信号机灯光熄灭或遮住以及灭灯时,夜间由车务部门按规定加挂红色信号灯,向区间方面显示红色灯光。

2. 矮型进站信号机夜间需加挂信号灯时,可将信号灯加挂在信号机遮沿上。

第18条 响墩、火炬、短路铜线管理的补充规定(《技规》第438条)

1. 响墩、火炬应标明生产日期。保管时必须放入特制的容器内,避免摩擦、挤压、受潮。

2. 每年四月,由使用单位对保管的响墩、火炬按批次进行抽样检查试验,注明试验日期。在抽检中发现不良的响墩和火炬时,该批次应立即更换。在保管中如发现异状时,应随时试验。试验响墩时，可利用调车机车或自轮运转特种设备，但事先必须通知铁路公安部门及有关司机注意。

3. 短路铜线电阻值不大于0.06Ω，使用单位每年应使用电阻计量检测设备检定一次，并标注检测合格标识。

4. 使用响墩时，应将扣环伸开(或利用响墩底部磁铁)，牢固地扣在钢轨面上；如轨面有冰、雪、雨、露、霜时，应予清除。响墩放置位置，如恰在钢轨接头、道岔、道口时，应将响墩放置位置向外方延伸。

5. 使用插入式火炬信号时，应使信号体与地面成45度角，信号体的上端面向防护方向，擦燃火炬时，不得对向他人或自己面部，以免烧伤。

第19条 其他规定

1. 新设备开通使用的补充规定(《技规》第8条)。

(1)新技术、新设备(包括改造后的设备)投入使用前，施工单位和生产厂家必须向设备管理单位提供规范、完整的设备使用说明和有关安全生产要求等技术资料。

(2)采用新技术、新设备、新的作业方法时，应制定相应的技术规章。

(3)集团公司有关设备管理部门和设备管理单位必须按规定编制具体操作使用办法和相应的用、管、修办法。

(4)有关站段应按规定对相关管理、作业人员进行培训，并考试合格。

不满足上述要求时，新技术、新设备不得投入使用。

2. 道岔管理的补充规定(《技规》第48条)。

(1)区间内岔线衔接正线的道岔，须设辅助所管理，并与该区间闭塞设备有联锁关系。

①由集团公司指定的车站负责管理，并按《技规》第21条

规定进行定期检查；

②道岔的检查、清扫、照明由辅助所值班员负责；

③区间内岔线衔接正线的道岔，以开通正线的位置为定位；

④管理站应能通过控制台确认区间道岔位置。

(2)工程线在区间或站内与正线、到发线衔接时，应铺设安全线。如确因地形条件限制无法铺设安全线时，应制定安全措施报集团公司批准。

(3)正线、到发线上铺设道岔，设计和施工单位应优化方案，先进行信号联锁部分的改造，使道岔铺设后同步加入联锁。

(4)铁路专用线道岔应由产权单位负责管理、维修、操纵和清扫。其中，有铁路机车、调车人员进入的专用线路，产权单位应与铁路有关单位签订协议，委托铁路单位代管理、维修和操纵。

3. 信号设备联锁关系临时变更或停止使用的申请核批的补充规定(《技规》第92条)。

(1)临时变更或停止使用信号设备联锁关系时，应由施工单位向集团公司提出附有下列资料的书面申请：

①信号设备联锁关系临时变更的内容，以及停用期间须临时封闭道岔过渡时，负责道岔紧固、加锁和看管的单位。变更后的信号机位置、型式、编号、设置里程。

②临时变更或停止使用信号设备联锁关系以后的信号联锁图表和信号显示关系图、闭塞方式。

③施工单位会同车站等有关部门提出的临时变更或停止使用信号设备联锁关系时的安全措施。

(2)集团公司接到施工单位的上述书面申请后，经相关业务部门按规定程序审查上述资料正确，方可予以批准。

4. 接触网导线最大弛度距轨顶面高度以及支柱距线路

中心线距离补充规定(《技规》202条)。

(1)轨面标准线和标明的数据,是确定轨面、接触网导线、桥梁、隧道边墙及接触网支柱相对位置的依据,是工务线路维修、接触网检修作业时共同遵守的标准。

(2)电气化开通前,由工程建设单位组织施工单位标画,供电、工务部门要共同确认轨面标准线、外轨超高、线路中心线至接触网支柱及桥梁、隧道壁间的距离,并在支柱或桥梁、隧道壁上标明(轨面标准线上面从上到下依次标明轨面至接触网导线的高度、接触导线拉出值,轨面标准线下面从上到下依次标明桥梁、隧道边墙或接触网支柱内侧至线路中心的距离、外轨超高),发现不符合限界规定要求的处所,由供电、工务部门共同确认后,及时采取相应措施并整改。

(3)双层集装箱径路上的接触网导线高度小于等于6330mm的低净空桥下严禁工务线路擅自抬道。确需抬道时,由供电、工务部门共同研究确定接触网改造方案,并经集团公司批准后方可实施。因线路改建或大修施工,需要改变轨面标准线或侧面限界、外轨超高时,其设计文件需报集团公司供电部批准;施工单位必须按批准的设计文件施工,保证竣工后的轨面标高符合设计要求。工程验收合格后,重新按规定划定轨面标准线。

(4)需往接触网支柱侧拨道作业时,限界应满足《技规》规定。原则上接触网支柱限界小于3100mm时,禁止往支柱侧拨道作业。

(5)对引起接触网技术参数发生变化的线路拨、抬道施工,工务和供电单位应对接触网支柱轨面标准线参数进行复测,共同书面签认,同时将接触网限界变化资料提供给集团公司供电、工务部和车务站段。

(6)每年1~3月由供电部门牵头，工务部门配合，对有砟轨道线路纵断面参数变化的处所(起落道、拨道等处)进行一次轨面标准线参数核对、确认，形成专项管理台帐。

(7)工务部门在线路施工、维修时，应严格控制线路几何状态变化量，对同一处所的连续累计起落道与拨道数值要及时重点分析、整理，会同供电部门及时做好确认、保存，作为定期(每年)核对、修改轨面标准线参数的主要依据。如发现轨面标准线参数与实际轨面标高误差超过标准时应及时分析原因，落实整改措施，修改轨面标准线。

5. 安全作业标设置的规定。

(1)设有接触网分段绝缘器和隔离开关的机务段、动车所和装卸线上应按规定设置“安全作业标”。在新建电化线路上由电化施工单位负责制作设置，使用中损坏、遗失，由供电设备管理单位负责维修和补充。

(2)在接触网设有隔离开关的电力机车或动车组整备线上，机务段(折返所、动车所)应比照“安全作业标”设置的位置，装设接触网停电表示灯，亮红灯时表示接触网无电。停电表示灯的维修，在隔离开关联锁点前后200mm以内，由供电部门负责；其余部分由机务或车辆部门负责。

6. 电力机车禁停标设置补充规定(《技规》第454条)。

(1)禁停标式样。

①禁停标样式、大小、颜色、字体同电分相断电标，其规格如下图所示。

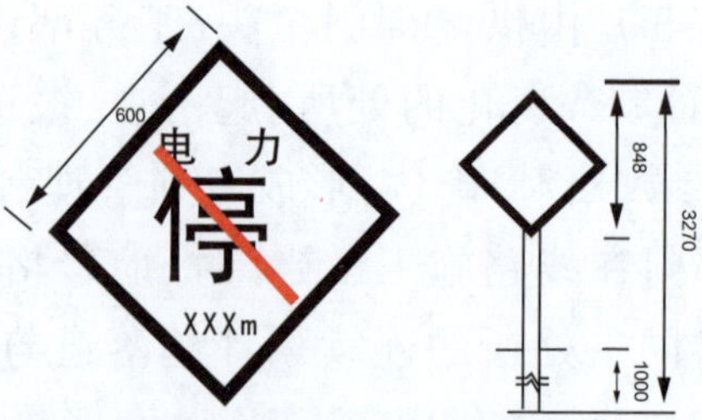

电力机车禁停标志牌(单位:mm)

其中:XXXm 表示从禁停标起前方 XXXm 范围（至该电分段反向端设置的禁停标)内禁止电力机车、动车组停车。

②四跨绝缘锚段关节使用 100m 禁停标牌,五跨绝缘锚段关节使用 150m 禁停标牌，禁停区域长度超过 150m 的处所,电力机车禁停标志牌禁停数值按上调至 50m 倍数取整标注。

(2)禁停标设置标准。

电力机车禁停标设于车站(场)、区间接触网锚段关节式电分段两端,列车运行方向左侧,安装在锚段关节转换柱上;禁停标内侧距线路中心距离应不小于 3.5m。

(3)禁停标设置管理要求。

①基建、更改工程施工时,需按规定设置禁停标。具体设置位置由供电单位提出，由施工单位在工程项目中装设,并向有关供电单位提供相关技术资料。

②电力机车禁停标由供电单位负责管理。各供电单位须组织对禁停标设置情况进行全面检查,发现设置位置与公布的数据不一致时,应立即向集团公司供电部报告,修改相关技术资料。

③禁停标设置处所,由集团公司供电部审核并公布。

(4)行车注意事项。

①电力机车、动车组司机应熟练掌握担当区段“禁停标”的分布情况,作业中加强瞭望,严禁在禁停标标注的区域内

停车。

②电力机车、动车组被迫停车以及遇恶劣天气、行车设备故障等突发情况造成列车停在禁停区域时，司机应立即降下受电弓，请求救援。

③电力机车、动车组在设有禁停标的线路上调车作业时，调车进路应一次排列，避免电力机车、动车组在禁停标前停车。遇特殊情况不能一次办理时，车站值班员应事先通知司机“注意禁停标”后方可办理。

(5)其他事项。

设有禁停标的车站、机务段应根据供电单位提供的标有禁停标的供电示意图，及时修改《站细》、《段细》。

7. 自动闭塞通过信号机设于列车运行方向右侧的地点表。

线　别	站　间	方向别	信号机号码	里程
京沪线	利国~柳泉	下行	7677	K767+630
发东线	徐州北~徐州南	上行	14	K1+297
京沪线	徐州北~徐州南	下行	8013	K801+400
	徐州北~徐州南	上行	8020	K802+061
	徐州北~徐州南	上行	8024	K802+291
	东葛~永宁镇	上行	11232	K1122+795
	东葛~永宁镇	上行	11218	K1121+765
	张八岭~三界	上行	10650	K1064+965
	张八岭~沙河集	上行	10720	K1072+380
	滁州北~沙河集	上行	10930	K1092+945
京九上行联络线	阜阳~阜阳北	上行	8454	K3+730
宣杭线	梅峰~德清西	下行	1639	K163+830
	梅峰~德清西	下行	1599	K159+975
萧萧联络线	萧山西~杭州南普速场	上行	48	K4+891
沪宁城际线	上海西~上海	下行	31	K3+030
	上海西~上海	上行	22	K2+220
黄封线	黄渡~封浜	上行	34	K3+565

说明：遇新增或变化时，由集团公司电务部公布。

8. 非集中联锁道岔在联锁失效时锁闭道岔的补充规定(《技规》第49条)。

正线、到发线上的非集中联锁道岔,遇与信号机失去联锁关系,以及在非到发线上接发列车时,应采用下列办法锁闭道岔:

1. 对设有锁闭器的道岔,应在道岔握柄处使用锁卡和加挂锁。

2. 对未设锁闭器的道岔,使用勾锁器和加挂锁。

第二章　行车组织基本要求

第 20 条　钟表的配置、校对、检查、修理及时钟校准办法（《技规》第 228 条）

1. 钟表的配备、校对、检查、修理。

(1)铁路行车房舍内和办理行车工作的有关人员均应备有钟表。配置的钟表校对、检查和修理由使用单位负责。

(2)使用单位应定期对钟表进行检查和更换电池，发现故障及时修理或更换，保证正常使用。

(3)车站（线路所）行车室、调度所配置的钟表时间，统一以北京时间为准，有关人员每周一进行一次时钟校对。

2. 时钟校准。

(1)接入铁路时间同步网或采用卫星授时的各系统时钟自动进行校准，设备管理单位定期对系统时钟的准确性进行检查，如发现系统时钟不能自动校准时，应人工校准。

(2)各设备管理单位按照设备检查周期，对有关设备系统时钟准确性进行检查。如无法自动校准时，由各维护单位进行人工手动时钟校准。

第 21 条　枢纽地区及个别区间列车运行方向的规定（《技规》第 229 条）

1. 管内枢纽地区各线列车运行方向。

(1)小梁庄→阜阳北为下行，阜阳北→颍泉为上行；颍泉→阜阳为下行，反之为上行；阜阳北→阜阳为下行，反之为上行。

(2)九龙岗→水家湖普速场→戴集为下行,反之为上行;张家岗线路所→水家湖普速场为下行,反之为上行。

(3)裕溪口→芜湖东→芜湖普速场→火龙岗为下行,反之为上行;塔桥→芜湖东→芜湖普速场为下行,反之为上行。

(4)煤山→长兴南为下行,反之为上行;夹浦→长兴南为下行,反之为上行。

(5)金华南→东孝为下行,反之为上行;塘雅(塘雅线路所)→金华南线路所→金华南为下行,反之为上行。

(6)宁波北→镇海西→邱隘→云龙为下行,反之为上行;邱隘→宝幢为下行,反之为上行。

(7)南莫→海安→如皋为下行,反之为上行;富安→海安→雅周为下行,反之为上行;海安→西场为下行,反之为上行。

(8)夹沟→符离集→宿州为下行,反之为上行;闸河→符离集→朱庄为下行,反之为上行。

(9)濉溪→青龙山→闸河为下行,反之为上行;青龙山→徐楼为下行,反之为上行;濉溪→徐楼为下行,反之为上行。

(10)盐坨→新浦东为下行,反之为上行;连云港东→墟沟北为下行,反之为上行。

(11)部分枢纽列车运行方向(箭头所指方向为下行,反之为上行)。

①徐州枢纽。

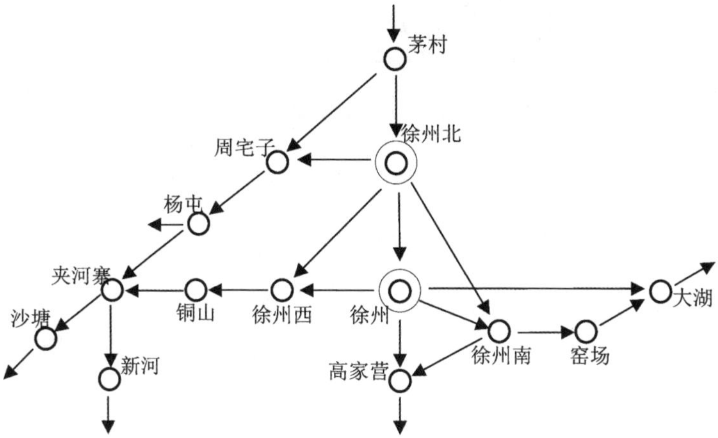
茅村
徐州北
周宅子
杨屯
夹河寨
沙塘
新河
铜山
徐州西
徐州
高家营
徐州南
窑场
大湖

②南京枢纽。

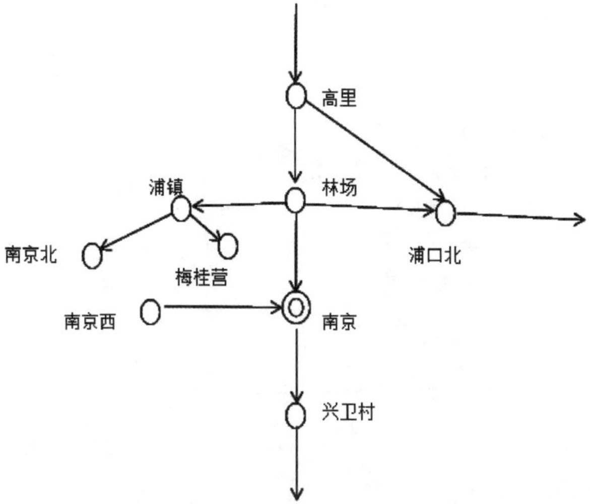
高里
浦镇
林场
南京北
梅桂营
浦口北
南京西
南京
兴卫村

③上海枢纽。

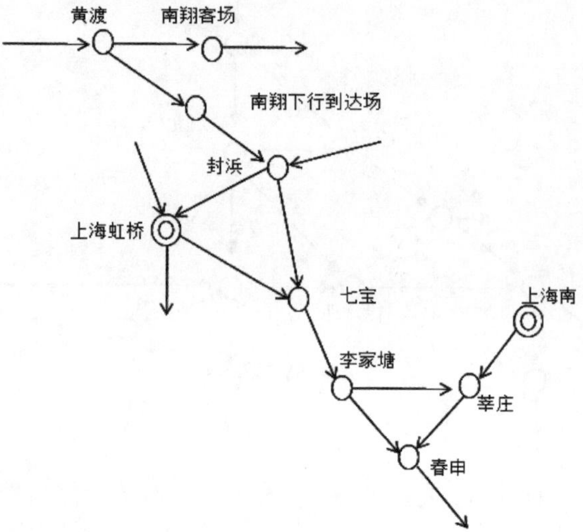
黄渡
南翔客场
南翔下行到达场
封浜
上海虹桥
七宝
上海南
李家塘
莘庄
春申

④杭州枢纽。

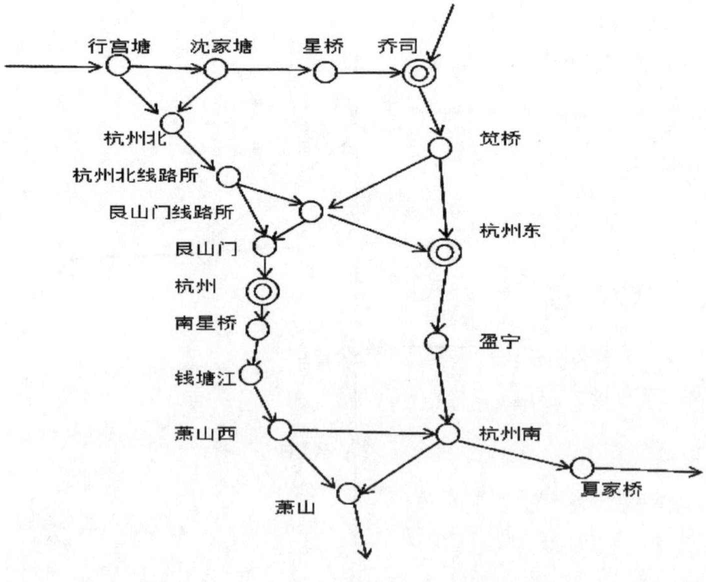
行宫塘
沈家塘
星桥
乔司
杭州北
笕桥
杭州北线路所
艮山门线路所
杭州东
艮山门
杭州
南星桥
盈宁
钱塘江
萧山西
杭州南
萧山
夏家桥

⑤合肥枢纽。

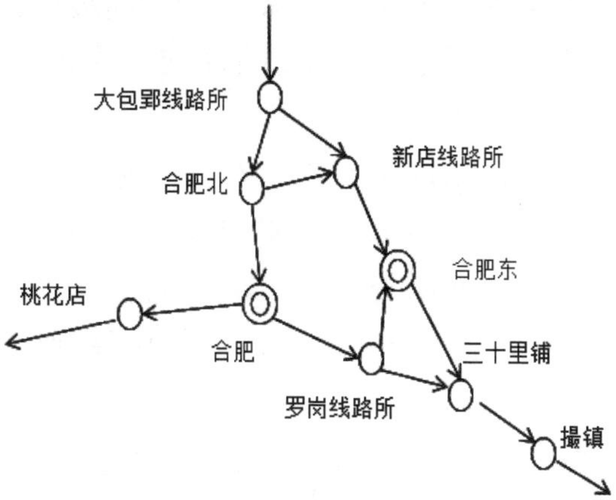

2. 支线列车运行方向的规定。

原则上,支线开往干线的方向为上行。特准:

西张线,由淮南西至张楼方向为上行;

长牛线,由长兴南至煤山方向为上行;

前贾线,由前亭至贾汪方向为上行。

3. 与规定方向不符时,使用直通车次的具体区间名称。

(1)京沪线上海西→上海站;

(2)沪春线上海南→莘庄站;

(3)合肥新客线合肥→罗岗线路所→三十里铺站;

(4)林浦线南京北→浦镇→林场站;

(5)新闵线闵行→车墩站;

(6)京沪线南京→南京西站。

4. 枢纽地区新建、改建线路时,列车运行方向由集团公司运输部公布,纳入列车运行图文件。

第 22 条 发布、转达行车调度命令的补充规定(《技规》第 231 条)

1. 补充列车调度员需发布调度命令的项目。

(1)遇动车组部分制动力切除时,司机应及时报告车站值班员转报列车调度员,列车调度员应向沿途各站车站值班员发布调度命令。

(2)遇特殊情况 ND5、HXN5 机车必须逆向运行时,司机应及时报告车站值班员转报列车调度员,列车调度员应向沿途各站发布准许 ND5、HXN5 型机车逆向运行的调度命令。

2. 下列调度命令禁止使用列车无线调度通信设备向司机发布、转达:

(1)向封锁区间开行救援列车、路用列车。

(2)发出在区间内停车或由区间返回的列车。

(3)发出临时由区间内返回后部补机的列车。

(4)列车中挂有装载超限货物的车辆。

(5)临时停用基本闭塞法改电话闭塞法行车(另有特殊规定除外)。

3. 使用列车无线调度通信设备向司机发布、转达调度命令时,须在进入关系区间(车站)前传达复诵完毕;传达不上时,列车调度员应布置车站向司机递交书面调度命令。已进入关系区间的列车因行车设备故障、灾害等危及行车安全需要临时限速运行时,车站值班员(列车调度员)应立即使用列车无线调度通信设备通知列车司机限速运行, 用语为:"××次,立即限速××km/h 运行"。司机接到限速的通知后,立即采取最大常用制动措施,降速至要求的限速值以下运行。车站值班员(列车调度员)待司机复诵无误后,再向司机布置具体限速要求,司机确认核对后,按要求执行。

使用列车无线调度通信设备传达命令或联系列车运行注意事项时,列车调度员(车站值班员)、司机都应相互复诵,讲明车次、车站，互报姓名或代号，便于确认。

4. 其他特殊规定。

(1)使用电话发布调度命令的传送方法。

①对使用电话下达的调度命令，受令人应进行复诵。如有几个单位同时抄收时，列车调度员应指定人员复诵，其余人员核对。

②仅限《技规》第 231 条第 13 表中第 11、13(超限列车除外)、14、17 项内容及日班计划，列车调度员可发给一个车站按顺序传抄，并指定最后受令站复诵核对，其他各项命令必须直接发给各有关站，并复诵核对。

(2)对指定时间段内的维修作业，在指定的时间内完成并销记后，列车调度员不再发布维修作业结束恢复行车的命令(涉及接触网停电或作业车配合时除外)。如需延长作业时间，列车调度员应发布调度命令批准，并发布维修作业结束恢复行车的调度命令。

(3)因设备条件限制，列车运行图中规定区间反方向运行的列车，准许列车调度员不再发布双线反方向行车的调度命令。

(4)线路临时限速、电力机车(动车组)临时降弓运行调度命令发布和核对补充规定。

①临时限速(降弓)调度命令在双线区段应按列车运行正方向编辑起止里程，单线区段应按由小到大编辑起止里程。设备管理单位在车站《行车设备检查登记簿》内登记限速(降弓)运行起止里程时应按上述规定办理，车站值班员在确认限速(降弓)起止里程登记顺序正确后方可向列车调度员报告。

遇临时限速地段涉及站内到发线(道岔)时，设备管理单位登记时应注明对应正线起止里程。

②列车在核对站通过(开车)前,核对站车站值班员须与司机核对限速(降弓)运行内容。

核对不一致时,司机应在进入限速(降弓)运行地点前的车站停车并向车站值班员报告,车站值班员应立即向列车调度员报告,列车调度员核实后,重新发布调度命令。

③在同一处所(地段),当多个单位提出的限速要求不一致时,列车调度员应按最低限速值发布临时限速调度命令。

遇多个限速地段限速值不一致且限速里程有重叠时,列车调度员可按最低限速值合并限速地段发布临时限速调度命令。

(5)发布的调度命令如涉及非集团公司管理的车站且该站不具备通过计算机、传真机、电话接收时,列车调度员可指定衔接的集团公司管理车站进行转达。

第23条 回送动车组以外的客车底列车的补充规定(《技规》第233、268条)

1. 整列回送的客车底列车,辆数不得超过20辆,编入的客车车辆的最低标记速度必须符合该列车规定的最高运行速度要求。

2. 以客车底编组的列车自动制动机主管压力为600kPa。以货车编组或客货车混合编组的列车,自动制动机主管压力为500kPa。

双管供风时总风管的压力为600kPa。

3. 图定回送的客车底列车、以客车或客货车混合编组的军用列车,应指派车辆乘务人员值乘。指派车辆乘务人员值乘的军用列车需途中解编时,接到调度命令后,应提前增派车辆乘务人员。非图定回送的客车底列车,不挂客列尾装置时，需安排车辆押运人员。

4. 图定回送客车底列车需技术作业时，在有客列检的车站，由客列检负责；无客列检的车站由车辆乘务员负责。

非图定回送客车底列车、以客车底编组的军用列车进行技术作业时，在有客列检的车站由客列检负责，有货列检的车站由货列检按《铁路货车运用维修规程》有关规定执行。

5. 编入货物列车的客车，在有货列检的车站停车作业时，按照《铁路货车运用维修规程》的相关规定进行检查。

6. 回送客车底的列车接发列车时按货物列车要求办理，未安装列尾装置，也未安装列车尾部标志时，以吊起的制动软管作为尾部标志。

第24条 道岔清扫分工的规定(《技规》第237条)

车站(线路所)集中联锁道岔，由电务部门负责清扫，非集中联锁的道岔，由车站负责清扫。段管线内的集中联锁道岔，由电务设备维修单位负责清扫，非集中联锁的道岔，由段管线单位负责清扫。

第25条 车站道岔、股道编号及线路有效长的补充规定(《技规》第237、239条)

1. 新建、改建项目和设备大修时，道岔及股道按规定编号；局部改造道岔、股道时，过渡期内，可在原编号基础上予以临时编号。道岔及股道编号由项目管理机构组织设计单位以及工务、电务、车务部门共同确认，纳入各专业设计文件。

2. 各专业设计文件中的道岔及股道编号须纳入审批内容；运输和设备管理部门确认后，方可组织开通，有关单位相应修改设备履历簿等技术资料。

3. 遇工务、电务、车站对既有道岔及股道编号不一致时，由车务站段及时组织统一。集中联锁的道岔及股道编号以电务为准；非集中联锁的道岔及股道编号以工务为准；特殊情况由集团公司运输部牵头研究确定。

4. 线路有效长的补充规定。

(1)有效长：系指在线路的全长中，可以停放机车车辆而不影响信号显示、道岔转换(压中岔除外)或邻线行车可利用线路全长中的部分长度。

(2)有效长起止点：设有信号机的线路为信号机~信号机、信号机~警冲标、信号机~车挡或信号机~轨道绝缘节；无信号机的线路为警冲标~警冲标、警冲标~车挡、道岔尖轨尖端~车挡。设有挡车器时，有效长计算至挡车器；设有尽头站台时，有效长计算至车钩缓冲装置。

(3)具体起止点由车务、工务、电务单位根据设备具体情况共同确认，具体有效长以工务提供的技术资料为准。

第 26 条 其他规定

1. 检查、养护、维修行车设备的补充规定(《技规》第 18、21、64、378、402 条)。

(1)控制台装有"故障通知按钮"的车站，电务设备发生故障时，车站值班员除按规定通知电务工区外，还应按压"故障通知按钮"。

(2)设备管理单位发现或接到行车设备故障的通知后，应在《行车设备检查登记簿》内登记停用内容和影响范围，并注明行车限制条件，经车站同意并签认后方可进行相关处置作业。在得到设备管理单位关于设备恢复使用的销记后，车站方可使用该项设备。

影响正线、到发线使用时，须经列车调度员同意。

(3)进行站内、区间行车设备的故障处置时，设备管理单位应指派驻站联络员办理登销记手续，掌握列车运行和调车作业情况，并及时通知现场人员。

(4)行车设备故障暂时不能修复的，设备管理单位应登记停用内容和影响范围，并注明行车限制条件。工务专业应登记具体封锁区段(包括线路、道岔编号，具体里程等)；电务专业应登记停用信号、联锁、闭塞设备、列控限速功能、接车进路预告功能、自动闭塞追踪功能、发车预告功能、自动报点功能、调度命令无线传输功能、无线调度通信功能、邻站透明功能、调度集中进路自动触发功能、CTCS-2级列控系统、调度集中系统、TDCS系统等，停用信号时应注明具体的范围；道岔或轨道电路故障时，应注明“停用经由×道岔(定/反位)或×轨道区段的列车和调车信号”，引导信号不停用时还应注明“不含引导信号”；自动闭塞区间一架通过信号机故障或一个闭塞分区非列车占用红光带(仅设一架通过信号机的区间除外)，应注明“停用×站至×站间××线自动闭塞追踪功能”；供电专业应登记具体封锁区段(包括线路、道岔编号，具体里程等)、停电单元的编号，是否需要限速运行、降弓通过、动车组单弓通过、禁止电力机车通过、禁止双层集装箱列车通过等。

(5)160km/h以上区段，小车仅限在天窗内使用，禁止利用列车间隔使用小车；160km/h及以下区段，在线路上使用小车时，使用部门必须做到专人使用，专人防护，并应保证在距离列车不少于线路最大速度等级规定的列车紧急制动距离撤出线路。

(6)工务部门在设有轨道电路的线路上作业时，有关养路机具均应增设绝缘装置。

(7)计算机设备使用密码操作能实现加锁加封功能并有监测记录，使用加封按钮时，应在《行车设备检查登记簿》上登销记，按钮加封范围按附件11“信号、闭塞设备使用办法”

执行。发生事故以及计算机联锁设备故障时,有关单位应及时将计算机联锁设备记录的有关信息输出和保存。计算机联锁设备的使用单位需要输出有关信息时，由使用单位提出，维修单位提供。

2. 禁止使用的道岔(《技规》第48条)。

道岔有下列缺陷之一时,禁止使用:

(1)内锁闭道岔两尖轨互相脱离,分动外锁闭道岔两尖轨与连接装置、心轨接头铁与拉板相互分离或外锁闭装置失效(封锁区域内道岔脱杆捣固作业,工务、电务部门已制定可靠的安全保障措施时除外)。

(2)尖轨、基本轨或辙叉损坏。

(3)道岔护轨螺栓、可动心轨咽喉和叉后间隔铁螺栓、长心轨与短心轨联结螺栓、钢枕立柱螺栓的同一部位同时有2根螺栓缺少或折损。

3. 下列情况可在接触网不停电的条件下进行装卸车作业。

(1)风动石砟车卸车作业时。

(2)重型轨道车、轨道平车装运的钢轨、轨枕、片石,使用不长于0.8m的短橇棍站在车上人工卸车时。

(3)使用起重轨道平车装卸路料,起重轨道平车已采取限位措施,限位高度不超过机车车辆的上部限界距轨面4.8m时。

在接触网不停电的条件下进行装卸车时,作业人员及工具与接触网的带电体需保持2m以上的距离,并派人监护,必要时应在车上安装安全防护网。

第三章　编组列车

第 27 条　列车中编挂车辆的补充规定(《技规》第 247~252 条、附件 10)

1. 动车组以外的旅客列车中编挂车辆的补充规定。

(1)与机车相连接的客车端门防护栏及编挂在列车尾部的客车后端门的防护栏由车辆部门负责加装并锁闭。

(2)与机车相连的客车端门和最后一辆乘坐旅客的车辆的后端门由客运部门加锁。其他车辆的车门由值乘人员负责加锁。

(3)管内动车组以外的旅客列车可不挂隔离车。

(4)动车组以外的旅客列车编组中,装用折棚(密封)风挡的客车不得与装用铁质、橡胶风挡的客车连挂。因检测、试验和回送需要必须连挂在一起时,须连挂在列车尾部,由申请挂运单位采取安全措施。

(5)使用客列尾的旅客列车,尾部加挂客车不得超过 2 辆。

2. 货物列车中编挂车辆的补充规定。

(1)车端涂打"㊔"标记的自备铁路客车,允许与装用 16、17 号车钩的货车直接连挂。

车端涂打"㊔"标记以及车辆结构未设有风挡或虽设有风挡但已拆除的 TK 系列军用自备铁路车辆可与装用 16、17 号车钩的货车直接连挂,且不受《技规》第 252 条关于货物列车编组位置以及客车与货车的限制。

(2)其他客车不允许与 C63 和 C63A 型敞车、C76 系列敞车、70t 级货车、80t 级及以上货车装用 16、17 号车钩的货车直接连挂。发现新增装用16、17号车钩车型时，由车辆部门及时公布。

确需连挂时，由国铁客车配属单位或自备客车产权单位根据客车风挡型式，将连挂端橡胶风挡或铁风挡及渡板、缓冲杆予以拆除，将折棚风挡可靠收起后，翻起或拆除渡板。

列检发现装用16、17号车钩的货车与客车连挂不符合要求时，应通知车站调整。

(3)乘坐押运员的车辆与所押运的车辆应成组连挂，运输途中不得拆解。

3. 列车编组隔离的规定。

(1)装有蜜蜂的车辆，与标有“G丰”(G代表三角符号，下同)的农药车不得编入同一列车。如因车流不足，分别挂运有困难时，在本次列车运行全程内中途不发生列车折角转向的条件下，可编挂在同一列车，但应将蜜蜂车挂在标有“G丰”的农药车的前部，并隔离4辆以上。蜜蜂车和生石灰车编在同一列车内时应隔离2辆以上，并将蜜蜂车挂在生石灰车的前部。

(2)军用列车中车辆的编组隔离，按军运有关规定办理。

(3)小运转列车和调车时相互隔离的规定。

小运转列车和调车作业时，机车与装载G1至G9货物的车辆可不隔离；装载G4、G5、G7、G8货物的车辆，编入小运转列车或调车时相互隔离1辆；装载G3货物的车辆与装载G7、G8货物的车辆不得编入同一小运转列车或在同一调车车列进行调车作业。

(4)挂入供港澳的快运货物列车中的外贸出口家畜车应与牵引的机车隔离4辆。

4. 凡在货运单据、车牌、列车编组顺序表或调车作业通

知单(示意图)中填记的下列三角标记,其含义为:

(1)GK–表示装载易腐货物需要加快办理作业的车辆。

(2)GA–表示由公安人员押运的装载重要物资的车辆。

(3)GW–表示属“特种运输”中装载特种装备、特种材料、精密仪器和尖端保密产品的车辆。

(4)G丰–表示按规定须与装载蜜蜂的车辆进行隔离的农药车。

(5)GB–表示装载有较高保价运输金额货物的车辆。

(6)G9–表示装有禽畜、鱼苗等活动物的车辆。

5. 装载高出车帮易窜动货物,是指圆木、电杆、钢轨及平装的方木、坑木、钢板、钢材。

第 28 条　货物列车临时减吨的规定(《技规》第 247 条)

1. 遇天气不良、机车牵引力不足、施工慢行、列车限速等特殊情况,列车在困难区段可能发生坡停或严重运缓,需要列车临时减吨时,本务机车司机向机务段调度员提出减吨申请,说明理由及减吨值。

2. 机务段调度员向调度所机车调度员提出口头申请(申明理由及减吨比值等),调度所机车调度员报告值班主任批准,调度所布置有关车站进行减吨或加挂补机作业。减吨比值可根据具体情况减牵引定数的 10%~20%。

第 29 条　超长列车运行办法(《技规》第 247 条)

1. 凡列车计长超过列车运行图规定换算长度时,为超长列车。但各站在接发列车时,应根据到发线有效长度确定是否按超长列车办理。

2. 超长列车禁止编挂装有超限货物的车辆、限速的机车车辆。

3. 编组超长列车须取得列车调度员的同意,跨局运行时,还应事先征得邻局同意,并按规定发布调度命令。

第30条 列尾装置的摘挂及运用补充规定(《技规》第253~255条)

1. 货物列车列尾装置使用的补充规定。

(1)使用列尾装置的区段。

线别	列尾主机运用区段	附注
符夹、宿淮线	青龙山~符离集~袁北	
淮南、水蚌线	蚌埠东~合肥东、蚌埠东~淮南西	
合九线	合肥东~南昌局九江西	
新长线	新沂西~海安~靖江南、江阴北~无锡西~长兴南	
宁启线	林场~海安~南通东	
皖赣线	芜湖东~绩溪县~倒湖口	绩溪县~倒湖口,使用南昌局列尾主机
芜铜线	芜湖东~铜陵西	
芜铜、铜九线	芜湖东~狮子山~池州~香隅口	池州~香隅口,使用南昌局列尾主机
宁芜线	芜湖东~马鞍山~南京东	
金温货线	金华南~温州西	
金千线	功塘~千岛湖南	
庐铜线	合肥东~铜陵西	

注:①新长、宁启、铜九、芜铜、皖赣、宁芜线由调小机车担当牵引的小运转列车和其他区段开行的小运转列车可不使用列尾装置。
②经由宁启线、沪苏通线跨线运行的货物列车在宁启线海安至赵甸间运行时不使用列尾装置。
③除上表所列区段外,货物列车暂不使用列尾装置。
④遇变化时由集团公司运输部公布。

(2)特殊规定。

①快速货物班列、快运货物列车、特需货物列车是否使用列尾装置,在运输方案中确定。

②运行于自动闭塞区段的货物列车经由半自动闭塞区段运行时,不使用列尾装置(淮南与水蚌线除外)。

③救援列车开行时可不使用列尾装置。

④特快货物班列须按规定挂客列尾装置。

2. 动车组以外的旅客列车使用列尾装置的补充规定。

(1)管内以客调命令临时加开的旅客列车,不具备安装客列尾装置条件时,车辆部门应书面通知调度所,在客调命令中明确不挂客列尾装置。列车运行中由车辆乘务员按规定核对尾部风压。

(2)通勤列车可不挂列尾装置。

3. 动车组以外回送客车底使用客列尾装置的规定。

(1)图定回送客车底须使用客列尾装置。

(2)非图定回送客车底是否使用客列尾装置,按国铁集团、集团公司相关规定办理。使用客列尾装置时,车辆部门书面通知调度所,并在调度命令中明确。

4. 军用列车是否加挂列尾装置,在运输方案中明确。

5. 不使用列尾装置的列车,以吊起尾部车辆软管代替尾部标志时,其中货物列车尾部车辆软管吊起高度不低于车钩下平面。尾部车辆软管的吊起和释放工作,有列检作业的列车由列检人员负责;无列检作业的列车由车务人员负责。

第31条　电力机车、动车组运行的补充规定(《技规》第256、257、335、336条)

1. 电力机车、动车组重联、附挂台数和多弓运行时升弓间距的限制。

(1)禁止单台电力机车、短编动车组升双弓过电分相运行,禁止三台及其以上机车升弓重联运行。

(2)供电部门负责公布电分相技术资料,机务、车辆部门根据供电部门公布的技术资料，结合机车（动车组）弓间距，确定具体升弓方式。

2. 电力机车、动车组禁止驶入和禁止停留地点的规定。

(1)禁止向接触网停电区和无网区放行电力机车、动车组。

(2)电力机车、动车组当受电弓在分相中性区、分段绝缘器下方、电力机车禁停标区域时严禁升弓。

(3)电力机车、动车组在接触网终点附近作业时，应与接触网终点标保持不少于10m处停车。遇特殊情况，必须近于10m时，须一度停车，并严格控制速度。

第32条 使用补机的补充规定(《技规》第256条)

1. 在牵引困难区段，可根据列车牵引总重实际需要使用补机；固定使用补机区段应在列车运行图技术资料中明确，内容应包括补机担当区段范围、使用补机时的列车牵引总重下限和上限、补机和本务机车的机型、补机编挂位置等。

2. 在固定使用补机区段以外使用补机时，列车调度员应向有关站发布调度命令，指明补送地点及注意事项，并发给本务司机和补机司机。

3. 补机原则上应挂于本务机车的前位或次位；遇补机到达前方站无法转线时，可使用后部补机。列车到达车站停妥后，方准进行补机摘挂作业。禁止采用区间折返的方式使用补机。

4. 运行全区间的补机应接通软管。站内临时使用后部补机时，允许不接软管，但补机不得进入区间，补机摘解时，由车站指派胜任人员提钩，具体办法在《站细》内规定。

5. 补机与本务机车的车钩摘挂、软管摘结，由连挂机车乘务员负责；与第一辆车间的车钩摘挂、软管摘结，按《技规》第266条执行。

第 33 条 附挂机车进行滚动试验的规定

1. 切除弹停装置的机车附挂旅客列车回送时,应进行滚动试验。滚动试验时,附挂机车司机应与本务机车司机主动联系,并负责滚动试验的检查确认。

2. 滚动试验运行速度不得超过 5km/h。

3. 滚动试验办法。

(1)机车在机务段内(包括折返段)时,应完成滚动试验后方可出库。

(2)在站内时,附挂机车与客车尚未连挂时,应完成滚动试验后方可连挂。已与客车连挂时,由本务机车司机向车站值班员申请进行滚动试验,车站确认具备发车条件后,通知司机准许试验。滚动试验正常时,通知车站值班员,车站按规定发车。

(3)在区间时,由本务机车司机向列车调度员(车站值班员)汇报进行滚动试验,确认具备动车条件,方可牵引列车进行滚动试验;滚动试验完毕,本务机车司机须向列车调度员(车站值班员)报告试验情况;滚动试验正常时,按规定开车。

4. 站内或区间进行滚动试验后,本务机车司机向列车调度员(车站值班员)报告,在前方站停车再次检查确认。

第 34 条 机车、铁路救援起重机回送的补充规定(《技规》第 257 条)

1. 机车回送的补充规定。

(1)调拨及新造、检修完毕出厂(段)的机车,在集团公司管内运行时,均按专列或有动力附挂方式回送;入厂(段)检修的机车,除事故车和返厂(段)修车外,必须达到运用状态。日常运输组织发生的机车回送,原则上应按有动力方式,无动力附挂时不得跨牵引区段。

机车附挂回送时,原则上附挂货物列车;走行部和制动装置良好的客运机车,可在交路区段内附挂旅客列车回送(出入厂、段的修程机车除外)。附挂货物列车回送时,应附挂直通、直达货物列车回送;货运机车不准附挂旅客列车。

(2)集团公司机车调度每天16:00前须向国铁集团机车调度汇报跨局机车在本局管内的回送动态及滞留机车组织情况,并与相关集团公司机车调度间交换回送机车在管内运行状态。

回送机车乘务员须每天向本段汇报回送情况,机务段应掌握本段回送机车情况,发现机车滞溜,协调相关部门及时处理。

(3)走行部及制动机等严重破损机车禁止随列车附挂回送。走行部及基础制动装置故障的机车回送时,须经机务段专业技术人员鉴定后,集团公司调度所凭机务段的回送请求电报安排回送。回送途中机务段须安排专业技术人员添乘。

(4)附挂机车应挂于本务机车次位。附挂旅客列车回送时限挂一台,附挂交路区段外的旅客列车跨局回送时按国铁集团调度命令办理;附挂货物列车回送时不得超过两台。专列回送时,每列不超过5台(不包括本务机车,双节机车按一台计)。20‰及以上坡度的区段,禁止办理专列回送。

(5)受桥梁限制必须进行隔离的区段、机型、隔离辆数等,由集团公司工务部门明确,纳入列车运行图技术资料。

(6)托运回送机车在车站停留时,由车站负责防溜。回送机车入外段后,应按所入段库内防溜的有关规定执行。附挂(重联)机车需与本务机车或前位机车摘开时,必须恢复机车牵引条件后,方可通知前位机车进行摘机作业。附挂机车无法升弓或启机时,必须采取可靠的防溜措施后,方可通知前位机车进行摘机作业。

(7)机务段调度员对附挂回送通过电化区段的机车乘务员,在出乘前要讲明安全注意事项。

2. 铁路救援起重机回送的补充规定。

因检修、调拨等需要,集团公司所属铁路救援起重机随列车回送时,一律挂于列车后部。遇铁路救援起重机不起制动作用时,应比照关门车的列车编挂规定执行。机务段(承修厂)负责技术检查,按规定填写《铁路救援起重机回送状态鉴定书》,向车站办理免费回送手续。

救援起重机通过桥梁的速度应遵守集团公司公布的各条线路的铁路救援起重机过桥允许速度;回送台数的限制由集团公司工务部另行规定。

因检修等原因必须经高速铁路回送时,必须经集团公司机务部批准,在非动车组运行时段安排回送。

第35条　单机挂车的补充规定(《技规》第258条)

1. 单机挂车时,列车调度员须发布命令并布置有关站及司机。跨局时,并须取得邻局调度所的同意。

2. 线路坡度超过12‰的区段,挂车辆数不得超过10辆。

3. 单机挂车不挂列尾时,须吊起尾部车辆软管。

4. 禁止挂乘有人员(押运人员除外)的车辆。

5. 附挂空客车时,不得超过5辆(客车、货车混挂时,按1辆客车折2辆货车计算)。

6. 单机挂风动石砟车组时,准挂11辆。

7. 单机挂车可按小运转列车进行隔离。

第36条　列车制动主管压力和制动限速的补充规定(《技规》第261条)

1. 列车自动制动机主管压力的补充规定。

(1)机车出段前,应按列车运行图规定的车底种别调整压力。遇有临时变更或加开时,由机务段调度员通知司机,调整到规定压力。

(2)整列回送的客车底列车自动制动机主管压力为600kPa,双管供风时总风管的压力为600kPa。客货车混编的列车,自动制动机主管压力为500kPa。

2. 超过20‰的下坡道,列车制动限速的规定。

除动车组、单机、配合施工维修开行的路用列车外,未经运行试验,禁止其他列车经由超过20‰的下坡道运行。列车经超过20‰的下坡道运行时,仍然按线路允许速度运行。

3. 其他特殊规定。

(1)分界口接入列车主管压力为600kPa的货物列车到达有列检的编组(区段)站时,必须安排列检进行技术作业。列车进站前,司机须将列车主管压力报告车站值班员,并在摘机前对列车主管实施一次170kPa的最大减压量操纵。

车站值班员接到司机报告后,须立即通知列检值班员,由列检值班员通知列检现场作业人员。

列检现场作业人员在征得司机同意后方可进行摘解机车作业,并在制动机试验作业前实施管路调压,使车辆副风缸压力降至500kPa以下。

(2)列车主管压力为600kPa的货物列车在中间站保留、换挂机车时,摘机前司机须将列车主管压力报告车站值班员,车站值班员应将主管压力为600kPa的内容记录在交接班簿内,并纳入交接班重点事项进行交接;列车恢复开行、换挂机车时,由车站值班员将列车原主管压力通知挂车司机,列车主管压力继续按600kPa运行至有列检的编组(区段)站,按上述第(1)点办理。

第37条 列车中编挂关门车的补充规定(《技规》第261、262条)

1. 中途折角变更运行方向的货物列车,列车尾部3辆之内禁止编挂关门车。

2. 编入货物列车的关门车数超过现车总辆数6%时,须计算闸瓦压力,并填写制动效能证明书交与司机。

(1)有列检的车站,由列检人员负责;无列检的车站,由车站人员负责。

(2)如每百吨列车重量闸瓦压力不足《技规》第261条规定最低值时,应通知车站甩车。

(3)闸瓦压力的计算方法,每百吨列车重量的换算闸瓦压力为:

$$\frac{\text{全列车总闸瓦压力(kN)}}{\text{列车总重量(自重+载重)}} \times 100$$

3. 动车组以外的旅客列车、特快货物班列因"关门车"限速的补充规定。

(1)动车组以外的旅客列车、特快货物班列发生因"制动关门车"需要限速运行时,车辆乘务员须向机车司机递交《旅客列车制动关门限速证明书》。列车中途更换机车时,车辆乘务员应重新填写并向司机递交《旅客列车制动关门限速证明书》;更换机车乘务组时,机车乘务组双方交接《旅客列车制动关门限速证明书》。

(2)机车司机接到《旅客列车制动关门限速证明书》后,向列车调度员汇报,并在列车运行监控装置(LKJ)中选择100km/h速度值,由LKJ监控运行至终到站,途中遇到>20‰的下坡道时,须按照LKJ限速要求监控运行。列车调度员须将限速列车情况通知相邻调度台及相邻局。

(3)动车组以外的旅客列车、特快货物班列在区间发生自动制动机故障时的处置办法。

①旅客列车、特快货物班列在区间遇自动制动机故障不能修复时,准许按“关门车”处理,“关门车”位置不受限制,辆数不得超过5辆。

②列车中“关门车”辆数超过一辆但不超过列车辆数的50%时，列车限速60km/h;“关门车”辆数超过列车辆数的50%时,列车限速45km/h。

③车辆乘务员将“关门车”情况报告司机,并在司机手册上注明限速值。司机转报列车调度员,按注明的速度运行至前方有条件的车站停车处理。

(4)运行中司机应避免使用紧急制动。列车最后一辆为“关门车”时,车辆乘务员应在列车尾部监护运行。

4. 以客车底编组的列车,编挂关门车的辆数和位置按旅客列车办理。以货车编组或客货车混合编组的列车,编挂关门车的辆数和位置按货物列车办理。

5. 特快货物班列编挂关门车的辆数和位置按旅客列车办理。快速货物班列编挂关门车的辆数和位置按货物列车办理。

第38条 列车中车辆连挂的补充规定(《技规》第264~266条)

1. 装有密接式车钩的客车回送时,车辆人员应安装过渡车钩。

2. 列车中货车(机车)车钩防跳插销撤设作业分工。

(1)有货列检作业的列车,货车车钩防跳插销的插设由货列检人员负责;无货列检作业的列车,由连挂人员负责(列车摘挂作业及机车挂车时，仅负责连挂处车钩防跳插销插设)。机车车钩防跳插销的插设由机车乘务员负责。

(2)车钩防跳插销的撤除,由提钩人员[连结员(排风)]负责。

3. 遇货车车钩防跳插销损坏、丢失、失效时,确认车辆连挂妥当,可运行至前方有货列检作业的车站更换或补装。

4. 密封风挡不得与橡胶风挡或铁风挡连挂;管内运行客车必须连挂时,需经集团公司批准,并采取锁闭端门、加装防护等有效的隔离措施。

5. 车钩、软管及电气连接线摘挂和摘结的分工表。

<table>
<tr><th>顺序</th><th>作业项目</th><th colspan="3">分工
作业情形</th><th>车站人员</th><th>列检人员</th><th>机车乘务员</th><th>车辆乘务员</th></tr>
<tr><td rowspan="6">1</td><td rowspan="6">车辆连挂</td><td rowspan="5">列车机车与第一辆车的连挂</td><td colspan="2">利用本务机车摘挂作业时</td><td>○</td><td></td><td></td><td></td></tr>
<tr><td rowspan="4">本务机无摘挂作业时</td><td>非单班单司机值乘的列车</td><td></td><td></td><td>○</td><td></td></tr>
<tr><td>单班单司机值乘有列检作业的列车</td><td></td><td>○</td><td></td><td></td></tr>
<tr><td>单班单司机值乘无列检作业的列车</td><td></td><td></td><td></td><td>○</td></tr>
<tr><td>单班单司机值乘无列检作业的列车且无车辆乘务员</td><td>○</td><td></td><td></td><td></td></tr>
<tr><td colspan="3">列车中车辆的连挂</td><td>○</td><td></td><td></td><td></td></tr>
<tr><td rowspan="6">2</td><td rowspan="6">车钩摘解</td><td rowspan="5">列车机车与第一辆车的车钩摘解</td><td colspan="2">有列检作业的列车</td><td></td><td>○</td><td></td><td></td></tr>
<tr><td rowspan="3">无列检作业的列车</td><td>非单班单司机值乘时</td><td></td><td></td><td>○</td><td></td></tr>
<tr><td>单班单司机值乘有车辆乘务员时</td><td></td><td></td><td></td><td>○</td></tr>
<tr><td>单班单司机值乘无车辆乘务员时</td><td>○</td><td></td><td></td><td></td></tr>
<tr><td colspan="2">利用本务机车摘挂作业时</td><td>○</td><td></td><td></td><td></td></tr>
<tr><td colspan="3">列车中车辆的车钩摘解</td><td>○</td><td></td><td></td><td></td></tr>
</table>

续上表

顺序	作业项目	作业情形			车站人员	列检人员	机车乘务员	车辆乘务员
3	制动软管连结	列车机车与第一辆车制动软管的连结	有列检作业的列车			○		
			无列检作业的列车	有车辆乘务员的列车				○
				无车辆乘务员的列车非单班单司机值乘时			○	
				无车辆乘务员的列车单班单司机值乘时	○			
			利用本务机车摘挂作业时		○			
		列车中车辆间制动软管的连结	有列检作业的列车	始发列车		○		
				非始发列车	○			
			无列检作业的列车(含小运转列车和单机挂车)		○			
4	制动软管摘解	列车机车与第一辆车制动软管的摘解	利用本务机车摘挂作业时		○			
			有列检作业的列车			○		
			无列检作业的列车	非单班单司机值乘时			○	
				单班单司机值乘有车辆乘务员时				○
				单班单司机值乘无车辆乘务员时	○			
		列车中车辆间制动软管的摘解			○			
5	总风软管的连结	列车机车与第一辆车总风软管的连结	有列检作业的列车			○		
			无列检作业的列车					○
		列车中车辆间总风软管的连结	有列检作业的列车			○		
			无列检作业的列车					○

续上表

顺序	作业项目	作业情形（分工）			车站人员	列检人员	机车乘务员	车辆乘务员
6	总风软管的摘解	列车机车与第一辆车总风软管的摘解	有列检作业的列车			○		
			无列检作业的列车	非单班单司机值乘的列车			○	
				单班单司机值乘				○
		列车中车辆间总风软管的摘解	有列检作业的列车			○		
			无列检作业的列车					○
7	旅客列车电气连接线的连结与摘解	列车机车与第一辆车电气连接线的连结与摘解	有客列检作业的列车			○		
			无客列检作业的列车					○
		列车中车辆间的电气连接线的连结与摘解						○

注：1. 油龙、机械冷藏列车的车辆乘务员，不属本表所指的车辆乘务员；

2. 单机挂车时，按本表分工同样办理；

3. 补机与列车的连挂和软管的连结，以及车钩、软管的摘解，固定使用的补机，均由机车乘务员；临时使用的补机，均由调车人员负责；

4. 重联机车间的车钩、软管的摘挂和摘结由机车乘务组负责；

5. 装有密接式车钩的客车车辆摘挂时，过渡车钩的安装与拆卸由列检人员负责，无列检人员时由车辆乘务员负责；

6. 列车机车与动车组过渡车钩的连结与摘解、软管摘结、电气连接线的连结与摘解，由随车机械师负责。

第 39 条 长期不经列检技术作业的固定编组、循环使用车组技术作业规定(《技规》第 268 条)

固定编组、循环使用车组,长期不经列检进行技术检查时,由车辆部门根据列车运行距离,明确定期检查周期、检修地点,并在运输组织方案中明确。

跨局开行时,检查周期、检修地点应与相邻局协商一致。

第 40 条 列车自动制动机试验的补充规定 (《技规》第 274、275 条)

1. 在站折返的动车组以外的旅客列车自动制动机试验要求。

(1)对在站折返的旅客列车,客列检应于列车到达后,利用本务机车进行除客列尾装置试验和漏泄试验外的列车制动机全部试验、列车总风管漏泄试验和持续一定时间的保压试验。

(2)对无客列检作业的站折列车,由车辆乘务员利用本务机车按照列车制动机全部试验的减压标准 (分别减压 50kPa、170kPa),对尾部最后一辆客车的制动、缓解状态进行确认,并核对列车管风表压力。

2. 设有地面试风装置进行自动制动机全部试验的车站,有计划停用地面试风装置时,按有关文件、电报明确的时间安排,机务段提前安排机车出库;地面试风装置故障或临时停用时,列检人员应通知车站值班员转报列车调度员,由列车调度员布置机务段,机务段提前安排机车出库。利用本务机车进行试验时,由试验人员通知司机。

3. 车站负责简略试验办法。

车站试验人员通知司机,司机常用制动减压 100kPa 并保压 1min,尾部试验人员确认最后一辆车制动后,通知司机缓解，确认最后一辆车缓解后，通知司机试验完了。

调车作业按规定连结软管后需进行简略试验时，由调车人员通知司机，司机常用制动减压 100kPa 并保压 1min，调车人员确认所需连结软管的最后一辆车制动后，通知司机缓解，确认所需连结软管的最后一辆车缓解后，通知司机试验完了。

4. 持续一定时间的全部试验的补充规定。

动车组以外的旅客列车出库前必须进行持续一定时间的全部试验，在局管内接近长大下坡道区间的车站，旅客列车不再进行持续一定时间全部试验。

有列检作业场的车站发出的货物列车运行前方途经长大下坡道区间的，在始发、中转作业时应进行持续一定时间的全部试验，列检应填发制动效能证明书交给司机；在有列检作业场的车站至长大下坡道区间间的各站始发或进行摘挂作业的列车，不进行持续一定时间的全部试验，不需填发制动效能证明书。

5. 小运转列车列检技术作业的规定。

对开行的小运转列车（含单机挂车），有列检的车站，由列检进行技术作业；无列检的车站，由车站负责简略试验。

6. 列检人员进行列车自动制动机全部试验时，应在列车尾端软管上安装试验用的标准压力表。旅客列车试验用标准压力表与最后位客车的压力表进行校对，此时，表量差不得超过±20kPa。其他列车标准压力表与规定的主管压力之差不得超过±20kPa。

7. 动车组以外的旅客列车进行列车自动制动机的简略试验时，列车自动制动机主管压力表的表量差不得超过±20kPa，列车总风管的压力表压力超过 620kPa 或低于550kPa

时应通知列检人员和机车乘务员检查处理。

8. 车辆段应根据车务段、直属站提出的计划，按季供应必要数量的制动软管胶圈，费用列车辆维修科目。

9. 货物列车、动车组以外的旅客列车自动制动机简略试验分工。

(1)货物列车自动制动机简略试验分工表。

<table>
<tr><th>顺序</th><th colspan="2">分工
作业地点和情形</th><th>货列检人员</th><th>车站</th><th>机车乘务员</th></tr>
<tr><td>1</td><td colspan="2">挂有列尾装置的货物列车</td><td></td><td></td><td>○</td></tr>
<tr><td rowspan="2">2</td><td rowspan="2">无列尾装置的货物列车</td><td>有列检作业的列车</td><td>○</td><td></td><td></td></tr>
<tr><td>无列检作业的列车</td><td></td><td>○</td><td></td></tr>
</table>

(2)动车组以外的旅客列车自动制动机简略试验分工表。

<table>
<tr><th>顺序</th><th colspan="4">分工
作业地点和情形</th><th>客列检人员</th><th>车辆乘务员</th><th>机车乘务员</th><th>车站</th></tr>
<tr><td rowspan="3">1</td><td rowspan="3">未挂列尾</td><td colspan="3">有客列检作业</td><td>○</td><td></td><td></td><td></td></tr>
<tr><td colspan="3">无客列检作业</td><td></td><td>○</td><td></td><td></td></tr>
<tr><td colspan="3">无客列检和车辆乘务员</td><td></td><td></td><td></td><td>○</td></tr>
<tr><td rowspan="5">2</td><td rowspan="5">挂有列尾</td><td rowspan="2">客列检作业站</td><td colspan="2">有客列检作业</td><td>○</td><td></td><td></td><td></td></tr>
<tr><td colspan="2">无客列检作业</td><td></td><td>○</td><td></td><td></td></tr>
<tr><td rowspan="2">无客列检作业站</td><td rowspan="2">始发、摘挂、换挂机车时</td><td>有车辆乘务员</td><td></td><td>○</td><td></td><td></td></tr>
<tr><td>无车辆乘务员</td><td></td><td></td><td>○</td><td></td></tr>
<tr><td colspan="3">其他</td><td></td><td></td><td>○</td><td></td></tr>
</table>

注：回送客车底列车的自动制动机简略试验，在有客列检的车站(场)，由客列检负责；在有货列检的车站(场)，由货列检负责；无客货列检的车站(场)，由司机负责(无法使用客车列尾装置时，图定回送客车底列车由车辆乘务员负责，非图定回送客车底列车由车站负责)。

第 41 条　车辆上翻车机前和翻卸后及进入解冻库前和解冻库后技术检查地点的规定(《技规》第 276 条)

1. 车辆段须对上翻车机车辆在翻前、卸后和进入解冻库前、解冻后进行技术检查和整修,具体技术检查作业地点在与企业签订的《铁路货车检修与技术交接协议》中明确,企业应承担车辆配件及车辆检修等费用。未经车辆段技术检查的车辆,不得进入铁路营业线运行。

2. 经解冻库解冻后的车辆,编组完了,由企业人员通知车辆检查人员,利用调车机或本务机对解冻后的车辆进行制动机性能试验,具体试验地点在《铁路货车检修与技术交接协议》中明确。

第 42 条　调整货车自动制动机截断塞门及空重位置的补充规定(《技规》第 277 条)

1. 因装载的货物需停止货车车辆制动作用时,货运部门应书面通知车辆段,由车辆段派员到场检查确认后,关闭截断塞门,按规定施封,并在货车表示牌上记明“停止制动”字样。卸车后,由卸车站货运部门负责通知车辆段派员开启截断塞门。

运行途中,自动制动机临时发生故障不能立即修复时,由司机或会同车辆乘务员负责关闭,但关门车的编挂位置不得违反《技规》规定。到达有列检作业场的车站,货物列车由司机、旅客列车由车辆乘务员通知列检人员。

关闭的自动制动机截断塞门由列检人员负责开放。列检人员开闭自动制动机截断塞门后,应及时通知车站。

2. 自动制动机空重位置的调整,由装车或卸车站的货运作业人员负责。编入列车后,列检作业时应进行检查,发现不符合规定时,应进行调整。路用列车由装卸车作业人员负责调整。

3. 货物列车在区间运行中,遇车辆自动制动机发生故障时,可关闭车辆截断塞门继续运行。若关门车数超过现车总辆数的6%或编挂位置不符合规定时,司机应报告车站值班员,可运行至前方站后再处理。

第43条 货运交接及检查的补充规定(《技规》第277条)

1. 货物列车(单机挂车)货运票据由车站和司机办理交接手续。交接应在机车处进行,具体地点《站细》中确定。

2. 交接双方应办理签认手续。车站接受时,车站在司机手册内签认。司机接受时,司机在车站票据交接簿内签认。

3. 办理交接时,由车站人员负责封固后连同列车编组顺序表在地面交于司机,司机负责携带并保存完整。交接时仅检查票据封口有无异状,其他内容不作交接。如发现封固状态损坏或有票据丢失,车站向司机交接时,应重新封固后再办理;司机向车站移交时由车站编制记录,司机签认。

4. 列车在途中发生货装等问题以及列车在站临时甩挂车辆时,车站人员应编制普通记录后启封、更改列车编组顺序表,将普通记录与票据重新封固并加盖带站名的经办人名章后交于司机。

5. 编组站、区段站(未设货检人员的车站除外),对无列检作业但停留时间超过35min的无改编的货物列车,货检人员应根据列车到发计划或车站值班员的通知;进行货检作业。

6. 货运票据的封固和交接,可采用票据封套、票据捆扎或票据袋等方法办理交接。

第44条 其他规定

1. 旅客列车在车站加油、吸污作业的补充规定(《技规》

第158条)。

在指定的空调发电车加油点和办理旅客列车吸污点所在车站,应设置加油车、吸污车走行通道,车站会同车辆单位制定车辆进出和加油、吸污作业管理办法。

2. 单管供风旅客列车编组相关规定。

(1)采用单管供风的旅客列车编挂有设置集便装置的客车时,在进行全列制动机试验前,客运乘务人员须将设置集便装置的客车厕所锁闭,开车后启用。

(2)设置集便装置的客车应尽量安排在双管供风的列车中使用,在采用单管供风的旅客列车中编挂时,配属车辆段应发电报通知相关担当机务段,并将需关闭客车厕所的车站名称书面通知担当客运段;临时加挂或换挂的由随车车辆乘务员负责通知本列客运乘务员和本务机车司机。

3. 特快货物班列车辆运行途中遇车辆空气弹簧故障时,运行速度不得超过120km/h。

4. 摘挂列车摘挂计划的布置。

(1)列车调度员应根据日班计划确定的摘挂列车摘挂计划,于列车在始发站或接续站开出前,向有关站布置。

(2)车站根据列车调度员的布置,应主动与有关作业站联系并按规定进行确报。有关作业站应及时编制调车作业计划。

5. 缺少车门的车辆编入列车的补充规定(《技规》第249条)。

(1)缺少车门的车辆(检修回送车除外)禁止编入列车。凡车辆原设计有车门的必须完备,否则不准编入列车。装卸车站,遇到车门安装不上时,应通知车辆段派人前来协助。如确实无法安装时,列入非运用车后,送车辆段修理。

(2)装车站发现缺少车门时,禁止装车。在有列检作业场的车站,应通知列检作业场;在无列检作业场的车站,应由车站报告调度所，由车辆调度员布置车辆段派员前往检查，并填发“车统-26”向车辆段回送。

(3)重车车门途中失落时，在不影响行车安全和无货物坠落可能的情况下，由车站报告列车调度员后可继续运行至前方技术站处理。

(4)缺少车门的车辆，由车辆段补装车门，其费用由责任单位负责，一时难以分清责任时，暂由集团公司垫付。

6. 企业自备机车、货车和铁路救援起重机过轨时编入列车的条件。

(1)凡进入铁路营业线运行的企业自备车辆，必须根据国铁集团颁发的企业自备车辆车种、车型、车号编码统一编制车种、车型、车号。

(2)路外企业的自备机车、货车和铁路救援起重机，在铁路营业线上运行前，须经铁路机务、电务、通信、车辆段人员进行检查，确认机车、货车、铁路救援起重机的限界和各部技术状态，均符合铁路规章的要求。并由该企业与所在铁路机务段、电务段、通信段或车辆段签订有关协议后方可办理(协议书应报双方主管部门备查)。

(3)路外企业自备货车，长期在不经过国铁列检作业场的国铁固定区段运行时，按国铁货车有关标准检查、修理，可由铁路列检作业场按铁路同性质车辆的有关规定，派人检查维修。具体办法，由自备货车所属或使用单位与所在地车辆段在协议中商定并签署协议。

(4)固定在企业内专用的自备车辆，如因特殊情况需要过轨时，须由企业通知附近车辆段或列检作业场派人进行检查确认后，方可挂运。

(5)定检到期的企业自备货车，在确保行车安全的条件下，准许顺向继续运行到企业单位（或承担检修单位）所在站。定检过期的，因检修需要，可按检修车的规定，办理回送，但须保证运行安全。

对定检过期的检修回送企业自备货车，路外企业可根据检修合同，委托所在地车辆段整修后，方准办理挂运手续。

(6)列检作业场对列车中的自备铁路货车，应与国铁货车的检查、修理范围和质量标准要求等规定一致。对自备铁路货车中的专用铁路货车（如装气体类危险货物、化工产品、放射性物品、有毒物品的铁路货车、发电列车等）只对走行、制动、钩缓、底体架通用部件进行检查维修，其他部件由车辆所属单位和承担检修单位负责。列车中的自备铁路货车装用放射性或剧毒物等危险品时，列检作业场所在车站须在列车到达前，将装用放射性或剧毒物等危险品铁路货车的车位、车号通知列检作业场值班员。

第四章　调车工作

第45条　无线调车灯显设备使用、维修及管理的规定(《技规》第282、288条)

1. 无线调车灯显设备由车务站段负责管理，制定“用、管、修”细则。

2. 固定无线调车灯显设备机车控制器的安装、拆除规定。

(1)驻站调机使用的机控器及附属设备由司机负责保管，机车入段检修前，由机务段通知车站拆卸机控器及话盒，其他固定在机车上的附属设备暂由机务部门保管。机车厂修前，机务段应提前通知车站，车站应及时拆卸所有无线调车灯显设备并在机车出厂后按原位安装调通。

(2)固定替班调机上的灯显附属设备，由集团公司指定的车站负责安装，机务段负责保管。附属设备与机控器、机控器与机车监控装置的连接由车站负责。替班调机作业完毕后，有关车站应将机控器及话盒取回。替班机车厂修前，机务段应通知负责安装的车站并安排机车到站进行拆卸。

3. 便携机车控制器的安置、连接的规定。

未安装无线调车灯显设备机车控制器的机车，担当调车作业时可使用便携机车控制器。作业开始前由调车指挥人将便携机车控制器送上机车，安置在适当位置与列车运行监控装置连接，并试验良好后方可作业；作业完了后由调车指挥人取回。

在作业中变更机车运行方向需要移动、重新连接机车控制器时，由机车乘务员将便携机车控制器移至需要位置，并负责连接。

4. 使用无线调车灯显设备调车作业的规定。

(1)使用无线调车灯显设备调车作业时应执行单一指挥的原则，指挥机车的调车指令和用语，只能由调车长发出，发现危及人身、行车安全时，其他调车人员应立即发出停车指令或用语，停车后有关人员要报告原因。

(2)信号显示(指令)必须正确及时，用语标准，吐字清晰，严格执行调车联控制度，不得用无线电台讲与工作无关的事情，严禁谈及有关军运、特运等事项。

(3)当灯显设备故障时，应停止调车作业，重新布置安全事项后，由调车长通知调车领导人、机车乘务组、调车人员，改用调车手信号作业。

(4)固定调机接班后、本务机作业前以及作业中等待间隔时间超过 1h，以调车指挥人为主，向电台使用人员逐个呼叫发讯，经对方通话和色灯显示试验良好后方可使用(固定调机作业前电台试验，由各使用单位根据具体情况确定)。调车作业中不准更换灯显电台，确需更换时，必须停车并重新试验；调车作业中遇机控器重启时，司机应通知调车指挥人，调车指挥人应重新组织试验。

第 46 条 无线调车机车信号和监控系统使用、维修、管理的规定(《技规》第 282 条)

1. 无线调车机车信号和监控系统的使用基本要求。

无线调车机车信号和监控系统(STP)是调车安全防护的辅助设备，适用于电气集中联锁(有 TDCS/CTC 设备)或计算机联锁并有平面调车作业的车站集中联锁控制区，其地面和车载设备采用无线通信方式传送信息，将获取的集中联锁车站调车作业相关信号、道岔、轨道电路区段信息进行处理，通过列车运行监控装置(LKJ)，实现对调车机车信号显示和车列速度监控。

2. 无线调车机车信号和监控系统的维修基本要求。

无线调车机车信号和监控系统(STP)地面设备修程包括维修、中修、大修，STP 车载设备修程包括 I 级修、II 级修、III 级修。设备维护管理工作主要包括：日常运维管理、工程验交管理、变更以及科研试验管理等。

3. 无线调车机车信号和监控系统的管理基本要求。

电务部门是 STP 设备维护管理的主体，车务、机务部门是 STP 运用管理的主体，STP 设备主管部门应组织制定相应管理办法，明确电务、车务、机务等部门的分工及职责、管理分界点等。

第 47 条　自轮运转特种设备调车作业指挥的补充规定(《技规》第 279、285、288 条)

1. 自轮运转特种设备调车作业(自轮运转特种设备转线除外)，由所属单位派人担当调车指挥人。

2. 自轮运转特种设备调整编组顺序、摘挂车辆作业时，使用调车作业通知单。调车作业应由配属单位调车人员负责，按车站调车领导人布置的调车作业计划进行作业，并按规定做好停留车辆防溜工作。

3. 车站不得利用自轮运转特种设备协助车站进行调车作业。

第 48 条　调车作业中对调车机车、调车作业速度及有关人员作业的补充规定(《技规》第 266、279、280、286、287、293、352 条)

1. 作替换用的调车机车及小运转机车，应指定符合规定条件的机车和熟悉车站设备及作业的司机担任。

2. 调车作业，每台机车只准由一个调车指挥人指挥。

3. 调车作业速度的规定：

(1)瞭望距离不足 100m 时，应适当降低调车速度，在空线上牵引运行时不准超过 15km/h，推进运行时不准超过 10km/h。

(2)客车外部洗刷作业通过洗车机的速度不得超过 5km/h。

(3)在设有轨道衡、超偏载检测及超限检测装置的线路上应匀速通过，正常情况下不得在检测设备上停留。通过轨道衡的速度由车站根据轨道衡的允许速度确定。

(4)其他需要限制调车速度的，在《站细》中明确。

4. 调车作业中有关人员作业的规定：

(1)扳道人员要盯计划、盯信号、盯机车车辆，认真执行“扳道四程序”。没有计划或计划不清、线路上停有压标车辆、溜放车组间隔距离不够或前慢后快有侧面冲突危险时，不得扳动道岔。遇两台机车同时接近一个进路道岔时，必须先停止一台，做好防护，再放行另一台。敌对作业未消除，不准撤除防护。

(2)信号操纵人员应根据控制台显示随时掌握机车车辆动态，按照规定的操作程序准备进路和监督作业，并在调车作业计划上逐钩抹消，防止错办误办。

(3)正常情况下不得利用单班单司机值乘列车的本务机车进行调车作业。特殊情况下必须利用本务机车调车时，须发给司机附有“示意图”的调车作业通知单；牵出作业，调车指挥人应协助司机进行瞭望。

(4)调车作业时，机车司机必须严格执行调车工作的有关规定。没有信号(指令)，计划不明，严禁动车。接到计划，准备动车。有了信号(指令),立即动车。信号(指令)不清,立即停车。

在驶向道岔前,须确认扳道人员显示的股道号码与道岔开通信号或开放的调车信号机。如机车停留地点距离道岔及调车信号机较远或因曲线关系确认信号有困难时,司机可先根据调车指挥人的信号起动,但在运行中必须继续瞭望,直至确认上述信号正确显示后,方可越过警冲标或调车信号机。

(5)在带电的接触网线路上进行调车时,作业人员身体各部位及所持信号和其他物体,必须与牵引供电设备高压带电部分保持 2m 以上距离,与回流线、架空地线、保护线保持 1m 以上距离。

第 49 条 调车区划分的规定(《技规》281 条)

1. 配有两台及其以上调车机作业的车站,应按线路配置和工作任务,划分调车区:

(1)横向划区的,两区之间应有不少于 30m 的安全距离,并须设有界标。当区界标处停有压界车时,应以压界车为界。

(2)纵向划区时,按调车机分别固定作业线路,以线路警冲标或分界道岔为界。

2. 在一般情况下,每个调车区只准一台调车机车按固定范围进行作业。

3. 划分调车区确有困难的车站或必须两台机车在同一区内作业时,可根据具体情况,制订保证安全的措施,列入《站细》。

第 50 条 两台机车同时在同一调车区或同一线路上作业的规定(《技规》281 条)

1. 在纵向划区及未划区的线路上,禁止同时在同一线路上进行对向作业。如必须办理时,应按下列规定制订联系办法,列入《站细》。

(1)在空线上,禁止在同一线路上相对方向同时推进(含单机运行)或溜放,或一端推进(含单机运行)一端溜放;

(2)在有车线上,禁止在同一线路上相对方向同时与同一车组连挂。

2. 同一调车作业区内有两台及其以上机车同时作业时,必须加强联控,车站值班员应主动与调车指挥人、司机联系确定放行顺序,放行顺序发生变化时必须联系彻底,原则上应先放行运行前方无调车信号机阻挡的机车,机车车辆未越过调车信号机,车站不得办理与该调车信号机防护进路有关的其他调车进路。

第 51 条 动车段(所)内调车作业的补充规定(《技规》第284、288、289、293、299、306、307 条)

1. 调车工作的领导及指挥。

动车段(所)的调车工作由动车所调度统一领导。

动车组自走行时不设调车指挥人,司机根据信号的显示运行;动车组无动力利用调机进行调车作业时,由车站指派调车指挥人。施工路用列车、自轮运转特种设备调车作业(自轮运转特种设备转线除外),由所属单位派人担当调车指挥人。其他调车指挥人由运输部门另行规定。

2. 计划编制及下达办法。

动车组自走行和使用公铁两用车转线作业时,由动车所调度向车站值班员下达调车转线计划,由车站值班员根据调车转线计划编制调车转线作业计划(已装备 CCS 设备的动车所除外),并交于动车所调度,经动车所调度审核签认后下达。其他调车作业计划由车站值班员负责编制、下达。

调车计划的具体编制、下达办法在《所细》内明确。

3. 调车计划变更。

(1)动车所调度变更计划。

动车所调度员需变更作业计划时,应提前通知车站值班员;车站值班员收到通知后,应重新编制调车作业计划。变更后的调车计划由车站值班员交动车所调度员审核。

(2)车站值班员变更计划。

变更动车组调车计划时,车站值班员应征得动车所调度员审核同意。

4. 调车作业速度的规定。

动车组在动车所洗车机进行外皮清洗作业时,以 3~5km/h 速度匀速通过;进行轮对踏面诊断和受电弓检测时,以 8~12km/h 速度匀速通过。动车组向有车线、尽头线调车作业,自进入该线时限速 10km/h;通过轨道桥限速 10km/h,通过不落轮镟车床、转向架更换及落轮设备限速 5km/h。

5. 动车所存车线同一股道存放两列动车组的规定。

(1)动车所存车线的有效长度(设有平过道的从平过道内侧端面起算)能满足存放 2 列 8 辆动车组的长度另加 30m 安全距离的,可安排存放 2 列 8 辆动车组(困难条件下安全距离不得少于 20m)。

(2)存放 2 列 8 辆动车组的股道,须在股道两端各设置“8 辆动车组停车位置”标、“16 辆动车组停车位置”标,并在股道中部适当位置处各设置两个方向的“8 辆动车组停车位置”标。对尽头式的股道仅在开往尽头方向设置停车位置标。

(3)需在股道中部的“8 辆动车组停车位置”标处停放动车组时,动车所调度须在编制调车转线计划中注明,车站值班员根据调车转线计划编制调车作业计划时,也须注明。在第 1 列动车组转线时,应通知司机按股道端部 8 辆位置停车。

(4)办理向停有 8 辆动车组的股道存放另 1 列 8 辆动车

组的调车作业时，车站值班员在进路准备妥当后通知司机的用语后增加“股道有车”，司机接到通知后的应答用语前增加“股道有车”。

(5)遇天气恶劣难以辨认信号调车作业时，原则上不得办理同一股道存放2列8辆动车组，遇特殊情况必须存放2列8辆动车组时，由动车所调度指派人员在存车股道相对应的动车组停车位置标处显示红色灯光。

(6)向停有8辆动车组的股道调车作业时，动车组司机应加强瞭望和确认，严格控制速度，根据作业计划确定的停车位置标停车，确保调车作业安全。

(7)遇特殊情况未按作业计划确定的停车位置标停车时，司机应通知动车所调度和车站值班员。

6. 动车组司机操纵的补充规定。

动车组在检修库内升弓前，须得到动车所调度的同意。动车组进、出检修库前，司机须与动车所联系妥当，并确认信号开放。除故障等不得已情况外，禁止办理动车组推进调车。

7. 动车所调车进路准备及确认。

(1)动车所车站值班员[助理值班员(内勤)]负责根据调车计划，排列调车进路，并与动车组司机进行调车联控。

(2)动车所的调车作业执行问路式调车。

(3)准备调车进路必须一次排列，禁止分段排列调车进路。

(4)配置CCS系统的动车所，应采用CCS系统触发方式办理调车进路。办理调车进路前，应通过CCS系统进路预览功能核对即将下达的进路与调车计划一致，确认无误再行触发。遇CCS系统故障不能正常触发进路时，可转为非常站控模式办理调车进路。

8. 动车段(所)内防溜办法的规定。

由车站调车人员担当调车作业(动车组除外)时,停留车辆防溜措施的设置和撤除由调车人员负责。

有停放制动装置的动车组防溜由司机负责。未装备停放制动装置或停放制动装置失效的动车组使用止轮器防溜,在检修库内由动车所车辆人员负责设置和撤除,检修库外由司机负责设置和撤除。

使用机车调动动车组时,由动车段胜任人员根据调车指挥人的通知,做好防溜措施的设置和撤除工作。调车人员未得到防溜设置完了的报告,不得摘开机车;未得到防溜已撤除的报告,不得指挥动车。

施工路用车辆及自轮运转特种设备需在动车所停留时,由施工(使用)单位或所属单位负责防溜措施的设置和撤除,并派人负责看守。

动车组由调车机车调移至车站停留时,动车组的防溜工作由车站调车人员负责,使用动车组上配备的专用止轮器防溜。

第 52 条 编制、传达调车作业计划的补充规定(《技规》288、289 条)

1. 调车作业计划的编制。

(1)编制调车作业通知单或调车作业示意图时,必须正确填写,字迹清楚。使用计算机编制调车作业通知单时,其内容应符合调车作业通知单格式的规定。

(2)调车作业通知单、调车作业示意图的格式规定如下:

调车作业通知单

第　号　　　　　　　　　　　　　　年　月　日

第_____次车　编组、摘挂 _____号机车　解体、站整					
顺序	股道	作业方法	辆数	代号	记事
1					
2					
3					
4					
5					
6					
7					

计划由　时　分至　时　分完成作业编制人

15—10—50×5

注意事项：

—7—10—8—10—8—15

注：不用的字抹消

此单分二种，甲式39格、局式50格，由各站根据需要向上海铁路印刷有限公司领用

______站调车作业示意图

年　月　日　　　　　　　　　　　　　　　　编制人______

停留车位置示意图：

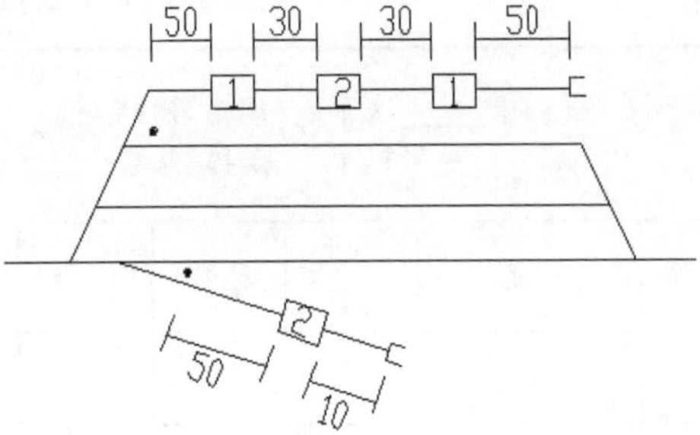

第　次车进　道计划由　时　分至　时　分完成

顺序	股道	作业方法	辆数	记事	顺序	股道	作业方法	辆数	记事
1					11				
2					12				
3					13				
4					14				
5					15				
6					16				
7					17				
8					18				
9					19				
10					20				

注意事项：

—10—70—10—10—10×5—

5—10—10—10—25—5—10—10—10—25—

注 1：示意图上应详细说明：

①停留车组相互间的距离；

②停留车距警冲标或车挡的距离；

③辆数（方框表示车组，框内数字表示辆数）

注 2：对停留车组较多，注明中间各组距离有困难时，可仅注明停留车距警冲标或车挡的距离。

注 3：岔线可不填写停留车位置示意图。

注 4：此单为 20 格，由各站根据需要向上海铁路印刷有限公司领用。

(3)车站值班员担任调车领导人时，书面调车作业计划可由助理值班员或调车长编制，但须经车站值班员审核签名后，方可交付。

(4)中间站利用本务机车调车时，调车领导人在填写调车作业示意图前，须派人检查线路和停留车位置，并根据检查人的汇报，在示意图标注停留车辆数、位置。

(5)电气化区段，使用电力机车调车应注明“电力”字样；对接触网无电的线路，在该钩相应的附记栏中注明“无电”字样。

(6)旅客列车甩挂作业，调车领导人编制调车作业计划时，须认真核对调度命令、甩挂车车号及位置，并在调车作业通知单内注明甩挂车车号。

(7)比照区段站办理的中间站调车作业时，可使用调车作业通知单；其他中间站利用驻站调机（含调小机车，下同）调车作业时，可使用调车作业通知单。

(8)列车在到达线路内拉道口、对货位、直接后部摘车、本务机车（包括重联机车、补机）摘挂及转线、企业自备机车进入站内交接线整列取送作业、自轮运转特种设备转线时，可使用列车无线调度通信设备布置作业计划（不再编制书面计划），司机必须复诵。

(9)书面调车作业计划的符号规定如下：

[+]–挂车；[—]–摘车；[→]–单组溜放；

[0]–转头；[)]–连续溜放；[⋺]–多组溜放；

[∧]–驼峰解散；[≠]–穿越正线；[G×]–三角×；

其他作业符号由车站自行规定，列入《站细》。

(10)穿越正线调车，在调车计划上必须注明穿越正线符号，中间站（比照区段站办理的除外）还须注明钩分标准。调车指挥人和司机应严格按钩分标准完成，不得延误。

2. 调车作业计划的传达。

(1)调车作业使用书面计划时,参加作业的人员必须人手一份。

(2)调车指挥人向司机和调车作业有关人员交付调车作业通知单(示意图)时,双方不必钩钩复诵,但应重点转达关键注意事项。使用无线调车灯显设备的车站,亦按上述规定布置调车作业计划。

(3)中间站下达、传达扳道员、道口员的调车作业计划,可先口头布置三钩,在第一钩作业时,由调车指挥人或其指定人员带交书面计划。

(4)使用无线通信设备传达调车作业计划时,必须有录音功能。

(5)本务机车(包括重联机车、补机)摘挂及转线作业,车站值班员使用列车无线调度通信设备布置作业计划时,应讲清机车号码或车次、股道及作业内容,并听取司机复诵。作业计划不清,司机不准动车,并及时追问。

3. 调车作业计划的变更补充规定。

(1)中间站利用本务机车调车时,变更计划须用书面布置。

(2)变更调车作业计划钩数的计算。

①增加一钩算一钩;

②减少一钩算一钩,连续减少算一钩;

③有增有减,算增不算减,不在原处要分算;

④变更同一股道算一钩(同一股道的变更一张计划只准变一次)。

(3)调车指挥人变更调车作业计划,必须取得调车领导人的同意。变更正线、到发线上的调车作业计划时,还应事先取得车站值班员的同意。变更调车线、货物线上的调车作业计划时,须取得调车领导人的同意;变更其他线上的调车作业计划时,变更后应及时报告调车领导人。

(4)调车领导人变更计划时,必须布置调车指挥人,并按规定传达。

第53条 使用人力制动机的规定(《技规》第290、298条)

1. 使用人力制动机制动的相关规定。

(1)正确选闸。

①选闸位:制动人员对分工制动的车组,应根据“六选、六不选”的原则(选标不选杂、选前不选后、选重不选空、选大不选小、选双不选单、选高不选低)选好闸位。

②选闸型:在选闸位的同时,要挑选闸型,首先选用链条闸,其次选用螺丝闸,并检查拉杆,调整闸链。

(2)彻底试闸:认真执行“一闸二试”(牵出试、停车前试)的制度,并应以牵出试为主。做到一试弹力,二听声音,三看车钩。必须确认人力制动机试验良好的“好了’信号后,方准提钩溜放。

(3)每人负责制动的辆数应在《站细》中明确。

2. 设有接触网的线路上使用人力制动机的补充规定。

(1)严禁登上棚车、家畜车或机械冷藏车(含在区间登上敞车)使用人力制动机及进行其他作业。

(2)在接触网导线距轨面高度小于6200mm的线路上,禁止登上敞车手闸台。在接触网导线距轨面高度为6200mm及其以上的线路上使用敞车人力制动机时,作业人员不准踏在高于人力制动机踏板的车帮上或货物上。

(3)对车体端墙上已涂打“接触网下操作注意安全”标记的棚车、敞车类车辆,准许使用下方人力制动机进行防溜。

3. 使用人力制动机时的注意事项。

(1)在一个车组上多人进行制动时,应听从最前方一人的指挥。

(2)使用人力制动机人员,必须在车组停妥后,方可离开。

(3)人力制动机制动中,要做到及时调速,稳准连挂。正常情况下,严禁用拧“死闸”的方法进行制动。

(4)制动完了,应将人力制动机松开(防溜除外)。

第 54 条 使用铁鞋制动的补充规定（《技规》第 290、295、296 条）

1. 铁鞋制动的基本方法。

(1)基本鞋、补鞋结合运用。

基本鞋的安放，单个车应采用双基本。安放补鞋时,对大、中车组应选车上鞋,尽量选重车和大型车。

(2)大组车(7 辆及其以上)、中组车(4~6 辆)、小组车(2~3 辆)应分别对待。

中、小组车应以基本鞋为主,补鞋为辅。进行铁鞋制动时,要做到天窗小、不连挂。

2. 使用铁鞋制动的注意事项。

(1)车体下两侧是否有下垂的门挡木、门挡簧或其他妨碍上鞋的突出物件。

(2)铁鞋底边应与钢轨头部内侧靠拢,底板与轨面平稳,防止打鞋。

(3)遇风、雪、雨、露、霜天气或线路上有油渍、盐碱等润滑性物质时,应做好防滑措施。

(4)一批作业完了后,应及时撤鞋和整理铁鞋,执行自放自取的制度。压鞋时,应按《站细》规定处理。

(5)必须执行“早出晚归”制度。做到提早到岗位,做好准备;峰上车辆未解完,峰下连结员(防溜)不离岗位(有计划的离开除外)。

对不符合计划内容及未经联系而溜入线路的车组,应采取制动措施并报告调车指挥人。由邻线连结员(防溜)协助制动时,须听从包线连结员(防溜)的指挥。

(6)对双闸瓦车、凹形车均禁止使用铁鞋制动。

(7)制动铁鞋有下列缺点之一时,禁止使用。

①支座有裂纹;鞋尖根部有横裂纹;

②底板损坏、扭曲;

③底板边缘损坏、磨耗过甚或弯曲;

④制动铁鞋底板有冰雪、油渍或盐碱等润滑性物质;

⑤支座或底板的焊接破裂或铆钉松动;立板脱焊、弯曲、倾斜或破损;

⑥没有挡板或挡板损坏;

⑦鞋尖破损、折断、翘尖、压扁或弯曲,鞋底或鞋边损坏、弯曲;

⑧鞋尖宽度超过轨面宽度;

⑨鞋尖与轨面不密贴;

⑩制动铁鞋尺寸与钢轨类型不符。

(8)禁止在下列地点安放制动铁鞋。

①在道岔区域内(脱鞋道岔除外);

②曲线的外轨上;

③有绝缘的钢轨接头前;

④非固定使用制动铁鞋的线路上;

⑤道口、平过道、人行过道上;

⑥减速器上、减(加)速顶群区内;

⑦脱鞋道岔的护轮轨部分。

3. 平面调车使用铁鞋制动时,应制订使用办法,报集团公司运输部批准并列入《站细》。

4. 工务部门对驼峰或平面使用制动铁鞋的线路和脱鞋道岔,要加强养护维修,保持钢轨接头平整,及时铲除肥边或更换钢轨。如需机车牵引由车站安排,工务负责机具、操作人员,共同组织切边工作。制动铁鞋鞋底与钢轨顶面经常保持的宽度不得超过77mm。

第55条 岔线、段管线、货物线调车作业的补充规定(《技规》第290~292、295、306条)

1. 作业联系的规定。

进入岔线、段管线、货物线调车作业时的联系办法,由车站和相关单位商定后纳入《站细》。

2. 调车作业前检查的规定。

(1)岔线、段管线、货物线调车作业前,应事先检查线路有无障碍,两旁堆放的货物是否影响安全,检修机具、装卸机具是否侵入限界,并通知装卸工作人员停止作业,撤除防护。不能事先检查时,入线前,必须停车检查。

(2)走行线不办理货物装卸作业时,调车作业可不预先派人检查,但应加强瞭望,瞭望条件困难时须适当控制速度。

利用走行线办理装卸作业时,应在货区两端设立货区牌。调车作业越过货区牌前,必须停车检查。其他安全措施在《站细》中明确。

(3)进入岔线、段管线大门(界标)前,必须停车检查。但事先已派人检查和大门确认已敞开挂牢后,根据检查人员的汇报可不停车。

3. 调车作业由岔线、段管线返回停车后起动困难的车站时,不停车进入站内的办法,在《站细》内规定。

4. 由车站担当调车任务的岔线、段管线内有两台及其以上调车机(包括企业自备机车)作业时,车站应对每台机车的作业范围、联系方法和防护措施在《站细》内规定。

5. 岔线、段管线内调车限制的机型和速度应纳入《站细》。

6. 其他事项。

(1)段管线内配有调车机车(动力)时,调车工作由该段自行负责。未配有调车机车(动力)时,取送车作业由车站负责,具体办法由站、段商定并列入《站细》。

(2)检修线调车作业比照上述规定执行。

第 56 条 调车人员作业位置和显示信号的补充规定(《技规》第 291、292 条)

1. 调车人员作业位置的规定。

调车作业时,司机原则上应在牵引车列方向的机车前端左侧操纵台操纵机车。特殊情况下司机不能在固定位置作业时,由机务段和车站协商,车站纳入《站细》。

调车指挥人在指挥调车作业时,应选择既能看见调车进路和停留车辆,又能使司机看见其显示信号的位置。遇天气恶劣或地处曲线推进车列瞭望困难时,调车指挥人可指派连结员或胜任人员在前方瞭望或中转信号。

调车人员原则上应与司机同侧作业。因人身安全或瞭望困难原因,不能在司机一侧作业时,须事先向司机及有关人员传达清楚(固定不在司机一侧作业并列入《站细》的除外)。

不在司机一侧作业且采用手信号调车时,推进调车的速度不得超过 15km/h。机车乘务组应严格执行呼唤应答制度。

2. 调车人员显示信号的规定。

(1)调车指挥人确认具备动车条件后,方准向机车显示起动信号。遇天气恶劣或地处曲线推进车列瞭望困难，调车指挥人可指派连结员或胜任人员在前方瞭望或中转信号。

(2)旅客列车、通勤列车以及折角(返)列车的机车，在车站转向挂头作业，可比照出入段本务机车挂头办理，不派调车指挥人显示起动信号和连挂车辆的有关信号。

(3)禁止使用列车无线调度通信设备指挥调车作业。

(4)推进车辆连挂时，调车指挥人应按《技规》规定的方式，向司机显示距离停留车“十、五、三、一车”的距离信号(手信号调车时一车距离信号按“一道”股道号码信号显示)。司机应根据调车指挥人显示的距离信号及带车辆数等情况按规定掌握好调车速度。夜间进行连续连挂作业，当调车指挥人确认停留车位置有困难时，对最先连挂的车组及最后不准连续连挂的车组，应指派人员显示停留车位置信号。

单机连挂车辆时，可不显示停留车距离信号，但调车指挥人应负责调整钩位，并显示连结、稍行移动、停车等信号。

第 57 条　牵引、推送车辆的补充规定(《技规》第 291~293 条)

1. 在同一线路内连续连挂作业时，如车组间隔距离不大于十车，可以不超过 5km/h 的速度不停车连续连挂（超过 2.5‰下坡道的线路除外)。连续连挂作业时，每个连结处均应检查确认，最后一组(辆)车禁止连续连挂。

2. 调车作业中不准以顿钩代替试拉。连续连挂最后一组(辆)车后、推送车辆前、连续连挂作业中连挂车组间隔超过 10 车时、编组列车及列车摘挂的最后一钩作业完了时必须试拉。

3. 在正线、到发线以及与正线、到发线接轨而无平行进路或隔开设备的其他线路上调车，停留车辆原则上应停于距警冲标 50m 以上，在其他线原则上应停于距警冲标 30m 以上。推进调车时,被连挂车组距警冲标不足50m或30m(利用本务机调车时,调车作业示意图内必须标明)时,连挂前必须一度停车,并应将道岔开通调车的线路。

4. 使用简易紧急制动阀的规定。

(1)遇下列情况之一,应配挂简易紧急制动阀:

①路用列车、救援列车以及集团公司特准的列车需在区间推进运行时;

②货物列车由区间退行时;

③向区间岔线采用推送方式取送车时;

④《站细》规定需要使用时。

(2)推进运行时,应将简易紧急制动阀接通于列车(车列)的前端(调车时,遇第一位车辆不适于登乘,可将简易紧急制动阀配挂于第二位车辆的前端)。调车人员或指派的胜任人员在列车(车列)起动前,应确认制动主管贯通状态,并进行放风试验。司机在推进运行中,应注意制动主管压力。

(3)简易紧急制动阀由使用单位指定人员负责保管和交接。

5. 在坡道上调车作业的规定。

在超过6‰坡度的线路上(驼峰、驼峰迂回线、禁溜线、牵出线除外)调车时必须全部接通软管并进行自动制动机简略试验。

第58条 调动乘坐旅客车辆及空客车的规定(《技规》第266、291~293条)

1. 调动乘坐旅客的车辆及整列空客车底时均须全部接通软管,并充风至定压。

2. 旅客列车中途摘挂车辆的规定。

(1)车站值班员(助理值班员)应事先通知客运(值班)员需进行甩挂作业的列车车次、辆数、股道、位置及注意事项等。

车站客运人员及时将有关事项转告列车长。

(2)中途站加挂客车时,由客列检将调度命令转交车辆乘务员,无客列检作业时由车站值班员指派人员转交车辆乘务员。

(3)旅客列车摘挂车辆,原则上应在始发、终到站进行。因特殊原因必须在中途站摘挂时,车站须指派干部现场重点监控,进行摘挂作业时,必须连结全部软管,在距停留车 10m 处一度停车,并以不超过 3km/h 的速度进行连挂。

3. 动车组以外的旅客列车终到时调车的规定。

(1)终到旅客列车客运作业完毕后,列车长应立即组织列车员按规定锁闭车门(便于调车人员作业的两端车门除外,下同),确认车门关闭后在列车中部与车站客运(值班)员办理签认手续。

(2)客运(值班)员与列车长办理签认手续后,应再次确认旅客乘降、行包邮政装卸作业完毕,确认完毕后应通知客运综控室(广播室),由客运综控室(广播室)通知车站值班员[助理值班员(内勤)],用语为:“运转,xx 次客运作业完毕,客运 xxx(姓名)”。车站值班员[助理值班员(内勤)]接到通知后应复诵:“xx 次客运作业完毕,运转明白”。

(3)车站值班员[助理值班员(内勤)]接到客运综控室(广播室)客运作业完毕的通知后,应及时通知调车指挥人:“×号,××次客运作业完毕”,调车指挥人应复诵:“××次客运作业完毕,×号明白”。

(4)调车指挥人接到车站值班员[助理值班员(内勤)]客运作业完毕的通知后,应指派调车人员确认车底车门关闭,站台无侵限物并具备连挂条件后,方准按规定进行作业。

4. 空调旅客列车在解编调车作业前,应通知车辆段派人摘解车端电气连接线。

5. 对装有密封风挡的客车进行甩挂作业前,必须通知车辆部门;由车辆人员负责风挡的摘解和渡板的处理,处理完毕后,通知调车人员,方可进行甩挂作业。

6. 对密接式车钩和集中供电车列调车作业时。

(1)集中供电车列的调车作业,其车辆的摘挂和软管的摘结由调车作业人员负责;其他由列检人员负责,无列检作业的由车辆乘务员负责。

(2)密接式车钩调车时,应通知列检人员(车辆乘务员)到场并打开车门,以便于调车作业。

摘车时,调车人员应确认软管及电气控制连线等装置均已摘开,并将车钩扳手扳开且固定后,方可扳动车钩、摘开车辆。

(3)使用中间体过渡车钩进行调车时,一次调车连挂客车不得超过四辆,运行速度不得超过 15km/h;中间体过渡车钩的拆装由车辆部门负责。

第 59 条 调车作业联系的补充规定(《技规》第 292 条)

1. 非集中区。

调车作业中,除连续溜放和驼峰解散车辆按《技规》第 292 条执行外,钩钩均须要道还道(机车车辆全部压岔折返时除外)。

(1)单机或机车牵引运行时,由司机要道;推进时,由负责确认进路的调车人员要道。未得到扳道人员的股道号码和道岔开通信号,不准越过警冲标(对向道岔为尖轨尖端)。

(2)要道还道时,一律出×道要×道,进×道要×道,调车进路上有两名及其以上扳道员时,应实行“人工联锁”,由靠近机车或车列的扳道员依次由近而远的要道,由远而近的还道,你扳我看,顺序复检,得到进路开通的联系信号(股道号码与“好了”信号)后,方可向司机或调车人员显示股道号码和道岔开通信号。

(3)有几个进路或出路的要道还道以及分段要道还道办法,由各站规定,列入《站细》。

(4)无扳道员管理的道岔,由调车组中指定的人员扳道和要道还道。在道岔加锁不需扳动的情况下,司机可凭调车指挥人的通知和起动信号越过道岔,但此种情况应在《站细》内明确规定。

(5)遇机车车辆压上道岔或越过警冲标时,动车前,均应执行要道还道制度。

2. 集中区。

(1)调车有关人员要时刻注意调车信号的显示状态,信号开放后因某种原因不能及时动车时,应主动与信号操纵人员联系。

(2)调车信号开放后不得任意变更。必须变更时,车站值班员[助理值班员(内勤)]应在通知调车指挥人和司机并确认停车后,方可关闭信号机。

(3)未设调车信号机或调车信号机故障停用,以及调车作业压岔、压轨道(侵限)绝缘节等原因,调车信号机不能开放时, 调车指挥人应在得到进路准备妥当的通知后通知司机。司机凭进路准备妥当的通知动车。遇调车信号机不能开放时,通知调车指挥人(司机)进路准备妥当时一并告知不能开放调车信号机号码。

(4)执行“问路式”或“指路式”调车时,应按进路、出路分段执行联控。

3. 调车进路需经过集中区和非集中区时,应分段要道还道、确认信号,具体办法在《站细》内规定。

第 60 条 尽头线、曲线调车作业的补充规定(《技规》第 293 条)

1. 尽头线应安装挡车器(设有尽头站台装卸汽车等车辆的线路除外)。

2. 尽头线停留机车车辆时,原则上应与车挡保持 10m 以上距离。

3. 尽头线调车,遇特殊情况须进入距线路终端(挡车器)10m 以内或挂取距线路终端(挡车器)不足 10m 的车辆时,必须在距线路终端(挡车器)或停留车 10m 处一度停车,通知司机,速度不超过 5km/h。

4. 除利用尽头站台装卸汽车等车辆外,不准利用尽头 10m 线路装卸作业。必须利用尽头线终端 10m 进行装卸作业时,应经过批准列入《站细》。

5. 曲线挂车时,必须在连挂前一度停车,调整好钩位,以不超过 3km/h 的速度进行连挂。

第 61 条 调动特殊车辆和车组的补充规定(《技规》第 293、295 条)

1. 装卸作业未完毕,需要调动车辆的规定。

需要调动正在进行装卸作业的车辆时,应事先联系监装卸作业的货运员,由监装卸作业的货运员通知装卸班组,停止装卸作业,并确认货车不偏载、货物无倒塌可能、车门车窗已关闭、人员机具全部撤出限界、防护信号已撤除后,方可同意作业。如有调动限制要求时,应事先通知调车领导人。

2. 调动跨装车组的规定。

中间加挂游车的跨装车组通过 9 号及其以下道岔时不得推送调车;遇设备条件不容许或尽头线必须推送时,推进速度不得超过 5km/h。

3. 调动装有超限货物车辆的规定。

(1)调车领导人应根据调度命令或货运单据规定的条件和经过线路附近的建筑物与设备的限界,相邻线路的线间距离以及在邻线上停留的超限车等情况,布置调车作业计划的同时布置注意事项。

(2)调移超限车时,超限车与邻线车辆之间的距离,不得小于 350mm。

(3)超限车的任何超限部位与建筑物或设备之间的距离不得小于 100mm。如小于 100mm 时,原则上不得办理调车作业。

4. 调动危险货物车辆的规定。

调车指挥人于作业前须将计划及注意事项通知司机,挂车前应派人检查防溜措施,并通知押运人员注意。挂车时严格掌握速度不得冲撞;在指定的线路上摘解上述车辆时,按《站细》规定做好防溜措施,牢靠固定。

车站与洗罐站、油库线等企业签订安全协议,规定调车机作业区域及安全措施。

5. 调动其他车辆的规定。

(1)调动装载标有 GW 货物车辆的规定。

①调动装载 GW 货物车辆时,必须在调车指导(无调车指导的车站为业务熟练的干部)的监督下进行。作业前由调车区长或车站值班员通知监督人员。

②装载 GW 货物的车辆禁止溜放调车。向停留装载 GW 货物车辆的线路溜放其他车辆或推送车辆时,必须留有 10m 以上的距离,严禁溜放连挂。

③机车或者机车带有其他车辆接近、连挂标有 GW 的车辆,或者机车带有 GW 车辆与其他车辆连挂时,必须在距离停留车十车处一度停车,接近被连挂车辆时,以不超过 3km/h

的速度连挂。

④调动装载GW货物的车辆时，须连结不少于1/5车辆的软管。

(2)调动故障车的规定。

调动需要限速运行的故障车时,列检应及时书面通知车站调度员(未设车站调度员的为调车区长,未设调车区长的为车站值班员),必要时派人监督运行,调车作业计划中须注明限速值。

(3)检修车、机械冷藏车及客车入段整备取送作业的补充规定。

①检修车、机械冷藏车应定时取送,并纳入日(班)及阶段计划。送车时不得夹杂非检修车(车辆段、站修线的卸车除外)。送往站修线的车辆,应按联劳协议的规定拉口。

②洗刷旅客列车外部时,通过洗车机之前,客运部门应关闭门窗、卸下餐车侧门防护栏。

(4)调动专运、公务及特种用途车辆的补充规定。

①连挂此种车辆或带此种车辆在接近连挂车辆前必须一度停车,并通知车内人员注意。调车速度,不得超过10km/h。

②调动前必须全部接通软管并进行自动制动机简略试验。

③禁止溜放。

④由车站负责干部在现场组织指导。

(5)机械冷藏车调动的规定。

①机械冷藏车需摘挂作业时,调车人员应与机械冷藏车乘务组联系,并在机械冷藏车乘务组同意、指导下进行。

②机械冷藏车组禁止在驼峰上进行编解作业和溜放作业。需要通过驼峰时,由调车机车送到停放地点,过峰速度不

得超过 7km/h。

③机械冷藏车组必须整组编挂(机械车与冷藏车须按车组顺号连挂在一起),不准分解运行。

④须对机械冷藏车组分钩作业时,车站应于分解作业前、连挂后及列车始发前通知乘务组。有关保温装置的分解和连挂,由机械冷藏车乘务员进行,并以停车信号防护。车组每次解结技术作业时间为 B16、B17 型 40min,其他型 15min。

⑤机械冷藏车组在同一车站内进行解体、分段装卸作业时,机械车与冷藏车分段距离应不超过 300m,装车完了后,应尽快连挂在一起。

(6)调车作业时,客车与平车、平集共用车以外的货车连挂时,不得与货车有人力制动机端连挂;客车与平车、平集共用车人力制动机端连挂时,平车、平集共用车的人力制动机不得使用,并应处于非工作状态。

(7)调动乘坐有旅客的车辆时,接近被连挂车辆前应一度停车。调动工务动态轨道检查车应按调动乘坐有旅客的车辆的要求办理。

(8)折棚风挡客车调车作业的有关规定。

①车辆不得与其他风挡车辆连挂使用。当折棚风挡车辆因回送或试车等原因必须与非折棚风挡车辆或机车连挂时,由车辆人员负责检查、确认折棚风挡是否处于摘解状态,必要时应采取措施,以保证运行安全。

②车辆摘挂时,风挡的摘解和连结工作由车辆人员负责。

③车辆检修后,必须使风挡处于摘解状态。

④车辆调车作业前,车辆人员必须到场拆除折棚风挡和摘解电气连结线,调车人员必须确认车辆人员上述作业完毕后,方可进行摘解作业,车辆连挂前必须得到车辆人员准许。

⑤车辆相互连挂后,车辆人员必须确认风挡连结无误。

第62条 溜放调车和驼峰解散车辆的补充规定(《技规》第294、296条)

1. 溜放调车的限制。

(1)下列情况禁止溜放调车。

①机车前后挂有车辆时,推进的车辆只准一次溜完(推峰解散车辆时除外)。因设备条件特殊,执行有困难的车站,应制定安全措施,并列入《站细》。

②有附挂机车(铁路救援起重机)时,禁止溜放(推峰解散其他车辆时除外)。

③人力制动机不良的车辆(使用铁鞋、减速顶、缓行器制动除外)。

④岔线、段管线调车(车辆段负责调车时除外)。

⑤车辆带风时。

⑥装有长轨的车列不得溜放和通过驼峰。

⑦停有装载特种货物车辆的线路。

(2)在正线上禁止溜放作业,编组、区段站在到发线以及与其衔接而未设隔开设备的线路上溜放作业时,应制定安全措施,并列入《站细》。

(3)在无人看守的平过道的线路上溜放时,溜放车组不准越过平过道(驼峰解散及临时派人看守时除外)。

(4)调动军用车辆时,能否溜放,按货运单据或军用部门的通知办理。

(5)未配有调车机车的集中联锁车站,在无平面溜放调车电路的集中区不准进行溜放作业。配有调车机车的集中联锁车站,需在无平面溜放调车电路的集中区线路上溜放作业时,必须认真执行以下措施:

①仅限单组溜放，溜放进路上的调车信号必须一次开放。

②车站值班员、助理值班员（内勤）应认真确认控制台上的调车进路。

③在溜放作业中，遇控制台上出现进路白光带不灭灯或调车信号机不能自动关闭解锁时，必须确认现场调机动态，在道岔区段无机车车辆移动的情况下，方可使用区段人工解锁按钮。货物线能否溜放调车，在《站细》内规定。

(6)禁止放风制动。

(7)对货运票据记载有“禁止溜放”及“限速连挂”的车辆，应在调车作业通知单上注明标记。如发现错插、未插或漏拔时，应由车号员查对货运单据或核对现车后，及时纠正，并报告调车领导人。

2. 机车车辆通过驼峰的规定。

不能通过限界检查器的机车车辆，禁止通过驼峰。

3. 自动化驼峰溜放调车的规定。

自动化驼峰驼峰信号含义和溜放速度的规定、解散车组前后距离、驼峰作业楼作业办法、过峰车辆限制、禁止溜放车辆、推峰速度要求、牵出线作业方法和要求等事项，应在《站细》内明确。

4. 连续溜放、驼峰解散作业提钩的规定。

(1)驼峰解散车辆，遇前组车使用人力制动机制动，后组车铁鞋制动或人力制动机制动，以及平面溜放，遇前组车使用人力制动机制动，后组车铁鞋制动时，应于前组车进入分歧道岔警冲标内方后，后组车方可提钩。

(2)连续溜放、驼峰解散作业，要根据车组走行情况，正确掌握车组间隔距离。

第 63 条 调车作业连结软管的补充规定（《技规》第295

条)

1. 下列情况必须全部接通软管:

(1)经由 6‰以上的坡道(驼峰、驼峰迂回线、禁溜线、牵出线除外)时,应连结车列的全部软管。

(2)调动乘有人员(押运人除外)的车辆(推峰除外)、5 辆及其以上空客车(简易客车除外)以及向旅客列车进行摘挂作业时,应连结全部软管。

(3)跟踪出站调车或以推进方式越出站界调车时。

2. 其他情况调车作业连结软管的规定。

(1)转场或向岔线取送车辆,经由超过 2.5‰坡度的线路(驼峰、驼峰迂回线、禁溜线、牵出线除外)时,应按下列规定连结软管:

①经由 2.6‰至 4‰的坡道时,应连结不少于车列的三分之一软管。

②经由 4.1‰至 6‰的坡道时,应连结不少于车列的二分之一软管。

执行上述规定确有困难及带车 11 辆及其以上的转场调车连结软管的数量由车站与机务段共同商定办法,列入《站细》。

(2)以解散作业为目的的牵出不连结软管,此时,应严格控制速度,具体控制速度由车站与机务段商定后,在《站细》中明确。

(3)其他情况是否需要连结软管及连结软管的数量在《站细》内规定。

第 64 条 手推调车的补充规定(《技规》第 298 条)

1. 在正线、到发线及超过 2.5‰坡度的线路上确需进行手推调车的批准部门和批准手续。

在正线、到发线及超过 2.5‰坡度的线路禁止手推调车

(经集团公司运输部批准的到发线兼货物线除外)。车站应根据实际情况制定安全措施纳入《站细》。

2. 其他特殊规定。

(1)在同一线路上,距离不足50m的两车组禁止同时移动(反向除外)。

(2)手推调车仅准许在本线内移动,停留车辆距警冲标不足50m时不准手推调车。

(3)禁止在不同线路上向同一道岔方向手推调车。

(4)推车人员应在车辆两侧地面上推动车辆,禁止站在站台上推车,禁止在轨面高于地面0.4m及以上的线路上推车。

(5)装载剧毒品、放射性物品的车辆和空客车、特种用途车、乘坐旅客的车辆,禁止手推调车。

(6)手推调车时,每批作业不得超过重车一辆或空车两辆,并应连挂在一起,前行车组未停妥之前,后行车组不得移动。

(7)浓雾、暴风雨雪以及夜间无照明时,禁止手推调车。

(8)手推调车时,须经下列人员准许:

①在到发线兼货物线和向能进入接发列车进路而无隔开设备或脱轨器的线路手推调车时,应得到车站值班员的书面准许,使用手推调车申请单(内容包括日期、股道、辆数、移动方向、移动距离、起讫时间、制动人员、申请人和准许人签名)。

②在调车线、货物线、岔线及其他线路上手推调车时,应得到调车领导人的准许。在货物线或岔线内手推调车时,还应得到有关货运员准许后进行。

(9)手推调车时,货运员应到场监督。车辆移动后,货运员应将车辆停留位置及时通知调车领导人。

(10)手推调车时,应由申请人指派胜任人员负责人力制动机制动工作。

第 65 条 接发旅客列车时调车作业的补充规定(《技规》第 301 条)

1. 限制调车作业的时机。

接车–自进站(进路)信号机开放时起,至列车整列停妥为止;

发车–自出站(进路)信号机开放时起(无出站信号机或出站信号机发生故障时,为发车进路准备妥当时起)至列车整列出站为止;

通过–自进站(进路)信号机开放时起,至列车整列出站为止。

2. 进路的范围。

接车进路–由进站信号机起至接车线末端计算该线路有效长度的警冲标或出站信号机为止的一段线路;

发车进路–由列车前端(有中岔时为列车后端)至相对进站信号机或站界标止的一段线路;

通过进路–为该列车通过线的两端进站信号机或站界标间的一段线路。

3. 接发旅客列车时,调车作业与旅客列车进路能起隔开作用的道岔必须开通至隔开位置。

4. 接发旅客列车时,与接发列车进路没有隔开设备或脱轨器的线路,向能进入接发列车进路的方向,不准调车,但在出站(进路)信号机显示红色灯光、调车信号机关闭或扳道员在调车作业的线路末端警冲标内方以停车手信号防护后,下列情况准许调车(自轮运转特种设备除外):

(1)为列检进行技术检查,到达本务机车在本线路内向前移动时;

(2)在符合相对方向同时接车的条件下,列车尾部未进入警冲标停车,向前移动时;

(3)本务机车按下图情况向本列车连挂时,准许挂头(办理旅客列车通过时禁止办理);

①接车时。

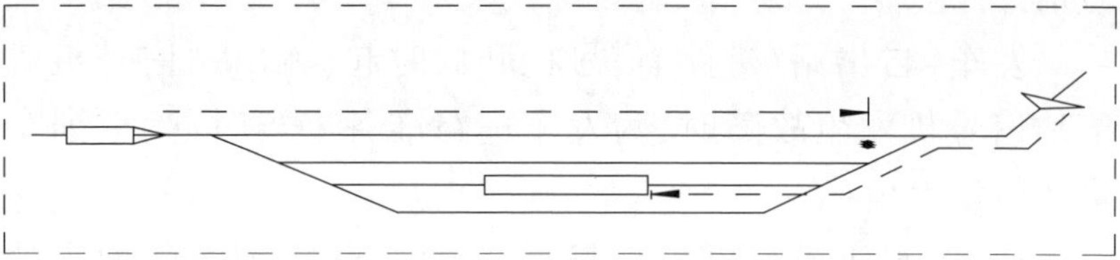

②发车时。

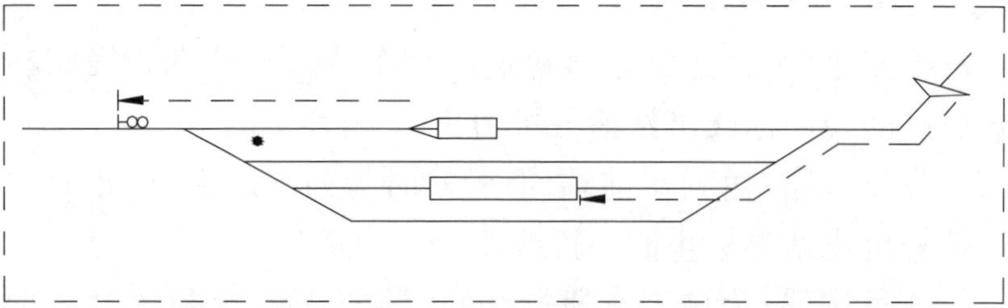

(4)徐州、蚌埠、阜阳、合肥、南京、上海、上海南、杭州、金华普速场为机车换挂作业繁忙的车站, 接发旅客列车时,准许本务机车向能进入接发列车进路的方向进入股道转线(办理旅客列车通过时禁止办理),但应执行以下安全措施:

①车站值班员在排列进路前应预告司机邻线接发客车、股道中部停车,在听取司机复诵后方可准备进路。向同一股道放行多个机车时, 车站值班员应通知后续司机注意瞭望。股道内的机车如需后退时,须征得车站值班员的同意。

②司机接到车站值班员通知后应复诵,并操纵机车在股道中部停车,不得侵入股道阻挡信号机前方 200m。有车线时,

与前方机车保持不少于10m的安全距离停车。

(5)在与旅客列车进路无法隔开的情况下,准许徐州、合肥、上海、上海南站使用调机牵出进行客车底转线作业以及上海南站办理动车组转线作业(旅客列车通过时禁止办理),但应执行以下安全措施:

①车站值班员在排列进路前应预告司机邻线接发客车、股道中部停车,在听取司机复诵后方可准备进路。

②司机接到车站值班员通知后应复诵,并操纵机车(动车组)在股道中部停车,不得侵入股道阻挡信号机前方200m。

③具备调车条件后,车站值班员通知司机准许调车,司机复诵后,可继续按计划进行调车作业。

第66条 越出站界调车作业的补充规定(《技规》第302条)

1. 出站调车通知书应由车站值班员填发交给司机。如机车距车站行车室较远,可由车站值班员指定的助理值班员、调车指挥人按照车站值班员的指示填写,确认无误后交给司机。

2. 越出站界调车时,在有效时间内不受次数的限制。有效时间内通知书未收回时,不得办理区间开通手续。调车完毕后,应立即将返回时间通知邻站,并与邻站办理区间开通手续。一批作业尚未终了而回站等候放行列车时,应收回通知书,再作业时,须重新办理越出站界调车手续。

3. 两端站的车站值班员在办理出站调车手续后,应揭挂表示牌。调车完毕后,调车指挥人须向司机收回通知书,并及时注销,报告车站值班员办理区间开通手续,摘除表示牌。凭口头通知越出站界调车完了后,须立即向车站值班员汇报。

4. 越出站界调车时,不准将车辆停放在区间,不得越过区间第一架通过信号机；区间未设通过信号机时，不得越过相邻车站(线路所)的进站(通过)信号机。

5. 向区间内的岔线取送车或在区间内装卸车时，严禁按越出站界调车办理(另有规定者除外)。

6. 单线自动站间闭塞区间越出站界调车时，须有停止基本闭塞法的调度命令并发给司机出站调车通知书。

7. 调度集中区段，在车站调车操作方式下，正方向越出站界调车时，车站必须提前向列车调度员提出调车作业申请，经列车调度员同意后方可办理。

8. 跨进站信号机装卸路料时，可按越出站界调车办理。

9. 越出站界调车，填写《出站/跟踪调车通知书》时，应划去“跟踪”两字。

10. 助理值班员、调车指挥人填写出站调车通知书时，“车站值班(扳道)员”栏应填写“助理值班员(调车指挥人)×××”，并将“车站值班(扳道)员”字句抹消。

11. 在需要办理越出站界调车的进站信号机内方适当地点的线路枕木上设置站界警示标志，由工务部门涂涮醒目的黄色油漆，具体需设置的车站、地点，由机务部牵头运输、工务部研究确定。

第67条 跟踪出站调车作业的补充规定(《技规》第303条)

1. 跟踪出站调车的特殊规定。

(1)跟踪调车通知书应由车站值班员填发交给司机。如机车距车站行车室较远，可由车站值班员指定的助理值班员、调车指挥人按照车站值班员的指示填写，确认无误后交给司机。

(2)使用跟踪调车通知书，在有效时间内不受次数限制。

(3)因地形地物影响,调车有关人员在站内看不见先发列车尾部越过预告信号机或预告标时,车站应查定列车自车站出发到列车尾部越过预告信号机或预告标所走行的时间,作为跟踪出站调车的时间间隔,并纳入《站细》。

(4)跟踪出站调车时,应揭挂表示牌。

(5)跟踪出站调车,禁止办理推进作业。

2. 下列情况禁止跟踪调车:

(1)单线自动站间闭塞、双线自动闭塞区间。

(2)前行列车为特运、旅客、军运列车。

(3)无预告标,无预告、接近信号机或集中联锁车站第一离去表示灯因故不能显示时。

3. 出站方向区间内有瞭望不良的地形或有长大上坡道禁止跟踪出站调车的站名表见附表3。

4. 填写《出站/跟踪调车通知书》时,应划去“出站”两字。

5. 办理跟踪出站调车,在取得邻站车站值班员的承认号码后,应登记邻站承认的电话记录号码。

6. 助理值班员、调车指挥人填写跟踪调车通知书时,“车站值班(扳道)员”栏应填写“助理值班员(调车指挥人)×××”,并将“车站值班(扳道)员”字句抹消。

第68条 防止车辆溜逸的补充规定(《技规》第306条)

1. 编组站、区段站到发线、调车线停留车辆防溜的规定。

编组站、区段站和《行规》指定比照区段站办理的车站,对有坡度的到发线、与正线和旅客列车到发线无法隔开的到发线上停留的车辆、待发待解的车列、中转停留的车列及调车线停留的车辆必须采取防溜措施,具体防溜措施由车站制定并纳入《站细》。

2. 作业量较大的中间站执行《技规》有困难时停留车辆

防溜的规定。

《行规》确定的作业量较大的中间站,正线、到发线及与正线和到发线无法隔开的线路上停留的车辆必须按《技规》规定采取两端两种防溜措施,具体的防溜方法以及其他线路的防溜措施由车站制定并纳入《站细》。

3. 确定作业量较大中间站的原则。

配备驻站调机或日均调动辆数大于300辆或日均调车钩数大于30钩的中间站可定为作业量较大的中间站。

4. 具体防溜办法见附件2。

第69条 其他规定

1. 使用电力机车调车的补充规定(《技规》293条)。

(1)在设有手动隔离开关的线路调车作业时,调车人员须确认手动隔离开关开闭状态后方准作业,避免将电带入无电线路。

(2)在接触网终点附近作业时,应与接触网终点标保持不少于10m的安全距离停车。

(3)当利用正线调车而区间停电时,调车计划中应注明"区间停电"字样。如接触网电分段(分相)在站内时,应使机车距接触网电分段(分相)不少于10m处停车,以免将电带入区间。

2. 越区(转场)作业的联系办法(《技规》第281条)。

(1)越区(转场)前,调车领导人须先将越区(转场)的时间、地点、辆数及有关事项,与进入(经由)区(场)的调车领导人联系,取得同意后,向本区(场)的有关人员布置。进入(经由)区(场)的调车领导人,在同意邻区(场)越区(转场)后,应及时向本区(场)有关人员布置。

(2)扳道长(扳道员)、助理值班员(内勤)应按本区(场)调车领导人的布置,停止相抵触的作业,并准备好进路。

(3)越出区(场)的扳道长(扳道员)、助理值班员(内勤),在接到进入区(场)的扳道长(扳道员)、助理值班员(内勤)进路已准备妥当的通知后,方可通知本区(场)调车长指挥机车越区(转场)(单机进入场间联络线等待时除外)。

(4)划区(场)的车站,不论有无固定信号设备,应根据车站具体情况制订越区(转场)作业的联系和防护办法,列入《站细》。

3. 调车作业标准的补充规定(《技规》第279、280条)。

为保证调车工作的顺利进行,调车作业应按国家标准《铁路调车作业》执行,调车组应建立下列制度:

(1)对号交接班制度:按《站细》规定的交接班内容,对号交接线路存车辆数、停留车位置、调车工具、防溜器具和有关注意事项。

(2)作业前准备制度:按规定试验好无线调车灯显设备;每批作业前,要布置好计划,检查好线路和存车,分配好制动人员,以及做好拉风、摘管、选闸、选鞋等准备工作。

(3)分工包线制度:按分工包线检查线路、存车、车辆防溜和进行制动等工作。

(4)调车工具管理制度:对铁鞋、叉子、无线调车灯显设备等调车工具,要放置固定地点,专人负责保管。

(5)联劳协作制度:参加调车作业的人员,在工作中要相互协作,搞好联合劳动。

(6)班后总结制度:每班工作完毕后,要及时总结本班生产和安全以及红旗交班情况。

4. 借用固定线路的规定(《技规》第280条)。

(1)临时借用固定线路,一般应在该批作业完毕后,恢复固定使用,最迟应在交班前恢复。执行有困难的车站,在《站细》内补充规定。

(2)因借用固定线路而变更原计划的线路停留车顺序时,必须事先得到调车领导人的同意。

5. 工程、工务单位调车工作的规定。

(1)工程、工务单位的调车作业,由本单位机车和调车人员负责进行。在本单位确无机车的情况下,可联系有关站或报请集团公司安排机车,但调车指挥和作业仍由本单位负责。如确有困难时,报告集团公司作出安排。

(2)工程、工务单位的调车人员,须委托车务段、直属站进行培训,经考试鉴定合格后,由工程、工务单位任免。

(3)有关调车作业计划的编制与传达,调车作业的指挥和车辆交接办法,线路长度、坡度和速度,对停留车辆的防溜措施,以及利用工程、工务单位机车协助车站调车等办法,应由工程、工务单位与车务段、直属站共同签订协议,报集团公司备案;属长期性作业的,应列入《站细》。

6. 企业、工程单位机车在车站作业的规定。

(1)企业、工程单位的车辆,应在车站固定的线路上进行交接。有关交接地点、交接办法,以及企业、工程单位机车进入车站作业时,调车作业计划的布置、调车作业的指挥、调车速度、指定的作业线路等,应根据具体情况,由车务段、直属站与企业、工程单位根据集团公司的过轨批复签订协议,并列入《站细》。

未签订协议,禁止企业、工程单位机车进入车站作业。

(2)企业、工程单位机车在车站作业时,应受车站调车领导人统一领导,并由车站调车领导人亲自编制和布置调车计划。

(3)企业、工程单位机车在车站禁止溜放作业。

7. 一级易燃液体装卸场所调车的补充规定（《技规》第293条）。

(1)使用电力机车时,禁止在上述场所换弓;使用内燃机车时,不准在上述场所停机发动。

(2)车站应与企业单位共同研究,制订安全措施,列入《站细》。

(3)未设固定场所装卸车时,除按上述规定执行外,并应在调车前通知司机。

8. 天气恶劣难以辨认信号时的调车作业办法。

遇天气恶劣，在100m看不见调车手信号或在驼峰上看不见峰下分歧道岔时,除按《技规》和有关规定执行外,应按下列规定进行调车作业:

(1)由车站值班站长(无值班站长的车站为调车领导人)根据调车指挥人、司机或调车区长的报告发布命令改按本办法进行调车作业。

(2)手信号调车作业中,使用听觉信号辅助。

(3)平面调车,不准溜放调车,并以遇到阻碍能随时停车的速度进行作业。

(4)调车信号机开放后,除遇有危及人身或行车安全情况外,禁止变更。

(5)不准以口头方式变更调车作业计划(自动化驼峰调车解散作业除外)。

(6)在纵向划区、横向划区或不划区的线路上,都不准两台机车在同一线路上进行调车作业。

(7)驼峰作业,峰上解散一钩以后,必须得到该车组已过分歧道岔,或同线隔钩车,须接到前行车组已入线停车的报告后,峰上方可继续提钩解散(自动化驼峰除外)。

(8)连挂车辆或在尽头线上作业,应距停留车辆或车挡不少于30m处一度停车。

(9)在较长的岔线上取送车时,须接通全部软管,并在推进车列的前端配挂简易紧急制动阀。

(10)设有驼峰的车站和使用无线调车灯显设备的车站,应根据具体情况,制订保证安全的措施,列入《站细》。

9. 机车出入段的补充规定(《技规》第292条)。

(1)附挂列车的过段机车,不能随本务机车入段又无线路指导人员添乘时,应由车站派人领车。

(2)出入段机车附挂车辆时,按调车作业办理。

(3)机务(折返)段与车站应明确划分管界,由机务(折返)段负责设立一度停车标(集中联锁车站以调车信号机为界),未得到对方许可,禁止机车车辆越过。

(4)站、段衔接处的扳道房扳道员,应将出入段机车型号、担当车次、时分,记入机车出入段登记簿及司机报单内,并报告机务(折返)段和车站值班员。

(5)机车出入段时,进路上有关扳道员应显示机车出入段道岔开通信号(在机车越过显示地点后收回),靠近机车的扳道员,在显示出入段道岔开通信号前,并应显示股道号码信号。段内集中区凭调车信号机的显示运行。

(6)电力、内燃共存的机务(折返)段,站、段应共同商定机车出入段的具体联系方法,以避免进路安排错误。

(7)机车出入段的具体办法,由站、段共同商定,并列入《站细》和《段细》。

10. 关于编组站、区段站、比照区段站办理车站和作业量较大的中间站的规定。

(1)徐州北、阜阳北、芜湖东、南京东、乔司、南翔站为编组站，金华东、宁波北、蚌埠东、淮南西、青龙山、合肥东、海安、云台山、南京北站为区段站。

(2)上海、南京、蚌埠、合肥、杭州、上海南、何家湾、北郊、闵行、南星桥、杭州北、苏州西、无锡南、金华普速场、镇江东、南京西、常州、阜阳、徐州、杨屯、张庙、青町、新沂西、绩溪县、长兴南、裕溪口、铜陵西、马鞍山站比照区段站办理。

(3)杨浦、桃浦、六安普速场、撮镇、桥头集、衢州东、无锡西、新桥、苏州普速场、昆山、义乌西、宿州、丹阳东、煤山、萧山、诸暨东、中华门、芜湖普速场、黄山、皋埠、上虞、余姚西、浦镇、兴卫村、栖霞山北、龙潭、奔牛、戚墅堰普速场、松江、嘉兴东、龙游东、上铺、梅桂营、钱清、宁国、港口镇、古雄、峨桥、田家庵、巢湖西、张集、新安江、无锡北、贺村、殷行、杨行、千岛湖南、功塘、巷口桥、广德、毛耳山、八里湾、光新路、怀宁、安庆北、桃花店、合肥北、颍南、百善、濉溪、芦岭、袁北、南通、盐城北、铜山、徐州西、前亭、邳州、新沂、连云港东、连云港普速场、连云、宁波东、北仑、金华南、竹马馆、新安江南、萧县、闸河、涡阳、年家岗、庄桥、中埠、周泾巷、水东、滁州北、夏邑县、虞城县、贾汪、青山泉、吴集、湖州西、尧化门为作业量较大的中间站。

(4)遇新增或变化时，由集团公司运输部牵头研究确定并公布。

11. 停留、存放机车车辆的补充规定。

(1)正线上不应停留车辆(尽头式车站及图定不办理通过作业的正线除外)。

(2)待发列车后部存放机车、车辆或自轮运转特种设备时的处理办法。

①需在待发列车后部存放机车、车辆或自轮运转特种设

备时(包括在列车尾部摘下的车辆),对有列检作业的列车,应距列车30m及其以上。无列检作业时,可少于30m。如不足10m时,应在发车前派人监护或提钩。

②发车进路准备妥当后,在列车后部的机车、车辆或自轮运转特种设备,除反向牵出外禁止移动。

③车站(助理)值班员应口头通知或用列车无线调度通信设备通知列车司机,起动时不得后退。

④站内停车起动困难的车站,除发出不超过限制吨位的列车、单机或自轮运转特种设备外禁止办理。

⑤需在同一线路上停放两列待发列车时,应制订安全措施,并列入《站细》。

12. 调车作业时应特别注意的事项(《技规》第291条)。

(1)调动破损的机车车辆有危及行车安全的可能时,应根据有关段提出的要求进行调车。

(2)调动军用车辆时,并应按照军运部门的要求办理。

(3)在进站信号机外制动距离内进站方向有超过6‰的下坡道,而接车线末端无隔开设备的线路上接车时,其延续线路上禁止调车作业。

(4)推峰前,调车指挥人应确认车列试拉良好,并在推峰准备工作完毕后,方可向司机显示起动信号。司机根据调车指挥人显示的起动信号动车,并按驼峰信号机(包括驼峰辅助信号机和驼峰复示信号机、驼峰机车移频信号)的显示进行推峰作业。作业中,司机应确认驼峰主体信号(包括驼峰辅助信号机和驼峰复示信号机),确认不到时,可按驼峰机车移频信号显示的进行推峰。无法确认驼峰主体信号且驼峰机车移频信号显示故障时的作业办法在《站细》中明确。

(5)侵限绝缘相邻的道岔区段,禁止停留机车车辆。对设有侵限绝缘轨道电路处所,控制台操纵人员必须认真确认机车车辆停留位置并确认进路开通正确,遇机车车辆压侵限绝缘时禁止办理与侵限绝缘有关的交叉进路。

需经由侵限绝缘相邻的道岔区段办理平行进路时,原则上不准采用道岔单独锁闭方式准备进路;确需使用道岔单独锁闭方式准备进路时，应确认邻线上防护道岔处于规定位置。

(6)机车越过调车信号机而未压上轨道绝缘,调车信号机仍能开放时，调车指挥人在确认调车信号机正确开放后，应通知司机并显示动车信号。

(7)驼峰集中联锁区,调车车列越出调车线路表示器,而未越过调车信号机时，由调车指挥人通知司机股道开通情况,司机确认调车信号机开放后动车。

(8)国铁接轨站接发列车时,与接发列车进路没有隔开设备或脱轨器的线路，不准向能进入接发列车进路的方向接入非国铁控股合资公司、地方铁路、专用铁路及铁路专用线方向由企业自备机车担当(担当国铁线路牵引任务的机车除外)的列车和调车车列(含单机,本款下同);接入担当国铁线路牵引任务的非国铁控股合资公司、地方铁路、专用铁路及铁路专用线机车担当的列车和调车车列时,按国铁有关规定执行。

非国铁控股合资公司、地方铁路、专用铁路及铁路专用线的机车在国铁接轨站调车作业,应在《站细》规定的作业区域内进行。特殊情况下,确需在站内其他线路上作业时,应经车站值班干部同意,并通知司机有关注意事项。

非国铁控股合资公司、地方铁路、专用铁路及铁路专用线的机车在国铁接轨站调车作业时,原则上不得穿越、占用正线。确需穿越、占用正线作业时,应在协议中明确安全措施并纳入《站细》。

除担当本列取送作业和在交接场(线)内与正线、到发线有隔开设备时的调车作业外，原则上不使用非国铁控股合资公司、地方铁路、专用铁路及铁路专用线的机车担当国铁车站的其他调车作业。确需使用的,须经集团公司批准,作业中应由国铁车站调车人员负责指挥和调车作业，无论作业钩数多少均需使用调车作业通知单，在中间站应使用有示意图的调车作业通知单(示意图可另附),并应使用无线调车灯显设备。

13. 动车组车底在车站过夜存放的规定。

(1)动车组车底在车站到发线过夜存放时,按规定采取防溜措施后,司机方可降弓并报告车站值班员;次日升弓前,司机应征得车站值班员同意,升弓完毕后,方可按规定撤除防溜措施。

(2)随车机械师应按规定做好动车组车底在车站无动力停留期间蓄电池断开工作,以防亏电。

(3)在天气预报气温降至0度及以下,存放动车组车底夜间需按规定打温时，由动车段提前3天提报打温计划申请(具体申请内容及操作流程由车辆部明确),供电单位提报施工维修日计划申请时,应根据打温计划调整需接触网停电的施工维修时间。

影响动车组升弓取电的接触网维修天窗时间不得超过2h。动车组随车机械师每次升弓打温前,须向车站申请,并征得同意后,方可升弓取电;防冻打温完毕降弓后,应立即向车站报告。

第五章　行车闭塞

第 70 条　行车闭塞法的补充规定(《技规》第 309、314、315、317、319、320 条)

1. 禁止采用隔时续行办法组织行车。

2. 衔接高速铁路的普速铁路车站向高速铁路发出列车的行车凭证。

普速铁路车站(线路所)向高速铁路车站(线路所)发出列车时,有关行车凭证按普速铁路规定执行;高速铁路车站(线路所)向普速铁路车站(线路所)发出列车时,有关行车凭证按高速铁路规定执行。

3. 集团公司根据需要规定的特殊情况的行车凭证。

(1)自动闭塞区段线路所通过信号机故障时,列车司机凭线路所绿色许可证出发。线路所绿色许可证可由上海铁路印刷公司印刷,格式如下:

许　可　证　　　第____号
1.在线路所通过信号机故障的情况下,准许第______次列车通过。
2.在出站信号机故障、头部越过出站信号机的情况下,准许第____次列车由____线上发车。
线路所(印)车站值班员(签名)
年　月　日

(规格 90mm×130mm)

注:1. 绿色纸,复写一式两份,司机一份,存根一份;

2. 不用的字句抹消。

(2)自动闭塞、自动站间闭塞区段,遇超长列车头部越过出站信号机而未压上出站方面的轨道电路发车时,行车凭证为出站信号机显示的允许运行的信号。司机应主动与车站联系,得到车站(助理)值班员信号开放正确的通知后,再按规定开车。

(3)自动闭塞区段、自动站间闭塞区段、半自动闭塞区段,超长列车头部越过发车进路信号机而未压上轨道绝缘节发车时,行车凭证为发车进路信号机显示的允许运行的信号。司机应主动与车站联系,得到车站(助理)值班员信号开放正确的通知后,再按规定开车。

(4)其他特殊情况下的行车凭证。

列车出发	行车凭证	发给行车凭证的根据	附注
1. 向封锁区间开行救援列车	调度命令。调度电话不通时,为车站值班员命令。	1.救援的请求 2. 确认道岔位置正确及进路空闲	发给司机调度命令。
2. 向封锁区间开行路用列车	调度命令	1. 施工方案的确定或施工负责人的请求 2. 确认道岔位置正确及进路空闲	发给司机调度命令(应有列车车次、停车地点和到达车站时间等有关事项)。 需由区间返回时,调度命令中应指明往返车次。
3. 在一切电话中断时向封锁区间发出抢修列车	车站值班员的命令	1. 抢修救援的请求 2. 确认道岔位置正确及进路空闲	封锁、开通都要以书面通知封锁区间的相邻车站(应写明抢修项目、时间、地点等,并加盖站名印或行车专用章以及名章或签名)。

续上表

列车出发	行车凭证	发给行车凭证的根据	附注
4. 自动闭塞区间，一切电话中断，自动闭塞设备也故障停用时发出列车。	红色许可证(《技规》附件3)	1. 双线按时间间隔法。单线按书面联络法，优先发车站在发车前应查明区间空闲,并在通知书内记明下一个列车的发车权。 2. 确认道岔位置正确及进路空闲	连续发出同一方向的列车时,两列车的间隔时分,应按区间规定运行时分另加3min，但不得少于13min。
5. 在双线自动闭塞区间，在一切电话中断而自动闭塞设备作用良好时发出列车	出站信号机显示的允许运行的信号	列车运行仍按自动闭塞法行车	如有续发列车时,应经由司机向接车站带交“于×时×分再发出第××次列车”的以调度命令纸代用的通知书。
6. 半自动闭塞区间，一切电话中断时发车	1. 红色许可证(《技规》附件3)。 2. 已办妥闭塞而尚未发车的车站，为出站信号机显示的允许运行的信号或路票及《技规》附件3的通知书。	双线：时间间隔法（第一个列车须查明区间空闲）。 单线：书面联络法。优先发车站在发车前应查明区间空闲，并在通知书内记明下一个列车的发车权。	连发列车时,两列车的间隔时分应按区间规定运行时分另加3min，但不得少于13min。
7. 列车在区间分部运行后挂取区间遗留车列时	调度命令。调度电话不通时，为车站值班员命令。	封锁区间的调度命令	调度命令发给司机,其内容应包括往返车次、停车地点和其他注意事项。
8. 半自动闭塞区间，以各种电话呼唤5min接车站不应答时发车	调度命令	单线：经列车调度员查明不应答站及相邻两区间确无列车(包括单机、大型养路机械及重型轨道车)后,发布调度命令封锁相邻区间,按封锁区间办法向不应答站发车。	列车应在不应答站外停车，判明原因,准备好进路后再进站,并向列车调度员报告。

第 71 条 改用电话闭塞法行车的补充规定（《技规》）第311 条）

1. 自动闭塞区间遇下列情况之一时，应停止使用基本闭塞法，改用电话闭塞法行车：

(1)仅设一架通过信号机的区间，通过信号机发生故障时；

(2)未设通过信号机的区间，当出站信号机(线路所通过信号机)和监督器均发生故障时；

上述情况须经电务部门检查确认，在电务部门停用基本闭塞的登记后方可改用电话闭塞法行车。

若出现轨道电路非列车占用红光带时，还应得到工务部门线路设备正常使用的销记后，方可办理行车。

2. 使用自动站间闭塞法、半自动闭塞法行车，遇出站信号机、线路所通过信号机不能开放发出列车时，在得到电务部门停用信号的登记后（遇轨道电路非列车占用红光带、道岔失去表示时还应得到工务部门线路设备正常使用的销记)，改用电话闭塞法。

3. 使用半自动闭塞法行车，遇下列情况之一时，在得到电务部门停用基本闭塞的登记后(遇轨道电路非列车占用红光带、道岔失去表示时还应得到工务部门线路设备正常使用的销记)，改用电话闭塞法。

(1)未办闭塞而闭塞表示灯亮灯；

(2)办理闭塞时，闭塞表示灯不能按正常显示(闭塞表示灯灭灯而能开放出站信号机时除外)；

(3)未按正常手续办理闭塞，即能开放出站信号机。

4. 改用电话闭塞法以及恢复基本闭塞法时，均须查明站间(所间)区间空闲。遇列车调度电话不通，两端站(线路所)车站值班员直接以电话记录办理时，须通知司机列车调度电话不通，按电话闭塞法行车。

第72条 自动站间闭塞的行车办法（《技规》第311、317、318条）

1. 改按半自动闭塞法的规定。

(1)装有半自动闭塞设备的计轴自动站间闭塞区间，发生下列故障时，在人工确认区间空闲后，改用半自动闭塞法行车：

①区间两端站计轴数显示不一致，使用计轴复零按钮复零无效时。

②计轴显示器显示不正常或熄灭时。

③列车整列到站后，区间占用表示灯不灭，区间空闲表示灯不亮，无法使用计轴复零按钮复零时。

(2)装有半自动闭塞设备的轨道电路自动站间闭塞区段，遇区间轨道电路故障时，人工确认区间空闲和具备行车条件后，改用半自动闭塞法行车。

(3)自动站间闭塞法与半自动闭塞法相互切换时，车站值班员确认区间空闲后报告列车调度员，列车调度员在查明区间空闲后，向区间两端站发布切换闭塞法的调度命令。

闭塞法相互切换后，区间两端站的车站值班员须确认双方的闭塞方式一致。

(4)自动站间闭塞法改为半自动闭塞法或电话闭塞法行车时，CTC中心操作方式或车站调车操作方式的车站须转为车站操作方式。

2. 使用计轴复零按钮的规定。

计轴自动站间闭塞区段，遇计轴设备显示进入区间轴数不等于离开区间轴数、列车整列到站后，区间占用表示灯不灭，区间空闲表示灯不亮的故障时，按下列规定办理故障复零：

(1)需使用计轴复零按钮时,两端站车站值班员应共同确认区间空闲,并分别向列车调度员报告使用原因和区间空闲情况。列车调度员查明区间空闲后,向区间两端站车站值班员发布调度命令,两端站车站值班员方可使用。

(2)相邻两站车站值班员分别破封使用计轴复零按钮,同时按下计轴复零按钮。此时,两站计轴复零表示灯闪亮,13s后灭灯,计轴设备复零恢复正常。

(3)电务人员检修设备需使用计轴复零按钮时,不请求调度命令,在《行车设备检查登记簿》内登记使用后的计数器号码。

(4)其他需要使用计轴复零按钮复零的办法,由站段依据设备操作说明的要求纳入《站细》。

3. 自动站间闭塞区段,遇发车进路信号机故障或列车头部越过发车进路信号机且压上轨道绝缘节发车时,列车越过发车进路信号机的行车凭证为绿色许可证。

第73条 设有双向闭塞设备的双线自动闭塞区间办理反方向行车或改按单线行车的补充规定(《技规》第312、314~316条)

1. 设有双向闭塞设备的双线自动闭塞区间改按单线行车的补充规定。

(1)仅限封锁一条线路,在另一条线路上运行上下行列车时方可采用。

(2)正方向行车,仍按自动闭塞行车,反方向按站间组织行车。

(3)遇该线有一个方向闭塞设备发生故障停用时,应改用电话闭塞法行车。

2. 设有双向闭塞设备的双线自动闭塞区间办理反方向

行车的补充规定。

(1)设有双向闭塞设备的双线自动闭塞区间反方向行车时,按站间组织行车,列车进入区间的凭证为出站信号机显示的允许运行的信号,并确认反方向发车进路表示器显示正确。

(2)当出站信号机故障时,应停止使用基本闭塞法,改用电话闭塞法行车。

(3)办理反方向行车前,列车调度员按规定发布反方向行车的调度命令,两端站车站值班员共同确认区间空闲后方可办理。

3. 办理闭塞或发车预告和报点的规定。

(1)按站间组织行车时,接车站应及时向发车站车站值班员和列车调度员报到达点。

(2)反方向运行的列车到、发时刻记入《行车日志》时,应在记事栏内注明“反”字。办理发车预告(闭塞)时,应冠以反方向的线名。

第74条 故障按钮使用的补充规定(《技规》第312、318条)

1. 遇下列情况,需使用故障按钮办理闭塞机复原。

在半自动闭塞区间,遇接车站轨道电路发生故障、闭塞设备停电后恢复供电、列车因故退回原发车站、接车站使用引导方式接车或因故使用调车方式接车时。

2. 车站(线路所)使用故障按钮的规定。

(1)需要使用故障按钮时,两端站车站值班员应共同确认区间空闲,由使用站向列车调度员请求。当列车未出发时,由发车站办理;列车到达接车站(包括因故退回原发站)时由接车站办理;停电后恢复供电时,由发生站办理。列车调度员在查明区间空闲后,应向区间有关两端站的车站值班员同时发布调度命令。

(2)故障按钮为装有计数器的加封按钮(计算机联锁为带密码按钮),车站每次使用故障按钮应在《行车设备检查登记簿》内登记使用时间、原因、调度命令号及使用后计数器号码并及时通知信号工区前来加封、销记。

(3)电务人员接到车站使用故障按钮的通知后,应及时到行车室加封、销记。

3. 电务人员检修闭塞设备在履行登记和签认手续后,需使用故障按钮时不请求调度命令,使用情况和计数器号码应在《行车设备检查登记簿》内登记,车站值班员予以签认。

第75条 线路所和区间辅助所行车办法(《技规》第313条)

1. 线路所行车办法。

(1)承认闭塞或接受预告的规定。

单线线路所在承认后方站(线路所)闭塞前,须取得前方站(线路所)同意接车的口头通知。双线线路所(单双线线路所)办理列车反方向运行时,在承认后方站(线路所)闭塞前,应先取得前方站(线路所)同意接车的电话记录号码后,方可办理。

(2)线路所车站值班员办理区间开通前,须确认区间空闲。

(3)须使列车在线路所通过信号机的内方临时停车时,如已预告司机,可直接开放通过信号机并在预定停车地点显示停车手信号接车。如来不及预告时,须使列车在通过信号机外一度停车,再按上述办法接入。如信号机故障时,禁止办理。

(4)按规定需在线路所办理旅客上下及其他作业的列车,在线路所停车后,由线路所值班员按规定发车;无作业的列车在线路所通过信号机前停车时，一律按通过信号机的显示运行。

(5)通过信号机不能开放和反方向运行时的行车办法。

当线路所通过信号机发生故障、无双向闭塞设备的线路所需反方向运行时，车站值班干部应加强安全把关并按以下规定办理行车：

①办妥闭塞(预告)手续后，使用单独锁闭道岔的方式准备进路，道岔无法使用单独锁闭时应现场人工加锁(需紧固时应按规定进行紧固)。

②线路所车站值班员在进路准备妥当后，使用列车无线调度通信设备(须语音记录装置作用良好)将行车凭证号码(路票为电话记录号码、线路所绿色许可证为编号的最后3位数)通知司机。列车司机凭线路所车站值班员的通知通过线路所。需要交付调度命令时，应将调度命令一并向司机转达。

③列车无线调度通信设备的联系用语为：

线路所车站值班员：

“××线路所呼叫××(次)司机；

路票已办理，电话记录××(号)，××线路所通过。”

列车司机：

“我是××(次)司机；电话记录××(号)，××(次)司机明白。”

使用线路所绿色许可证时，应将路票及电话记录相应改为线路所绿色许可证及编号。须向司机交付书面通知时，线路所车站值班员应预告司机，在线路所接车地点处停车交付书面通知。

④遇列车无线调度通信设备故障无法交付时，线路所应

按规定向列车司机递交书面行车凭证并显示通过手信号。

⑤使用列车无线调度通信设备交付行车凭证时，应得到司机停车的报告后再办理相关行车凭证交付手续。列车通过、出发后，车站值班员应将行车凭证及时划“×”注销。

(6)双线线路所封锁一线时，未封锁一线的区间划分和防护办法。

双线线路所封锁一线时，以开通运行一线的通过信号机划分区间。未设通过信号机的线路，需要列车机外停车时，夜间应由线路所车站值班员在该信号机柱背面距钢轨顶面不低于2m处加挂信号灯，向区间方面显示红色灯光。

(7)使用线路所绿色许可证时，发给行车凭证的依据及附带条件。

列车出发情况	行车凭证	发给行车凭证的依据	附带条件
线路所通过信号机故障时发出列车。	线路所绿色许可证	1. 监督器表示第一个闭塞分区空闲，不表示时为接到前次列车到达邻站的通知或前次列车发出后不少于10min的时间。 2. 确认道岔位置正确及进路空闲。 3. 单线还须取得对方站确认区间内无迎面列车的电话记录号码。	从监督器上不能确认第一个闭塞分区空闲时，车站应发给司机书面通知(《技规》附件8)，司机以在瞭望距离内能随时停车的速度，最高不超过20km/h，运行到第一架通过信号机，按其显示的要求执行。

(8)线路所一切电话中断时行车的规定。

①站间设有单线线路所时，在一切电话中断后，单线线路所应自动封闭。有道岔的线路所，应立即将道岔置于开通优先发车站方向正线的位置并加锁。优先发车站必须确认站

间区间空闲及线路所的道岔按规定开通并加锁后，方可发出列车。准许列车司机凭红色许可证越过关闭的线路所通过信号机运行。

②站间设有单双线线路所时，在一切电话中断后，双线方向车站、优先发车站在查明所间区间空闲后，只准向线路所发出一次正方向的列车。以后每次发出列车，均须得到线路所“准接你站发出的列车”的通知书后方可发车。线路所应主动向双线方向车站传递通知书。

③车站向双线线路所发车时，必须查明情况后方可发车。

(9)设有进站、出站信号机的线路所，接发列车作业按车站的有关规定办理。

2. 区间辅助所行车办法。

(1)辅助所应设值班员办理向岔线的行车工作，并受管理站车站值班员的领导。各辅助所的具体行车办法，应在所属管理站的《站细》内规定。

(2)辅助所道岔须与两端站闭塞设备有联锁关系，并应符合下列条件：

①在站间区间未办理闭塞的条件下，管理站车站值班员操纵控制台上的区间道岔按钮送电后，区间道岔才能扳动。

②区间道岔在反位时，两端站不能办理闭塞。

③在办理闭塞后，解除闭塞前，区间道岔应处于锁闭状态。

(3)辅助所办理行车作业的规定。

①向区间岔线取送车，按调车作业办理，但车站与辅助所仍办理接发列车手续。由列车调度员向两端站发布准许进出岔线的调度命令，并发给司机和调车长。车列进出岔线占用区间的行车凭证为：

由管理站向辅助所出发时，凭出站信号机开放的允许运行的信号和调车长的起动信号进入区间并直接进入岔线。

由岔线返回时,凭岔线信号机开放的允许运行的信号和调车长的起动信号进入区间,再按管理站开放的进站信号机进站。

②向辅助所取送车时,必须在列车全部进入岔线或整列到达车站,区间道岔恢复定位后,才能开通区间。

③不准利用区间道岔进行摘钩调车。特殊情况下,必须办理时,应有安全措施,并经集团公司批准。

(4)区间道岔使用后,应及时恢复定位。

(5)向区间岔线取送车时,必须连结全部软管,并在开车前进行自动制动机简略试验。

(6)基本闭塞设备故障、停用时取送车的办法。

①当基本闭塞设备发生故障而管理站仍能利用控制台的道岔按钮锁闭区间道岔时,不准再向区间岔线取送车。

②如区间道岔发生故障并与闭塞设备失去联锁时,管理站车站值班员应报告列车调度员,停止该区间的行车,并在《行车设备检查登记簿》内登记,通知信号、工务工区进行修理,待修复后再恢复行车。如遇无法修复时,在得到工务线路设备正常使用的销记后,将区间道岔开通正线,紧固加锁,钥匙交管理站车站值班员后方可恢复正线行车。此时,不准再向区间岔线取送车,紧固、加锁的区间道岔由辅助所值班员负责看守。

(7)一切电话中断时的行车办法。

调车车列向区间岔线出发后,遇一切电话中断时,在接到辅助所关于车列已进入岔线,区间道岔恢复定位的通知以前,应停止行车工作。由管理站车站值班员查明区间空闲,区间道岔置于开通正线的位置后,方可与邻站按一切电话中断行车办法办理行车。

第 76 条 行车凭证使用管理的补充规定（《技规》第 315、320、321、323、324 条）

1. 发车进路未准备妥当，不准填写行车凭证。行车凭证填写内容不得涂改，发现行车凭证填写内容错误时应划“×”注销，重新填写。行车凭证填写后，临时变更列车车次时，应将行车凭证收回并划“×”注销，重新填发行车凭证。

2. 使用书面行车凭证时，应将行车凭证的号码（行车凭证编号后三位）填入《行车日志》“占用区间凭证号码”栏内（调度命令、车站值班员命令为命令号码）。

3. 路票使用的补充规定。

(1)车站值班员在收到接车站同意接车的电话记录号码（双线正方向除首列发车时，根据收到前次发出的列车到达接车站的电话记录号码）以前，不准开箱取出路票。

(2)两线、多线区间使用路票时，应在路票上加盖“××线行车”章（路票上的站名已能区分线别时除外），多线区间内反方向行车时，还应在路票上加盖“反方向行车”章。

(3)双线改按单线行车时不盖“反方向行车”章。

(4)接车站收到路票后，应核对是否正确，应立即划“×”注销。

4. 行车凭证的管理。

(1)各站（线路所）的行车凭证由车务段、直属站或合资公司通知上海铁路印刷公司印发。凡站存书面行车凭证（路票按区间别）少于 200 张，以及由于两端车站（线路所）名称发生变化时，应及时通知上海铁路印刷公司印发。

(2)车站（线路所）收到印发的行车凭证后，由站长或指定的专人进行审核、清点，除行车岗位配置外应集中管理。

(3)车站行车室必须按区间分别设置路票专用箱各一个,箱内应经常保持不少于50张印有站名并加盖站名印或行车专用章的路票。路票箱必须加锁,钥匙放在《站细》指定地点保管,并严格交接制度。两线、多线行车且路票上的站名不能区分线别时,车站应根据不同的线别分别设置路票箱,并事先在路票上加盖规定的线别章。

(4)各车务段、直属站或合资公司应印制、保管适量应急所需的未印站名的备用路票。

(5)车站(线路所)应将划“×”作废的行车凭证,集中保管一个月后自行销毁。

(6)司机收到车站交给的书面调度命令、行车凭证,在退乘后交机务段,机务段保存三个月。

第77条 货物列车在装有容许信号的通过信号机前不停车牵引吨数的规定(《技规》第316条)

1. 装有容许信号的通过信号机显示停车信号时,牵引总重6000t及以上的货物列车在该信号机前可不停车,以遇到阻碍能随时停车的速度继续运行,最高不超过20km/h。

2. 自动闭塞通过信号机设有容许信号的地点表。

线别	站间	方向别	信号机号码	里程
京沪线	明光~小溪河	下行	10143	K1014+230
	小溪河~明光	上行	10220	K1021+915
	小溪河~板桥	上行	10072	K1007+175
	板桥~凤阳	上行	9980	K997+975
	小溪河~板桥	上行	10060	K1005+990
	张八岭~沙河集	上行	10764	K1076+955
	东葛~担子	上行	11074	K1107+360

说明:遇新增或变化时,由集团公司电务部公布。

第 78 条 电话记录号码编号办法(《技规》第 322 条)

使用电话记录号码时,自 0 时至 24 时不分区间、方向按顺序统一编号。

第 79 条 车站行车室内一切电话中断时行车的补充规定(《技规》第 324、325、328 条)

1. 同一线路、同一方向运行的列车,有上、下行两种车次时,原则上以干线开往支线方向的车站、北京方向发车的车站为优先发车站,具体由站段确定后纳入《站细》。

2. 一切电话中断时禁止发出的列车的补充规定。

(1)一切电话中断后,禁止发出超限列车(电话中断前已办妥闭塞的除外)。

(2)接车站收到《技规》附件 3 的通知书,如发现第“2”项内容未抹消时,在查明情况前,禁止发车。

3. 双线自动闭塞区间,如闭塞设备作用良好时,仍按自动闭塞法行车。如发车站有续发列车时,应由司机向接车站带交“于×时×分再发出××次列车”的通知书(以调度命令纸代用)。

4. 凡持有《技规》附件 3 的列车,在接车站必须停车交付附件 3。

5. 使用 GSM-R 手持终端、自动电话、列车无线调度通信设备、地方移动电话办理行车时,应互报行车点和姓名,确认通话对象,核对无误。

第 80 条 其他规定

1. 使用电话记录号码的补充规定(《技规》第 322 条)。

(1)下列情况应使用电话记录号码。

①按电话闭塞法行车时;

②单线区间同意邻站越出站界调车、跟踪出站调车或双

线区间同意邻站反方向越出站界调车、正方向跟踪出站调车以及调车完毕时；

③自动闭塞区间内有旅客上下车的线路所，当停车上下旅客的列车已起动通知后方站时；

④在自动闭塞区间装卸作业完毕列车已起动且线路已清道，通知后方站时；

⑤承认轻型车辆使用时(运行全区间时并应取得前方站同意的电话记录号码)；

⑥自动闭塞区间临时准许在区间内退行的列车到达接车站时；

⑦其他需要使用电话记录号码时。

(2)除按电话闭塞法行车、单线或双线反方向越出站界调车(CTC 区段越出站界调车除外)时使用的电话记录号码记入《行车日志》外，其他电话记录号码仍记入《电话记录登记簿》内。

(3)《电话记录登记簿》格式如下：

电 话 记 录 登 记 簿

月 日	时间	号码		记录内容	车站值班员 (签姓名)	对方姓名
		收	发			

规格 184mm×260mm16K 纸

第六章　接车与发车

第 81 条　车站接发列车作业的补充规定（《技规》第350、355、356、358、360、362 条）

1. 接发列车时车站和列检作业场间有关作业联系补充规定。

(1)站检双方联系须使用有语音记录装置且作用良好的通信设备,并做好记录。

(2)有列检作业的车站,车站与列检双方信息传递的具体联系方法、联系时机、互控制度、联系用语及双方应遵守的规定等内容须在车辆段与车务站段签订的协议中明确。

2. 接发列车时通知接车站或发车站的补充规定。

(1)向多方向车站办理次要方向旅客列车闭塞(预告)时,应讲明“××方向”(多方向车站发车端仅有一个方向运行旅客列车时除外),具体次要方向应在《站细》中规定。

(2)双线反方向设有自动站间闭塞设备的车站,办理反方向行车时,除按规定办理调度命令外,办理预告及下达接发车命令时,应冠以反方向的线名。

(3)未挂列尾装置的货物列车在半自动闭塞区段运行时,车站值班员向前方站报点时，必须同时报最后一辆车的车号。

3. 接发列车线路的补充规定。

(1)兼货物线的到发线,禁止办理旅客列车的到发和通过。

(2)除军运、特运列车及车站固定的编发线外,不得在有减速顶及邻靠高站台的线路上接发需进行列检技术作业的货物列车。

4. 列车停车位置的补充规定。

在有地面试风装置列检作业场的车站,车务和机务部门应使列车或车列在能接上试风装置的位置停留,以便于地面试风装置的正常使用。

5. 承认闭塞或同意邻站发车的补充规定。

预定向待发列车占用线接车时,在不影响按规定的时机开放进站信号机的原则下,可以同意邻站发车(站外停车起动困难的列车除外)。

6. 其他有关作业的补充规定。

(1)设有"改方按钮"的车站,开放出站信号前,应先按规定对"改方按钮"破封,眼看、手指"改方按钮",口呼"改方",按下按钮,再按岗位作业技术要求办理出站信号,确认反方向出站信号开放正确,接、发车及区间监督表示灯显示正确后,按(拉)出"改方按钮"。

(2)特快货物班列以及回送客车底的列车运行按货物列车办理。军用列车是否按旅客列车办理,应在调度日班计划中确定。

(3)停站列车因地处曲线司机看不到出站(进路)信号机显示时,可凭车站值班员的开车通知或发车信号,起动列车,在确认出站(进路)信号机显示正确后,再行加速。

(4)特快货物班列以及图定回送客车底的列车按有车辆乘务员值乘的列车办理。非图定回送客车底的列车,由车辆部门指派具备车辆乘务员资质和非正常处置能力的客车押运人员。非正常情况下,押运人员还应根据司机指示,协助做好相关应急处置工作。

(5)因专、特运列车运输需要,有专、特运任务的车站应配备可移动的“机车临时停车位置”牌,遇专、特运列车停车位置有特殊要求时,由车站在接车线指定位置临时设置“机车临时停车位置”牌,便于司机确认停车位置。专、特运列车“机车临时停车位置”牌样式见下图。

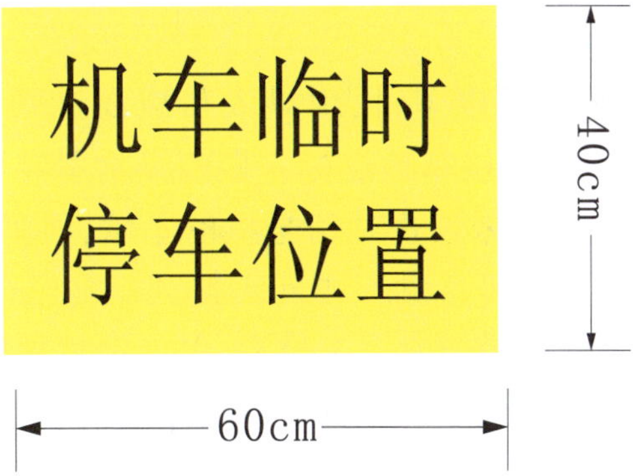

(6)车站(线路所)设置的进站兼通过信号机故障时,对开往按进站信号机使用的方向的列车,应按进站信号机故障的相关规定执行;对开往按通过信号机使用的方向的列车,应按线路所通过信号机故障的相关规定执行。

(7)计算机联锁车站具备车次号输入条件时,助理值班员(内勤)可在计算机联锁控制台上输入车次号代替填记占线板(簿)。

第82条 引导接车的补充规定(《技规》第351、359条)

1. 进路检查、确认的规定。

(1)能通过控制台检查、确认进路(包括应加锁道岔在控制台上单独锁闭)时,可通过控制台检查、确认;不能通过控制台检查、确认进路时,指派胜任人员现场检查确认进路正确(包括需就地操纵加锁道岔的加锁、紧固)。检查、确认进路正确,有关道岔加锁(控制台上单独锁闭或现场加锁、紧固)良好后,方可开放引导信号或派引导人员接车。

(2)引导接车时,仍须执行相对方向同时接车和同方向同时发接列车的限制条件,办理接车前,检查确认有关道岔隔开位置正确。

2. 车站值班员指示引导人员引导接车后,不准变更接车顺序和接车进路。

3. 手信号引导接车时,引导人员应在进站(进路)信号机、站界标或引导员接车地点标一侧前显示引导手信号。

4. 双线反方向未设进站信号机的车站,列车应按引导人员显示的引导手信号进站,夜间需使列车在站外停车时,应在站界标处向列车显示停车手信号,以便司机识别。

第83条 开闭信号机的补充规定(《技规》第354、355、412条)

1. 进站、出站、进路信号机开放时机的原则规定。

(1)进站(进路)信号机以及通过列车出站(进路)信号机开放时机应不影响列车运行速度,原则上不小于4min。

(2)始发列车和本站到开列车出站(进路)信号机应不迟于开车前2min开放。图定停车时间不足2min的列车,在确认列车停妥后,即可开放出站(进路)信号。

(3)具体进站、进路、出站信号机开放时机由车站应根据设备情况和列车运行速度等级在《站细》中明确。

2. 进站(进路)信号机开放后关闭信号、变更进路的规定。

(1)关闭信号、变更进路的限制。

进站(进路)信号机开放后,除发生危及人身或行车安全情况外,禁止关闭信号机变更旅客列车进路。

需关闭进站(进路)信号机变更非旅客列车的进路时,如不足《站细》规定准备进路及开放信号机的时间亦禁止变更(发生危及人身或行车安全情况除外)。

(2)必须关闭信号、变更进路时的办法。

遇特殊情况必须关闭信号、变更进路时,车站值班员(列车调度员)与司机联系妥当后方可办理。危及行车和人身安全时,应先关闭信号,再通知司机,未确认列车停妥或不满足信号开放时机,禁止操纵进路上的道岔。

3. 特殊站(场)执行《技规》规定有困难时的信号关闭时机。

因技术设备条件限制,如接车站(场)关闭进站(进路)信号机影响发车站(场)出站(进路)信号机降级显示时,关闭进站(进路)信号机前须通知发车站(场)。

4. 其他规定。

(1)办理停车后再开的列车,必须在列车到达停妥后,方准开放出站(进路)信号机。停车办理客运业务的列车,无论出站(进路)信号机是否开放,均不得通过。

(2)同一股道向两端方向办理发车作业时,必须在一端列车越过出站(进路)信号机后,方可开放另一端出站(进路)信号。

(3)列车未停稳时严禁排列折返进路。

第 84 条 变更接发列车进路或接车线路的补充规定(《技规》第 355 条)

1. 遇两线(多线)交汇的车站,旅客列车变更固定接车基本进路涉及不同进路信号机,且交汇分叉前的列车信号机显示无法区分不同接车进路时, 车站原则上不得变更接车进路。遇特殊情况必须变更时,须经列车调度员准许,并预告司机。如来不及预告时,应使列车在站外停车后,开放信号机,再接入站内。列车司机接到预告后以不超过20km/h速度从交汇分叉前的列车信号机运行至接车进路末端。

2. 旅客列车不应经由辙叉号小于12号的道岔侧向运行。特殊情况下必须经过9号道岔侧向运行时，车站值班员应报告列车调度员并预告司机，预告不到时，应使列车停车后再开放信号。

3. 旅客列车不能按规定线路接发的规定。

(1)旅客列车遇特殊情况需变更办理客运业务的固定股道时，车站行车人员应提前通知相关客运人员，做好接车准备。

(2)客运站接入办理客运业务的旅客列车和进行列车乘务组换乘作业的列车时，客运部门接到接车信息后应及时对站场进行广播。

4. 其他规定。

(1)图定在站有技术停点的旅客列车，车站值班员可按列车调度员指示办理通过。

(2)旅客列车固定径路行车的规定。

①旅客列车应固定走行径路，两线、多线区间应按本规则规定的走行径路运行。遇特殊情况，旅客列车在两线、多线区间须变更列车径路运行时，司机必须在取得变更列车径路的调度命令后，方可在停车状态下按规定进行“LKJ”操作。

②遇特殊情况旅客列车在双线及多线区段反方向运行时，司机必须在取得反方向行车的调度命令后，方可在停车状态下按规定进行“LKJ”操作。

③旅客列车“监控交路号”和“车站号”应覆盖集团公司管内全部运行径路，遇特殊原因无法设置“监控交路号”、“车站号” 以及须变更到未设置监控数据的列车径路运行时，司机根据变更列车径路的调度命令以遇到阻碍能随时停车的

速度运行,最高不超过20km/h。列车调度员在发布变更列车径路的调度命令中注明“列车不超过20km/h运行”。

④旅客列车原则上禁止变更到有临时限速(已纳入运行揭示调度命令除外)的列车径路上运行,因特殊情况必须变更径路运行时,列车调度员应向司机发布限速调度命令,核对无误后,方可放行列车,司机按限速调度命令人工控制列车运行通过限速区段。

第85条　站内无空闲线路的特殊情况下接车的补充规定(《技规》第357条)

1. 在站内无空闲线路的特殊情况下确需接入《技规》第357条规定的列车时,须得到列车调度员的准许。

2. 接车前,车站值班员应使用列车无线调度通信设备或指派胜任人员通知接车线内列车、机车、自轮运转特种设备司机,禁止移动。

3. 列车在机外停车后,接车人员应将接车线路、停留车位置及有关注意事项告知司机后,登乘机车(推进运行时为前部车辆)以调车手信号旗(灯)将列车领入站内。

第86条　列车需在站内移动时的联系办法(《技规》第358条)

1. 办理客运业务的旅客列车(动车组列车除外)未完全停靠站台处置办法。

(1)旅客列车停靠办客站时,因故未完全停靠站台后,司机应立即向车站值班员报告停车情况及机车状态,在未得到车站值班员“准许××次凭调车手信号移动”的通知和确认移动调车手信号前不得动车。车站值班员未得到客运值班员“××次全列车门关闭,请求移动”的通知前,不得通知司机动车。

(2)旅客列车停站办客作业时,列车乘务员应确认所在车厢是否停靠站台,如发现未停靠站台,严禁打开车门,立即报告列车长,并加强车门看护。

(3)如站台客运人员确认全列部分载客车辆未停靠站台,客运值班员立即联系列车长,并在站台与列车长共同确认列车乘降状态。

①如确认全列未开车门(列车长下车门除外),列车长上车关好车门后通知客运值班员,由客运值班员报告车站值班员"××次全列车门关闭,请求移动"(可通过助理值班员转报,本节下同)。车站值班员接到报告后,应通知助理值班员向司机显示指示列车移动的调车手信号,并通知司机"准许××次凭调车手信号移动"。司机接到车站值班员准许移动的通知后,根据助理值班员显示的调车手信号再次起动列车,将列车停靠至规定位置。

②如确认已开部分车门,站、车应密切配合,停止旅客乘降及行邮作业,列车乘务员关好并看护车门,经列车长确认全列已关闭车门并看守后,由列车长通知客运值班员,由客运值班员报告车站值班员,由车站值班员按规定组织列车向前移动。

如无法再次移动列车, 车站值班员应做好列车进路防护,列车长应组织列车乘务员有序引导旅客由停靠站台的车厢乘降,严禁旅客在未停靠站台的车厢乘降。待旅客乘降完毕,列车乘务员关好并看护车门,经列车长确认全列已关闭车门并看守后,由列车长通知客运值班员,由客运值班员报告车站值班员,由车站值班员按规定组织列车向前移动。

2. 办理客运业务的动车组列车未完全停靠站台处置办法。

办理客运作业的动车组因故未到动车组停车位置标停

车导致未完全停靠站台时，司机不得集控开门，不得擅自移动。司机应立即通知列车长、随车机械师，并报告列车调度员（车站值班员）。

列车长通知车站客运（值班）员，客运（值班）员确认站台安全后通知列车长，列车长通知司机重新对标停车。

若动车组无法再行移动时，司机通知列车长、随车机械师，列车长组织列车员或随车机械师手动打开已停靠站台侧车厢的车门，站车配合共同做好旅客乘降组织。

3. 军用列车进站停车后，为对准装卸货位等原因必须移动列车时，司机应向车站值班员报告。车站值班员接到报告后，如准许列车移动，应通知助理值班员向司机显示指示列车移动的调车手信号，并通知司机"准许××次凭调车手信号移动"。司机接到车站值班员准许移动的通知后，根据助理值班员显示的调车手信号方可再次起动列车，将列车停靠至规定位置。

4. 其他列车进站停车后立即前移时，司机报告车站值班员后，即可进行。

5. 旅客列车在站内停车后，车站为装卸行包主动要求列车移动对货位时，车站值班员须告知司机事由，并通知司机"准许××次凭调车手信号移动"。助理值班员确认旅客上下、行包装卸停止后，方可显示指示列车移动的调车手信号。

6. 出站（进路）信号机显示允许运行的信号但机车信号无法接码（车站固定无码股道除外）时，司机报告车站值班员。车站按规定发车后，司机操纵列车向前移动不少于5m，如仍未接码，应停车报告；车站值班员接到报告后，应通知电务部门处理。属于电务地面设备原因时，司机凭车站值班员的通知，按地面信号显示运行。

第 87 条 无联锁或联锁失效时道岔加锁及准备进路的补充规定(《技规》第 49、359 条)

1. 在转换道岔准备接发列车进路时，如挤岔表示灯亮灯,电铃长鸣(计算机联锁控制台为语音报警)而道岔不能转换到所需位置时，车站值班员应及时将道岔恢复原来位置，并立即通知工务、电务人员前来检查处理。

2. 在工务部门线路设备正常使用的销记和电务部门登记的停用内容、影响范围、行车限制条件后,方可办理非正常接发列车。

3. 需现场准备进路时,车站值班员指派扳道人员携带电动道岔钥匙及手摇把,前往故障地点启开开闭器就地操纵准备进路。摇动道岔时,扳道人员听到电动转辙机箱内发出的“咔嚓”声后,停止摇动,确认道岔开通位置正确、尖轨密贴于基本轨、心轨密贴于翼轨后,按规定对道岔加锁(分动外锁闭道岔不论对向或顺向均应对密贴尖轨、斥离尖轨和可动心轨加锁)，勾锁器应加在距离连接杆 (内锁闭道岔为第一连接杆)左右不超过 0.5m 处。

如听不到“咔嚓”声(包括 2 个及以上转辙机有任一个不能摇到位)时,不论对向或顺向道岔均应加勾锁器。此时,车站值班员应通知工务人员将道岔紧固(分动外锁闭道岔包括密贴尖轨、斥离尖轨和可动心轨)。

4. 车站值班员得到扳道人员关于接发列车进路正确开通,道岔已按规定加锁、紧固的报告,并对失去表示的道岔单独锁闭后,方可按规定接发列车。

5. 辙叉号为 18 号及以上的道岔无表示时，除按规定加锁外,还应通知工务工区紧固。

6. 辙叉号为 30 号及以上的分动外锁闭道岔故障时,原则上不再摇动，列车调度员、车站值班员应合理安排列车进路，尽量避免摇动该道岔。

7. 分动外锁闭道岔应按每副道岔配齐紧固、加锁装置。紧固装置包括密贴尖轨紧固器、斥离尖轨限位器、可动心轨紧固器；加锁装置包括密贴尖轨勾锁器、可动心轨勾锁器、斥离尖轨勾锁器（挂锁）。其他道岔应配备足够数量（须满足能同时办理接发列车进路）的勾锁器（含挂锁）和紧固装置。紧固装置作为道岔备品由工务部门保管，加锁装置作为道岔备品由车务部门保管。

8. 分动外锁闭道岔铺设后应指定加锁、紧固位置并作好标记。

9. 道岔勾锁器、紧固装置具体配置数量和紧固、加锁位置如下：

<table>
<tr><th colspan="2" rowspan="2">紧固、加锁数量及位置
道岔类型</th><th colspan="3">配置数量（副）</th><th rowspan="2">紧固、加锁位置</th></tr>
<tr><th>密贴尖轨紧固器、勾锁器</th><th>斥离尖轨限位器、勾锁器</th><th>可动心轨紧固器、勾锁器</th></tr>
<tr><td rowspan="2">辙叉号为12号的分动外锁闭道岔以及2台转辙机牵引的辙叉号为9号的分动外锁闭道岔</td><td>紧固</td><td>1</td><td>1</td><td></td><td>密贴尖轨、斥离尖轨第一转辙机处。</td></tr>
<tr><td>加锁</td><td>1</td><td>1</td><td></td><td>密贴尖轨、斥离尖轨第一转辙机处。</td></tr>
<tr><td rowspan="2">4台转辙机牵引的辙叉号为12号的分动外锁闭可动心道岔</td><td>紧固</td><td>1</td><td>1</td><td>1</td><td>密贴尖轨第二，斥离尖轨第二，可动心轨第二转辙机处。</td></tr>
<tr><td>加锁</td><td>1</td><td>1</td><td>1</td><td>密贴尖轨、斥离尖轨、可动心轨第一转辙机处。</td></tr>
</table>

续上表

紧固、加锁数量及位置 道岔类型		配置数量(副)			紧固、加锁位置
		密贴尖轨紧固器、勾锁器	斥离尖轨限位器、勾锁器	可动心轨紧固器、勾锁器	
辙叉号为18号的分动外锁闭道岔以及5台转辙机牵引的辙叉号为12号的分动外锁闭可动心道岔	紧固	2	2	1	密贴尖轨第二、第三,斥离尖轨第二、第三,可动心轨第二转辙机处。
	加锁	1	1	1	密贴尖轨、斥离尖轨、可动心轨第一转辙机处。
辙叉号为30号的分动外锁闭道岔	紧固	3	2	1	密贴尖轨第二、第四、第六,可动心轨第二,斥离尖轨第四、第五转辙机处。
	加锁	3	2	1	密贴尖轨第一、第三、第五,可动心轨第一,斥离尖轨第一、第二转辙机处。
辙叉号为42号的分动外锁闭道岔	紧固	3	2	1	密贴尖轨第二、第四、第六,可动心轨第二,斥离尖轨第四、第五转辙机处。
	加锁	3	2	1	密贴尖轨第一、第三、第五,可动心轨第一,斥离尖轨第一、第二转辙机处。
说明事项	无联锁的线路上接发列车时,进路上无联锁的分动外锁闭道岔无论对向或顺向,均应对密贴尖轨、斥离尖轨和可动心轨加锁。				

10. 施工期间道岔加锁紧固办法按本条执行。

第88条 车站接发车人员接送列车的补充规定(《技规》第360条)

1. 接发车人员接送列车、显示手信号的地点的规定。

(1)接发车人员接送列车、显示手信号的地点原则上在行车室一侧。接发有旅客上下或装卸作业的列车时,应在旅客上下或装卸作业的一侧。车站可结合具体情况,在《站细》内补充规定。

(2)车站(助理)值班员应于列车接近车站时,在指定地点立岗接车(不能按指定地点接车时,应使用列车无线调度通信设备事先预告司机),待列车停妥或在出发、通过列车尾部通过站立地点(对办理客运业务的列车,应在列车尾部越过站台)后离开。出站端扳道员必须待列车全部出站后,方可离开。具体接车时机应根据助理值班员配置情况以及列车速度等级、区间距离等设备条件不同在《站细》中规定。

2. 确认列车完整到达的规定。

(1)能通过设备(含摄像设备)确认列车完整到达时,可通过设备确认,不能通过设备确认的,指派人员现场确认。改按电话闭塞法行车时,均指派人员现场确认。

(2)半自动闭塞区间未确认列车整列到达车站,禁止开通区间。

(3)未挂列尾装置或列尾装置故障的列车在半自动闭塞区间临时停车时,进站前司机应主动用列车无线调度通信设备通知车站。通知不上时,列车不准全列进站。车站值班员应提前通知接车人员到列车尾部核对尾部标志,确认无误后,方可开通区间。

3. 发现旅客列车尾部标志灯光熄灭的处理规定。

接发列车人员发现旅客列车尾部标志灯光熄灭时，应及时用列车无线调度通信设备通知车辆乘务员进行处理。在自动闭塞区间，通知不到时，车站值班员应汇报列车调度员，使列车在前方站处理。

4. 以吊起尾部车辆软管代替尾部标志的列车尾部软管未吊起的处理规定。

(1)接发列车人员发现列车尾部软管未吊起时，应立即报告车站值班员转报列车调度员，列车调度员应使列车在前方站停车处理。

(2)尾部软管未吊起的列车停车后，车站值班员应立即指派有关人员确认尾部车号，车号不对时，还应核对辆数。确认车号或辆数正确，由车站派人补吊软管后，列车方准继续运行。

5. 发现货物列车列尾主机丢失、异状(含司机查询不到风压)的处理规定。

(1)货物列车列尾装置主机丢失后，车站值班员应及时报告列车调度员并通知发车站车站值班员，列车调度员安排列车在前方站停车处理。发车站车站值班员应通知后续首列司机注意运行。

①列尾主机丢失的列车停车后，车站值班员应立即指派人员确认尾部车号，并与司机核对列车编组顺序表尾部车号。

②半自动闭塞区间，未确认尾部车号一致前，车站值班员严禁开通区间。

③列车需继续运行时，如不具备重新安装列尾装置主机条件，由列车调度员发布调度命令准许，车站补吊尾部车辆软管作为列车尾部标志。

(2)列尾主机异状(包括查询不到风压)的处置措施。

①车站在接发列车时,发现列尾主机有脱落可能危及行车安全时,应立即呼叫司机停车并报告列车调度员。由车站指派人员处理,如主机不能正常安装锁闭时,应将其取回。列车需继续运行时,由列车调度员发布调度命令准许,车站补吊尾部车辆软管作为列车尾部标志。

②列尾装置故障列尾信息查询不到时,列车调度员安排列车在前方站停车处理。停车处理后仍查询不到的列车,除列尾主机发生排风阀故障影响列车制动主管风压、列尾主机异状有脱落危险及其他危及行车安全时,不得关闭列尾主机与车辆制动软管的折角塞门,列尾主机不断电,此时列尾主机仅作为列车尾部标志,司机凭调度命令按列尾装置故障运行。运行中,司机应适时查询列车尾部风压,当列尾查询功能恢复时,应及时报告列车调度员(车站值班员)请求取消前发列尾装置故障调度命令。

(3)列车运行途中列尾装置主机发生临时故障(仅查询不到风压除外),虽暂时不能修复但仍可作为列车尾部标志时,准许列车按照调度命令继续运行。

(4)列车调度员发布命令准许列车按无列尾装置运行或按列尾装置故障运行时,车站在发车前应对列车自动制动机进行简略试验,列车运行前方各站要加强对列车尾部标志的确认。

第89条 车站发车的补充规定(《技规》第362、365条)

1. 具备使用列车无线调度通信设备发车的列车,应使用列车无线调度通信设备发车,无法使用列车无线调度通信设备发车时,应通知司机,并使用手信号发车。

2. 使用发车表示器发车的办法。

在设有发车表示器的车站,动车组以外的列车可按发车表示器显示发车,具体办法在《站细》内规定。不能使用发车表示器时,按本条第1款规定办理发车,并通知司机。

3. 确认信号或发车条件的补充规定。

(1)因地形条件或技术设备条件限制,车站发车人员无法确认出站(进路)信号(设有复示信号机的除外)时,可通过车站值班员该出站(进路)信号开放正确的通知确认。

(2)特殊情况下,司机在规定停车位置无法确认出站(进路)信号显示时,可根据车站发车人员的发车信号或发车通知起动列车,待确认出站(进路)信号机显示正确后,再行加速。

(3)挂有专用警卫包车的旅客列车发车时,发车条件具备后,车站(助理)值班员还必须得到车站接车领导同意发车的指示,方可按规定发车。

(4)自动闭塞区间,在线路所停车上下旅客的列车后面发出列车时,应得到线路所车站值班员关于列车已在该所开车的电话记录号码。

(5)自动闭塞区间,在临时准许在区间内退行的列车后面发出列车时,应得到前方站关于退行的列车整列到达的电话记录号码。

4. 发车线路表示器灭灯时,由车站(助理)值班员通知司机(语音记录装置良好时,准许使用列车无线调度通信设备通知)后,再按规定发车。

5. 进路表示器灭灯时,按以下规定处理:

(1)列车由车站(场)出发,司机发现进路表示器灭灯时,通知车站值班员。车站值班员确认进路正确,通知司机,司机根据车站值班员的通知开车。

(2)通过列车司机发现进路表示器灭灯时,可凭出站(通过)信号机显示的允许运行的信号通过,同时将进路表示器的故障情况报告车站值班员。

第 90 条 列车在乘降所(点)的发车办法(《技规》第362条)

1. 动车组以外的旅客列车(含通勤列车)乘降所(点)由集团公司客运部确定,在运行图文件中公布。

2. 有停点的旅客列车停车再开的规定。

(1)旅客列车、通勤列车在乘降所(点)发车时,列车长(设有站务人员时,由站务人员)确认人员乘降完毕后,使用列车无线调度通信设备通知司机:"××次司机,人员上下完毕"(遇列车无线调度通信设备不能使用时应口头通知司机),司机复诵后起动列车。

(2)自动闭塞区间旅客列车在乘降点停车后不能按运行图规定的停站时间开车时,司机应使用列车无线调度通信设备通知两端站、追踪列车、列车调度员。此时,后方站不得再放行追踪列车。

3. 其他列车临时停车再开的规定。

除有停点的旅客列车外,其他列车临时停车再开时,司机自行开车,根据信号机显示运行。

第 91 条 动车组开关车门的补充规定(《技规》第362 条)

1. 动车组开关车门及作业组织补充规定。

(1)动车组到达始发站后,应将车门保持关闭状态。司机(开关车门集控按钮不在司机操作台上的由随车机械师)根据列车长的通知开门。

(2)在始发站、中间站(含折返站),车站客运人员确认客运作业(含旅客乘降、上水、吸污)完毕后,通知列车长。列车长接到客运作业完毕的通知后,再次确认旅客上下完毕,通知司机(或随车机械师)关闭车门。两组动车组重联时,前进方向后组动车组列车长确认本组旅客上下完毕，向前组动车组列车长汇报，前组动车组列车长在确认全列旅客上下完毕后通知司机。

(3)在终到站(不含折返站)，有上水、吸污等作业时：

①列车长确认旅客下车等客运作业完毕，具备退乘条件后，与车站站台客运人员联控后组织退乘。

②车站站台客运人员确认列车客运乘务组退乘、吸污、上水等作业完毕后，通知司机(或随车机械师)关闭车门。

(4)列车长、站台客运人员应按照客运作业技术标准规定的时间组织客运终到作业，不得延误动车组后续开车作业。

(5)动车组列车按标停稳后，司机(开关车门集控按钮不在司机操作台上的由随车机械师)应立即操作控制开关打开站台一侧车门。动车组列车必须做到一次对标停车，无特殊原因，禁止再次移动列车。

(6)列车工作人员不得擅自开关车门。

2. 联系用语。

(1)在始发站、中间站(含折返站)。

车站客运人员呼叫列车长："××次××站客运作业完毕"。

动车组列车长应答："××次客运作业完毕，列车长明白"。

列车长呼叫司机："××次司机，××次列车请关门"。

司机应答："××次关门，司机明白"。

(2)在终到站(不含折返站)有上水、吸污作业时。

列车长呼叫站台客运人员："××站，××次列车终到客运乘务作业完毕，准备退乘"。

站台客运人员应答："××次列车长，××站收到"。

站台客运人员呼叫司机："××次(准备开车车次)司机，车站作业完毕，请关门"。

司机应答:“××次司机明白”。

(3)有关要求。

①列车长(站台客运人员)呼叫后,应注意监听司机的应答。呼叫5s后未得到司机应答时,应再次呼叫。

②司机听清时及时应答,不得拖延。

第92条 出站及发车进路信号机故障时发车的补充规定(《技规》第365条)

1. 半自动闭塞区段,设有发车进路信号机的车站发出列车时,按下列规定办理:

(1)遇两架及以上发车进路信号机故障(含停用,本条下同)时,准许一次性交付一张半自动闭塞发车进路通知书,此时应将故障的发车进路信号机号码在半自动闭塞发车进路通知书中按发车方向依次注明。

(2)发车进路信号机和出站信号机同时故障时,准许一次性交付半自动闭塞发车进路通知书和路票。

2. 自动闭塞区段,设有发车进路信号机的车站发出列车时,按下列规定办理:

(1)遇两架及以上发车进路信号机故障时,准许一次性交付一张绿色许可证,此时应将故障的发车进路信号机号码在绿色许可证中按发车方向依次注明。

(2)发车进路信号机和出站信号机同时故障时,准许一次性交付一张绿色许可证,此时,绿色许可证中出站(进路)字样均不抹消。遇区间停用基本闭塞法,改用电话闭塞法行车时,准许一次性交付绿色许可证和路票。

(3)车站一端有两个及其以上运行方向时,无论使用何种闭塞法,遇发车进路信号机故障或列车头部越过发车进路信号机且压上轨道绝缘节发车时,列车越过发车进路信号机的行车凭证为绿色许可证。

3. 涉及两个行车室同时准备一条发车进路时,应按照发车方向由远及近的原则准备,具体准备进路的方法(包括相互间的联系互控制度)在《站细》中规定。

4. 设有发车进路信号机的车站发车前,列车运行方向次一架及以远的发车进路(出站)信号机故障,在发车进路准备妥当后, 可在停车地点提前交付书面行车凭证并按规定发车。

5. 动车所(动车存车场)交付凭证规定。

(1)遇动车所(动车存车场)设备故障需交付行车凭证、调度命令时,车站值班干部应按规定到岗盯控把关。车站值班员在进路准备妥当后,应使用调度命令无线传送系统向司机发布,司机应及时签认接收,有疑问时,须立即询问车站值班员。

(2)调度命令无线传送系统故障以及未开通调度命令无线传送系统时,在进路准备妥当后,准许车站值班员使用语音记录装置良好的列车无线调度通信设备将行车凭证号码(路票为电话记录号码、绿色许可证为编号的最后3位数)通知司机。列车司机凭动车所(动车存车场)车站值班员的通知开车。需要交付调度命令时,应将调度命令一并向司机转达。列车无线调度通信设备联系用语为:

动车所(动车存车场)车站值班员:

“××动车所(动车存车场)呼叫××司机,路票已办理,电话记录××(号)。”

列车司机:

“我是××(次)司机,电话记录××(号),××(次)司机明白。”

使用绿色许可证时,应将路票及电话记录相应改为绿色许可证及编号。

使用列车无线调度通信设备交付行车凭证时，对通过列车应得到司机停车的报告后再办理相关行车凭证交付手续。列车通过、出发后，车站值班员应将行车凭证及时划“×”注销。

遇列车无线调度通信设备故障无法交付时，指派胜任人员按规定向司机交付书面凭证。

第93条 其他规定

1. 准备及检查列车进路时的补充规定（《技规》第351、352条）。

(1)旅客列车运行区段，对正线间辙叉号为9号的道岔，须落实控制台单锁措施，解锁道岔办理列车进路前必须核对列车性质，列车到达(出发)后应及时恢复定位单锁。

(2)接发列车进路命令的听取和准备后的报告，进路上配有扳道长时，应由扳道长亲自办理，并向原发令人报告。

(3)非集中联锁的道岔，每次使用后，均应进行检查，但列车交会时，可在待发列车开出后，一并检查。准备进路时，对不扳动的道岔，可仅确认道岔表示器的显示。

2. 相对方向同时接车和同方向同时发接列车的补充规定(《技规》第353、358条)。

(1)两端为单线区间的车站，办理相对方向同时接车时，禁止两列车同时办理通过。

(2)两端均为站外停车起动困难的车站，相对方向同时接车和同方向同时发接列车时应比照接车线末端与对方接发车进路有隔开设备办理。

(3)引导接车时，仍应按相对方向同时接车和同方向同时发接列车的规定办理。

(4)设有车场的车站,办理相对方向同时接车和同方向同时发接列车时,应按每个车场分别确定。

(5)列车压岔,如不符合相对方向同时接车和同方向同时发接列车条件时,应使开来的列车在站外停车后,再开放信号机接入站内。

(6)非调度集中区段防止货物列车破坏旅客列车进路安全风险卡控措施。

①在接发旅客列车的同时,能进入旅客列车进路而接车线末端无隔开设备的线路禁止接入未挂有列尾装置(含列尾装置故障,下同)的货物列车。

②在接入未挂有列尾装置的货物列车且接车线末端与旅客列车进路无隔开设备时,货物列车进入接车线未停妥前,相对方向禁止接入旅客列车,同方向禁止发出旅客列车。

上述两点中的货物列车仅指《技规》233 条所规定的货物列车。

(7)调度集中区段,在接、发旅客列车的同时,接入列车运行监控装置或轨道车运行控制设备发生故障的列车、制动力部分切除的动车组列车而接车线末端无隔开设备时,应人工干预,禁止通过 CTC 自动触发进路。

3. 扳道电话故障时,接发列车命令传达补充规定。

(1)扳道电话故障或无扳道电话时,车站值班员可使用无线电台下达接发列车命令。无法用无线电台联系时,车站值班员应填写站内联络通知书(以调度命令纸代用,填写内容与布置准备接发列车进路命令相同),指派胜任人员送交扳道员。

(2)接发列车进路准备妥当后,扳道员使用无线电台或以要道还道方式的手信号向车站(助理)值班员报告。

遇天气恶劣或地处曲线的车站，车站值班员和扳道员手信号联系困难时，应在《站细》内规定具体联络办法。

4. 非正常接发列车作业纪律。

(1)信号、联锁、闭塞设备有计划施工、停电等致使联锁失效时必须做到：

①各有关单位应根据计划和影响行车的范围，制定安全措施，指出重点注意事项并组织有关人员学习。

②站段要指派胜任人员参加把关，重点对列车进路、行车凭证实行双人确认制度。

③车站开始办理非正常接发列车作业前，必须确认接发列车进路上所有道岔的位置；作业中对准备的进路必须进行认真地逐个确认道岔开通位置正确(包括联动道岔 A、B 位置的确认)，对通过控制台准备(使用调车信号锁闭或单独锁闭道岔)的进路，车站值班员应通过控制台确认道岔位置正确并锁闭，对现场人工准备的进路(包括防护道岔)，车站值班员要逐个听取道岔开通位置正确并按规定加锁、紧固的汇报后，方可办理接发列车。

④施工作业时，办理经由停用联锁区段的非正常接发列车前，电务人员应将施工道岔的启动断路器断开，待列车出清道岔后，方准将启动断路器闭合进行施工作业。

(2)信号、联锁、闭塞设备因临时故障、停电等致使联锁失效时必须做到：

①车站值班员除应立即报告列车调度员外还应通知车站(车间)值班领导，车站(车间)值班领导接到通知后，应立即到信号楼(行车室)并组织人员到关键岗位把关。

②全站联锁失效时，双线区间的四、五等中间站，上、下行各固定一股线路办理接发列车；单线区间的四、五等中间

站固定二股线路办理接发列车；三等及其以上的车站应根据作业、人员等情况确定是否采用固定进路的办法。无法采用固定进路的车站应制定配置双岗等安全措施以确保非正常接发列车进路的安全。

车站值班员必须逐个确认进路上的所有道岔(包括邻线防护道岔)开通位置正确并按规定加锁、紧固后，方准办理接发列车。

③局部联锁失效时，通过控制台准备的进路，车站值班员应通过控制台确认道岔位置正确并锁闭，对现场人工准备的进路(包括防护道岔)车站值班员要逐个听取道岔开通位置的汇报，并按规定加锁、紧固且对失去表示的道岔单独锁闭后方准办理接发列车。

④列车调度员接到车站联锁失效的报告后，应向值班主任报告。此时，列车调度员应坚持安全第一、精心安排列车运行计划，对固定进路的车站不得安排列车交叉进路和甩挂作业、双线区间的车站不办理列车待避作业，在非正常接发列车的车站尽量安排列车通过。

(3)非正常接发列车注意事项。

①非正常接发列车必须使用《非正常接发列车程序控制表》，程序控制表由把关人员填划以督促车站值班员按程序作业。《非正常接发列车程序控制表》必须装订成册，使用后由车站保存一年备查。

②在办理非正常接发列车时，有关作业人员要做到沉着、镇静，严格按规定和程序作业，不准盲目抢办。各级把关人员应严肃认真，职责明确，专心致志地执行互控，并严格执行单一指挥，把关人员不得包办代替。

③通过控制台和现场人工分别准备时，车站值班员在布

置进路时应明确扳道员(长)所负责的道岔号码。

④车站应根据设备、作业人员等实际情况制定非正常接发列车作业纪律实施办法,纳入《站细》。

第七章　列车运行

第 94 条　列车冒进信号机或越过警冲标的处理规定(《技规》第 315、320、335、336 条)

1. 列车冒进信号机或越过警冲标时的处理办法。

列车冒进进站(进路)信号机、出站(进路)信号机时,司机应立即停车,向车站值班员(列车调度员)报告。车站值班员应派人现场确认,并按下列规定进行处置。

(1)列车冒进进站(进路)信号机。

具备接车条件后,车站值班员在确认线路空闲和进路正确后,应使用列车无线调度通信设备通知司机进入站内接车线停车,司机凭车站值班员进入站内接车线停车的通知后直接动车。

(2)列车冒进出站(进路)信号机。

如列车已越过出站(进路)信号机而未越过接车线末端道岔时,司机除迅速向车站值班员报告外,并使列车及时退入警冲标内方。如列车已越过接车线末端道岔时,禁止移动,确认道岔位置正确后,方准退入警冲标内方。

(3)如上述列车不能移动且必须接发其他列车时,车站值班员应首先确认其他列车的接发车进路不受影响,在通知有关列车司机注意,并派人进行防护后,方可办理。

2. 列车冒进线路所通过信号机的处理办法。

列车头部冒进线路所通过信号机时，司机不得擅自动车,须立即报告车站值班员(列车调度员)。

进路方向错误时以及进路方向虽正确但前方区间邻站已取得发车许可时，应按规定组织列车退回至线路所通过信号机前方。

进路方向正确且前方区间具备运行条件时，在办妥闭塞（预告）手续，经确认进路正确后，线路所车站值班员报告列车调度员，由列车调度员发布列车继续运行的口头指示，司机凭车站值班员可继续运行的通知后直接开车。

第 95 条　机车综合无线通信设备注册列车车次的补充规定（《技规》第 335、336 条）

1. 列车车次变化地点 CIR 注册列车车次的要求。

列车在 GSM-R 区段运行时，司机应选定 CIR 通信模式为 GSM-R，并在 CIR 设备操作显示终端正确注册车次功能号，确认车次功能号注册成功。在列车运行图规定的车次变化地点，车次自动跳转时，司机核对后予以确认；不能实现自动跳转时，司机应注销原车次号，重新注册新车次号。

发现 CIR 设备自动提取及显示的列车车次号与实际车次不符时，应手动输入正确的车次号，并报告列车调度员。

2. 注册车次号不成功时的处理要求。

遇 CIR 注册车次号不成功时，司机应使用 GSM-R 手持终端报告车站值班员（列车调度员），使用 GSM-R 手持终端进行通话。

第 96 条　夜间运行机车、动车组头灯和标志灯故障时处理的补充规定（《技规》第 335、336、360、459 条）

列车夜间运行，司机发现或得到列车头部标志不完整的信息时，应及时报告车站值班员（列车调度员），车站值班员报告列车调度员。

机车（动车组）仅头灯、标志灯之一不能使用时，可继续运行;机车(动车组)前部头灯、标志灯均不能使用时,应适当降速维持运行到前方站停车处理。如均不能修复时,不能继续运行。

第97条 自轮运转特种设备运行的补充规定(《技规》第331、335条)

1. 自轮运转特种设备上线运行前审查的规定。

(1)按列车办理的自轮运转特种设备应配置作用良好的轨道车运行控制设备(GYK)和列车无线调度通信设备,未配置或故障的不准上线运行。

(2)集团公司自轮运转特种设备主管部门负责对上道、挂运的自轮运转特种设备技术条件的审查。调度所应将自轮运转特种设备运行计划纳入调度日班计划,与邻局交换调度日班计划时要重点提示;跨局运行时须上报国铁集团调度中心。

2. 自轮运转特种设备运行组织规定。

(1)自轮运转特种设备上线运行按列车办理。自轮运转特种设备计划上线运行前,运用单位须提前将自轮运转特种设备作业内容、运行区段和时间报集团公司调度所纳入调度日(班)计划。由调度所在日(班)计划中明确开行车次和运行区段。

非集团公司单位(不含维管段)配属的自轮运转特种设备上线运行前,运用单位须按规定向始发站提出书面申请,注明"三项设备"性能良好(不注明性能良好的视作不具备上线条件),经车站审核确认相关证件(正副司机驾驶证、检验合格证)、资料与申请表内容一致后,转报列车调度员批准。

集团公司相关站段(含维管段)配属的自轮运转特种设备上线运行前,车站值班员核对日(班)计划后转报列车调度员批准,由列车调度员根据站段(含维管段)提报的路用车开行计划,按规定组织开车。

原申请内容发生变化时必须重新申请。凡证件不全、无效的,不得放行。

遇应急抢修、抢险未能纳入调度日(班)计划时,由车站值班员报列车调度员同意后组织开行。遇列车调度电话不通时,除救援、抢险外禁止开行。

(2)自轮运转特种设备上线运行前,运用单位应对车辆技术状态和货物装载状态进行检查,确保良好。

(3)自轮运转特种设备在车站转线、转场、进出库等作业时,按调车作业办理,须严格执行调车等作业规定。

3. 重型轨道车运行办法。

(1)凡不能随时由随乘人员撤出线路的轨道车,均称重型轨道车。发往区间时,按列车办理。附挂轨道平车时,应在尾部揭挂标志:昼间红牌、夜间红灯。

(2)重型轨道车原则上不准跨局运行。仅限于新购置出厂、厂修入厂或返回及跨局执行施工任务时,须经国铁集团调度命令准许方可运行;由集团公司主管部门会同轨道车所属单位共同提出申请跨局运行的电报,申请运行的电报应发给国铁集团调度中心和轨道车沿途经过的所有集团公司调度所,电报内容必须注明运行径路、带道司机姓名、编成辆数、牵引吨数、限制速度。集团公司调度所根据国铁集团下达准予运行的调度命令放行。

(3)重型轨道车跨管辖区段运行及大修、工程部门的重型轨道车在驻在地至施工区段运行时,重型轨道车司机必须熟悉掌握运行区段的有关行车规定及线路、信号设备的情况。否则应指派熟悉运行区段情况的当地重型轨道车司机带道或提前组织轨道车司机对运行区段添乘看道。

(4)开行重型轨道车时,列车调度员须向有关站及重型轨道车司机发布调度命令,内容包括开行车次及其他运行上必须注意的事项(已纳入日班计划的除外)。

(5)重型轨道车运行时,不得超过下列速度:

①220kw为80km/h。

②220kw以上可依据国家专业检测机构出具的允许最高运行速度80km/h、100km/h、120km/h运行。

不同功率的重型轨道车连挂运行时,不得超过小功率重型轨道车的允许最高速度。

(6)重型轨道车编组辆数执行以下规定:

①单台重型轨道车牵引工务轨道平车时, 不得超过4辆,牵引路用平车时不得超过2辆。

②重联运行时,以2组为限(动车编挂在前后两端),相同马力的应重车在前,不同马力的应大马力在前,制动机应全部通风。

③准许两辆270kw以上的重型轨道车中间编挂6辆工务轨道平车或路用平车或4辆风动石砟车连挂运行。但两重型轨道车的车型以及重型轨道车与工务轨道平车、路用平车或风动石砟车的制动机类型必须相同并全部通风。运行中,两重型轨道车司机通过无线电台保持密切联系, 行动一致(长轨施工时,并准换轨小车附挂于尾部)。轨道车编挂车辆时的运行速度,比照货物列车运行有关速度规定执行。

轨道车重联运行时,应一次向车站提出申请,在运行途中不准拆开。

(7)在站内利用220kw以上轨道车调移工程、大修用的车辆以及两组以上轨道车在道岔上翻顺位时,应按本务机车调车办理，车站值班员必须将调车作业计划布置清楚；调车作业应由大修、工程部门指派经考试鉴定合格的人员担当调车指挥工作，按车站值班员布置的调车计划进行作业并按规定做好停留车辆防溜工作。

(8)重型轨道车在站内移动时，准许不派调车指挥人显示起动信号，但必须得到车站值班员的准许。转线时，并应得到车站扳道员的道岔开通信号或确认开放的调车信号机后方可进行。

两组及以上的轨道车连挂一起同时进出道岔时，可一次要道还道。分组进出道岔时，应分别要道还道。

(9)重型轨道车按上述规定在车站进行调车作业、翻顺位、移动时，均应执行“问路式”调车规定。

(10)上述重型轨道车与车辆的摘挂、软管摘结以及简略试验和停留后的防溜工作，均由重型轨道车司机负责。

(11)电气化区段的接触网作业车按重型轨道车办理。

4. 大型养路机械运行办法。

(1)大型养路机械包括各种捣固车、动力稳定车、配砟整形车、清筛机、打磨车、大修列车、钢轨探伤车、路基处理车、焊轨作业车及道岔铺换设备等。各车进行线路作业，同时又自带动力，可双向自轮运行(大修列车除外)，不允许作其他用途牵引使用。

(2)配合机械化施工列车作业的大型养路机械短距离运行或由重型轨道车牵引运行时，均按重型轨道车办理。其编组顺序、辆数、重量、牵引车担当及运行速度由使用单位自定，但必须全列通风并由前进方向第一辆车掌握制动。

(3)大型养路机械成组专列运行必须由机车牵引，按大型养路机械允许速度并按直通路用列车办理。区间运行时分，比照运行图规定的直通货物列车运行时刻执行。此时，允许编挂不限速的宿营车、油罐车、机械维修车和其他直接配合施工用的附属车辆。

大型养路机械由机车牵引或编挂在其他工程列车中一起运行时，必须处于无动力状态，且应全列通风。每辆大型养路机械均需有驾驶员值乘，列车的简略试验工作由大型养路机械驾驶员负责。

(4)大型养路机械停止自轮运行无动力回送时，须编挂于列车尾部，自动制动机须状态良好，按路用车办理。回送时必须派大型养路机械驾驶员押运，负责本车的技检并联系列车驾驶员交待缓解等技术要求。

(5)无论在车站或工程线内(包括大修基地)均不得利用大型养路机械进行调车作业。成组短距离自行运行的大型养路机械，其编组时由每辆车自行移动，连挂后再由前进方向第一位的大型养路机械进行简略试验。大型养路机械无动力编入列车时，其编挂由负责调车的机车担当。此时连挂前须一度停车，再以不超过 3km/h 速度进行连挂。

(6)大型养路机械无论是自行还是编入列车运行，制动停车后缓解充风时间不得少于 1min。

(7)大型养路机械禁止通过线路坡度超过 33‰的线路，禁止溜放和通过驼峰。

(8)大型养路机械驾驶员必须熟悉掌握运行区段的有关行车规定及线路、信号设备的情况，否则应指派熟悉运行区段情况的当地轨道车驾驶员带道。

(9)大型养路机械必须配备列车无线调度通信设备(GSM-R 区段，还应配备机车综合无线通信设备和 GSM-R 手持终端)、无线电话及灭火器具、防溜器具，防护信号用品等,作本务车运行时还须配备机车信号、列车运行监控记录装置等行车设备，运行时本务车驾驶员应认真执行作业标准、车机联控等有关规定。夜间运行必须有头灯照明,按路用列车办理或编挂于列车尾部运行时,其后端应有红灯标志。

(10)大型养路机械必须技术状态良好,符合规定的性能要求,每年应按计划进库检修,进行年度鉴定,确保技术状态良好并验收合格后方准出库,投入运行。

第 98 条 列车运行中晃车的处理规定(《技规》第 335、336 条)

1. 司机发现晃车时处理的规定。

列车运行途中,司机发现列车晃车时,必须立即采取减速或停车措施。司机将晃车里程记录于司机手册,立即向车站值班员(列车调度员)报告,车站值班员报告列车调度员。

2. 车站值班员(列车调度员)接到报告后处理的规定。

车站值班员(列车调度员)接到司机的报告后,立即通知关系车站,并通知工务部门进行检查处理。

(1)遇下列情况,车站值班员(列车调度员)接到晃车信息后,应立即扣停相关列车。

①在汛期,车站值班员(列车调度员)立即通知本线后续列车停车,不再向本线该区间放行列车,并通知邻线尚未经过该地点的首列列车注意运行。

②晃车地点位于施工慢行(不含接触网、轨旁设备限速)等线路限速地段时,车站值班员(列车调度员)立即通知本线后续列车停车,不再向该限速地段的线路放行列车。遇该施工项目同时涉及多条线路施工慢行时,车站值班员(列车调度员)还应通知经由施工慢行地段其他线路运行的列车停车,不再放行后续列车。施工慢行地段归属不同列车调度台

管辖时，列车调度员相互间应及时通报信息。

③晃车地点位于雨量超标限速地段时，车站值班员（列车调度员）立即通知本线后续列车以及邻线尚未经过对应地点的列车停车，不再向区间放行列车。

（2）除上述情况以外发生晃车时，列车调度员应发布限速 20km/h 的调度命令，限速位置按司机汇报的晃车里程前后各加 200m 确定；来不及时，车站值班员应立即通知司机限速 20km/h 运行，用语为："××次，立即限速 20km/h 运行"。司机接到限速的通知后，应立即采取制动措施，降速至要求的限速值以下运行。车站值班员待司机复诵无误后，再向司机布置具体限速要求，用语为："××次，××km××m 至××km××m 处晃车，限速 20km/h"，司机按限速要求控制列车运行。如司机仍反映晃车时，车站值班员（列车调度员）立即通知后续列车停车，不再向该区间放行列车。

3. 工务人员接到报告后处理的规定。

工务部门接到通知后，按规定登记、上道检查，待工务部门检查处理后，按工务登记的行车限制条件放行列车。遇雨量超标限速、施工慢行地段同时涉及多条线路时，还应检查晃车地点对应的其他线路地段。

第 99 条 旅客列车使用紧急制动阀（紧急制动装置）后处置的补充规定（《技规》第 335~337、340、341、363 条）

1. 使用后报告通知的规定。

（1）车辆乘务员（随车机械师）使用紧急制动阀（紧急制动装置）停车后，应及时报告司机。客运乘务员使用紧急制动阀（紧急制动装置）后，应立即报告车辆乘务员（随车机械师）转报司机。司机报告车站值班员（列车调度员）。

（2）紧急制动阀（紧急制动装置）使用后，车辆乘务员（随车机械师)应在乘务日志上记载使用原因,如有车辆损坏时,须将损坏及处理情况预报前方客列检重点检查。

2. 停车后再开的规定。

旅客列车使用紧急制动阀(紧急制动装置)停车后,车辆乘务员(随车机械师)检查车辆技术状态良好后通知司机,司机检查试验列车制动主管的贯通状态后按规定开车。

第100条 天气恶劣难以辨认信号行车办法的补充规定(《技规》第338条)

1. 天气恶劣难以辨认信号时检查线路空闲的规定。

不能通过设备确认而需要现场检查线路空闲时,由车站两端扳道(进路准备)人员根据车站值班员的命令,迎面检查至互相见面为止,并向车站值班员汇报。

2. 列车无线调度通信设备故障或语音记录装置作用不良时的发车办法。

列车无线调度通信设备故障或语音记录装置作用不良时,应使用手信号发车,车站发车人员应站在便于司机确认发车信号的位置显示发车信号。

3. 天气恶劣难以辨认信号时办理行车作业的限制要求。

(1)车站无空线不得承认闭塞。

(2)进站、出站、进路信号机开放后,除有危及人身或行车安全情形外,禁止关闭信号机。

4. 其他规定。

(1)特、一等站以及设有两个及其以上车场的车站,应根据具体情况,制订保证安全的措施,列入《站细》。

(2)列车调度员根据车站或司机关于天气恶劣在200m难以辨认列车信号机显示的报告,发令改按本办法办理。

第101条 汛期暴风雨行车的补充规定(《技规》第24、

339条)

1. 有发生塌方、落石、断道等自然灾害的防洪重点处所，在每年防洪、防台期前由集团公司公布。

2. 对常年看守、雨季看守、危险地段临时看守以及巡道、巡山、桥隧巡守人员，雨中应坚守岗位，加强检查，及时报告。一旦发现险情，可能危及行车安全时，应按《技规》第405条规定进行防护，并尽快向车站报告。

3. 工务人员应坚守岗位，要认真执行分段负责、雨量观测、冒雨检查和洪水通过危险地点检查监视制度，重点病害看守人员必须坚守岗位，加强检查，及时汇报，当列车接近时应显示规定信号，并加强巡道工作。在防洪、防台期间，各养路、桥梁工区应有人留宿待命。遇狂风暴雨、江河洪水猛涨、线路情况不明或有险情时，工务人员可在区间拦停列车并尽快向车站报告或通知车站、调度所扣发列车。工务人员可添乘机车或开出轨道车前往区间查明情况，排除险情后再放行列车。

4. 暴风雨天气，司机应加强瞭望，遇下列情况，又无工务人员显示信号时，司机应按下列规定办理：

(1)当发现线路上有塌方、落石、倒树及其他障碍物危及行车安全情况时，应立即停车，待排除障碍物并确认无碍行车后再开车；

(2)列车遇到线路塌方、道床冲空等危及行车安全的突发情况时，司机应立即采取应急性安全措施，并立刻通知追踪列车、邻线列车及邻近车站。配备列车防护报警装置的列车应首先使用列车防护报警装置进行防护；

(3)当发现洪水已漫到路肩时，应以能够随时停车的速度运行并报告车站。

5. 暴风雨天气,车站值班员接到险情报告后,应停止向该区间发出列车,并向列车调度员报告。对集团公司公布的防洪重点处所,车站值班员虽未接到险情报告,但认为有威胁行车安全可能时,有权停止发出列车。如系非工务人员报告时,车站值班员应通知线路车间主任或工长到站,查明线路情况,商定向区间放行列车的条件和办法。

6. 暴风雨天气,电务人员应加强检查通信、信号设备,供电人员应加强检查接触网供电设备,发现险情,立即向就近车站报告,并采取相应措施。

7. 列车调度员接到车站值班员、列车乘务人员或工务、电务、供电等人员关于线路情况不明或有险情的报告后,应根据情况,指示列车停运或限速运行。

第 102 条 动车组以外的旅客列车运行途中车辆乘务员值乘的规定(《技规》第 340 条)

1. 动车组以外的旅客列车设置备品室的规定。

动车组以外的旅客列车应设置车辆备品室,用于放置行车备品、应急配件及工具、随车材料、技术资料、台账等。

2. 动车组以外的旅客列车运行途中车辆乘务员的值乘位置。

动车组以外的旅客列车运行途中,车辆乘务员在巡视间隔期间应在固定地点值乘,值乘位置原则上为首尾车乘务员室(不得长时间固定占用),具体如下:

(1)挂工程师车的须在工程师室值乘。

(2)首尾一辆为行李车或邮政车,在行李、邮政车不具备制冷、采暖条件的情况下,可在邻车的乘务员室值乘。

(3)临时加挂车辆时,仍按原编组指定位置值乘。

第 103 条 制定特殊行车组织办法的规定(《技规》第

332条)

1. 南京长江大桥行车办法。

(1)设备概况。

①管界。

京沪上行线K1146+950m~K1140+070m，下行线K1139+670m~K1146+550m,由南京桥工段负责管理。大桥两端桥头处按《技规》规定设立管界标。

②大桥长度。

铁路桥全长6772m,按双线配置,其中正桥1574m,引桥5198m(南岸1634m,北岸3564m)。

③信号设备。

林场至南京站间为双线双向四显示自动闭塞设备(其中反方向为自动站间闭塞)，大桥上设有自动闭塞通过信号机11架。其中:上行线设有11402、11418、11432、11444、11456、11468六架；下行线设有11407、11421、11435、11447、11461五架,全部为矮型信号机。

④其他有关设备。

正桥和引桥的建筑限界均按桥隧建筑限界图(电力牵引区段)的规定设置。桥上设有巡守房和护桥岗亭十五座(正桥五座、南岸引桥四座、北岸引桥六座)并设有接通桥工段调度员和护桥部队总机的电话机。

(2)行车有关规定。

①为避免列车在大桥(包括正桥和引桥,以下同)上停车,列车调度员应严格掌握林场和南京站的发车时间,及时调整列车运行。遇两列车的接发列车进路相互交叉时,林场和南京站应优先接入大桥开来的列车。

②大桥上原则上不准反方向行车。遇特殊情况,必须反

方向行车或双线改为单线行车时，列车调度员应事先通知桥工段调度员，列车调度员在接到桥工段调度员同意反方向行车或双线改按单线行车的电话记录后，方可发布调度命令。

③回送非工作机车，除按《技规》、《机车运用规程》和《行规》有关规定办理外，遇三台及其以上机车重联过桥时，禁止在另一线上运行的列车附挂回送的非工作机车同时通过大桥。

④整列回送的检修车和大修工程用的宿营车通过大桥时，必须由大修、工程部门的车辆人员对车辆技术状态进行认真检查，提出限速和其他条件，并由大修、工程部门的车辆人员护送过桥。零星检修车通过大桥，是否需派检车人员护送，由车辆部门确定。

⑤南京~林场间发生下行货物列车途停事故时，原则上应由南京站派出救援机车。遇途停列车后面续行的列车系单机时，可根据列车调度员命令，临时作为后部补机。

⑥列车在无砟桥上被迫停车按规定进行防护时，应将火炬、响墩安设位置向外延伸至桥头堡以外有道砟的线路上。

⑦过桥的机车车辆，必须保证走行部分良好。除有特殊规定外，应将车门关好。篷布绳索捆绑牢固。

(3)列车通过大桥时的注意事项。

旅客列车必须关闭车门(包括行李车和邮政车)、车窗，并将厕所门锁闭，禁止旅客列车在桥上倾倒垃圾，禁止餐车放水。桥上临时停车时，禁止客运乘务员和邮政乘务员下车。

2. 芜湖长江大桥行车办法。

(1)设备概况。

①管界。

裕溪口至芜湖东间淮南下行线 K210+500~K221+800，淮南上行线 K210+550~K221+850，由芜湖工务段负责管理，分界地点按《技规》规定设立管界标。

②大桥长度。

铁路桥全长 11195m，按双线配置，其中正桥 2194m，引桥 9001m(南岸 2896m，北岸 6105m)。

③信号设备。

裕溪口至芜湖东站间为双线双向四显示自动闭塞设备(其中反方向为自动站间闭塞)，区间共设有自动闭塞通过信号机 22 架。其中，下行线设有 11 架，按运行方向编号依次为 2073、2087、2101、2113、2127、2141、2155、2167、2181、2195、2209；上行线设有 11 架，按运行方向编号依次为 2208、2196、2182、2170、2156、2144、2130、2116、2104、2090、2078。区间通过信号机除 2073、2087、2101、2104、2090、2078 为高柱外，其余均为矮型信号机。下行线 2155（不包括 2155）及上行线 2156 区间通过信号机以北信号设备由合肥电务段负责维修管理，其余由南京电务段负责维修管理。

④其他有关设备。

正桥和引桥的建筑限界均按桥隧建筑限界图(电力牵引区段)的规定设置。桥上设有巡守、看守房 10 座(北岸引桥 6 座、南岸引桥 4 座)并设有接通桥工段调度员和护桥人员的电话机。

(2)行车有关规定。

①裕溪口至芜湖东间以裕溪口开往芜湖东站方向为下行方向，左侧线路为下行线；芜湖东开往裕溪口站方向为上行线，左侧线路为上行线。

②为避免列车在大桥(包括正桥和引桥，以下同)上停车，列车调度员应严格掌握裕溪口至芜湖东站的发车时间，

及时调整列车运行。遇两列车的接发列车进路相互交叉时，裕溪口和芜湖东站应优先接入大桥开来的列车。

③大桥上原则上不准反方向行车。遇特殊情况必须反方向行车或改按单线行车时，列车调度员应事先通知工务段调度员，列车调度员在接到工务段调度员同意反方向行车或改按单线行车的电话记录后，方可发布调度命令。

④回送非工作机车，除按《技规》、《机车运用规程》和《行规》有关规定办理外，遇三台及其以上机车重联过桥时，禁止另一线上运行的列车附挂回送的非工作机车同时通过大桥。

⑤整列回送的检修车和大修工程用的宿营车通过大桥时，必须由大修、工程部门的车辆人员对技术状态进行认真检查，提出限速和其他条件，并由大修和工程部门的车辆人员护送过桥。零星检修车通过大桥，是否派检车人员护送，由车辆部门确定。

⑥裕溪口至芜湖东站间货物列车发生途停需要救援时，原则上应由前方站派出救援机车。

⑦列车在无砟桥上被迫停车按规定进行防护时，应将火距、响墩安设位置向外延伸至钢梁明桥面以外有道砟的线路上。

⑧过桥的机车车辆，必须保证走行部分良好。除有特殊规定外，应将车门关闭，篷布绳索捆绑牢固。对过桥的货物列车(包括单机挂车)，有关列检作业场列检人员和车站货运检查员应加强检查，确保列车安全通过大桥。

⑨裕溪口到芜湖东站间区间桥梁、线路、信号等设备需要施工时，由施工单位按规定提报施工申请手续，经过批准后方可进行。

(3)列车通过大桥时的注意事项。

旅客列车必须关闭车门(包括行李车和邮政车)、车窗,并将厕所门锁闭,禁止旅客列车在桥上倾倒垃圾,禁止餐车放水。桥上临时停车时,禁止客运乘务员和邮政乘务员下车。

3. 江阴轮渡行车办法。

(1)设备概况。

江阴轮渡位于长江下游江阴北站至靖江南站间,主要包括以下设备:栈桥、渡轮、排架、带缆船等辅助船舶以及相应的信号、通信、电力等设备。

①栈桥设备。

栈桥由固定桥、活动桥以及跳板梁组成,包括北栈桥和南栈桥两座桥,南北栈桥间的直线距离约 2850m。

北栈桥与靖江南站连接,全桥长 509.40m,其中固定桥长 260.04m,活动桥长 249.36m,跳板梁长 16m。栈桥轴线与长江夹角为 25°。

南栈桥与江阴北站连接,全桥长 321.85m,其中固定桥长 72.49m,活动桥长 249.36m,跳板梁长 16m。栈桥轴线与长江夹角为 30°。

栈桥与车站间以第一进桥信号机为界。第一进桥信号机外方属靖江南、江阴北站管理,内方属于轮渡栈桥车间管理。

活动栈桥通过大螺杆实现上下升降,升降速度≤0.5m/min。栈桥最大上坡 25‰,最大下坡 26‰,最大升幅 7.89m,满足百年一遇的洪水和枯水季节的渡运要求。

②渡轮设备。

江阴轮渡目前配备三艘火车渡轮,分别为“北京号”、“芜湖号”和“新长号”,采用“二用一备”方式运输。

“北京号”、“芜湖号”渡轮船长 134.6m,型宽 17.2m,型深 6.5m,满载排水量 6086T,载重量 2400T;“新长号”渡轮船长

135.3m，型宽 17.2m，型深 6.5m，满载排水量 7049.7T，载重量 2900T。

渡轮主机和发电机组分别有三台（其中新长号渡轮有发动机组二台）。

轮渡配备若干拖轮、浮吊、靠趸船及必要的检修设备，用于完成救援、检修、清淤、带缆等作业。

③轨道设备。

栈桥上铺设 P50 钢轨线路 3 股，以面向渡船方向从左侧的线路起顺序编号为桥 1 道、桥 2 道、桥 3 道。渡船上铺设 P50 钢轨存车线 3 股，从右舷一侧的线路起顺序编号为船 1 道、船 2 道、船 3 道。各股道间线间距均为 3660mm。渡船靠岸时船 1 道、船 2 道、船 3 道分别对应衔接桥 1 道、桥 2 道、桥 3道。

渡船上铺设的各股道，线路有效长均为 126.5m（新长号渡轮有效长 127.4m），换算长度为 11.5。

栈桥上铺设辙叉号为 9 号的三开道岔 1 组，道岔以开通直股为定位。铺设的 9 号三开道岔岔后连接曲线长度为 25m。

(2)栈桥上信号机设置、显示方式及指示条件。

栈桥上设有第一进桥信号机（1JX）、第二进桥信号机（2JX）两架进桥信号机，北岸第一进桥信号机（1JX）与第二进桥信号机（2JX）间距为 454.55m，南岸第一进桥信号机（1JX）与第二进桥信号机（2JX）间距为 252.1m。

①第一进桥信号机（北岸设于第 14 号墩桥的外方，南岸设于第 8 号墩桥的外方）显示下列信号：

一个红色灯光：不准越过该信号机，此时可以升降桥梁和跳板梁。

一个黄色灯光：表示第二进桥信号机（2JX）在开放状态，

准许越过该信号机上船作业，此时不准升降桥梁和跳板梁。

两个黄色灯光：表示第二进桥信号机(2JX)在关闭状态，准许越过该信号机，限在第二进桥信号机前方停车。此时，2#至5# 墩桥不准升降，但可升降跳板梁和1# 墩桥。

遇第一进桥信号机发生故障不能开放时，调车车列越过第一进桥信号机上船作业前，栈桥值班员应向车站值班员发出同意上船作业的电话记录号码，此时不准升降桥梁和跳板梁，调车长、司机根据车站值班员调车进路准备好了的通知、同意上船电话记录号码以及第二进桥信号机显示的进行信号上船作业。

②第二进桥信号机(设于第2~3号墩桥之间)显示下列信号：

一个红色灯光：不准越过该信号机。此时，可以扳动三开道岔以及升降跳板梁和1# 墩桥。

一个黄色灯光：准许越过该信号机。此时，不准扳动道岔以及升降跳板梁和1# 墩桥。

遇第二进桥信号机发生故障不能开放时，调车长、司机凭栈桥扳道员显示的股道号码和道岔开通信号越过第二进桥信号机上船作业。

③在1# 墩桥上设有一架复示第二进桥信号机的矮型复示信号机，供栈桥值班员确认第二进桥信号机的显示状态。

④股道表示器(设于第二进桥信号机的下方)在第二进桥信号机开放黄色灯光时显示下列信号：

左侧显示一个白色灯光：表示进路开通桥1道和船1道。

中间显示一个白色灯光：表示进路开通桥2道和船2道。

右侧显示一个白色灯光：表示进路开通桥3道和船3道。

背面灯光显示排列位置如下所示：

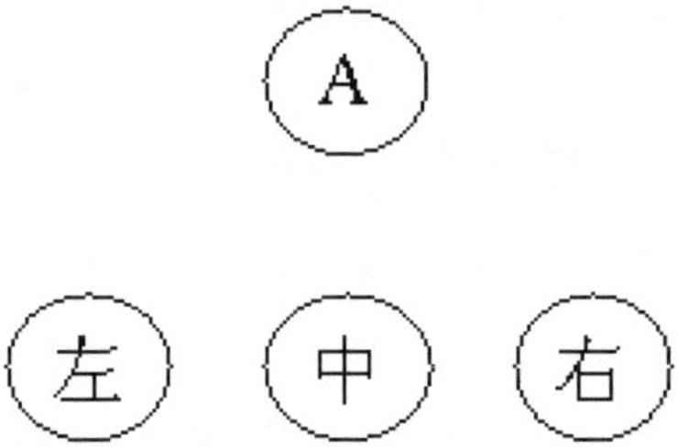

其中A灯为第二进桥信号机黄色灯光的复示信号,第二进桥信号机显示黄色灯光时A灯显示白色灯光。在A灯显示白色灯光下,左侧显示一个白色灯光表示进路开通桥3道和船3道，中间显示一个白色灯光表示进路开通桥2道和船2道,右侧显示一个白色灯光表示进路开通桥1道和船1道。

⑤调车计划显示器设于跳板梁上方横桁梁上,其灯光显示排列位置如下所示:

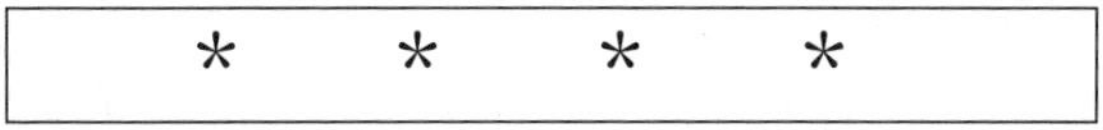

前三位按顺序显示调车计划股道编号。第四位显示调车作业方式代码,其中“S”表示单送方式、“L”表示单拉方式、“X”表示一取一送交叉作业方式。

⑥下桥调车信号机:北岸为D202,南岸为D201。

(3)渡船上的“5.3.1”信号设备、显示方式及指示条件。

①在渡船驾驶台设有“5.3.1”信号机一架,显示下列信号:

三个黄色灯光:表示推进的机车车辆前端已进入距船尾车钩五车(约55m)至三车(约33m)的距离。

二个黄色灯光:表示推进的机车车辆前端已进入距船尾车钩三车(约33m)至一车(约10m)的距离。

一个黄色灯光:表示推进的机车车辆前端已进入距船尾车钩一车(约10m)至2m的距离。

一个蓝色灯光：表示推进的机车车辆前端已进入距船尾车钩不足2m的距离。

一个红色灯光：要求停止调车作业。

一个红色闪光灯光：表示推进的机车车辆与船尾车钩未连挂，要求稍行后退后重新连挂。

一个月白色灯光：表示推进的机车车辆与船尾车钩已连挂或上船取车时船尾车钩已提开。

一个月白色闪光灯光：表示上船取车时船尾车钩提不开，要求调机压钩。

②在渡船每条存车线的尾部各设有一架“5.3.1”信号机，其显示同驾驶台的信号机。

③在渡船每条存车线的尾部车钩座旁设有信号表示盘和操纵箱，由船艉水手负责操纵。在渡船驾驶台上也设有红色灯光操纵按钮及有关表示灯。

(4)跳板上设有控制三开道岔扳动、桥梁升降以及在紧急情况下关闭进桥信号机的脚踏电门，由栈桥值班员负责操作。

(5)车站向栈桥方向开放调车信号受栈桥第一进桥信号机（1JX）的控制，即第一进桥信号机开放后，北岸D204、D206、D208、D210；南岸D203、D205、D207、D209调车信号机方能开放。

(6)调机与连挂车辆间使用两辆平车作为隔离车辆，渡轮船尾设用于车辆连挂，防止车辆溜逸的车钩。

(7)调车计划的编制与传达。

①调车计划的编制。

轮渡调车计划，由调车区长负责编制。其内容为取送车股道、船次(号)、辆数及上下船作业方法和有关注意事项(包括关门车数和第一张调车计划上注明长江水位)。

②调车计划传达。

a.调车作业通知单由调车区长向调车长交付,由调车长向司机和连结员转交调车作业通知单,转达关键注意事项。

b.调车区长应及时将上下船作业计划(包括空重车辆数)通知栈桥值班员,由栈桥值班员传达给渡船及栈桥扳道员。

c.调车区长应及时将上下船作业计划报告轮渡调度员。

d.电话传达的调车计划和上下船作业计划,接收人必须逐钩记录、复核(包括安全注意事项),传达人必须听取接收人员复诵正确、完整。

(8)上、下船取送车作业的有关规定。

①车站值班员确认控制台第一进桥信号机表示灯亮灯后,方可向栈桥方向开放调车信号。遇特殊情况需关闭第一进桥信号机时,栈桥值班员必须得到车站值班员的同意后方可关闭(危及安全时除外)。

②上下船调车作业时,调车长、司机凭第二进桥信号机(2JX)显示的黄色灯光和股道表示器的正确显示上船,凭栈桥扳道员显示的股道号码和道岔开通信号下船(股道表示器的反面灯光显示不作为下船越过道岔的依据)。遇股道表示器发生故障时,调车长、司机凭栈桥扳道员显示的股道号码信号和道岔开通信号上船。

③渡船上两线及其以上的车辆禁止一次取或送(遇一次送车渡船存车线容纳不下时,准许在栈桥上带一辆车转线)。

④上下船调车作业时须全部连结软管,司机发现漏泄量超过 20kPa/min 时, 应通知调车组检查处理。推送车辆上船前,须进行通风试验和试拉。

⑤调车区长编制调车作业计划时,应在记事栏内注明关

门车数。调车作业时调车人员应核对关门车数,遇实际关门车数大于记事栏内注明的关门车数时，由调车长通知司机，司机应根据通知严格控制上船速度。

⑥栈桥值班员在接班后应将长江水位情况通知调车区长,调车区长每班在编制第一号调车作业通知单时,应注明长江水位。

⑦遇“5.3.1”信号设备故障或渡船无“5.3.1”信号设备时，由船艉水手在司机作业的一侧显示停留车位置信号、五、三、一车距离信号、连结、稍行移动、停车和提钩“好了”等信号。调车长根据“5.3.1”信号机的显示或船艉水手显示的调车手信号指挥调机作业。

⑧推送上船调车作业时，车列前端不派调车人员领车。遇特殊情况必须派人领车时,禁止调车人员攀登车辆两侧上下船。

(9)机车车辆通过栈桥及上、下船的限制。

①为保证作业安全，调车机车必须附挂隔离平车 2 辆(应装有栏杆、通过台、指挥台和小型工作棚)。

②禁止成批渡运无制动作用的车辆。

③向渡船取送车时,准许调机越过跳板梁侧线。遇渡船线路未满线调机需进入船 1、船 3 道时,事先调车区长应通知栈桥值班员,由栈桥值班员及时传达给渡船,以便做好船身预倾准备。渡船上停留车辆的车钩,不得越过渡船上的安全白线。

④渡运军用车辆、客车、机车、机械冷藏车、凹型平车以及装载超限和跨装货物的车辆时，调车区长应事先通知栈桥值班员。跨装、爬装、机械冷藏车车组和不准拆散的车组换算长度超过 11.5 以及装有双层集装箱的车辆,禁止经由渡船

过江。

⑤渡船应安装渡船倾斜度表示器和警铃，轮渡所负责日常检修和保养。向渡船船1、船3道取送车时，渡船应配合调剂平衡水，以保持船身倾斜度不超过3.5度。遇船身倾斜超过3.5度时，警铃自动报警，渡船驾驶人员应鸣笛一短声，调车人员和司机应立即停止调车作业。待打好平衡水，船身倾斜不超过3.5度后，渡船驾驶人员应鸣笛二短声，调车人员和司机恢复调车作业。

⑥军用车辆上下船有特殊要求时，由车站值班员根据调度命令进行重点布置。

⑦过江机车禁止重联，机车须拆除扫石器和排障器（排障器距轨面大于145mm时除外）及“三项设备”的感应器及其支架（有关电务设备的拆装工作，由轮渡所提前2天通知南京电务段），并固定进船2道。

轮渡调机（包括替班机车）必须固定，其排障器及脚踏板应抬高至距轨面150mm(±5mm)的位置。

⑧2辆及其以上凹型平车成组连挂轮渡时，上下船固定进船2道。轮渡前须经轮渡所和车站共同检查并确定限速条件后，由调车长根据限速条件通知司机限速运行。

⑨装载超限货物、跨装货物的车辆固定进船2道。装载中部超限货物的车辆上船时，相邻线路必须空闲。禁止装载上部超限货物的车辆侵入渡船驾驶台下部的线路。渡船船头白线至驾驶台下部线路前沿间距为38m，换算长度为3.4。

驾驶台距轨面高度以及船上各线的线间距离。北京号和芜湖号渡船驾驶台距船1、船2、船3道轨面高度均为5.5m，船上各线的线间距离均为3.66m。

⑩为防止渡船上发生停留车辆溜逸，渡船应保持艉倾状

态(艏高艉低),上船车辆必须连挂船尾车钩并放风制动。遇江面有大风(6级及其以上)、渡船只能艏倾状态航行、船艏第一辆为关门车以及渡船上车辆停留时间超过4h时，对船艏端车辆应使用铁鞋进行防溜;对渡船上与船尾车钩未连挂的需装卸作业的车辆、车钩损坏的车辆以及仅能用小闸制动的有动力机车等,应存放在线路中部,并对车组两端车辆以铁鞋进行防溜(不包括有动力机车)。铁鞋防溜由水手长负责安放和撤除。

轮渡所应明确渡船停留车辆防溜的作业分工和责任人,完善相关作业办法和作业标准。

⑪高、低水位期间,两辆及其以上客车成组连挂轮渡时,上下船固定进船2道。

⑫机车、重型轨道车自走行过江时,事先须征得车站值班员同意,司机凭进桥信号机、调车信号机的显示以及扳道人员显示的手信号上、下船。

(10)其他作业补充规定。

①遇天气恶劣能见度少于1000m或风力超过八级时,渡船不准航行。

②每渡(或每列)的货运单据必须封票,原则上随本列第一渡过江,由调车长和水手长办理交接。

③货物装载不良、重车去向不明、车门未关闭(有特殊规定的除外)以及车体中部有轮对的车辆(如五轴敞车)禁止过江。

④渡运装载危险、易燃货物的车辆时,调车区长应及时通知栈桥值班员,由栈桥值班员通知渡船注意并采取必要的防火措施。

⑤在栈桥上双机作业时,两调机间必须隔离2辆及其以

上货车。

⑥靖江南和江阴北站渡船开航前应及时向对方站进行预报,在向栈桥送车前,应再次向对方站进行确报。

⑦遇紧急情况,渡船鸣笛一短声时,调机司机应立即停车,调车组人员听到该笛声时应立即显示停车信号。渡船鸣笛二短声后,恢复正常作业。

⑧新长工务段应定期对渡船上的钢轨进行养护,保证各项性能符合养护、检修标准。

(11)设备管理分工。

①栈桥主体结构(包括梁体、墩台、轨道、道岔、工务检修用附属人行道、元宝梁)以及渡船上的轨道结构、承轨槽、一号墩台防护垫由工务部门负责管理。

②栈桥上的升降设备(含升降机械、吊板、销轴、机房、塔架)、排架、带缆船、行车值班房等由栈桥车间负责管理;渡轮由轮渡车间负责管理。

③栈桥上的信号设备(含控制设备)以及渡船上的"5、3、1"信号设备由电务部门负责。

④江阴、靖江栈桥动力、照明供电设备,供电段与栈桥车间管理以1号箱变馈出电缆接头100mm处为界,分界点至电源侧由供电段负责,分界点至负荷侧由栈桥车间负责。栈桥车间对栈桥上架空线不具备维修能力时,双方可签订相关协议,委托供电段负责检修。协议中应明确箱变低压侧钥匙的日常管理、设备故障情况下的操作权限、联系方式、信息反馈等要求。

⑤车辆设备的管理。

渡船调机的隔离平车(包括备用)每月逢5、20日由南京东车辆段安排人员前往检查。遇特殊情况需将隔离平车挂送列检所检修时,由车辆段与车站商定,车站安排计划挂送。平车上装设的栏杆、通过台、简易紧急制动阀、指挥台和小型工作棚等附属设施由新长车务段负责检修。

渡船上船尾车钩的检查由南京东车辆段负责。每次车辆人员检查完毕后,由站长(副)或调车区长在检车员工作手册上(车统—15)签认(船尾车钩检查完毕后由船艉水手签认)。

新长车务段与南京东车辆段应签订检修安全协议,进一步明确安全责任划分、检修时间、检修频次等规定。

⑥各设备管理单位和集团公司专业管理部门负责按照职责分工,制定相关设备的检修办法和检修标准。对船舶设备的检查、测试和鉴定,按照《内河船舶法定检修技术规则》执行,由新长车务段委托地方船舶检验机构负责。

(12)安全管理。

①航行安全执行《中华人民共和国内河交通安全管理条例》、《中华人民共和国内河避碰规则》、《长江江苏段航行船舶定线制》等水上法律法规,除执行铁路有关安全管理要求外,接受国家海事局的监督检查。

②航行中发生水上交通事故,除按规定向铁路管理单位和专业管理部门报告外,由国家海事局承担事故调查、责任判定及处罚,经济损失由有资质的评估机构评估。

③地方港口局和安全监督局按照《中华人民共和国港口法》的规定,有权对轮渡码头实行许可管理和检查。

④江阴轮渡设栈桥和轮渡车间(下设若干班组,具体由新长车务段确定),受新长车务段领导。栈桥和轮渡车间的专业管理由集团公司机务部负责。

⑤新长车务段和集团公司专业管理部门按照本规定,设置相应的管理岗位,明确各级管理职责,并制定相应的专业

技术规章和安全管理办法。

第104条 其他规定

1.两线、多线区间列车运行的分工。

(1)蚌埠~蚌埠东间为三线行车。

京沪双线:分别运行京沪线上、下行列车;

蚌东联络线:运行蚌埠~蚌埠东间始发终到的列车。

(2)全旺至衢州东站间为两线行车。

衢全联络线:运行下行列车;

衢宁线:运行上行列车。

(3)阜阳北~阜阳间为四线行车。

京九双线:京九上行线运行上行列车;京九下行线运行阜阳站通过的京九下行列车;

阜阳联络双线:阜阳上行联络线运行旅客列车以外的上行列车、阜阳站办理作业的旅客列车以外的下行列车;阜阳下行联络线运行在阜阳站办理作业的下行列车。

(4)淮南~大通间为三线行车。

淮南双线:分别运行上、下行列车;

淮田线:运行旅客列车以外的列车。

(5)张家岗线路所~水家湖普速场间为两线行车。

水淮联络线:运行蚌埠东~合肥方向的下行列车;

水蚌线:运行蚌埠东~淮南方向的列车。

(6)衢州普速场至衢州东间为四线行车。

衢全联络线:运行全旺开往衢州普速场方向的下行列车以及衢州东始发至衢州普速场终到的下行列车;

衢宁线:运行衢州普速场开往全旺方向的上行列车以及衢州普速场始发至衢州东终到的上行列车;

沪昆下行线:运行衢全联络线以外的下行列车;

沪昆上行线:运行衢宁线以外的上行列车。

(7)浦镇~南京北间为四线行车。

货正线为两线:货正一线运行京沪线南京北到发的货物列车;货正二线运行无法经货正一线运行的列车;

小运转线为两线:小运转二线运行浦镇~南京北间小运转列车及单机;小运转一线运行无法经小运转二线运行的列车。

(8)林场~浦镇间为三线行车。

林浦三线:运行京沪线南京北方向的下行货物列车,宁启线上行货物列车,南京北开往南京东的小运转列车;

林浦下行线:运行除林浦三线以外的下行列车;

林浦上行线:运行除林浦三线以外的上行列车、开往宁启线的下行货物列车。

(9)南京~南京西(调车场)间为两线行车。

南京客线:运行南京~南京西客场间到发的列车;

南京货线:运行除南京西客场~南京到发以外的列车。

(10)南京~南京东间为三线行车。

南京~兴卫村~南京东间京沪三线:运行宁芜线下行旅客列车,上下行通勤列车、不经由南京长江大桥运行的货物列车及单机、列车运行调整需要经由南京长江大桥运行的京沪线上下行旅客列车以外的列车;

南京~兴卫村~南京东间京沪下行线:运行除宁芜线下行旅客列车、下行通勤列车、不经由南京长江大桥运行的下行货物列车及单机以外的下行列车;

南京~南京东间京沪上行线:运行除上行通勤列车、不经由南京长江大桥运行的上行货物列车及单机以外的上行列车。

(11)毛耳山~塔桥~芜湖东站间为两线行车。

毛耳山~塔桥~芜湖东间下行线:运行宁芜线下行列车;

毛耳山~塔桥~芜湖东间上行线:运行宁芜线上行列车。

(12)黄渡~南翔间为三线行车。

京沪到达线:运行京沪下行线以外的下行列车;

京沪下行线:运行黄渡至上海西方向的下行列车及列车运行图规定经南翔客场运行至南翔下行到达场的下行列车;

京沪上行线:运行上行列车。

(13)安亭~黄渡间为四线行车。

京沪双线:分别运行京沪线上、下行列车;

沪苏通双线:分别运行沪苏通线上、下行列车。

(14)春申站~莘庄间三线行车。

沪春下行线:运行下行列车;

沪春上行线:运行金山线旅客列车以外的上行列车;

金山上行线:运行金山线上行旅客列车。

(15)春申站~新桥间四线行车。

沪昆双线:分别运行金山线旅客列车以外的上、下行列车;

金山双线:分别运行金山线上、下行旅客列车。

(16)上海~上海西间为四线行车。

京沪双线:京沪上行线运行京沪线上行列车、沪昆线下行列车(不含回送动车组列车)、光新路站始发开往上海站的下行列车以及运行图规定的沪昆线上行列车;京沪下行线运行京沪线下行列车以及沪昆线上行列车(不含回送动车组列车);

沪宁城际双线:分别运行沪宁城际线上下行列车以及回送动车组列车。

(17)上海西~翔南间为两线行车。

沪昆上行线:运行沪昆线上行动车组列车;

沪昆下行线:运行沪昆线下行列车以及上行动车组以外的列车。

(18)杭州南普速场~夏家桥间为两线行车。

萧甬下行线:运行除市域及萧山西至夏家桥间列车以外的下行列车以及萧甬线与沪昆线间经萧浙联络线运行的列车;

萧甬上行线:运行萧甬下行线以外的列车。

(19)宁波北~庄桥间为三线行车。

萧甬双线:分别运行萧甬线上、下行列车;

洪庄联络线:运行旅客列车以外的列车。

(20)金华东~金华间为三线行车。

沪昆双线:分别运行沪昆线上、下行列车;

沪昆第三线:运行旅客列车以外的列车。

(21)行宫塘~沈家塘间为三线行车。

宣杭双线:分别运行乔司方向的上、下行列车;

宣杭老线:运行除宣杭双线以外的列车。

(22)高里~永宁镇间为四线行车。

京沪上行线:运行除京沪 A 线以外的上行列车;

京沪下行线:运行除京沪 A 线以外的下行列车;京沪 A 线:运行亭子山线路所至浦口北间的列车;

京沪 B 线:列车运行调整需要运行的旅客列车以外的上行列车。

(23)高里~林场间为三线行车。

京沪上行线:运行各方向上行列车(包括运行图规定在高里站停车及作业,因列车运行调整需要通过的货物列车);

京沪下行线:运行开往林场方向的下行列车;

林高联络线:列车运行调整需要运行的上行货物列车。

(24)夹河寨~铜山间为三线行车。

杨铜联络线:运行杨屯~铜山间的列车;

陇海双线:分别运行除杨铜联络线以外的上、下行列车。

(25)徐州站~徐州北为三线行车:

徐州小运转线:运行上下行小运转列车及单机;

京沪双线:分别运行除徐州小运转线以外上、下行列车。

(26)徐州南~徐州北间为四线行车。

京沪三、四线:分别运行旅客列车以外的京沪线下、上行列车;

东到、发东线:分别运行旅客列车以外的陇海线上、下行列车。

(27)徐州南~窑场~大湖间为两线行车。

①徐州南~窑场间。

东到线:运行旅客列车以外的上行列车和徐州开往大湖方向的旅客列车以外的下行列车;

发东线:运行旅客列车以外的下行列车。

②窑场~大湖间。

东到线:运行旅客列车以外的上行列车;

发东线:运行旅客列车以外的下行列车。

(28)符离集~朱庄间为两线行车。

宿淮下行线:运行下行列车及朱庄至宿州间经符离集站折角运行的旅客列车;

宿淮上行线:运行朱庄至宿州间经符离集站折角运行的旅客列车以外的上行列车。

(29)南翔上行到达场~金港巷线路所间为两线行车。

南何立交下行线：运行下行列车；

南何立交上行线：运行上行列车。

由于特殊情况，不能按上述分工运行，旅客列车须经调度所值班主任同意，其他列车须得到列车调度员的准许，并按规定向司机、车站值班员发布调度命令（列车运行图规定的反方向运行除外）。

多线区间，列车在同一线名间反方向运行时，列车调度员应发布反方向运行的调度命令；多线区间列车在不同线名间变更运行时，列车调度员应发布变更径路的调度命令。

2. 列车在站内（包括未全部进、出车站或车场）临时停车时的补充规定（《技规》第363条）。

（1）列车司机主动停车时（在接车进路信号机前停车；在无助理值班员的车场以及处所停车等待信号），待停车原因消除后，即可自行起动。无助理值班员的车场以及处所应列入《站细》。

（2）车站（助理）值班员使列车停车时，应由车站（助理）值班员按规定发车。

3. 超限列车会让办法（《技规》第203、355条）。

（1）挂有超限车的列车运行在双线、多线或并行单线的直线地段与邻线列车会车时，应遵守下列规定：

①邻线列车运行速度小于等于120km/h的，两运行列车之间的最小距离大于350mm者不限速，300mm至350mm之间者运行速度不得超过30km/h，小于300mm者禁止会车。

②邻线列车运行速度大于120km/h小于等于160km/h的，两运行列车之间的最小距离大于450mm者不限速，400mm至450mm之间者运行速度不得超过30km/h，小于400mm者禁止会车。

③邻线列车运行速度大于160km/h的,禁止会车。线路允许速度超过160km/h的区间，与超限货物列车办理区间交会时,动车组列车运行速度按超过160km/h掌握。

曲线地段与邻线列车会车,必须根据规定相应加宽。

(2)中部超限列车与其他列车会让时,两邻线(包括警冲标处)中心线应具备的距离为:

①超限列车的计算宽度，加邻线列车的中部宽度（按1800mm计算,如两列车均是中部超限列车时,应按超限货物计算宽度计算)，再加上列车最大速度等级规定的安全数之和。

②龙门架等超限施工车辆的中部宽度自线路中心线计算不得超过1936mm,在站内或双线、两线、多线区间内会让时,两邻线中心线应具备的距离为:龙门架等超限施工车辆的有关中部宽度加邻线列车中部宽度(特准按1700mm计算,如邻线系中部超限列车时,应按超限列车的计算宽度计算),再加上列车最大速度等级规定的安全数之和。

(3)凡两邻线中心线间距离(包括警冲标处)达到上述列车最大速度等级规定的三数之和时,列车会让不受限制。两邻线中心线距离达到列车最大速度等级规定的三数之和,而警冲标不足时,应使超限车停于两邻线中心线间距离达到列车最大速度等级规定的三数之和的地点,方准列车会让。

(4)凡两邻线中心线间距离不足上述列车最大速度等级规定的三数之和时,应根据计算确定运行条件,限速30km/h运行或办理隔线会让。办理隔线会让时,双线、两线或多线区间有关邻线应停止行车。

(5)超限列车的运行经路中,超限车辆的任何部位与建筑物或设备之间的距离在200mm及其以下时,应限速运行。

①151≤L≤200mm 时，不得超过 25km/h；

②100≤L<151mm 时，不得超过 15km/h；

③不足 100mm 时，原则上不得办理。

(6)电气化区段，超限货物顶部距接触网导线的垂直距离不得小于 350mm。超限货物顶部距接触网导线的垂直距离，在线路平面海拔高度超过 1000m 时，应按每超过 100m 增加 3.5mm 的附加安全距离计算（不足 100m 时四舍五入计算）。

(7)列车调度员在发布有关超限列车运行的命令时，应明确布置上、中、下部的超限内容并指出限制条件以及会让时的最小线间距离(包括各超限部位的实际尺寸)以便车站掌握。

4. 准许到达列车机车越过尽头到发线警冲标的规定(《技规》第 305、358、454 条)。

(1)因南京西客场 1~3、5、6、7 道；常州客场 8 道；无锡普速场 8 道到发线较短，特准列车机车可越过接车线末端警冲标或开放的调车信号机，但应制订安全措施，列入《站细》。

(2)准许列车越过接车线末端的警冲标，应全部改漆白色，以便司机识别。改漆白色的警冲标，由工务段涂漆，车站纳入《站细》。

5. 站外停车起动困难的站名表。

线别	站名	进站方向	线别	站名	进站方向
京沪	※板桥	下行	沪昆	蒋堂	上行
京沪	※板桥(反方向)	下行	萧萧联络	杭州南普速场	下行
京沪	前亭	上行	皖赣	竹峰	下行
前贾	前亭	下行	皖赣	甲路	上、下行
京沪	※卞庄	下行	皖赣	金沙	下行
京沪	※卞庄(反方向)	下行	皖赣	际坑口	上行
京沪	※卞庄(反方向)	上行	皖赣	岩寺	下行
京沪	※张八岭	下行	皖赣	休宁	下行
京沪	林场	下行	皖赣	岩前	下行
京沪	林场(反方向)	下行	皖赣	金字牌	上行
沪昆	郑家坞	下行	水蚌	武店	上、下行
沪昆	塘雅	上行	西张	蔡家岗	下行
淮南	裕溪口	上行	金千	排塘	上、下行
淮南	芜湖东	下行	金千	千岛湖南	下行
京沪货	曹山	上行	陇海	东海县普速场	上行
夹北线	徐州北	上行	金山	新桥	上行
皖赣	府祝	下行	皖赣	黄土坑	下行

※　表示使用ND5、DF8B型以及电力机车牵引列车时不受此限。

陇海线墟沟站站内(下行方向)为限制停车站,DF7机车牵引列车停车时最大牵引吨数为2800吨,使用其他机型按比值增减。

6. 列车推进运行的规定(《技规》第347条)。

路用列车、救援列车及集团公司特准的列车准许在区间推进运行。此时,应遵守下列规定:

(1)列车推进运行前,应指派胜任人员携带手信号旗(灯)、列车无线调度通信设备和简易紧急制动阀登乘列车前端协助司机作业。

(2)占用区间行车凭证交给司机,并按规定发车。列车推进运行时，胜任人员应站在列车前端注视运行前方，保持与司机的联系，必要时使用简易紧急制动阀或列车无线调度通信设备通知司机，使列车停车。

(3)列车推进运行进站前，胜任人员应确认准许进站的信号。列车进站后，胜任人员应按调车方式显示手信号指挥列车进入站内停车。必要时，车站应派人依式中转。

(4)当天气恶劣瞭望困难时，除救援列车外，禁止列车推进运行。

7. 登乘机车的补充规定(《技规》第346条)。

(1)在不影响司机工作的前提下，符合下列情况之一时，可登乘机车。

①机务段有关人员因工作需要持有工作证时；

②当班调车组人员因作业需要时；

③行车安全监察人员，持有监察证时；

④因抢救急需的医务人员，持有调度命令时；

⑤因抢救、抢修、事故救援和故障应急处理等临时任务急需，临时指派人员登乘机车、动车组，持有调度命令时；

⑥设备管理单位人员因工作需要持有登乘机车证时。

(2)登乘机车证由有关单位提出申请，主管业务部门审核、机务部批准后由机务段填发；动车组司机室添(登)乘证由有关单位提出申请，主管业务部门复核、机务部审核，报集团公司分管领导批准后由机务部填发。

(3)机车乘务组以外人员添(登)乘机车时，除铁路机车运用管理规则指定的人员外，须凭"添(登)乘机车证"登乘。持"登乘机车证"的有关人员，须凭本人工作证或工作职务的有效证件方能登乘机车。动车乘务组以外人员添(登)乘动车组司机室时，须凭"动车组司机室添(登)乘证"，由动车组值乘民警(无值乘民警的由列车员)在司机室门外验证同意后方可登乘。始发站和换乘站以外的中途停车站一般不受理添(登)乘。

(4)机车、动车组司机室的登乘人数,除特殊需要外,不得超过2人,不得影响司机的正常工作,不得在非操纵端乘坐(便乘机车乘务员除外)。

8. 大修、工程部门宿营车转移办法。

(1)大修、工程部门宿营车需要转移时,应于三日前,以书面或电报向集团公司和有关单位提出关于宿营车转移日期、辆数及转移地点的申请。

(2)大修、工程部门应指派检车员对车辆的走行、连结和缓冲部分进行检查后,以书面向集团公司调度所提出运行速度和其他限制条件。调度所应纳入日(班)计划,并组织安排转移。

(3)宿营车转移时的调车作业,由该部门指派的经考试鉴定合格的人员负责进行。

9. 调整列车运行时,列车调度员原则上不得安排货物列车在雷麻店、李楼、大官塘站停车,确需停车时,停留时间不准超过20min;遇特殊情况货物列车须进行列车自动制动机简略试验时,可在列车开车并进入区间后,由司机选择适当地点进行制动试验,发现异常时,应立即采取停车措施,并报告车站值班员,车站值班员转报列车调度员。发车站办理发车前,必须与接车站共同确认区间空闲。

旅客列车以外的列车在雷麻店、李楼、大官塘站停车遇自动制动机故障、接触网停电等特殊情况机车总风缸压力达不到规定值时,司机应立即对机车采取防溜措施,并通知车站采取防溜措施。车站值班员接到通知后应报告列车调度员,并通知助理值班员采取防溜措施(拧紧不少于 1/4 的车辆人力制动机,并使用铁鞋对列车后端车辆进行止轮)。待机车总风缸压力达到定压后,司机撤除机车防溜,并通知车站撤除防溜措施。

10. 防止动车组(含动力集中动车组)停车后侵入警冲标限界安全措施。

(1)动车组在车站不办理客运业务时,停车位置距运行前方阻挡信号机的距离不应大于 80m;进入未设停车位置标的线路停车或存放时,应按接入线路设置的登车台运行方向前端相对位置停车,遇该线路未设置登车台且以调车方式运行时,停车位置距运行前方阻挡信号机的距离不应大于 80m。

(2)遇特殊情况,动车组停车后,头部尚未运行至上述停车位置时,司机应立即报告车站值班员(列车调度员),待条件具备后方可动车并按上述位置停妥后报告车站值班员(列车调度员)。车站值班员(列车调度员)接到报告后,在得到司机已按上述位置停妥的报告或指派人员现场确认尾部越过警冲标前,禁止办理占用轨道区段后方衔接区段的进路。

(3)遇特殊情况,动车组停车后,头部已越过前方阻挡信号机时,司机应立即报告车站值班员(列车调度员),待条件具备后方可动车并按上述位置停妥后报告车站值班员(列车调度员)。车站值班员(列车调度员)接到报告后,在得到司机已按上述位置停妥的报告或指派人员现场确认头部未越过警冲标前,禁止办理占用轨道区段前方衔接区段的进路。

(4)已开行及计划开行动车组的线路(含动车组停留线路),由电务、工务部门联合对运行径路范围内警冲标至绝缘节间距离进行全面核查,不符合条件的应制定整治方案,并按要求整治完毕。

(5) 已开行及计划开行动车组的线路（含动车组停留线路）警冲标至绝缘节间距离不足规定的处所，在整治完毕前由电务部门公布技术资料，抄送相关车务站段、机务段、调度所。不足规定的处所发生变化时，电务部门应及时公布。

11. 普速铁路车站(线路所)向衔接的高速铁路车站(线路所)正方向发出动车组列车以外的列车、按 LKJ 控车的动车组列车且该区间设区间信号标志牌时，须经列车调度员准许，并确认区间空闲。

12. 设置自然灾害及异物侵限监测系统时，遇报警、系统故障等情况按照高速铁路相关规定处理。

第八章　调度集中区段特殊行车组织办法

第105条　CTC操作模式的补充规定(《技规》第98、332条)

1. CTC分散自律控制模式包括中心操作方式、车站调车操作方式和车站操作方式。其中阜六线CTC分散自律控制模式仅设中心操作方式和车站调车操作方式。

(1)在中心操作方式下,调度终端具有信号设备的全部控制权,列车调度员对列车及调车进路均有操作权,车站对列车及调车进路均无操作权。

(2)在车站调车操作方式下,列车调度员对列车进路有操作权,对调车进路无操作权。而车站对调车进路有操作权,对列车进路无操作权。

对于道岔单锁和设备封锁操作,遵循“谁封谁解”的原则。

(3)在车站操作方式下,车务终端具有信号设备的全部控制权,车站对列车及调车进路均有操作权,列车调度员对列车及调车进路均无操作权。

调度集中区段车站CTC基本操作方式见附表6。

2. 车站控制是指调度集中区段车站在车站操作方式或非常站控模式下，由车站值班员负责办理列车及调车进路的状态。

第106条　CTC控制模式、操作方式转换的规定(《技规》第98、332条)

1. 转为非常站控模式的规定。

遇下列情况可转为非常站控模式：

(1)调度集中设备故障；

(2)行车设备施工、维修需要时(须在施工、维修计划中注明)；

(3)行车设备故障，需现场准备进路，且无法转为车站操作方式时；

(4)自动站间闭塞设备的车站因故改按半自动闭塞法或电话闭塞法行车，且无法转为车站操作方式时；

(5)发生危及行车安全的情况需要时。

2. 模式转换的条件。

分散自律控制模式与非常站控模式间的相互转换，须通过点击车站控制台上非常站控按钮，并均需输入规定的密码来实现。

分散自律控制模式转向非常站控模式不检查任何条件，但系统向调度员进行提示报警；非常站控模式转回分散自律控制模式系统检查以下条件：

(1)CTC 系统设备正常；

(2)非常站控模式下没有正在执行的按钮操作。

在满足上述条件时，允许转回分散自律控制模式表示灯亮黄灯后，操作非常站控按钮，转回分散自律控制模式；否则操作无效。

3. 模式转换的有关要求。

(1)除因危及行车安全必须立即转换为非常站控外，列车调度员提出需转为非常站控时，须经调度所值班主任(值班副主任)准许。

(2)转为非常站控时，车站值班员(车务应急值守人员)和列车调度员须在《CTC 控制模式转换登记簿》内登记，记明转换的原因；车站值班员与列车调度员核对设备状况、站内停留车情况、列车运行计划、邻站(线路所)控制模式及与本站(线路所)有关的调度命令执行等情况。转为非常站控后，车站值班员应通知司机车站(线路所)转为非常站控。

转为非常站控的原因消除后，双方在《CTC 控制模式转换登记簿》内登记，并及时转回。

4. 分散自律控制模式下各种操作方式转换的有关要求。

(1)中心操作方式车站调车作业时，可转为车站调车操作方式。

(2)中心操作或车站调车操作方式车站遇施工、维修时，应转为车站操作方式(施工、维修计划中注明转非常站控的除外)。

(3)中心操作或车站调车操作方式车站遇行车设备故障，需现场准备进路时，应转为车站操作方式。

(4)在分散自律控制模式下转换操作方式时(施工、维修需要转换时除外)，须经调度所值班主任(副)同意后方可进行。

5. 多方向车站、线路所转非常站控后的安全控制措施。

(1)转为非常站控模式前，车站值班员必须核对列车运行计划，确认后续列车的接车股道以及有无办客作业。对调度集中系统已经排列的列车进路，应与列车调度员进行核对。

(2)车站值班员在办理发车进路前，必须与列车调度员核对该趟列车的运行方向，核对正确后方准排列进路、开放信号。

第 107 条 调度集中区段行车指挥的补充规定(《技规》第 227、230、231、332 条)

1. 在分散自律控制模式下，中心操作和车站调车操作方式车站(线路所)的行车工作,均由本区段列车调度员统一指挥。

在非常站控模式和车站操作方式下,车站(线路所)的行车工作由车站值班员统一指挥。划分车场的车站,各车场的行车工作由该车场的车站值班员统一指挥。

2. 各种控制模式或操作方式下,司机等有关人员报告行车工作的对象。

非常站控模式及车站操作方式的车站,司机等相关人员应向车站值班员报告有关行车工作。其他情况,司机等相关人员应直接向列车调度员报告有关行车工作。

3. 调度命令接收人员的补充规定。

列车调度员发布调度命令时,受令者为车站值班员的调度命令,应同时发给中心操作方式的车站。

第 108 条 调度集中控制(中心操作方式)车站应急值守的规定(《技规》第 227、332 条)

1. 车务应急值守人员的基本条件及值守地点和工作制度。

中心操作方式的车站设车务应急值守人员,由车务具有车站值班员职名的人员担任。

车务应急值守人员在车站行车室(设置有调度集中车站控制终端的处所)值守,遵守以下工作制度:

(1)按规定着装及佩戴标志,交接班时应在行车室办理对号交接。

(2)负责行车室行车设备、行车备品的看管。

(3)值守期间,不得擅离行车室,遇特殊情况需临时离开时,必须经车站值班干部准许。

(4)值守期间,应及时接听电话,执行列车调度员的命令、指示。

(5)遇非正常等情况,应及时向列车调度员、车站值班干部报告,做好应急处置。

2. 在正常情况下，车务应急值守人员不参与行车工作。在设备故障、施工维修、非正常行车等情况下,根据列车调度员指示,车务应急值守人员负责办理以下行车作业：

(1)按列车调度员指示向司机等相关人员递交调度命令和交付行车凭证;调度命令无线传送系统、列车无线调度通信设备故障时,负责列车调度员与司机间有关命令、指示的转达。

(2)组织相关人员对故障设备进行检查、确认。

(3)发现设备故障或遇行车设备施工、检修时,负责《行车设备检查登记簿》或《行车设备施工登记簿》的登、销记,并及时通知有关单位。

(4)对站内到发线停留车辆的防溜措施进行检查、确认；负责防溜器具、车辆防溜揭示簿的保管工作。

(5)在特殊情况下与司机办理故障车有关随车运输票据和回送单据的交接、保管工作。

(6)组织应急救援,完成信息传递和其他需现场了解、检查确认的工作。

(7)根据列车调度员指派,临时担当有关行车工作。

3. 工务、电务等人员协助作业的规定。

电务、工务人员应根据车务应急值守人员指示,协助办理(2)、(3)、(6)项有关作业。

第 109 条　调度集中区段办理发车的规定（《技规》第314、317、319、332、362 条）

1. 办理发车预告(闭塞)的规定。

(1)除向分散自律控制模式下中心操作方式或车站调车

操作方式的车站发车时不办理发车预告、报点手续外，其他情况车站值班员（车务应急值守人员）间均须办理发车预告（办理闭塞）和报点手续。

分散自律控制模式下中心操作方式、车站调车操作方式的车站办理预告、报点时，车务应急值守人员（车站值班员）应根据列车调度员下达列车运行调整计划或通过车务终端认真确认列车运行车次，必要时应加强与列车调度员的联系。

临时转为车站控制的车站（线路所），转换后应及时通知相邻车站（线路所）。

（2）办理发车预告（闭塞）的方式。

调度集中区段与非调度集中区段车站（线路所）间办理预告时，除通过系统办理外还应人工办理；调度集中区段内采用车站控制的相邻车站（线路所）办理预告时，应使用系统办理，遇设备故障无法办理时人工办理。

（3）使用电话闭塞法行车时，办理闭塞的双方人员。

使用电话闭塞法行车时，相邻车站（线路所）间应采用车站控制，由车站值班员办理闭塞手续。

2. 发车的规定。

（1）列车在中心操作方式车站（含临时转为车站调车操作或车站控制时）出发前，司机确认行车凭证正确、发车条件完备后，直接起动列车。动车组以外的旅客列车在办理客运业务的车站出发时，客运值班员确认旅客乘降、上水、行包、邮政装卸完毕后，通过无线对讲设备或GSM-R手持终端通知司机，司机须得到客运值班员的报告后，方可起动列车。报告用语规定如下：

客运值班员："客车××次××站客运作业完毕"。

司机应答："客车××次客运作业完毕，司机明白"。

遇有特殊情况司机应及时与列车调度员联系，无法与列车调度员直接联系时，及时与车务应急值守人员联系。

(2)列车在中心操作方式以外的车站开车时，由车站按规定发车。

第110条 调度集中控制(中心操作方式)车站现场准备进路的补充规定(《技规》第332、359条)

1. 现场准备进路的作业分工。

(1)需现场人工准备进路时，车务应急值守人员担当车站值班员工作，车站应急行车人员担任扳道长，根据车务应急值守人员下达的准备接发列车进路命令组织工务、电务人员现场人工准备进路。

(2)工务、电务人员根据车站应急行车人员的布置，协助车站现场准备进路，并按规定加锁、紧固。

(3)能使用控制台准备的进路，由车务应急值守人员通过控制台准备。

2. 进路准备、确认及联系汇报办法。

(1)车站应急行车人员确认进路准备妥当后向车务应急值守人员报告。车务应急值守人员接到报告后应布置车站应急行车人员确认进路正确，并听取汇报。

车站应急行车人员汇报进路时应讲明道岔开通位置及加锁、紧固情况。

(2)通过控制台准备的进路，由车务应急值守人员负责确认。

第111条 调度集中区段车机联控的补充规定（《技规》第332、333条）

1. 车站操作方式、车站调车操作方式(非GSM-R区段)、非常站控模式下的车站(线路所),车站值班员应执行车机联控;车站调车操作方式(GSM-R区段)、中心操作方式下的车站(线路所),遇站内(区间)限速、行车设备故障等非正常情况须提醒司机注意运行时,车站值班员(车务应急值守人员)应认真执行车机联控,及时将有关注意事项通知司机。

2. 车站调车操作方式(GSM-R区段)、中心操作方式下的车站临时转换为车站控制,执行车机联控时,车站值班员应主动呼叫司机。

第112条 CTC列车车次号错误或丢失的处理规定(《技规》第332条)

1. 列车调度员发现CTC终端列车车次号错误或丢失时,应进行核对确认,重新输入正确的车次号。

2. 车站值班员发现CTC终端列车车次号错误或丢失时,应报告列车调度员,与列车调度员核对确认后,重新输入正确的车次号。

第113条 CTC区段列车进路预告信息未接收到时的处理规定(《技规》第332条)

1. 遇机车综合无线通信设备未接收到接车进路预告信息时,司机须报告列车调度员(车站值班员),列车调度员(车站值班员)应将进路信息及时通知司机。

2. 遇接车进路预告信息中的车次与担当的车次不符或原规定为停车办理客运业务显示为通过时,司机应立即减速或停车,不得进站并报告列车调度员(车站值班员),列车调度员(车站值班员)接到司机报告后,立即核对车次与排列的进路是否一致,经确认正确后通知司机进站。车站值班员接到报告后,立即报告列车调度员。

第114条 CTC不能下达列车运行计划的处理规定(《技

规》第 332 条)

1. CTC 不能下达列车运行计划时,列车调度员通知电务部门进行检查处理,并在《行车设备检查登记簿》内登记。

2. 车站转为非常站控。

3. 采取电话等方式下达列车运行计划。

第 115 条 CTC 不能自动触发进路时的处理规定(《技规》第 332 条)

CTC 不能自动触发进路时,列车调度员(车站控制时为车站值班员)应采取人工触发进路,不能人工触发进路时,采用人工排列进路方式办理,并通知电务部门进行处理,在《行车设备检查登记簿》内登记。

第 116 条 CTC 设备不能正确显示列车占用状态的处理规定(《技规》第 332 条)

1. 调度所及车站 CTC 设备均不能正确显示列车占用状态的处理规定。

(1)调度所及车站 CTC 设备均不能正确显示列车占用状态时,列车调度员(车站值班员)应立即通知已进入区间的列车司机立即停车,通知电务部门进行处理。

(2)故障暂时无法修复,具备放行列车条件时,列车调度员(车站值班员)根据电务部门登记的行车限制条件放行列车,车站转为非常站控。电务部门未登记行车限制条件时,对已进入区间的列车,列车调度员(车站值班员)确认列车至前方站(线路所)间空闲后,通知列车司机逐列恢复运行,指示后列恢复运行前必须确认前列已完整到达前方站。司机按信号显示运行,逐列运行至前方站(线路所)。区间空闲后,按站间组织行车。

(3)故障修复后,列车调度员(车站值班员)根据电务部门的销记，通知有关列车司机恢复正常行车。

2. 车站 CTC 设备不能正确显示列车占用状态的处理规定。

车站 CTC 设备不能正确显示列车占用状态时，应及时通知电务人员进行检查处理，并在《行车设备检查登记簿》内登记。使用两套 CTC 车务终端的车站，可在作用良好的 CTC 车务终端上办理行车；两套车务终端故障均不能正确显示列车占用状态时，车站应将 CTC 转入非常站控模式，并立即报告列车调度员。列车调度员接到车站值班员的报告后，应及时向该站下达阶段计划，车站值班员应及时向列车调度员报点。

3. 调度所 CTC 设备不能正确显示列车占用状态的处理规定。

遇调度所 CTC 设备不能正确显示列车占用状态时，列车调度员应立即通知车站转入车站控制，通知电务人员检查处理，并在《行车设备检查登记簿》内登记。

第 117 条 其他规定

1. 调度集中区段技术设备。

(1)除金华东、阜阳北站独立的调车场外，沪昆线萧山~新塘边，陇海线徐州西~虞城县，京九线王楼~阜南，杭深线庄桥~宁波东，宁西线梓树庄~叶集，阜六线清凉寺~六十里铺，宁启线南通~吕四，宁芜线芜湖普速场~火龙岗，皖赣线火龙岗~宣城普速场，宣杭线宣城普速场~大云站间以及长安集、金华南、丽水、青田、海安三场所有正线、到发线和集中联锁的调车线均纳入 CTC 控制。

(2)进出 GSM-R 区段的机车、自轮运转特种设备均应安装机车综合无线通信设备(CIR)。

(3)采用铁路数字移动通信系统(GSM-R)的线路，与衔接区段设有 450MHz 列车无线调度通信设备与 GSM-R 通信切换点。

①列车调度员和助理调度员台分别设置调度通信操作终端;车站行车室设置车站值班员操作台。

②列车通过通信切换点时，机车综合无线通信设备(CIR) 在自动模式下，则自动进行 GSM-R 车次号注册和注销,司机在过切换点后应确认通信制式切换、注册和注销是否成功;车次号、线别是否正确,否则,应手动切换、注册和注销。遇车次号注册不成功或机车综合无线通信设备(CIR)故障时,列车司机应及时报告列车调度员,由列车调度员通知相关车站，此时，司机应将 GSM-R 手持台号码报列车调度员,同时将 GSM-R 手持台注册成本次列车的本务司机。

③GSM-R 手持终端需人工注册和注销。使用 GSM-R 专用手持终端的乘务人员，进入 GSM-R 区段必须及时正确注册,作业完毕后应及时注销关机。

④进入 GSM-R 覆盖区内的列车，车站车机联控以及作业联系时应优先使用 GSM-R 通信设备,避免相互通信干扰;遇特殊情况车站使用 GSM-R 呼叫不到司机时，车站应在列车接近车站时使用 450MHz 列车无线调度通信设备（通信设备未配置时除外)呼叫列车。

⑤GSM-R 通信设备车站值班员(列车调度员)与机车乘务员联系程序及用语:

a.车站值班员(列车调度员)呼叫司机:车站值班员(列车调度员)在 FAS 台上输入列车车次,点击“本务机司机”后点击“呼叫”按钮;司机接到车站值班员(列车调度员)呼叫后,应答“××次司机”;得到司机应答后,车站值班员(列车调度员)按规定进行通话;司机按规定应答或复诵。

b.司机呼叫车站值班员(列车调度员):司机在车载设备上选择呼叫车站(调度台);车站值班员(列车调度员)接到呼叫,确认 FAS 台上列车车次后,应答“××站(调度台)”;司机按规定进行通话,车站值班员(列车调度员)按规定应答或复诵。

⑥车站使用 GSM-R 手持终端与司机联系时,司机接到呼叫后,应答“××次司机”;得到司机应答后,车站按规定进行通话;司机按规定应答或复诵。

2. 调度集中区段岗位设置的原则。

(1)调度所 CTC 行车调度台设列车调度员、助理调度员岗位。

(2)车站操作、车站调车操作的车站设车站值班员、助理值班员岗位,根据需要设助理值班员(内勤)、调车区长、调车人员岗位。

(3)龙游东、诸暨普速场、砀山、沙塘、颍南、三堂集、油河集、宣城普速场、广德、长兴南站设置应急行车人员,分别负责汤溪、牌头、李庄、杨楼、三塔镇、王寨、古城集、建国、誓节渡、泗安站,霍邱设置应急行车人员负责临水镇、冯井、白莲、河口集、曹庙站在非常站控和各种非正常情况时的行车组织工作。应急行车人员必须具备相应的岗位资格,严禁以低职代高职。

3. 调度集中区段行车人员主要职责。

(1)列车调度员。

①严格执行各项规章制度,遵守和维护调度纪律,负责本调度区段行车指挥工作。

②掌握管辖范围内车站及列车的技术设备和作业过程,负责与相邻台交换列车运行计划,及时编制和下达列车运行

调整计划。

③严格按列车运行图指挥行车，遇列车发生晚点时，应积极采取措施，组织有关人员恢复正点。

④正确及时地发布与行车指挥有关的调度命令、口头指示。

⑤需人工办理进路时(非常站控模式和分散自律控制模式下车站操作方式时除外)，负责布置进路，并听取助理调度员进路准备妥当的汇报，确认进路正确。

⑥转为非常站控时，负责向车站下达列车运行调整计划(包括车次、股道、方向、到开时刻)；对现场人工准备的进路，CTC 终端能够正常显示时须与助理调度员共同确认进路正确；收取列车到发时刻(能通过计算机报点的除外)。

⑦遇发生事故、设备故障等情况时，正确及时处理，通报信息，并按规定填写安监报-1。

⑧掌握救援列车的分布情况，根据值班主任(副)的指示，及时发布救援列车运行的调度命令。

⑨对列控限速调度命令(数据格式)与助理调度员执行“二人确认制度”。

(2)助理调度员。

①严格执行各项规章制度，接受列车调度员的领导。

②掌握管辖范围内车站及列车的技术设备和作业过程，注意列车的运行情况和有关安全监控设备工作情况。

③根据列车调度员的指示人工办理进路和开放信号。

④负责进行 CTC 控制模式转换、列控限速设置、接触网有(无)电状态、线路(道岔)封锁等操作。

⑤分散自律中心控制模式下，担任调车领导人，按规定及时编制和下达调车作业计划，并负责办理调车进路。

⑥按照列车调度员的指示正确发布与行车指挥有关的调度命令、口头指示。

⑦负责列控限速调度命令(数据格式)的设置、取消,与列车调度执行“二人确认制度”。

⑧对现场人工准备的进路,CTC 终端能够正常显示时须与列车调度员共同确认进路正确。

⑨按列车调度员的指示,负责办理施工维修、设备故障登销记和接触网停送电签认手续, 及时拟定并发布施工维修、抢修作业的调度命令。

(3)应急行车人员。

①中心操作方式车站遇非正常情况,根据车务应急值守人员指派担任扳道长、引导员及调车有关工种的工作。

②根据车务应急值守人员的指示,负责向司机传达调度命令和交付行车凭证。

4. 按计轴自动站间闭塞办理行车,遇计轴设备故障无法使用时,由两端站车站值班员共同确认区间空闲,故障站报告列车调度员,列车调度员在查明区间空闲后,发布调度命令改为半自动闭塞法行车。

5. 对临时限速调度命令,中心操作方式和车站调车操作方式的车站应按《调规》规定与司机核对限速内容,当司机未接收调度命令或限速内容不一致时,车务应急值守人员(车站值班员)应报告列车调度员,由列车调度员人工干预不得自动触发列车进路,并按规定向司机发布(转达)正确的限速调度命令;车站操作方式和非常站控模式的车站,由车站值班员按《调规》规定办理。

6. 调度集中区段接发列车与列车运行的规定。

(1)在分散自律控制下,接发列车进路采用以列车运行调整计划自动控制方式，必要时由列车调度员人工直接控制。对于有特殊运行要求的列车(如超限、专特运列车、反方向运行、电力机车及其牵引的列车等)，列车调度员须依照相关规定在列车运行调整计划中进行相应的设置和标注。

(2)中心操作方式车站转为非常站控时，列车调度员应及时布置应急行车人员所在站车站值班员，通知应急行车人员赶往中心操作方式车站。

(3)在分散自律控制模式下(车站操作方式除外)，因设备故障需要封锁线路时，由列车调度员负责对站内股道或区间施行封锁。

(4)在分散自律控制模式下，车站进站方向为超过6‰下坡道时，遇相对方向不能同时接车或同方向不能同时发接列车由系统控制；在接、发旅客列车的同时，接入列车运行监控装置或轨道车运行控制设备发生故障的列车、制动力部分切除的动车组列车而接车线末端无隔开设备时，应人工干预，禁止通过 CTC 自动触发进路。

(5)在车站操作方式、车站调车操作方式下，车站值班员应核对列车进路序列，发现列车进路序列与实际不符时，应立即报告列车调度员及时更正，并加强对车务终端的监视，及时通知助理值班员按规定时机出务接发车。

(6)正常情况下，未挂列尾装置或列尾装置故障的货物列车在中心操作方式车站停车不得超过20min。对停车超过20min 的列车，按规定由车站负责列车自动制动机的简略试验时，由车务应急值守人员负责。

(7)办理客运业务的旅客列车进入车站停车，列车尚未停稳，如遇 CTC 系统自动触发开放出发信号时，司机也不得通过。

(8)出站信号机开放后,如须取消发车进路时,列车调度员须先通知司机,确认列车尚未起动后再取消发车进路;行车凭证交付后,如须取消发车进路时,应得到车站行车凭证已收回的报告后,再取消发车进路。

(9)在车站调车操作方式或中心操作方式下,遇下列非正常情况列车运行的应急处理。

①列车尾部停在警冲标外方或压轨道绝缘时,列车调度员(车站值班员)应使用列车无线调度通信设备或铁路数字移动通信系统及时通知列车司机向前移动进入接车线内。

②列车头部越过出站(发车进路)信号机发车时,在进路准备妥当后,布置车站交付行车凭证组织发车。

③双线反方向行车时,列车调度员须按规定向车站和司机发布反方向运行的调度命令。使用允许改方按钮前,必须确认站间区间空闲。

④出站信号机故障时发出列车、未设出站信号机的线路上发车、超长列车头部越过出站信号机发车时,必须确认监督器表示第一闭塞分区空闲。

(10)在车站调车操作方式或中心操作方式下,车站联锁设备停电恢复时,自动转为分散自律控制,经列车调度员同意转为非常站控,车站值班员(车务应急值守人员)必须确认站内列车和调车车列停稳后,按压上电解锁按钮一次性解锁,解锁后再按规定转回分散自律;在非常站控下,车站联锁设备停电恢复时,自动转为分散自律控制,经列车调度员同意转为非常站控,确认站内列车和调车车列停稳后,在车站控制台上按压上电解锁按钮一次性解锁。CTC 系统重启后,有关标注应按规定重新设置。

(11)列车调度员使用按规定须在《行车设备检查登记

簿》内登记的按钮时，应在《行车设备检查登记簿》内登记，并通知 DMIS 工区销记。

(12)中心操作方式车站摘车时，列车司机负责将随车有关票据交于车务应急值守人员并签字交接；故障车列检处理后，应将车辆回送单据与车务应急值守人员办理签字交接；挂车时，由车务应急值守人员与列车司机办理随车票据(包括车辆回送单据)的交接手续。

(13)列检人员和相关人员到中心操作方式车站检查处理故障车作业完毕后，作业人员必须按规定做好停留车辆的防溜措施，并在中心操作方式车站车辆防溜揭示簿内登记，车务应急值守人员负责检查确认。

(14)在车站调车操作方式、中心操作方式下，向封锁区间开行救援列车(包括路用列车)时，由列车调度员准备发车进路，并确认发车进路准备妥当后，发布开行救援列车(路用列车)的命令，并组织开车。

7. 调度集中区段调车工作的规定。

(1)在车站操作方式、车站调车操作方式以及非常站控模式下，调车工作由车站调度员或调车区长(未设车站调度员、调车区长的，由车站值班员)担当调车领导人；中心操作方式的车站，调车工作由助理调度员担当调车领导人。

(2)在车站调车操作方式下，调车作业在不涉及纳入 CTC 控制的正线、到发线使用的情况下，由车站自主安排调车作业；对涉及纳入 CTC 控制的正线、到发线的调车作业，作业前需经列车调度员准许；列车调度员应利用调度站场操作终端，加强对调车作业占用正线、到发线情况的监视，遇列车进路与调车进路无法隔开时应人工干预，禁止通过 CTC 自动触发，必要时，通知车站停止调车作业。

(3)中心操作方式的车站需临时甩挂故障车时,由列车调度员通知应急行车人员到站担当调车作业;遇中心操作方式的车站有计划的调车作业,列车调度员应提前布置应急行车人员所在站车站值班员,组织调车人员赶赴中心操作方式的车站。

(4)在中心操作方式下,助理调度员编制完调车作业计划后,下达到相关车站的自律机,并通过调度命令无线传送系统下达到相关作业机车。调车组及作业机车司机通过车务终端或调度命令无线传送系统获得调车作业通知单。调车指挥人通过车务终端取得调车作业通知单后,要及时与助理调度员联系,听取有关作业布置和注意事项。

车站调车领导人编制完调车作业计划后,应与调车指挥人亲自交接;亲自交接确有困难时,在《站细》内规定。调度命令无线传送系统作用良好时,可通过调度命令无线传送系统直接下达到相关作业机车。

(5)在中心操作方式下,无调度命令无线传送系统及调度命令无线传送系统故障时,助理调度员将编制的调车作业计划连同注意事项通过 CTC 系统向车站值班员(车务应急值守人员)进行布置,车站值班员(车务应急值守人员)签收后,按规定程序向有关作业人员传达。

(6)在中心操作方式下,原则上不得变更调车作业计划,确需变更作业计划时,必须停止调车作业,由调车领导人重新编制调车作业计划,进行传送(交接),调车指挥人向所有参加作业的人员传达清楚后开始调车作业。

(7)在车站操作方式、车站调车操作方式下,车站值班员应依据调车作业计划以及机车车辆动态,在车务终端输入调车作业计划或直接排列调车进路。排列调车进路时,须在按压进路按钮后输入调车钩作业预计时分(非 CTC 控制范围除外),由车站自律机自动判别是否排列进路。

(8)在中心操作方式下,调车信号故障以及压岔调车作业的规定。

①调车信号因故障不能开放时,列车调度员须在调车进路准备妥当的情况下,通知调车指挥人和司机作业(无法直接联系时,通过车务应急值守人员通知),调车指挥人和司机在得到列车调度员“准许越过关闭的调××信号机进行调车作业”的通知后方可进行作业。

②压岔调车作业时,列车调度员确认道岔开通位置正确并锁闭后,方准同意。调车指挥人必须得到列车调度员的允许(无法直接联系时,通过车务应急值守人员)并口头通知司机进路道岔开通情况后,显示起动信号;调车司机凭调车指挥人的的进路准备妥当的通知和起动信号动车。

(9)列车调度员于调车作业完了后,应通过司机或车站值班员(车务应急值守人员)详细了解列车编组情况,及时确认、修改列车编组信息,并将信息传送至前方有关作业站,同时确认、修改作业站站存车信息。

车站于调车作业完了后,车号员(车站值班员、调车区长)应及时确认、修改列车编组顺序表(运统一),并向列车调度员报告或按规定传送列车编组情况,亲自或通过其他人员确认、修改站存车信息。中心操作方式的车站由车务应急值守人员及时修改列车编组顺序表(运统一),并向列车调度员汇报,列车调度员应及时确认、修改车站站存车信息。

(10)在中心操作方式下,列车调度员在办理正方向越出站界调车时,确认第一闭塞分区空闲,调车进路准备妥当,使用列车无线调度通信设备或铁路数字移动通信系统通知车站和调车作业的机车司机(无法直接联系时,通过车站值班员、车务应急值守人员)后,方可出站调车。调车作业的机车司机、调车指挥人必须根据开放的调车信号越出站界调车作业,越出站界调车作业完了后,调车指挥人须及时向列车调度员汇报。

(11)车站禁止办理跟踪出站调车。在车站调车操作方式、中心操作方式下,禁止办理双线反方向出站调车。

(12)中心操作方式的车站调车作业完毕后,调车作业人员必须对摘下的车辆按规定采取好防溜措施,并在车站车辆防溜揭示簿内登记。

(13)中心操作方式的车站行车室必须在固定位置配备足够良好的车辆防溜器具 (铁鞋 6 只、人力制动机紧固器 6 个),调车指挥人每次作业、列检及相关人员处理故障车时,必须与车务应急值守人员办理防溜器具使用或交回的清点交接手续。

8. 调度所、车站应每季组织一次 CTC 系统设备故障应急演练,利用天窗修期间开行的路用列车,将 CTC 系统转为非常站控,由人工排列进路组织路用列车开行。具体时间由调度所确定,纳入日(班)计划布置有关车站,并通知相关电务段调度。

第九章　CTCS-2区段特殊行车组织办法

第118条　动车组列车行车凭证的补充规定（《技规》第311、314、315、317、332、359条）

1. 使用自动闭塞法行车时，动车组列车在完全监控、引导或部分监控模式下运行时，行车凭证为列控车载设备显示的允许运行的速度值；按LKJ方式运行时，进入闭塞分区的凭证为出站或通过信号机显示的允许运行的信号。

使用自动站间闭塞法行车时，动车组列车在完全监控、引导或部分监控模式下运行时，行车凭证为列控车载设备显示的允许运行的速度值；按LKJ方式运行时，进入区间的凭证为出站信号机显示的允许运行的信号。

向动车所设有分隔信号机的线路办理动车组列车接车时，司机进入股道后，发现股道中部分隔信号机显示红色灯光时，应采取停车措施，并报告车站值班员。

2. 动车组列车遇特殊情况行车凭证和引导接车方式。

(1)自动闭塞区段动车组列车遇特殊情况行车凭证表。

<table>
<tr><th>序号</th><th>特殊情况</th><th>控车方式</th><th>行车凭证</th><th>发给行车凭证的依据</th><th>附带条件</th></tr>
<tr><td>1</td><td>出站信号机故障时发出列车</td><td>LKJ控车</td><td>绿色许可证</td><td>1.监督器表示第一个闭塞分区空闲,不表示时为接到前次列车到达邻站的通知或前次列车发出后不少于10min的时间;
2.确认道岔位置正确及进路空闲</td><td>从监督器上不能确认第一个闭塞分区空闲时,车站应发给司机书面通知,司机以在瞭望距离内能随时停车的速度运行,最高不超过20 km/h,运行到第一架通过信号机,按其显示的要求执行</td></tr>
<tr><td>2</td><td>出站信号机故障时发出列车</td><td>隔离模式运行</td><td>绿色许可证</td><td>1.监督器表示第一个闭塞分区空闲,不表示时为接到前次列车到达邻站的通知或前次列车发出后不少于10min的时间;
2.确认道岔位置正确及进路空闲</td><td>以不超过40km/h速度(从监督器上不能确认第一个闭塞分区空闲时,车站应发给司机书面通知,司机以在瞭望距离内能随时停车的速度运行,最高不超过20km/h,运行到第一架通过信号机,按其显示的要求执行)越过出站信号机后立即停车,转回列控车载方式控车,按部分监控模式行车(不接码时转为目视行车),越过应答器后,司机确认列控车载设备转为完全监控模式。</td></tr>
<tr><td>3</td><td rowspan="2">发车进路信号机发生故障时发出列车</td><td>LKJ控车</td><td rowspan="2">绿色许可证</td><td rowspan="2">确认道岔位置正确及进路空闲</td><td></td></tr>
<tr><td>4</td><td>隔离模式运行</td><td>以不超过40 km/h速度运行至次一架信号机停车,转回列控车载方式控车</td></tr>
<tr><td>5</td><td rowspan="2">双线双向闭塞设备的车站,反方向发出列车</td><td rowspan="2">CTCS-2级控车</td><td rowspan="2">列控车载设备显示的允许运行的速度值</td><td rowspan="2">1.区间占用表示灯表示区间空闲;
2.双线反方向行车的调度命令</td><td rowspan="2">反方向发车进路表示器显示正确(进路表示器故障时通知司机)</td></tr>
<tr><td>6</td></tr>
</table>

(2)自动闭塞区段动车组列车引导接车方式表。

序号	特殊情况	控车方式	接车方式	开放(显示)引导(手)信号的的依据	附带条件
1	开放引导信号接车时	引导模式运行	引导信号	1. 确认接车进路空闲; 2. 确认道岔位置正确	以不超过 20 km/h 速度进站,并做好随时停车的准备
2					
3	引导手信号接车时	LKJ 控车	引导手信号	1. 确认接车进路空闲; 2. 确认道岔位置正确	以不超过 20 km/h 速度进站,并做好随时停车的准备
4		隔离模式运行			

(3)自动站间闭塞区段动车组列车遇特殊情况行车凭证表。

序号	特殊情况	控车方式	行车凭证	发给行车凭证的依据	附带条件
1	出站信号机故障时发出列车	LKJ 控车	路票	1. 确认道岔位置正确及进路空闲; 2. 确认区间空闲	
2		隔离模式运行			以不超过 40 km/h 速度运行至前方站进站信号机,按其显示的要求执行
3	发车进路信号机发生故障时发出列车	LKJ 控车	绿色许可证	确认道岔位置正确及进路空闲	
4		隔离模式运行			以不超过 40 km/h 速度运行至次一架信号机停车,转回列控车载方式控车

(4)自动站间闭塞区段动车组列车引导接车方式表。

序号	特殊情况	控车方式	行车凭证	开放(显示)引导(手)信号的的依据	附带条件
1	开放引导信号接车时	引导模式运行	引导信号	1. 确认接车进路空闲; 2. 确认道岔位置正确	以不超过 20 km/h 速度进站,并做好随时停车的准备
2					
3	引导手信号接车时	LKJ控车	引导手信号	1. 确认接车进路空闲; 2. 确认道岔位置正确	以不超过 20 km/h 速度进站,并做好随时停车的准备
4		隔离模式运行			

3. 基本闭塞法停用时,装备 LKJ 的动车组根据调度命令列车将列控车载设备隔离,按 LKJ 方式运行;未装备 LKJ 的动车组列车根据调度命令将列控车载设备转入隔离模式运行,运行速度不超过 40km/h,运行至前方站进站信号机,按其显示的要求执行。

第 119 条 动车组列车在区间列控车载设备显示停车信号时运行的补充规定(《技规》第 316、332 条)

动车组在区间运行, 列控车载设备显示停车信号时,动车组列车必须停车,司机通知随车机械师。停车等候 2min,列控车载设备仍未收到允许运行的信号时,司机将列控车载设备转入"目视行车模式",以遇到阻碍能随时停车的速度继续运行,最高不超过 20km/h,运行到次一架通过信号机(进站信号机),按列控车载设备显示运行。在停车等候的同时,必须与车站值班员、列车调度员联系,如确认前方闭塞分区内有列车时,不得进入。

第 120 条 动车组列车接车股道的补充规定 (《技规》第

332、355条）

1. 按列控车载设备控车方式行车时，禁止在未设置CTCS–2级列控信息的股道及进路上接发动车组列车。

2. 遇特殊情况必须在未设置CTCS–2级列控信息的股道及进路上接发时，对装备LKJ的动车组列车，根据列车调度员改按LKJ方式行车的调度命令，将列控车载设备隔离后，转为LKJ方式行车。

CTCS–2级区段的车站，确需在未设置列控信息的股道上发出未装备LKJ的动车组列车时，在设备未改造前，准许按列控车载设备部分监控模式，凭地面信号机的显示运行。确需在未设置列控信息的股道及进路上接入未装备LKJ的动车组列车时，须经列车调度员准许，并预告司机，司机接到预告后应控制列车在进站信号机外停车，根据调度命令改按隔离模式进站。

3. 列控车载设备控车方式下允许接发动车组列车股道及进路由电务部门公布。

调度所、有关车站应将上述资料放置在有关行车调度台、行车室。

第121条 列控限速范围的规定（《技规》第107、332条）

1. 列控限速的定义。

用于列车运行控制系统的限速设置（数据格式）称为列控限速。

2. 单个有源应答器管辖范围内可设置限速的数量及管辖范围。

客运专线标准CTCS–2级列控系统：每个有源应答器只管辖一定范围内的限速设置，在1个有源应答器的管辖范围内最多可以分别设置3处限速。限速区可以设置在区间、站内正线、站内侧线或区间跨站内正线。

非客运专线标准 CTCS-2 级列控系统：车站列控中心控制的每个有源应答器只管辖一定范围内的限速设置，在 1 个有源应答器的管辖范围内只允许设置 1 处限速。限速区可以设置在区间、站内正线或区间跨站内正线。

3. 车站(包括多方向车站)列控限速的管辖范围资料提供的责任部门和提供方式。

车站(包括多方向车站)列控中心限速管辖范围资料由设备供应商提供，经电务部门审核盖章交付使用单位；限速范围发生变化时，应及时将发生变化的内容以书面方式告知使用部门。

第 122 条 列控限速设置和取消的规定(《技规》第 332 条)

1. 列控限速的等级和设置的基本规定。

(1)客运专线标准 CTCS-2 级列控系统：列控限速按档分为不同的限速等级，最低为 45km/h。设置列控限速时，应按照不高于限速值的原则选择相应限速等级进行设置，但低于 45km/h 的限速按 45km/h 设置。侧线列控限速值使用 45km/h、80km/h 两档。

(2)非客运专线标准 CTCS-2 级列控系统：列控限速分 45km/h、60km/h、80km/h、120km/h、160km/h 五个速度等级，以不高于限速值的原则选择限速等级进行设置。限速长度分 200m、500m、1000m、1500m、2000m、3000m、4000m、6000m 八个等级，超过 6000m 时应按区间限速办理。低于 45km/h 的限速按 45km/h 设置。

按列车运行方向，限速区段起点在某一站或两站列控中心限速管辖范围内，列控限速调度命令需要发送给相邻的车站。列车调度员应根据限速区段两端里程位置，满足列车正反方向运行的需要，将列控限速调度命令同时发送给相邻的车站，站内接车进路列控限速调度命令须同时发送给本站及其相邻的两端车站。其中，笕杭线艮山门线路所正线临时限速作为区间特殊处理，列控限速调度命令向相邻两端笕桥站及艮山门站下达。

(3)合肥至长安集站、三十里铺至合肥站、上海虹桥综合场至七宝站进站信号机XZH、XZHF、虹桥北线路所至封浜站进站信号机SH、SHF、上海虹桥高速场至虹桥动车所沪杭场、上海虹桥综合场至虹桥动车所京沪场限速取值45km/h、60km/h、80km/h、100km/h、120km/h、160km/h。限速按米下达，长度需大于21m。

2. 列控限速设置和取消的规定。

(1)列车调度员或车站值班员从确认命令列表中提取列控限速，并在合适的时机发送至列控中心执行；在命令的有效时段内，列控中心将保持所收命令的有效性。列控限速调度命令发送至列控中心的时机：区间限速，应在后方站办理动车组通过或发车进路前发送；站内正线出站信号机至第一架通过信号机的区段限速，应在本站办理动车组通过或接车进路前发送；站内接车进路限速，应在本站办理动车组接车进路及限速站的后方站办理动车组通过或发车进路前发送。

由车站值班员设置列控限速时，对有计划施工限速，列车调度员应根据“CTCS-2级区段施工计划命令限速表”，通过CTC或TDCS系统及时设置、发送列控限速调度命令给相关车站，车站应及时校验、签收，择机向列控中心发送列控限速调度命令。

(2)三十里铺至合肥站区段列控限速比照客运专线作特殊设置。区间限速命令须同时发送给相邻的两端车站；站内正线接发车进路(含进站信号机前方一个制动距离至出站信号机后方一个制动距离内的区段)列控限速命令须同时发送给本站及其相邻的两端车站。列控限速调度命令发送至列控中心的时机:区间限速,应在后方站办理动车组通过或发车进路前发送;站内正线接发车进路限速应在本站办理动车组接车进路及限速站的后方站办理动车组接(发)车进路前发送。站内侧线接发车进路限速应在本站办理动车组接车进路前发送。

(3)对自然灾害、设备故障等引起的临时限速,车站值班员应立即报告列车调度员并通知行车干部到岗把关;列车调度员在得到车站值班员关于自然灾害、设备故障等需要临时限速的报告后,应立即报告调度所值班主任,除及时向车站、值乘司机按规定方式发布、转达限速调度命令外,并按规定程序设置、发送列控限速调度命令给相关车站。

车站值班员在收到列车调度员发布的限速调度命令后应追问列车调度员列控限速调度命令设置、发送情况;列车调度员在临时限速首列动车组后方站通过、出发前应追问车站值班员列控限速调度命令发送情况(从设备上确认列控限速调度命令已下达时不再追问)。

3. 动车组列车通过低于45km/h的限速地段的运行规定。

对低于45km/h的限速,动车组列车司机应根据限速调度命令人工控制列车通过限速地段。

4. 调度命令的限速值与列控限速不符时动车组列车运行的规定。

遇下列情况,动车组按列控车载设备方式行车,值乘司机须按调度命令的限速要求人工控制列车运行:

(1)动车组运行途中,如调度命令的限速值低于列控车载设备显示的目标速度时；

(2)车站侧向接发车进路范围内有限速时，以及车站站内(正线除外)经18号及以上道岔侧向发车至一离去之间有限速，如限速低于道岔侧向允许速度时；

(3)动车组在始发站以及中途站进入站内停车再开，遇发车进路至一离去之间突发临时限速时。

5. 遇来不及设置列控限速时，列车运行的安全措施。

来不及设置列控限速时，司机应按调度命令人工控制列车限速运行。

第123条 列控限速设置不成功时的处理规定(《技规》第332条)

列车调度员发现(车站值班员发现时须立即报告列车调度员)列控限速设置不成功时，列车调度员应及时发布调度命令，指示动车组改按LKJ方式行车越过限速地点（装备CTCS-3列控车载设备的动车组按列控车载设备方式行车，由司机按调度命令的限速要求人工控制列车运行)。

第124条 动车组列车遇列控车载设备故障的处理办法(《技规》第332条)

1. 动车组列车运行中遇列控车载设备故障并导致列车停车后司机报告、处理的规定。

动车组列车运行中遇列控车载设备故障并导致列车停车后，司机应报告车站值班员(列车调度员)，并通知随车机械师，车站值班员报告列车调度员。司机转换冗余切换开关(开关不在司机室时，司机通知随车机械师进行转换)，启动冗余设备或将列控车载设备断电30s后重新启动，设备恢复正常时，报告车站值班员(列车调度员)，继续运行。

2. 已在区间内运行的装备LKJ的动车组列车因列控车

载设备故障,不能恢复正常运行但能提供机车信号时的运行办法。

已在区间内运行的装备 LKJ 的动车组列车因列控车载设备故障,不能恢复正常运行但能提供机车信号时,司机应报告车站值班员 (列车调度员), 车站值班员报告列车调度员,列车调度员发布改按 LKJ 方式行车的调度命令,动车组列车改按 LKJ 方式运行。

3. 已在区间内运行的未装备 LKJ 的动车组列车列控车载设备故障,不能恢复正常运行时的处理和运行办法。

已在区间内运行的未装备 LKJ 的动车组列车列控车载设备故障,不能恢复正常运行时,司机应报告车站值班员(列车调度员),车站值班员报告列车调度员。确认该列车至前方站(线路所)间空闲后,列车调度员发布改按隔离模式运行的调度命令,列车改按隔离模式,按地面信号显示以不超过 40 km/h 的速度运行至前方站(线路所)。

4. 动车组列控车载设备故障不能恢复正常运行在车站出发时的运行办法。

动车组列控车载设备故障不能恢复正常运行在车站出发时,装备 LKJ 的动车组列车改按 LKJ 方式运行;未装备 LKJ 的动车组列车改按隔离模式运行,与前行列车按站间组织行车,列车按地面信号显示运行。

第 125 条 其他规定

1. CTCS–2 级区段技术设备。

(1)当列控中心复位后或者其他需要的初始化时,由列车调度员或车站值班员执行初始化操作。进行初始化操作后,列控中心原有的限速命令会被清空,在初始化操作前,由列车调度员或车站值班员确认列控中心管辖范围内没有临时限速调度命令。如有临时限速调度命令,需重新发送原有的列控限速调度命令。

(2)向车站列控中心设置限速时,限速区段含站内接车进路,进站信号机显示一个绿色灯光或一个绿色灯光和一个黄色灯光时,其信号显示不降级;限速区段不含站内接车进路,含站内发车进路,进站信号机显示一个绿色灯光或一个绿色灯光和一个黄色灯光时,其信号显示降为一个黄色灯光;限速区段不含站内接发车进路,完全在区间限速,进站信号机显示一个绿色灯光或一个绿色灯光和一个黄色灯光时,由列控中心根据速度、坡度等有关参数经计算后控制其信号显示是否降级为一个黄色灯光。

笕杭线艮山门线路所通过信号机不进行降级处理。

三十里铺至合肥站、上海西至李家塘站、莘庄至上海南站、李家塘至莘庄站、上海虹桥综合场至七宝站、虹桥北线路所至封浜站、南翔动车所存车场至翔南站(不含)、南翔动车所高级修场至封浜站、虹桥动车所沪杭场至封浜站、上海虹桥高速场至虹桥动车所沪杭场、上海虹桥综合场至虹桥动车所京沪场区段进站信号机采用特殊降级显示,限速区段在站内、区间正线时,当排列正线接发车进路进站信号机显示均不降级;当排列侧线接发车进路进站信号机显示一个黄色闪光和一个黄色灯光时,降级显示为两个黄色灯光。

(3)由于列控限速调度命令的设置,引起的进站信号降级显示,在计算机联锁显示器给出相应的表示。列控限速调度命令的设置按有关设置说明书进行操作。

(4)安装有列控地面设备的车站进行站场改造时,设计部门必须对列控系统进行相应的配套改造设计(含应答器用户数据表的编制),并报集团公司计划和设备主管部门审查、批准。施工交验时设备部门必须按设计逐项认真核对把关。

(5)凡影响列控系统正常使用的施工、维修作业,必须按规定纳入“施工、维修天窗”,并事先经电务部审核、施工管理部门批准。

2. CTCS-2 级区段特殊行车办法。

(1)翔南站至南翔动车所存车场间翔南联络 B 线下行方向不具备 CTCS-2 列控系统功能, 未装备 LKJ 的下行动车组列车按列控车载设备方式运行时,一律经由翔南联络 C 线运行,遇特殊情况必须经由翔南联络 B 线运行时,列车调度员应指示动车组列车改按机车信号模式运行。

(2)动车组按列控车载设备控车,在经过允许速度在 45km/h 以下的线路、道岔时,必须由司机人工控制在允许速度以下,并注意运行。

(3)沪昆线上海西至李家塘站区段、沪春线莘庄至上海南站区段、李莘联络线、虹七线、虹封线、翔南联络 B 线、翔南联络 C 线、封浜动车线、新客线未设置过分相应答器,动车组列车过分相时采用磁缸过分相方式运行。

(4)未装备 LKJ 的回送动车组列车由南翔、虹桥动车所开往春申站进行转向作业时, 在始发站至李家塘站区段按 CTCS-2 级列控车载设备方式行车, 在李家塘~春申~莘庄区段转向时,按机车信号模式行车,从莘庄站返回时按 CTCS-2 级列控车载设备方式行车。由上海南动车所开往春申站进行转向作业时, 在始发站至莘庄站区段按 CTCS-2 级列控车载设备方式行车,在莘庄~春申~李家塘区段转向时,按机车信号模式行车, 从李家塘返回时按 CTCS-2 级列控车载设备方式行车。

(5)因杭州站至南星桥站间未设置 C0/C2 级级间转换,车次编定“D×××”开行的动车组列车经由杭州站运行时，上行列车在杭州站停车后由司机人工转换为列控车载设备方式行车，下行列车在杭州站停车后由司机人工转换为LKJ方式行车；上述动车组在杭州站进行列控车载设备与LKJ之间人工转换时，列车调度员均不再发布调度命令。

(6)CTCS-2/3级区段车站向CTCS-0级区段发出装备LKJ的动车组列车且地面未设级间转换装置时，在设备改造前，司机在最近图定停车站改按LKJ方式行车，准许列车调度员不再发布调度命令。

CTCS-0级区段车站向CTCS-2/3级区段发出装备LKJ的动车组列车且地面未设级间转换装置时，在设备改造前，司机维持LKJ方式行车，在到达CTCS-2/3级区段的最近图定停车站停车手动转换为ATP控车，准许列车调度员不再发布调度命令。

3. CTCS-2级区段电话闭塞法行车规定。

(1)在CTCS-2级区段，装备LKJ的动车组列车遇基本闭塞法停用按电话闭塞法行车时，列车调度员应根据列车运行需要选择合理的停车站，布置动车组停车，并向司机发布调度命令。司机根据调度命令将列控车载设备方式控车转入隔离模式，按LKJ方式行车。

(2)若按电话闭塞法行车的终止站在CTCS-2级区段时，列车调度员应根据列车运行需要选择合理的停车站，布置动车组停车，并向司机发布调度命令。司机根据调度命令将隔离模式退出，转换为列控车载设备方式控车；若按电话闭塞法行车的终止站在CTCS-0级区段时，列车调度员不再发布调度命令，司机应适时将列控车载设备主机隔离开关置于“正常”位。

(3)停用基本闭塞法期间,动车组按 LKJ 方式行车,当区间越过级间转换应答器后,由设备控制不自动转换为列控车载设备方式行车。

4. 动车组通过车站时,车站须提前 10min 停止通过进路上的作业和与列车运行安全有影响的作业(通过 CTC 系统自动排路时,敌对进路停止排列的时机由系统自动判断)。

第十章　行车应急处置

第126条　应急处置的基本要求(《技规》第407条)

1. 铁路职工发现危及行车和人身安全的情况时,应立即向开来列车发出停车信号,并迅速通知就近车站。

2. 有关单位和部门应结合实际,制定各类应急处置办法,不断完善应急处置预案。

3. 集团公司有关部门每年组织开展应急预案的演练,并指导本专业站段开展相关应急演练。

第127条　处理列车扒乘人员的规定(《技规》第205、407条)

1. 报告、通知及处理的要求。

铁路工作人员发现车顶有扒乘人员时,立即向车站值班员汇报,由车站值班员向列车调度员汇报。如不影响安全时,列车可以运行至前方站停车处理;危及安全时,应立即通知司机停车。

2. 遇车顶扒乘人员需接触网停电处理时,按下列规定进行处置:

(1)遇车顶扒乘人员需接触网停电处理时,现场处理人员应立即通知车站值班员,并讲明是否需登顶处理。车站值班员接到通知后应立即报告列车调度员,通知供电工区,并在《行车设备检查登记簿》内登记,将停电处理的地点登记清楚。需登顶处理时,列车调度员在得到供电调度员接触网已停电的通知后,发布准许登顶作业的调度命令。

(2)供电人员接到车站通知后，应立即赶赴车站并派员在车站驻站申请要令，根据供电调度员的停电命令对处理地点采取验电、接地的安全措施，接地后应在《行车设备检查登记簿》登记“××供电单元停电、××已采取接地的安全措施”。车站值班员确认列车调度员的停电命令（登顶处理时为准许登顶作业的调度命令）以及供电人员已接地的登记后，使用列车无线调度通信设备通知现场处理人员，用语为：“××接触网已停电并接地（非登顶处理）；××接触网已停电并接地，准许登顶作业（登顶处理）”，现场处理人员应复诵。

无法使用列车无线调度通信设备通知现场处理人员时，车站值班员应使用调度命令纸（一式二份）指派胜任人员书面通知现场处理人员，在调度命令内容栏内注明“××接触网已停电并接地（非登顶处理）；××接触网已停电并接地，准许登顶作业（登顶处理）”，并签名。现场处理人员收到后应在其中一份调度命令纸上签名、注明时间，并将签名的调度命令纸交还给指派的胜任人员（留存一个月）。

(3)现场处理人员得到车站值班员“××接触网已停电并接地（非登顶处理）；××接触网已停电并接地，准许登顶作业（登顶处理）”的电话通知或书面通知后，方可处理。

(4)现场突发情况处理结束后，现场处理人员应通过具备录音装置的通信设备通知车站值班员，用语为：“××突发情况已处理完毕，现场处理人员已撤离”，车站值班员应复诵。无法使用具备录音装置的通信设备通知车站值班员时，现场处理人员应在接收的调度命令纸内注明“××突发情况已处理完毕，现场处理人员已撤离”，并签名，将签名的调度命令交给车站值班员指派的胜任人员。

(5)车站值班员接到现场处理人员突发情况处理完毕的

通知后,应立即通知供电人员。供电人员应按规定撤除接地安全措施,确认供电人员、机具、材料撤离至安全地点后向供电调度销令,并在《行车设备检查登记簿》销记;车站值班员确认网工区人员销记后,应立即报告列车调度员,在接到列车调度员恢复供电的调度命令,确认具备行车条件后,方可恢复正常行车。

第128条 列车在区间被迫停车后处理的补充规定(《技规》第366~368条)

1. 报告、通知的补充规定。

列车在区间被迫停车后不能继续运行,遇列车无线调度通信设备、GSM-R手持终端等通信工具不能联系时,司机可指派机车乘务组、列车乘务组及其他铁路员工,使用一切可利用的通讯、交通工具向就近车站(列车调度员)报告。

接车站发现列车按规定运行时分超过20min仍未到达,亦未接到列车被迫停车的通知时,应即通知发车站(线路所)互派胜任人员,前往区间查明情况。

2. 检查联系、确认办法。

列车在区间被迫停车可能妨碍邻线需要检查处理时,动车组以外的旅客列车司机指派副司机(随乘司机)沿邻线一侧向后,车辆乘务员由同侧向前,进行检查,待取得联系,查明停车原因并处理后,按车辆乘务员与司机指派人员商定的办法开车;货物列车司机指派副司机(随乘司机)向后部检查,查明停车原因,向司机报告,司机按有关规定处理。

3. 采取防溜措施的补充规定。

(1)列车在区间被迫停车不能继续运行时,司机应使列车保持制动状态。

(2)动车组以外的旅客列车在区间被迫停车遇自动制动

机失效等情况影响列车就地制动时，司机应通知车辆乘务员立即组织列车乘务人员拧紧全列车辆的人力制动机，以保证就地制动。列车恢复开行前或救援列车挂妥后，司机通知车辆乘务员，车辆乘务员立即组织乘务人员按照“谁拧紧、谁松开”的原则松开全列人力制动机。车辆乘务员应逐辆检查，确认全列车人力制动机均已松开后向司机报告。

(3)货物列车在区间被迫停车遇自动制动机失效等情况影响列车就地制动时，司机除拧紧机车及机后不少于4辆车的人力制动机外(电气化区段不能使用人力制动机时，应使用机车上配置的人力制动机紧固器)，还应使用防溜铁鞋对机车进行防溜，并向列车调度员报告请求救援。列车调度员应得到司机采取防溜和防护措施完毕的报告后，再向封锁区间放行救援列车。救援列车挂妥进行制动试验后，请求救援司机撤除防溜措施后并通知救援司机开车。

4. 被迫停车距离进站信号机或站界标不足《技规》规定距离时的防护办法。

列车在区间被迫停车，防护端距进站信号机(站界标)不足《技规》规定距离时，应在进站信号机(站界标)相对应处设置防护。

第129条 单班单司机值乘的列车在区间被迫停车后防护作业的规定(《技规》第366~368条)

1. 旅客列车在区间被迫停车不能继续运行需要防护时，配备列车防护报警装置的列车应首先使用列车防护报警装置进行防护；司机通知车辆乘务员(随车机械师)负责列车前、后方防护。

2. 单班单司机值乘的货物列车在区间被迫停车后防护按以下规定办理：

(1)列车在双线或多线区间运行中发生不明原因停车时，司机不能确定是否妨碍邻线时，应立即将停车时间和地点通知车站值班员(列车调度员)，并说明须提醒邻线列车注意运行。司机应沿邻线一侧对列车进行检查，发现妨碍邻线时，立即通知车站值班员(列车调度员)，并根据邻线来车方向，在距妨碍地点不少于300m处点燃火炬；自动闭塞区间，还应对邻线来车方向短路轨道电路。

(2)列车在区间被迫停车请求救援时，司机应及时向车站值班员或列车调度员报告停车原因、机车停车位置，并打开机车头灯和标志灯。列车调度员确定救援方案后，布置车站值班员将救援列车车次、进入区间的方向通知请求救援的司机。

①如前部救援时，请求救援的司机立即前往列车前方不少于300m处放置响墩，及时返回机车司机室。

②后部救援时，请求救援的司机不进行防护。自动闭塞区间，救援机车司机正向进入封锁区间应使LKJ处于通常工作状态(自动站间闭塞和半自动闭塞区间为调车工作状态)，在距被救援列车2km时，将LKJ转为调车工作状态，与被救援司机联系，以瞭望距离内随时能够停车的速度(最高不超过20km/h)运行至规定地点停车。

(3)列车在区间发生分离停车时，司机应立即请求车站派人协助处理，并按规定做好机车及车辆的防溜。

第130条　电力机车、动车组被迫停在接触网分相无电区的补充规定(《技规》第366条)

1. 车站值班员(列车调度员)接到报告后采取的处置措施。

电力机车、动车组被迫停在接触网分相无电区时，司机要立即降弓，并将停车原因、停车位置等报告车站值班员(列车调度员)。列车调度员与供电调度员根据司机的报告和救援机车实际情况,确定处理方案。

2. 具备采用换弓、退行闯分相自救条件时的处理办法。

具备采用换弓、退行闯分相等方式自救时,司机应准确报告停车位置,由列车调度员、供电调度员、机车调度员共同根据电力机车、动车组类型、停车位置、牵引供电设备状况等确定自救方案,组织自救。

3. 不具备自救条件时采取的处理办法。

(1)向中性区送电办法。

具备向中性区远动送电时,车站值班员(列车调度员)通知后方供电臂内列车停车、降弓后,通知供电调度员,供电调度员办理后方供电臂停电后向中性区远动送电。车站值班员(列车调度员)通知停在该分相的列车升弓,待该列车驶出分相区后,再通知供电调度员恢复原供电方式并向后方接触网供电臂送电,恢复后续列车正常运行。

(2)组织救援的办法。

不具备向中性区远动送电时,列车调度员确定救援方案后,组织救援。

第131条 列车进入区间发现未携、错携、遗失行车凭证的处理办法(《技规》第315、320、321、366、368条)

1. 司机发现未携带行车凭证、携带错误的行车凭证以及占用区间书面行车凭证有下列情况之一时,应立即停车,并将事由报告车站值班员(列车调度员)。车站值班员(列车调度员)接到报告后,应立即停止向该区间放行列车。

(1)路票上,车次错误或占用的区间不符,以及漏填车次或电话记录号码时;

(2)书面行车凭证(调度命令除外)上,未盖有站名印(行

车专用章)时;

(3)两线、多线区间行车,路票上未盖有线别章或盖有错误的线别章时(按规定不盖线别章时除外);

(4)双线区间反方向行车,路票上未盖有“反方向行车”章时。

2. 列车处置办法。

(1)列车在区间停车后,司机应与车站值班员(列车调度员)联系。车次与运行方向一致,具备继续运行条件时,车站值班员(列车调度员)通知司机继续运行;车次与运行方向不一致时,具备列车运行条件后,应组织列车退回站内或运行至前方站。

(2)司机取得行车凭证并经确认正确而在途中丢失时,可继续运行至前方站停车,并将情况报告车站值班员(已使用列车无线调度通信设备报告时除外)。

第132条 列车分部运行的补充规定(《技规》第369条)

1. 遗留车辆的防护、防溜分工及办法。

分部运行前,司机须使列车保持制动保压状态,采取好防溜措施后(拧紧两端车辆的人力制动机,当区间停留线路的坡度超过2.5‰时,还应在下坡方向端放置防溜铁鞋),方准提开车钩。

如遗留车辆停留时间超过1h,遗留车辆看守人员还应拧紧足够数量的人力制动机(拧紧人力制动机与停留车辆数量比例不少于1:4)。

电气化区段不能使用人力制动机时,应使用人力制动机紧固器或防溜铁鞋进行防溜。

单班单司机值乘的货物列车由列车调度员指派车站胜任人员协助做好遗留车辆的防溜、防护工作。

2. 挂取遗留车辆的注意事项。

列车必须分部运行时，车站值班员(列车调度员)应将机车进入区间挂取遗留车辆的方向通知请求救援的司机，司机应按规定设置防护。

遗留车辆挂妥并进行自动制动机简略试验后，方准撤除防溜措施。

3. 在所间区间分部运行的组织办法。

(1)列车在所间区间分部运行时，司机应报告前方线路所的车站值班员。在半自动闭塞区间或按电话闭塞法行车时，该列车必须在线路所通过(进站)信号机外停车(在区间内已与线路所车站值班员联系时除外)，将情况通知线路所车站值班员后，再凭线路所通过(进站、出站、进路)信号机显示的允许运行的信号继续运行至前方站。在自动、自动站间闭塞区段，司机可按线路所通过信号机显示的允许运行的信号直接进入线路所停车报告(在区间内已与线路所车站值班员联系时除外)。

(2)列车调度员接到报告后，应根据具体情况确定对后部遗留车辆的救援办法，发布封锁相关区间的调度命令。需越过线路所进行救援时，列车调度员在得到线路所车站值班员将道岔开通于救援列车运行线路的位置并单独锁闭后，发布调度命令合并封锁所间区间，准许救援列车司机凭调度命令越过关闭的线路所通过信号机。封锁开通前，线路所原单独锁闭的道岔禁止扳动。

4. 其他规定。

遇列车中车辆制动系统发生故障时，司机在得到列车调度员同意后，准许在列车部分车辆无风状态下限速运行至前方站停车处理。此时，接车站应加强对列车完整的确认，在列车未完整到达前不得向该区间再放行列车。如无风车辆不超过列车的一半时列车运行速度由司机掌握;如无风车辆超过列车的一半时原则上列车可以不超过20km/h的速度运行。

第133条 列车在区间内发生车钩分离时的处理办法(《技规》第366、369条)

1. 列车在区间内发生车钩分离被迫停车时,司机指派胜任人员检查分离处所、车钩破损等情况,在得到车辆状态的汇报后向两端站车站值班员(列车调度员)报告列车分离情况、停车位置等事项。

列车发生分离后的后部车辆的防溜、防护按分部运行有关规定执行。

2. 列车在区间运行中发生分离,应确认分离车辆的车钩状态,符合连挂条件时,应与分离车辆连挂妥当并进行自动制动机简略试验后,继续运行到前方站停车处理。

3. 列车区间分离后,遇下列情况,本列不准再行连挂,必须请求救援,救援方向有限制条件的,司机请求救援时应讲明救援方向。

(1)车辆连接装置严重破损,不能连挂时;

(2)分离后的车辆(车列)停留在坡度超过6‰的线路上向下坡道方向挂车时。

4. 列车在区间内车钩破损分离时,如钩舌损坏,可用列车前后端的钩舌更换,避免分部运行。必须分部运行时,分割位置规定如下:

(1)后钩破损时,应自分离处分割。

(2)前钩破损时,由后方站派机车救援。

5. 车辆的破损品,应带往前方列检作业场。如使用机车钩舌时,列车到达有列检作业场的车站后,由列检作业场负责装配。

第 134 条 货车运行故障动态图像检测系统(TFDS)运用规定(《技规》第 371 条)

1. 预报程序。

TFDS 动态检车员发现符合拦停标准的故障时，立即报告动态检车组长,由动态检车组长快速判断确认后,立即使用直通电话将需要拦停的车次、故障货车编挂位置和车种车型车号、故障等情况通知调度所红外线调度员,红外线调度员立即使用直通电话通知列车调度员安排立即停车。红外线调度员须同时填写《货车安全防范系统拦停甩车通知卡》,送列车调度员签字确认,并及时通知车辆调度员,由车辆调度员通知车辆段调度员立即派员前往拦停地点按规定进行确认、处理。

2. 处置要求。

车站值班员(列车调度员)接到拦停列车的信息后,立即将停车原因通知司机,安排列车停车;机车乘务员接到停车的通知后,采用常用制动停车。

(1)列车在区间停车时,由车辆乘务员负责确认,无车辆乘务员的由机车乘务员负责确认,按照拦停信息准确确定故障货车编组位置。可以继续运行的,及时报告车站并转报列车调度员,由列车调度员安排列车运行到前方站或退行至后方站;不能继续运行的,报告列车调度员,列车调度员通知列检人员进行处置。

(2)列车在有列检的车站停车时,由车辆段调度员通知列检人员确认、处理;无列检的,车站立即安排将该故障货车从列车中摘下,车辆段调度员通知列检人员确认、处理。

第 135 条 事故、故障车辆检查和回送的补充规定(《技

规》第262、271、371条）

1. 事故、故障车辆检查的补充规定。

(1)车辆发生冲突、脱轨时，车站必须通知列检检查（车辆在地方铁路、岔线发生冲突、脱轨时，及时通知车站转告列检检查）。无列检的车站，应及时报告列车调度员转告车辆调度员，车辆调度员安排车辆段派人检查。

(2)列车在运行途中发生车辆事故、故障或5T系统预报车辆故障在车站甩车后，车辆调度员应及时通知车辆段派人处理。

2. 事故、故障车辆处理办法。

(1)列车在运行途中发生车辆事故或故障，到达有列检的车站后，司机应通知列检。如系自动制动机发生故障造成事故时，司机应会同列检用本务机车试验，并做成记录。

(2)车辆段接到上述通知后，应派胜任人员，对事故、故障车进行技术鉴定处理。

3. 事故、故障车辆回送办法。

(1)回送时，车辆人员对车辆进行整修后，依据车辆调度员下达的回送命令号，办理回送手续，填写检修车回送单（车统-26），一式二份（一份自存，一份交车站随车回送），并插设《铁路车辆送往列检作业场》（车统-20）色票。

(2)回送的车辆有编挂位置、运行限制条件时，车辆人员应在车统-26中注明。遇特殊情况必须编挂在列车尾部时，须采取防止脱钩的措施，必要时应派员护送。

(3)车辆段按规定向调度所申请挂运，有运行限制条件的，由列车调度员按规定发布调度命令。

(4)10辆及以上的事故、故障车辆，需一起连挂回送时，应安排专列回送，车辆段须派列检人员护送。

第 136 条 列车在区间被迫停车后退行的补充规定(《技规》第 372 条)

1. 列车在区间被迫停车,下列情况禁止退行:

(1)列车尾部尚未越过发车站最外方预告标或接近信号机、预告信号机停车时(双线区间为邻线预告标或特设的预告标),在未得到车站值班员(列车调度员)的同意之前。

(2)如后方站向该区间办理出站调车作业时,在调车作业结束前不得准许列车后退。

2. 动车组退行的补充规定。

(1)按列控车载设备控车的动车组列车,司机根据调度命令,将列控车载设备转入隔离模式(开关不在司机室时,司机通知随车机械师配合)。

(2)装备 LKJ 的动车组列车在 ATP 隔离后,将 LKJ 转为调车模式。

(3)动车组列车在区间退行需采取手动过分相时,司机应通知随车机械师,随车机械师应适时将断合标位置通知司机。

3. 货物列车退行的补充规定。

货物列车不得已必须退行至站内时,由列车调度员布置车站指派胜任人员携带列车无线调度通信设备和简易紧急制动阀赶赴列车尾部,在退行方向前端车辆安装简易紧急制动阀,经简略试验和放风试验,具备退行条件后,登车负责瞭望,通知司机退行。

4. 挂有后部补机的列车退行规定。

(1)由本务机司机与补机司机共同商定,可由后部补机担当本务机车工作。此时,必须接通软管,并进行自动制动机的简略试验。

(2)在区间被迫停车后退闯坡时,仍由本务机车司机操纵,补机司机瞭望,必要时鸣示紧急停车信号。

5. 在自动闭塞区间,经后方站车站值班员准许退行的列车,退行一个或多个闭塞分区停车后,再起动向前进方向运行时,仍可凭通过信号机显示的信号运行,但后方站车站值班员必须得到列车到达前方站的电话记录号码并报告列车调度员后,方可发出列车。

6. 列车需退行至站内,进站前,车辆乘务员或随车机械师(无车辆乘务员或随车机械师时为指派的胜任人员)应确认准许进站的信号,并通知司机。列车进站后,应指挥列车进入站内停车。

第137条 开行救援列车的补充规定(《技规》第374~377条)

1. 救援列车的出动办法。

(1)救援列车的出动由调度所机车调度员直接向救援列车发布救援出动的调度命令,同时通知机务段机车调度员,组织救援列车在30min内开出。

(2)机务段至车站的调车工作由调机或本务机担当,机车与第一辆车车钩的摘挂、软管摘结及列车的简略试验由机务段负责。

(3)救援列车移至车站后,机车与救援列车第一辆车的车钩摘挂、软管摘结由机车乘务员负责。一端挂有机车时,开车前的简略试验由车站负责;两端均挂有机车时,开车前的简略试验由机车乘务员负责。

(4)开行救援列车应使用内燃机车牵引,以吊起的制动软管代替列车尾部标志。尾部挂有机车时,按《技规》459条规定执行。

(5)列车出发前,由始发站指派1名行车胜任人员随救援列车出发,负责做好救援列车运行途中的有关行车事项。

(6)救援列车进入事故现场的编组方案,由救援列车负责人在到达相关车站后,将救援列车调车计划联系单提交车站值班员,调车作业由相关车站负责。

2. 向封锁区间开行救援列车的补充规定。

请求救援的司机按规定采取防溜、防护措施后报告车站值班员,车站值班员接到请求救援的司机已采取防溜、防护措施的报告后,方可向封锁区间开行救援列车。

进入封锁区间前,由车站站长(副)随救援列车进入封锁区间,负责指挥列车有关工作。

3. 其他保证救援安全的措施。

(1)救援列车推进运行时,车站指派胜任人员在列车前端负责瞭望, 在救援列车到达防护人员处或压上响墩后,指挥列车停车,按救援列车负责人的要求进行作业。

(2)电气化区段发生事故需出动救援列车时,向事故区间发出救援列车前,接触网必须先停电。

(3)铁路救援起重机在不挂吊臂平车(吊臂悬空状态)移动时,固定臂铁路救援起重机限速5km/h,伸缩臂铁路救援起重机限速20km/h。

(4)铁路救援起重机吊臂和吊臂平车分离前,禁止将起重机和吊臂平车间的车钩和软管摘解。严禁使用铁路救援起重机进行调车作业。事故救援结束后,车站应恢复救援列车原编组,并向列车调度员报告,及时将救援列车送回原驻地停留线。

4. 当救援列车的列车编组和车辆构造速度发生变化时,救援列车负责人必须立即拍发电报, 将救援列车的编组、限制速度、总换长等信息报集团公司运输、机务部和调度所，抄送有关机务、车务等相关行车单位。调度所(机车调度员)发令前必须与机务段机车调度员核对救援列车开行的列车编组和限制速度。

第138条 其他规定

1. 列车在区间不明原因停车后的处理办法。

(1)列车在双线或多线区间发生不明原因停车时，司机应立即将停车时间和地点通知两端站(列车调度员)，列车司机："××站(调度台)，××次在××km××m(处)不明原因停车，请邻线列车注意运行"。车站值班员(列车调度员)应答："××次在××km××m(处)不明原因停车，邻线列车注意运行，××站(调度台)明白"。司机在查明列车停车原因以及是否妨碍邻线后，应及时通知两端站车站值班员(列车调度员)。

(2)车站值班员(列车调度员)接到司机关于列车不明原因停车须提醒邻线列车注意运行的通知后，应立即通知接近停车地点邻线上运行的首列列车，车站值班员(列车调度员)："××次司机，邻线××次在××km××m(处)不明原因停车，××次注意运行"。列车司机应答："邻线××次在××km××m(处)不明原因停车，××次注意运行，司机明白"，并降至以遇到阻碍能随时停车的速度继续运行，最高不超过20km/h。车站值班员还应将情况通知本线后续列车，在停车原因消除前，不再向本线区间放行列车。

(3)邻线首列列车司机在确认停车地点无障碍后恢复规定速度运行，并通知两端站车站值班员(列车调度员)。

邻线首列列车司机发现停车地点妨碍运行时应立即停车，并通知两端站车站值班员(列车调度员)，车站值班员(列车调度员)接到通知后，应立即通知进入邻线的后续列车停车。待原因消除后，车站值班员(列车调度员)方可通知邻线内列车恢复运行。

2. 动车组以外的旅客列车双管改单管供风处置的补充规定(《技规》第342条)。

(1)双管改单管作业应在站内进行。如前方站因高站台原因无法实施时，车辆乘务员应通知司机，司机应报告车站值班员转报列车调度员，列车司机应掌握安全速度(最高不超过120km/h)运行至下一站后进行。运行途中车辆乘务员要加强车辆巡视，发现异常及时采取措施。

(2)双管供风旅客列车运行途中发生双管供风设备故障或用单管供风机车救援接续牵引时，列车调度员接到报告后，应立即通知机车、车辆调度员，并发布双管改单管供风调度命令。该调度命令由车站分别转交车辆乘务员和列车长。有客列检的车站，车站应同时通知客列检。

客列检人员(无客列检时，由车辆乘务员)根据调度命令将客车风管路改为单管供风状态。

(3)采用双管供风的旅客列车因故改为单管供风后，在进行全列制动机试验前，客运乘务人员须根据车辆乘务员的通知，将设置集便装置的客车厕所锁闭，开车后启用。

(4)“双改单”后的旅客列车以及编挂有设置集便装置的单管供风旅客列车，运行中因列车管压力下降被迫停车时，机车司机要及时与车辆乘务员联系，由车辆乘务员会同列车长查明列车管压力下降原因，确认因使用集便装置客车厕所而导致的，要及时通知司机充风，列车缓解后应尽快开车，客运乘务人员须根据情况，适当关闭厕所。

3. 机车车辆擦伤钢轨处置办法。

(1)列车运行途中，机车乘务员使用紧急制动停车、列车分离或不明原因产生紧急制动及列车启动发生空转时，司机应立即将停车或空转的地点向就近车站值班员报告并作好记录；车站值班员接到报告后应按规定在《行车设备检查登记簿》内登记，并立即转报列车调度员通知后续列车注意运行，通知工务部门进行检查确认。

(2)动车组发生轴抱死故障，随车机械师应立即通知动车组司机，司机应采取停车措施，立即将停车地点向就近车站值班员报告并作好记录；车站值班员接到报告后应按规定在《行车设备检查登记簿》内登记，立即转报列车调度员并通知后续列车注意运行，通知工务部门进行检查确认。

(3)工务部门现场检查后，应将检查情况登记在《行车设备检查登记簿》内，如需列车限速运行或封锁停用时，列车调度员应按规定发布调度命令。

(4)本务机车入库后，司机应向退勤机车调度员汇报，并加强对轮箍踏面等机车走行部的检查，发现损伤及时报修。

4. 其他情况影响行车时的处置规定。

(1)车站值班员接到塌方、落石、水害、倒支柱、接触网断线、倒树、倒电杆等信息时，在未判明是否影响行车前，应立即通知本线及邻线列车停车，并报告列车调度员。

(2)列车调度员接到报告后必须立即扣停开往区间的列车，列车已进入区间时，车站值班员应立即通知司机停车，并说明停车原因及注意事项，同时通知邻站不得向该区间放行列车；如危及邻线行车安全时，立即扣停开往邻线的列车，当列车已进入区间，车站值班员应通知司机停车，并通知邻站扣停进入该区间的列车。

(3)发生上述情况时，车站值班员应及时通知设备管理单位(电气化区段还应通知供电单位)处理。

(4)因抢修需要,向封锁区间开行路用列车,抢修负责人应派人在停车地点显示停车信号,并按下列规定办理:

①抢修单位应指派驻站联络人员在封锁区间的一端或两端站,负责与车站值班员及抢修负责人联系抢修进度及列车进入封锁区间运行情况。

一端站开行两列及以上路用列车时,第一列路用列车在到达指定地点停车并按规定设置防护后,抢修负责人方可通知驻站联络人员转告车站值班员开行同方向第二列路用列车进入封锁区间。

②两列及以上路用列车返回同一站时,抢修负责人在得到车站值班员同意后方可指挥路用列车返回至进站信号机,按进站信号机显示要求运行。车站值班员须确认返回路用列车至本站间空闲后,方可同意接车。

③两列及以上路用列车在封锁区间内作业时,相互必须保持 30m 及以上安全距离。

④如列车两端均挂有机车时,应向两端机车司机交付进入区间的调度命令。往返运行时,由运行前端的机车担当本务机。

5. 货物装载不良处置规定。

铁路工作人员发现车辆货物位移、倾斜、蓬布绳脱落、车门打开时,立即向车站值班员汇报,由车站值班员向列车调度员汇报。如不影响安全时,列车可以运行至前方站停车处理;危及安全时,应立即通知司机停车。

遇货物位移、倾斜、蓬布绳索脱落等突发情况需接触网停电处理时,按本规则第 127 条第 2 点规定进行处置。

6. 车辆故障处置规定(《技规》第 371 条)。

(1)车站值班员接到或发现列车因制动梁脱落、列车有异响(不含货物列车一般抱闸情形产生的异响)等情况时,应立即通知司机停车,并立即报告列车调度员。

(2)列车停车后,车站值班员指派助理值班员查看了解异响发生地点前后各200m线路轨枕上有无刮痕，如有刮痕时,助理值班员(有车辆乘务员时为车辆乘务员;回送客车底列车无车辆乘务员时,为车辆押运人员)应逐辆检查制动梁是否脱落,如是制动梁脱落,用铁丝吊起制动梁后方可开车。列车到达车站后,将故障车辆摘车处理。未发现异状时,车站值班员向列车调度员汇报,列车可运行至前方站停车处理。

7. 列车在区间发生冲突、脱轨、颠覆中断行车的处理办法(《技规》第377条)。

(1)在事故调查处理委员会(事故现场临时调查处理小组)到达前,由司机负责统一指挥事故救援工作,并应查明事故概况,向列车调度员或车站值班员报告。

(2)发往事故地点的第一列救援列车,站长或胜任人员应携带通信工具随车进入区间。

(3)尽一切可能组织事故救援工作,赶赴现场抢救,迅速开通线路。如须移动现场状态时,应会同司机及其他有关人员作成书面记录并共同签字后进行。如破坏严重,无法复旧时,邻近站应准备线路,为救援列车机车转头及停放事故车列做好准备。

8. 列车发生火灾、爆炸时的处理办法(《技规》第370条)。

(1)列车发生火灾、爆炸时,须立即停车(停车地点应尽量避开特大桥梁、长大隧道等,选择便于旅客疏散的地点),车站不再向区间放行列车，并通知邻线及后续相关列车停车。电气化区段,现场需停电时,应立即通知供电部门停电、采取接地措施。

(2)旅客列车着火时,首先疏散着火车辆内的全部旅客。

(3)列车发生火灾、爆炸时,除迅速通知消防部门前往扑救外,还应通知公安部门,必要时通知医疗部门。

(4)列车需要分隔甩车时,应根据风向及货物性质等情况而定。一般为先甩下列车后部的未着火车辆,再甩下着火车辆,然后将机后未着火车辆拉至安全地段。

对甩下的车辆,在车站由车站人员负责采取防溜措施;在区间由司机、车辆乘务员负责采取防溜措施。

(5)如情况危急,可根据货物的性质、风向、地理位置、设备条件等具体情况机动处理。

9. 发生挤岔时的处理办法。

尖轨被挤后,如机车车辆停在道岔上时,不得后退,应得到现场指挥人的准许,沿顺岔方向缓缓移动,将机车车辆驶过道岔。此后,如须后退时,应检查尖轨损伤程度,不影响行车时,将尖轨紧固后,方可进行。复式交分道岔及分动外锁闭道岔挤岔后,禁止机车车辆移动,须经工、电部门检查并确定处理办法。

10. 道岔电锁器发生故障时的处理办法。

准备接发列车进路,如道岔电锁器无电不能转换道岔时,车站值班员可命令扳道员使用电锁器钥匙打开电锁器,抬起锁闭杆进行人工解锁扳动道岔。当确认道岔开通位置正确,尖轨密贴于基本轨后,在对向道岔握柄上加挂锁锁闭。车站值班员得到扳道员关于接发列车进路正确开通,道岔已按规定加锁的报告后,方可按引导办法接车或改按电话闭塞法行车。

11. 交流临时停电和恢复供电时的处理办法。

(1)停电时。

停电表示灯亮红灯，电铃长鸣时，应按下停电切断按钮。此时，铃声停止。

(2)恢复供电时。

①停电表示灯红灯熄灭，电铃再度长鸣，应拉出切断电铃按钮。此时，铃声停止，控制台全部恢复正常状态，可按正常方法办理接发列车。

②进站(出站)信号机开放后，突然停电，如信号机自动关闭后又恢复供电时，应待进路解锁后，重新开放信号机。

③半自动闭塞车站，发车闭塞办妥后，突然停电，如又立即恢复供电，闭塞表示灯亮红灯时，应使用闭塞故障按钮复原。

(3)凡出现上述情况，车站值班员应立即通知电务工区和供电工区前来检查处理，在电务恢复设备正常使用的销记或登记停用内容、影响范围、行车限制条件前，不得办理行车。如停电后控制台轨道电路出现红光带(灯)时，可不通知工务工区检查处理。

12. 控制台断丝表示灯着灯时的处理办法。

断丝表示灯亮红灯时，应立即通知电务工区前来检查处理，如控制台上进站(出站)信号机表示灯均能正常显示时，进站(出站)信号机均可正常使用。如出站信号机表示灯红灯熄灭而绿灯可以正常显示时，仍可开放出站信号机发车。如进站信号机红灯熄灭时，则应改用手信号引导接车。

13. 进路表示光带(灯)灭灯时的处理办法。

进路表示光带(灯)灭灯时，进站(出站)信号机可继续使用。车站值班员应通知电务工区派员前来检查处理，排列进路前，应通过道岔定(反)位灯光确认线路开通状态。

14. 控制台上进站、出站、进路信号机表示灯灭灯时的处理办法。

(1)进站(进路)信号机表示灯。

①红灯灭灯时,开放进站(进路)信号机后,绿(黄)灯亮灯时,可继续使用;

②红灯亮灯时,开放进站(进路)信号机后,红灯灭灯,绿(黄)灯无显示时,也可继续使用。

(2)出站(进路)信号机开放后,控制台上无显示时,确认地面信号机显示正确后,可继续使用。

(3)凡出现上述情况,车站值班员应在《行车设备检查登记簿》内登记,并及时通知电务工区前来检查处理。

15. 货物列车后退闯坡(闯分相)办法(《技规》第372条)。

站内停车起动困难的车站，允许列车退入后方区间闯坡(闯分相,下同)时,应由列车调度员发布封锁区间的命令并发给司机。司机凭调度命令和车站的发车信号向后方区间退行。车站应按列车退行的要求指派胜任人员在列车尾部协助司机退行。列车退至后方区间适当地点(电力机车退行需越过接触网电分相闯坡时，后退及前进均应避免造成电力机车带电过分相)停车后,司机应使用列车无线调度通信设备通知列车尾部指派的人员，在得到指派的人员简易紧急制动阀已撤除可以开车的报告后即可起动。此时,车站应按站内通过的列车办理(列车未全部退入后方区间时,进站信号机可不开放)。

遇特殊情况只能利用站内线路进行后退闯坡时，应以调车方式指挥列车后退。此时,车站必须指派人员在列车尾部指挥列车退行,退行前必须明确退行距离并严格控制退行速度,退至规定地点后由车站按规定发车。

16. 进站(进路)、出站(进路)信号机突变时的处理办法。

遇开放的进站(进路)、出站(进路)信号机突然关闭时,司机应立即采取停车措施,并使用列车无线调度通信设备报告车站值班员(列车调度员)。

(1)进站(进路)信号机突变时的处理办法。

①如列车停车后未越过关闭的信号机，应通知工务、电务部门进行检查,在得到工务、电务部门设备正常使用的销记后,重新开放信号机接车。如一时无法修复时,按照电务部门登记的停用内容组织行车。

②如列车停车后已越过关闭的信号机，应通知工务、电务部门进行检查，在得到工务线路设备正常使用的销记后，经确认进路正确后,由列车调度员发布列车继续运行的口头指示,司机凭车站值班员可继续运行的通知后直接开车。

(2)出站(进路)信号机突变时的处理办法。

①如列车停车后未越过关闭的信号机，应通知工务、电务部门进行检查,在得到工务、电务部门设备正常使用的销记后,重新开放信号机再按规定发车。如一时无法修复时,按照电务部门登记的停用内容组织行车。

②如列车停车后已越过关闭的信号机，应通知工务、电务部门进行检查，在得到工务线路设备正常使用的销记后，经确认进路正确后,由列车调度员发布列车继续运行的口头指示,司机凭车站值班员可继续运行的通知后直接开车。

(3)遇开放的出站(进路)信号机降级显示时,司机可按照信号机的显示运行,并将情况通知车站。

第十一章　施工维修

第139条　接触网停送电的补充规定（《技规》的205、231、378条）

1. 施工、维修停送电的有关规定。

供电设备管理单位驻站联络员负责在车站行车室(机务段机调室、动车段(所)调度室,机务段异地车间为派班室,本条下同)办理线路封锁和停电作业的登、销记手续,负责向供电调度台办理停电作业的要令、销令手续。

(1)接触网施工时停送电规定。

供电设备管理单位根据施工日计划在施工前1天19:00前向供电调度员提报停电申请,供电调度员进行审核、确认,按照计划时间提前30min向列车调度员申请停电时间。

供电设备管理单位驻站联络员应在施工点前40min完成登记,经车站值班员(机务段调度员、动车所调度值班员,本条以下同)签认后向供电调度员申请要令。供电调度员根据驻站联络员的申请和列车调度员签认的时间执行停电。施工主体单位收到供电设备管理单位的停电通知单（附件15)后方可开工。

施工结束,收到施工主体单位允许送电通知单(附件15)后,供电设备管理单位驻站联络员根据工作领导人的通知并在行车室销记后,向供电调度员申请销令,供电调度员恢复送电并通知列车调度员并进行签认。

(2)配合非供电部门施工时停送电规定。

供电设备管理单位根据施工日计划在施工前1天19:00前向供电调度员提报停电申请,供电调度员进行审核、确认,按照计划时间提前30min向列车调度员申请停电时间。供电设备管理单位驻站联络员、工作领导人、供电调度员按照上述接触网施工时的停送电程序办理停电手续,施工主体单位(需停电配合单位)收到供电设备管理单位的停电通知单后方可开工。

供电设备管理单位配合结束,收到施工主体单位(需停电配合单位)允许送电通知单后,供电设备管理单位驻站联络员根据工作领导人的通知并在行车室销记后,向供电调度员申请销令,供电调度员恢复送电后通知列车调度员并进行签认。

在同一停电单元有多个单位共同利用施工天窗进行施工且需要分别配合停电时,由各施工主体单位按规定分别通过设备管理单位配合人员向供电调度员申请要令(每项施工各设一个要令人),供电调度员分别下达作业命令,各施工单位收到供电设备管理单位的停电通知单后方可开工。各施工单位施工完毕,供电设备管理单位每个要令人分别向供电调度员销令,供电调度员确认所有要令人均销令后才可恢复送电。

(3)接触网维修时停送电规定。

供电设备管理单位根据维修计划，于维修前1天19:00前向供电调度员提报停电申请,供电调度员进行审核、确认,根据计划时间提前30min向列车调度员申请停电时间。

供电设备管理单位驻站联络员应在天窗点前40min完成登记,经车站值班员签认后向供电调度员申请要令。供电调度员根据驻站联络员的申请和列车调度员签认的时间执行停电。

检修结束,供电设备管理单位驻站联络员根据工作领导人的通知,并在行车室销记后,向供电调度员申请销令,供电调度员恢复送电并通知列车调度员。

(4)综合利用维修天窗时停送电规定。

供电、工务、电务等单位共用天窗进行检修(指在同一个基本维修单元作业,无需停电配合),由供电设备管理单位作为主体单位时,停送电程序同上述接触网维修时的停送电执行程序。

2. 设备故障抢修停送电的规定。

(1)接触网故障处理时停送电规定。

供电设备管理单位发现设备故障需要临时处理时,向集团公司主管业务部门提出申请,业务部门审核后,经集团公司主管运输副总经理(总调度长)同意,由调度所安排。同时,供电设备管理单位向供电调度员汇报具体情况并提报停电申请。供电设备管理单位驻站联络员到行车室登记后向供电调度员申请要令,供电调度员联系列车调度员办理停电签认手续后执行停电。

故障处理完毕,供电设备管理单位驻站联络员根据工作领导人的通知,向供电调度员申请销令,供电调度员恢复送电并通知列车调度员。

(2)非供电单位设备故障处理需接触网停电配合时停送电规定。

非供电单位处理行车设备需接触网停电配合时,通过车站值班员向列车调度员申请停电, 并说明具体地点及支柱号,列车调度员同意后通知供电调度员,供电调度员通知供电设备管理单位人员赶赴现场配合。供电设备管理单位驻站联络员在行车室登记后向供电调度员申请停电，供电调度员根据申请联系相关列车调度员签认后执行停电。故障处理单位收到供电设备管理单位的停电通知单后方可开工。

故障处理完毕，供电设备管理单位配合结束，收到故障处理单位允许送电通知单，驻站联络员根据工作领导人的通知，向供电调度员申请销令，供电调度员恢复送电后通知列车调度员。

3. 配合事故救援时停送电的规定。

事故救援需接触网停电(拨网或拆网)配合的，由供电设备管理单位事故现场负责人向供电调度员提出停电(拨网或拆网)申请，供电调度员与相关列车调度员签认后执行停电。供电设备管理单位现场负责人必须确认停电作业和安全措施完成，按规定格式填写并签认《救援列车事故救援停电通知单》后，交救援列车负责人。

救援列车事故救援结束，救援列车负责人按规定格式填写并签认《救援列车事故救援结束通知单》后，交供电设备管理单位负责人。供电设备管理单位现场负责人签收《救援列车事故救援结束通知单》后，经现场救援总指挥的同意，确认供电设备状态已修复并具备开通条件，人员机具全部撤离到安全地带后，方可撤除安全措施，向供电调度员申请办理送电手续。供电调度员根据申请恢复送电并通知列车调度员，同时与列车调度员进行签认。

4. 应急处理时停送电的补充规定。

电力机车、动车组运行途中确需登上车顶作业时，由司机向列车调度员(或通过车站值班员向列车调度员)提出申请，列车调度员与供电调度员办理停电手续，确认接触网已停电后，列车调度员方可发布准许登顶作业的调度命令；司机接到准许登顶作业的调度命令,电力机车司机(动车组列车为随车机械师)验电接地后,方可登顶作业(配合人员登上动车组车顶前应得到随车机械师同意);作业完毕,电力机车司机(动车组列车为随车机械师)撤除接地后,司机向列车调度员(或通过车站值班员向列车调度员)汇报;列车调度员与供电调度员办理送电手续后恢复供电。

5. 牵引变电所停送电的规定。

(1)牵引变电所进线电源或主变倒换操作属于供电设备运行中的倒闸操作,不纳入维修、施工计划。供电部门以铁路传真电报形式公布月度计划和临时增补计划,供电段、调度所(供电调度员、列车调度员)按照电报内容组织实施。枢纽或局界牵引变电所的倒换主变有困难时,应纳入月度施工计划。

(2)需接触网停电的牵引变电所设备检修、故障处理及供电调度远动系统调试, 接触网线路已安排有停电天窗的,可以共用施工或维修天窗;不能共用接触网天窗的,应根据集团公司营业线施工管理规定和供电调度工作细则办理。

(3)牵引变电所全所设备停电造成接触网大范围停电或实施越区供电的检修、试验应纳入月度施工计划,由施工管理部门安排停电天窗。

6. 列车调度员与供电调度员请求停、送电的规定。

施工、维修作业以及临时应急处理故障、救援等需接触网停电时,供电调度员须与列车调度员在《牵引供电设备停、送电登记簿》内办理停、送电签认手续(可采用电子签认方式)。办理签认前列车调度员应确认停电范围电力机车(动车组)已全部降弓后,方可与供电调度员签认。

7. 其他规定。

(1)段管线接触网停电检修作业时,应得到供电调度员发布的停电作业命令及段管线规定人员签认后，方准作业。此时,列车调度员还应按规定发布接触网停送电命令。

(2)《铁路工务安全规则》《工务供电联控办法》规定的项目以及电务部门在更换中性点联结片需拆开吸上线等需要供电单位配合的作业,施工单位应于作业前向供电单位发出“施工配合通知书”,协商制定作业办法和安全措施。

第 140 条 施工特定行车办法的补充规定 (《技规》第 381 条)

1. 行车办法。

(1)“施工特定行车办法”应在双线自动闭塞区段固定上下行正线、道岔全部开通直股,施工期间接发列车不扳动道岔(开通前停止接发列车进行试验信号时除外)的有计划施工中采用。一个车站(场)每项施工,施工特定行车办法和无线电话交付行车凭证办法中,只准选用其中一种办法办理行车。

(2)接发列车进路能使用调车进路锁闭应使用调车进路锁闭,调车进路无法锁闭的道岔,可使用单独锁闭,无法使用单独锁闭时现场人工加锁并紧固。

(3)列车接发的有关规定。

①车站按《技规》第 134 图显示特定引导手信号,列车以不超过 60km/h 速度进站或通过。有限速条件低于 60km/h 时按限速条件进行限速。

②车站在特定引导手信号显示后,应及时使用列车无线调度通信设备预告司机。为便于司机及时确认手信号,准许引导人员显示手信号的地点可适当外移,但最远不得超过距规定引导地点 100m。列车无线调度通信设备的联系用语为:

车站值班员:

×(站)呼叫××(次)司机;特定引导手信号已显示。

列车司机:

我是××(次)司机;特定引导手信号已显示,××(次)司机明白。

③办理列车通过(出发)时,不再向列车司机递交书面行车凭证和调度命令,车站值班员应使用列车无线调度通信设备将调度命令、行车凭证号码(路票为电话记录号码、绿色许可证为编号的最后3位数)通知司机,并听取司机复诵正确后,方可布置助理值班员显示通过手信号(发车)。列车司机在得到车站值班员的通知后,对通过列车凭车站显示的通过手信号通过,对出发列车凭发车人员的发车信号或发车通知开车。列车无线调度通信设备的联系用语为:

车站值班员:

×(站)呼叫××(次)司机;

路票已办理,电话记录××(号),调度命令××(号),凭通过手信号通过(凭发车信号或发车通知开车)。

列车司机:

我是××(次)司机;

电话记录××(号),××(次)司机明白。

使用绿色许可证时,应将路票及电话记录相应改为绿色许可证及编号。

2. 注意事项。

(1)采用"施工特定行车办法"行车,应纳入月度施工计划,并要精心安排施工组织方案。

(2)机务段、直属站、车务段、合资公司在接到采用"施工特定行车办法"的施工计划后,要精心组织,制定并落实安全措施,施工时要指派干部加强施工安全把关。

(3)列车调度员仍按规定发布调度命令,车站按规定办理行车闭塞手续和填写行车凭证,并严格按《非正常接发列车作业纪律》执行。对接发列车进路及行车凭证等安全关键必须双人确认。列车通过、出发后,车站值班员应将行车凭证及时划"×"注销。

(4)采用施工特定行车办法时,应在月度施工计划(电报)及施工日计划对应的施工项目中,注明"按施工特定行车办法办理"字样。

(5)机务段(所、室)在机车乘务员出乘前必须书面传达清楚,并事先根据施工日计划的要求,正确做好列车运行监控装置的载入工作。

(6)较规定时间提前或延迟施工,根据列车调度员提前或延迟施工的调度命令,仍可按"施工特定行车办法"办理。

(7)设有发车进路信号机的车站,采用"施工特定行车办法"时,联系用语及通过手信号显示地点,应在施工预备会上明确。召开施工预备会时,车务站段应通知相关机务段参加。

第 141 条 向施工封锁区间开行路用列车的补充规定(《技规》第 382 条)

1. 向施工封锁区间开行路用列车,原则上每端只准进入一列。特殊情况需超过时,应遵守下列规定:

(1)特殊情况每端进入需超过一列时,施工单位应在提报的施工(维修)计划中注明路用列车发站、到站及各自作业地点,但不得超过两列。

(2)集团公司有关专业部门须在施工前制定完备的安全防护措施,作业单位应按规定指派干部把关,确保措施得到有效落实。

(3)作业主体单位负责人严格按施工计划统一划分各单

位路用列车的作业范围及分界点(两个单位施工路用列车的间隔不得小于500m),各作业单位必须按规定分别进行防护。

(4)施工负责人须在先发列车到达指定停车地点停妥,并设好停车防护后,方可通过驻站联络员向车站值班员(列车调度员)申请开行续行列车。

(5)路用列车两端均挂有机车时,应向两台机车司机分别交付进入封锁区间的调度命令。往返运行时,由运行方向端的机车担当本务机车。

(6)进入封锁区间的路用列车必须按调度命令和施工单位设置的停车信号停车。然后,再按施工负责人的指挥进行作业。

(7)进入封锁区间的长轨列车,不论推进或牵引,均应配置简易紧急制动阀。

(8)区间作业完毕,两列路用列车需到达同一车站时,施工负责人应逐列取得车站值班员(列车调度员)的同意后,方准同意路用列车动车, 路用列车按进站信号机显示要求运行。车站值班员(列车调度员)应确认前列路用列车到达车站后,方可同意后列路用列车开车。

2. 同时封锁站内线路和区间开行施工作业车的运行组织办法。

(1)施工主体单位施工负责人应根据施工日计划,按规定在车站《行车设备施工登记簿》内登记,通过车站值班员向列车调度员申请施工。

(2)列车调度员根据申请,发布封锁区间及站界外移的调度命令,内容应包括临时站界的位置和起讫时间等。站界外移后,设置的临时站界不得越过相邻车站(线路所)进站信号机、站界标或通过信号机。

(3)站界外移后,施工作业均按站内施工办理。施工车辆在封锁地段的移动均按站内调车作业办理。

(4)在原进站信号机上,由施工主体单位通知电务段,由电务段安设无效标。原站界标的遮住和临时站界标的设置,应根据施工计划和调度命令,由施工主体单位负责。

在站界外移后如施工的机车车辆因作业需要由另一站进入同一区间作业时,司机凭调度命令进入该区间配合施工作业,但不得越过临时站界标。

(5)车站值班员在确认区间空闲并得到临时站界标撤除,原站界恢复的调度命令后,方可恢复该区间正常行车。

(6)路用列车需跨线路所通过信号机作业时,在将线路所道岔置于开通作业线路的位置并单独锁闭的情况下,列车调度员发布封闭线路所合并区间的调度命令,准许列车司机凭调度命令越过关闭的线路所通过信号机(施工主体单位联系电务段安设无效标)。路用列车到达车站前,禁止扳动线路所道岔。

(7)路用列车跨站界或线路所作业时,必须在月度施工计划中注明。

(8)对站间距离不足5000m的短小区间,为满足线路大修、清筛、换轨等作业要求,需同时封锁两个车站以及相邻区间正线时,可按以下方法进行作业:

①由列车调度员发布调度命令,将两个车站以及相邻区间的正线线路封锁。

②封锁前,车站将相关道岔开通封锁的线路,并对衔接封锁线路上的道岔以及相关防护道岔单独锁闭(不能单独锁闭时现场人工加锁),路用列车均到达车站前禁止扳动。封锁线路上的相关信号机均视作无效,施工单位联系电务单位对

进站、出站信号机设置无效标,在封锁线路的起讫点设置移动停车信号牌(灯)。

③路用列车司机根据调度命令和施工负责人的指挥,在封锁线路上移动。

④施工结束后,施工负责人确认所有路用列车均返回站内后,报告车站值班员(列车调度员),列车调度员发令开通线路。

⑤施工时间内, 不能安排影响道岔使用的施工项目,路用列车的间隔不得小于 500m。

3. 路用列车进入封锁区间办法。

(1)施工负责人应指派驻站联络员在封锁区间的一端站,负责与车站值班员及施工负责人联系。施工负责人(指派的驻站联络员)应将施工的地段,需要封锁区间的时间,进入封锁区间的路用列车的列数,停车地点及工作内容等,通过车站值班员向列车调度员申请。

(2)列车调度员按施工日计划进行审核,核对无误后向有关车站、司机和施工负责人发布封锁区间及向封锁区间开行路用列车的调度命令。

(3)施工现场由施工负责人统一指挥。在路用列车于封锁区间内分解后, 相互必须保持 30m 及其以上的安全距离;各大型养路机械之间必须保持 10m 及以上的安全距离,并应立即在列车两端按规定设置防护。作业结束后,必须连挂在一起,一同进站。

4. 机械化施工路用列车运行办法。

(1)准许附挂机车逆向编挂于列车尾部。

(2)运行速度不得超过下列规定:

①龙门架车、轨排车经过 300m 以上曲线半径区段为

60km/h；龙门架车、轨排车经过曲线半径小于300m区段以及侧向通过道岔为25km/h。

②长轨列车运行途中，一般按货物列车运行速度和区间运行时分掌握。

长钢轨专用车(T11型)重车情况下，在经过300~500m曲线半径时，限速45km/h，在经过300m以下曲线半径或侧向通过9号及以下道岔时，限速25km/h。普通平车装载的500m长钢轨列车在重车状态下，限速80km/h，经过350m及以下曲线半径时，限速45km/h。

长轨重车车组禁止溜放，禁止通过驼峰。按100m长定尺和短尺钢轨(60kg/m)普通平车混装装载加固方案执行时，限速80km/h。

长轨列车运行限制条件由装车站货运部门或大修段按规定拍发电报，报相关集团公司调度所(大修段长轨车在集团公司管内运行时，可通过TDMS系统提报)，列车调度员按规定发布调度命令。

(3)轨排列车原则上应固定编组，准许在列车尾部编挂便于人员登乘的车辆并不挂列尾装置。在运行前，使用单位应对该车运行区段的建筑限界进行调查，并会同车务段、直属站共同确定进路，并将列车编组内容和龙门架车的限界图等书面报告集团公司。由集团公司指定运行条件并以书面布置列车调度员和有关单位执行。

(4)轨排车每次出发前，应详细进行检查，装载必须牢固，跨装时，应有安全措施，并指派胜任人员在列车尾部协助司机作业，随时注意运行情况。

(5)在双线、两线、多线区段施工，邻线来车时，轨排列车应及时收起工作台踏板并停止作业。收钢轨料的长轨列车也应停止作业。

5. 其他规定。

(1)参与施工作业的大型养路机械发往区间单独运行时,均按重型轨道车办理。起拨道机,按轻型轨道车办理。换轨小车,只准在宿营地至施工区间两端站短距离内由重型轨道车牵引运行。此时,牵引运行的速度不得超过60km/h;推进进入区间或由区间返回推进运行的速度不得超过25km/h。换轨小车转移工作地点时,必须装在平车上随宿营车共同转移。

(2)路用列车、轨道车的通风、车辆摘挂、制动软管摘结、防溜工作以及路用列车进出封锁区域的简略试验均由司机或施工单位指派的胜任人员负责。列车尾部为车辆时,以吊起的软管作为列车尾部标志。

(3)路用列车在区间作业时,不得无动力停留机车车辆。

(4)施工车辆在站内封锁线路配合施工的作业,站内线路封锁前,车站应使用调车信号或单操道岔准备进路,并将进路上道岔单独锁闭。

(5)施工车辆在站内封锁地段移动,司机越过调车信号机、道岔前,须得到主体施工单位负责人(或指派的胜任人员)股道开通(须使用具备无线通信记录装置的手持电台通知)的通知后方可进行。越出施工范围的调车作业,均应得到车站值班员的同意。

第142条 列车在区间装卸车时行车组织的补充规定(《技规》第384条)

1. 装卸料单位应指派熟悉行车有关知识的胜任人员为负责人,指挥全面装卸车工作。应配足人力、工具、信号及照明。在每辆车上应指定一人为组长,掌握安全事项,并负责开关车门和清道工作。

2. 装卸车负责人应向车站值班员提出装卸车辆数、地点、品名和时间的书面申请单，车站转报列车调度员，列车调度员向车站、司机、装卸车负责人发布调度命令。

3. 列车在车站出发前，装卸车负责人应向装卸车人员转达作业计划，布置安全注意事项，并与司机共同商定联系办法。

4. 列车在区间内卸料时，禁止将车辆摘解分卸。除风动石砟车可以不超过 10km/h 的速度以及长轨车卸长钢轨时可以不超过 15km/h 的速度边走边卸外，其他禁止边走边卸。

5. 双线、两线或多线区间卸车时，不得影响邻线的列车运行安全。有危及邻线列车运行安全时，卸车负责人应立即采取拦停列车措施，并报告车站值班员(列车调度员)。车站值班员(列车调度员)接到影响邻线的报告后，立即通知邻线有关列车停车，在原因消除前，不得向邻线放行列车。

6. 严禁使用风动石砟车以外的底开门车装运石料。

7. 风动石砟车必须由培训合格人员操纵。风动石砟车卸砟前，各车辆必须充足风。风压不足 400kPa 时，应使用手动装置配合操作。卸车顺序，由机车向尾部方向逐渐卸完。卸车时，不得推进运行和突然停车。卸车人员要适时开关底门，不使道砟成堆和造成车辆偏载。卸砟后要及时清道。

8. 长轨列车应固定编组，如有附挂车辆应挂在尾部。长轨车收轨速度不宜超过 5km/h。

9. 区间卸车时及卸车后，应特别注意车辆装载状态，不准列车在车辆偏重的状态下运行。

10. 列车在区间卸完车后，卸车负责人检查卸货距离，清好道沿，关好车门后，方可通知司机开车。

11. 电气化区段需接触网停电后进行装卸车作业的补充

规定。

(1)装卸车部门应提前与供电部门协商并办理有关配合手续,停送电执行程序按照配合施工停送电程序执行。

(2)区间装卸车时,不得使用电力机车牵引。

(3)以非电力机车牵引列车到区间装卸车时,在列车进入装卸车的区间前,接触网必须先停电,列车调度员应向车站值班员发布调度命令转抄司机及装卸车负责人。接触网停电命令须转抄装卸车负责人。

(4)装卸作业前,由供电部门在装卸车地点的两端进行验电并挂接地线,装卸车负责人接到停电通知单后方可指挥装卸车。装卸车完毕后,装卸车负责人应检查车门关闭、清道良好,人员、机具、材料等已全部撤至安全地带并向供电部门提交允许送电通知单后,方可向列车调度员报告,由列车调度员转报供电调度员发布送电命令。

(5)装卸车时应避开接触网支柱等设备,以防砸坏供电设备。

第 143 条 轻型车辆和小车使用的补充规定（《技规》第 398~401 条）

1. 在区间或站内使用轻型车辆时,使用负责人应填写轻型车辆使用书(《技规》附件 6),向车站值班员办理承认手续(跨区间使用时,应逐站停车办理承认手续),经车站值班员签名或盖章并得到车站值班员承认的电话记录号码后,方可使用。轻型车辆使用书一式二份,一份交车站值班员,一份由使用负责人保管。

2. 在站内小车装卸超过两根水泥轨枕、六根木枕、长度超过 8m 的钢轨以及其他材料超过 500kg 时，也应按上述规定提出申请。

3. 轻型车辆空车运行时,其随乘人员规定为:

功率3kw及其以下的轻型轨道车和脚踏车应不少于4人;

功率3.5~11kw的轻型轨道车应不少于6人;

功率12~16kw的轻型轨道车应不少于8人。

装载重量应控制在按随乘人员计算,每人不超过100kg,其总数不得超过规定的载重和牵引吨数。

4. 使用轻型轨道车(包括起拨道车)时,司机应有集团公司发给的轻型轨道车驾驶证。

5. 轻型轨道车运行时,不得超过下列速度:

功率5kw及其以下为30km/h;

功率6~8kw为35km/h;

功率9~16kw为45km/h。

6. 禁止两辆轻型轨道车连挂运行。轻型轨道车附挂拖车时,不得超过两辆。

7. 起拨道车可与轻型轨道车连挂运行,速度不得超过15km/h。但禁止附挂轨道平车使用。

8. 轻型车辆行经道口(平过道)、桥梁、曲线以及进出站或天气恶劣时,应加强瞭望,适当减速,随时准备停车。

9. 轻型车辆经过道岔前,在集中区须得到车站值班员进路开通的通知,在非集中区须得到扳道员道岔开通信号按照约定的时分经过指定的道岔。

10. 轻型车辆按列车办理时,列车车次规定为轻1~轻98。列车占用区间的行车凭证为路票或封锁区间的调度命令。

11. 接触网检修使用的车梯在施工、维修封锁区域内使用时按小车办理,不办理请求使用手续,驻站联络员应随时了解列车及调车情况,及时向作业负责人和现场防护员通报。车梯在道岔区作业影响多条线路行车时,随车移动的现场防护员应随时向驻站联络员或作业负责人通报车梯位置。路经非指定的检修或施工线路、道岔时,则按轻型车辆办理有关申请手续。

第144条 其他规定

1. 无线电话交付行车凭证办法。

(1)交付办法。

①“无线电话交付行车凭证办法”应在办理非正常接发列车的有计划施工中采用。

②接发列车进路能使用调车进路锁闭应使用调车进路锁闭,调车进路无法锁闭的道岔,可使用单独锁闭,无法使用单独锁闭时现场人工加锁并紧固。

③采用列车无线调度通信设备交付行车凭证时,均不再向列车司机递交书面行车凭证和调度命令,车站值班员应使用列车无线调度通信设备将调度命令、行车凭证号码(路票为电话记录号码、绿色许可证为编号的最后3位数)通知司机,并听取司机复诵正确后,方可布置助理值班员显示通过手信号(发车)。列车司机在得到车站值班员的通知后,对通过列车凭车站显示的通过手信号通过,对出发列车凭发车人员的发车信号或发车通知开车。列车无线调度通信设备的联系用语为:

车站值班员:

××(站)呼叫××(次)司机;

路票已办理,电话记录××(号),调度命令××(号),凭通过手信号通过(凭发车信号或发车通知开车)。

列车司机:

我是××(次)司机;

电话记录××(号),××(次)司机明白。

使用绿色许可证时,应将路票及电话记录相应改为绿色许可证及编号。

遇列车无线调度通信设备故障无法交付时,车站应向列车司机递交书面行车凭证和调度命令。

(2)注意事项。

①采用“无线电话交付行车凭证办法”行车,应纳入月度施工计划,并要精心安排施工组织方案。

②机务段、直属站、车务段、合资公司在接到采用“无线电话交付行车凭证办法”的施工计划后,要精心组织,制定并落实安全措施,施工时要指派干部加强施工安全把关。

③列车调度员仍按规定发布调度命令,车站按规定办理行车闭塞手续和填写行车凭证,并严格按《非正常接发列车作业纪律》执行。对接发列车进路及行车凭证等安全关键必须双人确认。列车通过、出发后,车站值班员应将行车凭证及时划“×”注销。

④采用无线电话交付行车凭证办法时,应在月度施工计划(电报)及施工日计划对应的施工项目中,注明“按无线电话交付行车凭证办法办理”字样。

⑤机务段(所、室)在机车乘务员出乘前必须书面传达清楚,并事先根据运行揭示调度命令,正确做好列车运行监控装置的载入工作。

⑥较规定时间提前或延迟施工,根据列车调度员提前或延迟施工的调度命令,仍可按“无线电话交付行车凭证办法”办理。

⑦设有发车进路信号机的车站,采用“无线电话交付行车凭证办法”时,联系用语及通过手信号显示地点,应在施工预备会上明确。召开施工预备会时,车务站段应通知相关机

务段参加。

2. 双线区间封锁一条线路施工时的行车办法(《技规》第231、234条)。

无双向设备的双线区间封锁一条线路,在另一条线路上运行上、下行列车时:

(1)在自动闭塞区间,正方向行车,按基本闭塞法;反方向行车,应停用基本闭塞法改按电话闭塞法。

(2)在非自动闭塞区间,在施工线路的封锁时间内,另一条线路上仅有正方向列车运行, 可仍按基本闭塞法行车;另一条线路上有反方向列车运行时,应停用基本闭塞法改按电话闭塞法,按单线办理行车。

第十二章　设备故障应急处理

第 145 条　通信设备故障应急处理的补充规定(《技规》第 335、336、403、406 条)

1. 有线调度通信系统设备故障后的处置办法。

有线调度通信系统设备发生故障,造成列车调度员与车站值班员间、相邻车站值班员间不能通话时,应使用铁路自动电话或 GSM-R 手持终端进行通话、办理有关行车手续。

2. 地面 GSM-R 设备故障后的处置办法。

地面 GSM-R 设备发生故障, 影响调度命令无线传送功能时,向司机发布的调度命令,按规定采用列车无线调度通信设备发布、转达或采用人工书面交递方式;影响车站值班员(列车调度员)与司机之间通话时,可使用无线列调系统通话。

3. 450MHz 无线列调设备车站台故障后的处置办法。

450MHz 无线列调设备车站台故障时, 车站值班员使用无线对讲设备进行通话(按规定需使用语音记录作用良好的列车无线调度通信设备进行的作业除外)。

4. 运行途中机车综合无线通信设备故障处理规定。

列车运行中, 遇列车无线调度通信设备发生故障时,司机应立即使用 GSM-R 手持终端或列车无线调度对讲设备报告车站值班员(列车调度员),列车可继续运行;动车组列车如 GSM-R 手持终端也不能进行通话时, 司机应使用动车组列车长或随车机械师配备的 GSM-R 手持终端进行通话。遇列车无线调度通信设备（含CIR、GSM-R手持终端及无线对讲设备）均不能通话时，司机应在前方站停车报告。

如列车停车站设有电务维护人员，车站值班员（列车调度员）接到报告后，通知电务部门前往修复，电务部门一时无法修复的，应提供GSM-R手持终端或无线对讲设备，列车可继续运行。电务人员应立即报告段调度联系列车调度员，安排列车在具备检修条件的车站停车，进行抢修或更换。

如列车停车站未设电务维护人员或电务人员未配备GSM-R手持终端或无线对讲设备，司机向车站申请，由车站提供给司机GSM-R手持终端或无线对讲设备，列车可继续运行。

设备修复或到达终到站入库后，司机将GSM-R手持终端或无线对讲设备交给电务人员，由电务人员负责交还原车站。

5. 列车无线调度通信设备、客列尾装置通信异常情况下列车接发作业的处置办法。

旅客列车运行途中，CIR设备与客车列尾装置主机发生通信连接中断时，司机如需确认尾部风压，应通知车辆乘务员人工核对风压；连接恢复后，司机恢复客车列尾装置正常使用，并及时通知车辆乘务员不再人工核对风压。

6. 列车无线调度通信设备、货列尾装置通信异常情况下列车接发作业的处置办法。

发生CIR与货列尾主机通信异常或受无线电干扰不能建立“一对一”连接或不能查询列车尾部风压时，按列尾装置故障的处理办法处理。

第146条 TDCS区段列车车次号错误或丢失的处理规定

1. 车站值班员发现列车车次号错误或丢失后，立即报告列车调度员核对列车车次，及时修正列车车次号。列车调度员发现列车车次号错误或丢失后，立即核对列车车次，并指示车站值班员及时修正列车车次号。

2. 始发列车发车前，车站值班员及时输入列车车次号；列车终到车站后，车站值班员应及时删除车次号；列车在车站调车作业需腾空列车占用股道时，车站值班员应提前删除该次列车车次号，作业完毕后，在列车待发股道重新输入正确车次号。

第147条 动车组列车空调失效时应急处置规定（《技规》第336、341条）

1. 空调失效超过20min不能恢复但列车能够正常运行时，列车长可视情况通知司机向车站值班员（列车调度员）提出在前方最近客运站停车的请求，车站值班员报告列车调度员。列车调度员安排列车在前方最近客运站停车。列车在停车站安装好防护网、打开部分车门后，列车调度员根据司机的报告，向司机（救援时还包括救援司机）及沿途各站发布打开车门限速60km/h（通过邻靠高站台的线路时限速40km/h）运行的调度命令。

2. 列车因故停车不能维持运行且空调失效超过20min不能恢复时，列车长应及时与司机、随车机械师沟通，视情况做出打开车门决定，并通知司机转报列车调度员。

3. 安装防护网、打开车门由列车长组织列车乘务员进行，司机、随车机械师配合。防护网的安装需在列车停车状态下进行，安装位置为运行方向左侧（非会车侧）车门处。防护网安装完毕，打开车门后，由列车长组织列车工作人员值守，直到车门关闭。列车长确认防护网安装牢固、看护到位后报告司机。

4. 需要组织旅客下车或换乘其他列车时,应在车站站台进行。必须在站内不邻靠站台的线路或区间组织旅客下车或换乘时,需经集团公司主管运输副总经理(总调度长)批准。

第148条 启用热备动车组的规定

1. 启用热备动车组的条件、热备动车组应满足的要求。

(1)动车组故障无法及时修复或运输组织需要时,应及时启用热备动车组。热备动车组定员少于故障动车组实际人数时,有条件情况下,使用定员能满足需要的其他动车组组织旅客换乘。

(2)跨局出动热备动车组时,根据国铁集团调度命令办理。

2. 接发热备动车组的特殊要求。

(1)有关单位在接到调度命令后,应迅速完成热备动车组出动前的各项准备工作,具备条件后及时发车。

(2)对担当换乘任务的动车组列车应优先放行,确保及时到位及返回归位。

3. 在区间和站内组织旅客换乘时的规定。

(1)在站内组织旅客换乘时,应尽量安排在同一站台的两个站台面进行。

(2)在区间组织旅客换乘时,车站值班员(列车调度员)组织担当换乘任务的动车组列车进入邻线指定位置停车。担当换乘任务的列车到达邻线指定位置停妥后,司机向车站值班员(列车调度员)报告,车站值班员报告列车调度员。车站值班员(列车调度员)通过申请换乘的列车司机通知列车长组织旅客换乘。担当换乘任务的列车长确认旅客换乘完毕后通知司机,司机得到列车长通知,确认车门关闭,具备开车条件后起动列车,并向车站值班员(列车调度员)报告,车站值班员报告列车调度员。

第 149 条 动车组列车运行途中发生车辆故障应急处理的补充规定(《技规》第 341、343、371 条)

1. 动车组列车运行途中发生车辆设备故障时,司机按照车载信息监控装置的提示处理,随车机械师按规定进行故障处置,可以维持运行时,向司机提出运行限制条件;不能继续运行时,通知司机请求救援。调度所接到司机报告后安排故障动车组维持运行、更换车体、终止运行或救援等行车组织工作。

2. 当司机发现或得到动车组(不包括具备自动滚动测试功能的动车组)轮对(轴)不旋转故障、轮对抱死故障的信息时,应立即采取最大常用制动方式停车,由司机向车站值班员(列车调度员)报告并通知随车机械师。随车机械师按规定处置。

具备自动滚动测试功能的动车组发生轴不旋转故障时,动车组将自行做自动滚动测试,若滚动测试成功,则正常运行。若滚动测试不成功,司机向列车调度员汇报,司机、随车机械师按规定处置。

3. 动车组下部有拖、拉、击打声、上下振动声、连续摩擦声等异音或突发剧烈上下跳动、车体剧烈摆动、连接处明显下垂、走行部有剧烈连续的摩擦震动等异状时,列车工作人员应立即通知司机,司机采取紧急制动方式停车,并向车站值班员(列车调度员)报告,同时通知随车机械师。随车机械师按规定检查处置。

第 150 条 机车直供电旅客列车发生机车故障及车辆供电系统故障时的处置规定(《技规》第 335、342、371 条)

1. 直供电列车机车发生故障时按以下规定处置:

(1)直供电机车途中发生故障时,司机应及时报告车站值班员(列车调度员),报告内容应包括故障现象、能否向列车供电、能否随本列附挂运行等情况;不能向列车供电时,司机还应通知车辆乘务员。

运行途中直供电机车发生故障但仍能向列车供电时,列车调度员可安排就近机车挂于故障机车前部担任牵引任务。故障机车不能附挂运行时,救援前应保持向列车供电,列车调度员须安排就近同制式直供电机车进行救援。

运行途中直供电机车发生供电系统故障不能向列车供电时,列车调度员在合适地点安排更换同制式直供电机车进行救援。

DF11G 型机车牵引的直供电旅客列车, 遇 1 台机车故障,应保持 2 个发电机组向列车供电,维持运行。遇 1 个发电机组故障时,司机应通知车辆乘务员,车辆乘务员转为减负荷状态维持运行。

遇 380V 直供电机车不能供电时, 可加挂 380V 发电车供电。

(2)在列车始发站或机车换挂站,直供电机车发生故障时应更换机车;无预备直供电机车时,可组织列车在机车换挂站直通,安排机车乘务员在站换乘。

2. 直供电旅客列车运行途中, 发生客车供电系统故障时,司机根据车辆乘务员的要求,做好列车送电配合工作。

(1)运行途中某辆客车供电系统故障但不影响全列供电时,车辆乘务员应断开本车电源(除轴温报警器电源外),并通知列车长,列车长负责安置该车旅客。

(2)如因某辆客车供电系统故障造成机车两路均无法送电且不能修复时,车辆乘务员应立即通知司机,司机报告车站值班员转报列车调度员，列车调度员安排甩车处理。

第151条 动车组以外的列车运行途中发生车辆抱闸时处置的补充规定(《技规》第371条)

1. 拦停要求。

(1)列车运行途中，车站有关人员(其他部门人员发现时，通知车站)发现旅客列车、军用列车、特快货物班列车辆走行部有冒烟、冒火星、车轮发红等抱闸情形；旅客列车、军用列车、特快货物班列以外的列车车辆走行部有冒火、冒烟，车轮、闸瓦发红，车轮抱死、滑行，剧烈振动等严重抱闸情形时，应立即呼叫司机停车。司机接到通知后，使用常用制动停车，并将有关情况及时报告车站值班员(列车调度员)。

(2)发现旅客列车、军用列车、特快货物班列以外的列车车辆有零星冒火星或冒火花、异响等一般抱闸情形时，通知司机在前方站停车。

2. 旅客列车、特快货物班列、以客车编组的军用列车处置要求。

(1)列车停车后，司机除按规定向车站值班员(列车调度员)报告外，还要将停车原因及相关情况通知车辆乘务员。车辆乘务员首先对车辆的人力制动机状态进行检查确认，然后联系司机对列车施行缓解后，检查制动缸、闸瓦(闸片)状态，确认抱闸故障且符合关门条件的，关闭截断塞门，排除副风缸、工作风缸的余风，按规定速度运行。车辆乘务员要及时将检查处理结果经司机转报车站值班员(列车调度员)。

(2)关门车编挂位置或数量不符合规定的，按下列要求办理(列车停在车站的，就地处理)：

关门车位于列车最后一位或关门车为2辆及以上时，列车运行至前方站停车处理。

车辆乘务员要计算每百吨列车重量的换算闸瓦压力，根据闸瓦压力提出限速要求，列车按限速要求运行至前方站停车处理或甩车。

3. 旅客列车、特快货物班列、以客车编组的军用列车以外的列车处置要求。

(1)以客货车混合编组的军用列车停车后，在有列检人员的车站，应及时通知列检人员前往处理；在无列检人员的车站，所挂的客车、货车车辆分别由车辆乘务员、司机检查处理，车站应指派人员协助。

(2)回送客车底列车停车后，在有列检人员的车站，应及时通知列检人员前往处理；在无列检人员的车站，由司机通知车辆乘务员(车辆押运人员)检查处理。

(3)其他列车停车后，在有列检人员的车站，应及时通知列检人员前往处理；无列检人员的车站，车站应指派人员协助司机检查处理。

(4)检查流程和标准。

①车辆外观检查。检查人力制动机是否拧紧；车轮踏面是否有熔渣；在列车制动机处于缓解状态下检查制动缸活塞杆是否伸出；如无上述三种情况，则不是抱闸。

②车辆制动机试验。由司机配合车站人员(列检人员、车辆乘务员、车辆押运人员)判断车辆制动机作用是否良好，在列车主管充至定压后，将机车制动机自阀手柄置常用制动位减压 100kPa，车辆须发生制动作用；再置运转位充风缓解，如车辆制动机在规定的 1min 内缓解完毕，则可以判定车辆制动机作用良好，不是抱闸。

(5)处置办法。

①经检查确认不是车辆抱闸，司机(车站人员、列检人

员)应将处理情况报告车站值班员,转报列车调度员列车可继续运行。

②经检查确认是车辆抱闸,司机(列检人员)应关闭车辆截断塞门,排尽副风缸余风,确认制动缸活塞推杆已退回和轮对踏面擦伤、缺损不过限后,报告车站值班员(列车调度员)列车可继续运行。但列车自动制动机关门车的编挂位置不得违反《技规》的规定(区间除外),必要时调整顺位或甩车处理。

③停于区间的列车,不能准确判断是否抱闸时,应关闭车辆截断塞门,排尽副风缸余风,确认缓解后,列车司机以不超过 60km/h 的速度运行至前方站处置。

4. 列车运行中,发现车辆燃轴时,使列车停车。由司机会同车辆乘务员,无车辆乘务员的由司机检查处理。此时,对燃轴的车辆,严禁泼水、撒砂或使用灭火器。

5. 对途中抱闸或燃轴的车辆,当列车到达有列检作业场的车站时,应由司机通知接车的列检人员。对抱闸车辆,由列检人员和司机共同进行试验。

第 152 条 电气化区段防止电力机车、动车组进入停电区、无网区的规定(《技规》第 378、379 条)

1. 停电区域明示化的措施。

(1)TDCS/CTC 系统具备设置供电臂、无网区标识的区段,必须使用该功能设置停电、无网区标识。

(2)接触网站内或区间停电施工前,由车站值班员根据列车调度员发布的停电命令,在“接触网供电示意图”(计算机联锁车站为“占线板”)上用红笔勾画出停电区域,施工结束后抹消。助理值班员(内勤)[未设时为助理值班员(外勤),未设助理值班员(外勤)以及助理值班员(外勤)与车站值班员固定不处于同一室时为车站盯控人员] 对勾画内容进行核对。供电部门负责对登记站勾画内容进行确认。

(3)接触网故障停电时,车站值班员应根据列车调度员发布的停电命令,在“接触网供电示意图”(计算机联锁车站为“占线板”)上用红笔勾画出停电区域,接触网恢复供电后抹消。助理值班员(内勤)[未设时为助理值班员(外勤),未设助理值班员(外勤)以及助理值班员(外勤)与车站值班员固定不处于同一室时为车站盯控人员]对勾画内容进行核对。

2. 防止电力机车、动车组进入停电区、无网区的控制措施。

(1)对衔接未挂网线路的有关道岔(衔接安全线、牵出线、机待线、推峰线、综合维修工区的道岔以及挂网正线与未挂网正线衔接的道岔除外)须开通有接触网的线路并单独锁闭,执行困难时可对相关信号机钮封,防止电力机车进入无接触网线路。挂网线路与未挂网线路的分界处应在控制台未挂网的分界点相应位置贴上标识进行明示(安全线除外)。

(2)车站值班员接到列车调度员下达的接触网停电命令后,应根据“车站接触网停电道岔锁闭、信号机钮封一览表”立即将行车限制卡中的关联道岔开通非停电区域单独锁闭,不能通过关联道岔隔开时应将能进入停电区域的的信号机按钮进行钮封,并在控制台停电区域的按钮(计算机联锁车站为占线板停电区域适当位置)揭挂“停电”表示牌,接触网恢复供电的调度命令下达后摘下。

(3)接触网停电后,车站在办理有电区域开往停电区域的接发列车(轨道车除外)和本务机车(车站与司机已核对为内燃机车后除外)调车前,车站值班员[助理值班员(内勤)]须与司机核对确认机车属性,用语为:“xx 次(xx 号机车)通报机车属性”,司机接到通知后应回复:“xx 次(xx 号机车)为内燃

(电力)机车”,车站值班员[助理值班员(内勤)]得到司机回复为内燃机车后方可排列进路、开放信号。

(4)在股道内设有接触网电分段采用两个供电臂供电的线路上,涉及该线路的任一供电臂有计划停电时,股道上均不准停留电力机车。遇特殊情况供电单元临时停电时,车站值班员应通知股道内的电力机车司机禁止移动。相关车站应将上述情况在《站细》中明确。

(5)电力、内燃机车共同担当列车的区段,接发电力机车牵引列车的列车、车机联控时,在原车次用语前,必须增加“电力”用语。

3. 电力机车出入段提示机车类型的要求。

有关站、段在办理机车出入库时,要加强联系,通知出入库机车的号码(担当车次)前,必须增加“电力”用语。

4. 其他规定。

供电单位应绘制出各站“接触网电分段示意图”提供给有关站段。各站段应绘制车站线路示意图和接触网电分段示意图合一的“接触网供电示意图”(计算机联锁车站为“占线板”),揭挂在行车室(信号楼)内。

第153条 非列车占用红光带的处置规定 (《技规》第403、406条)

1. 区间非列车占用红光带的处置规定。

(1)自动闭塞区段,车站值班员(列车调度员)发现及得到闭塞分区非列车占用红光带或区间通过信号机故障信息时,应立即通知(通知不到时,由列车调度员指派相关站通知)区间内已进入故障地点及后续的列车司机停车,不再向该区间放行后续列车。车站值班员还应立即通知关系区间邻站车站值班员,由发车端车站值班员通知电务、工务人员进行处理(对通过信号机灯光熄灭时不再通知工务人员进行处理),并按规定在《行车设备检查登记簿》内登记。

闭塞分区非列车占用红光带或区间通过信号机故障暂时无法恢复，在得到工务部门线路设备正常使用的签认后(通过信号机灯光熄灭时除外）和电务部门登记的行车限制条件,发车端车站值班员方可逐列组织已进入该区间的列车运行至前方站,前列未到达前方站,不得通知后续列车恢复运行。

在闭塞分区非列车占用红光带、区间通过信号机故障消除前,如自动闭塞区间内一架通过信号机故障或一个闭塞分区非列车占用红光带(仅设一架通过信号机的区间除外),后方站一律按站间组织行车(设备管理单位办理登记时按登记条件办理行车)。按站间组织行车时,列车必须在故障闭塞分区通过信号机前停车等候 2min,以遇到阻碍能随时停车的速度，最高不超过 20km/h 运行到次一通过信号机（进站信号机),按其显示的要求运行,司机应加强瞭望,在停车等候同时,必须与车站值班员、列车调度员联系,如确认前方闭塞分区内有列车时,不得进入。

司机接到车站值班员(列车调度员)关于“××次司机停车,运行前方设备故障”的通知后,应采取措施实施制动停车,在未得到车站值班员(列车调度员)“××次司机恢复运行”的通知前不得动车。

(2)半自动闭塞区段、自动站间闭塞区段,车站值班员(列车调度员)发现车站接近区段非列车占用红光带时,应立即通知已进入或即将进入故障区段的列车司机停车,并通知电务、工务部门进行处理。车站值班员立即报告列车调度员。

故障暂时无法恢复,车站值班员(列车调度员)根据工务、电务部门登记的行车限制条件组织行车。

2. 车站值班员(列车调度员)发现站内非列车占用红光带时，应立即通知已进入故障地点的列车司机立即停车,并通知工务、电务部门进行处理,并在《行车设备检查登记簿》登记。车站值班员立即报告列车调度员。经工务、电务部门检查确认后,按照其登记的行车限制条件组织行车。

3. 车站值班员(列车调度员)发现及得到 CTC/TDCS 终端车站或区间轨道电路红光带故障信息时,按上述第 1、2 款规定处置。当电务部门确认故障处所信号联锁及区间设备正常,仅是 CTC/TDCS 终端显示错误时,应在车站(调度所)《行车设备检查登记簿》内登记“××轨道电路红光带 CTC/TDCS 终端显示错误,信号联锁及区间设备正常”。车站值班员(列车调度员)根据电务登记通知工务不再进行检查处理,工务人员接到车站值班员不再进行检查处理的通知后应在《行车设备检查登记簿》销记。

电务部门故障处理完毕后,及时销记,恢复 CTC/TDCS 设备正常使用。

第 154 条 轨道电路分路不良区段办理行车的规定(《技规》第 403、406 条)

1. 确认轨道电路分路不良区段空闲的办法。

确认分路不良区段空闲是指确认分路不良区段无机车车辆占用。可通过目视确认、利用站场视频设备确认;动车组列车、单机(单机挂车、重联时除外)运行时,可通过 TDCS/CTC 设备或控制台确认出清轨道电路分路不良区段的下一良好轨道电路区段。

2. 轨道电路分路不良区段办理接发列车或调车作业的规定。

(1)办理进路前,车站值班员(列车调度员)必须亲自或指派胜任人员确认与进路有关的所有分路不良区段空闲后,方可准备进路,并将分路不良区段的道岔单独锁闭;列车(机车车辆)未全部出清轨道电路分路不良区段前,严禁操纵有关道岔及其防护道岔,不得解除分路不良区段道岔单独锁闭。

(2)调车作业时,询问并得到调车人员或司机汇报机车车辆出清道岔轨道电路分路不良区段后,方可扳动道岔,开放信号。

(3)在轨道电路分路不良的股道上停放机车车辆时,必须对股道两端信号按钮钮封(带帽或封闭)。

(4)遇有列车(机车车辆)通过后进路漏解锁、光带不消失时,必须确认列车(机车车辆)已通过该区段后,方可对该区段进行人工解锁。

第155条 接触网故障停电时的行车处置规定(《技规》第355、403、407条)

1. 列车运行中,司机遇接触网网压突然为零时,立即降下受电弓并停车,同时报告车站值班员(列车调度员)停车地点,并按规定组织做好防溜、防护。

车站值班员(列车调度员)应立即通知区间内后续列车停车,不再向该区间放行列车。列车调度员将故障情况转报供电调度员,供电调度员安排供电设备管理单位进行现场检查、处理。

司机待接触网送电将列车制动系统充风至规定压力后,组织撤除防护及防溜措施,按规定继续运行。

2. 接触网停电时的接发列车限制和安全措施。

(1)当区间接触网停电时,不得向该停电区域发出电力机车及其牵引的列车或动车组,同时按规定揭挂停电表示牌。

(2)当车站正线、到发线接触网停电时,不得向该线接入电力机车及其牵引的列车或动车组,同时按规定揭挂停电表示牌。

(3)当区间有电而站内停电时,在条件容许的情况下需使列车降弓滑行进站或通过时,列车调度员应发布调度命令。供电人员按本规则的规定设置或显示降、升弓信号。

(4)当接触网一个供电臂检修和处理故障时,有关站严禁开通上下行之间的渡线和有可能造成该供电臂带电的道岔以及分场分束供电的不同场区之间的联络线放行电力机车、动车组。

3. 站内坡度超过6‰的线路,在接触网停电检修"天窗"时间内,不得停留电力机车及其牵引的列车、动车组。

第156条 发生弓网故障时的处理规定(《技规》第403、407条)

1. 接触网异状处置。

(1)列车运行途中,司机发现接触网有异状时,应立即断电、降弓并停车,同时将停车地点公里标、停车原因和故障地点公里标,报告车站值班员(列车调度员),车站值班员报告列车调度员,动车组列车随车机械师应根据故障信息记录,及时向司机反馈故障发生时间等信息,司机报告车站值班员(列车调度员),列车调度员转报供电调度员。

(2)车站值班员(列车调度员)接到报告后,应立即扣停本线后续列车,不再向该区间放行列车。列车调度员应向邻线尚未经过该地点的首列列车发布口头指示限速45km/h注意运行(限速位置原则上按司机汇报故障地点前后各2km确定)。

(3)停车后,司机(动车组列车为随车机械师)应对受电弓和停车地点可见范围内接触网进行检查，若受电弓、接触网外观无明显异常，可恢复运行并报告车站值班员(列车调度员)；若列车不能继续运行时，首先做好列车的防溜及防护措施。需登顶检查处理受电弓时，司机(动车组列车为随车机械师通过司机)向列车调度员提出申请，请求停电处理，在未得到停电命令及未挂好接地线防护的情况下，严禁上车顶处理。接到停电命令后验电，挂好接地线后，方可上车顶处理切除故障受电弓，并绑扎牢固,确认与接触网的安全距离不小于350mm，人员下车顶并撤除接地线，及时汇报处理完毕时间。接触网送电后，司机换弓运行。若整台受电弓刮下车顶时，还应将其移到安全地段。受电弓瓷瓶爆炸，比照上述规定办理。

需登顶作业时，列车调度员还应通知该供电臂内的所有列车停车并降弓，与供电调度员办理接触网停电手续，得到供电调度员接触网已停电的通知后，发布准许登顶作业的调度命令。经检查确认列车不能继续运行时，司机应立即报告车站值班员(列车调度员)请求救援。

(4)经检查处理，本列恢复运行后，在接触网设备未经检查确认前，列车调度员应向本线后续首列列车发布口头指示限速 45km/h 注意运行(限速位置原则上按司机汇报故障地点前后各 2km 确定)。司机注意观察接触网状态，瞭望条件不良时，可适当降低运行速度，发现影响行车异常情况时，应立即停车并向车站值班员(列车调度员)报告，车站值班员(列车调度员)立即通知尚未经过异常地点的后续列车停车，不再向该区间放行列车，并立即通知供电部门检查处理，车站值班员(列车调度员)按供电部门登记的行车限制条件组织行车。无异常时，司机在通过后立即向车站值班员(列车调度员)报告，车站值班员(列车调度员)根据司机确认无异常的报告组织后续列车正常运行。

(5)供电调度员接到报告后,应立即组织供电人员登乘本线或邻线列车巡视检查设备。供电人员根据需要及时向列车调度员提出利用列车(动车组)运送人员处理故障的申请,列车调度员应根据列车运行情况及时安排。需接触网作业车配合故障抢修时,列车调度员根据申请封锁区间,接触网作业车凭调度命令进入封锁区间。经检查发现受电弓被打翻、滑板断裂、弓头变形等故障时,供电人员应尽可能扩大巡视范围查找明显第一故障点。

2. 网压异常处置。

(1)列车运行途中,司机发现网压异常时,应立即断电、降弓并停车,同时将停车地点公里标、停车原因和故障地点公里标,报告车站值班员(列车调度员),车站值班员报告列车调度员。

(2)列车调度员接到司机网压异常的报告后应立即通知供电调度员,供电调度员确认网压状态并通知列车调度员。如网压正常时,组织正常行车,如网压异常时,应扣停相关列车,再按供电部门登记的行车限制条件组织行车。

3. 接触网跳闸重合或送电成功,原因不明时处置。

接触网跳闸重合或送电成功,原因不明时[判明为接触网过负荷、牵引所(亭)原因除外],供电调度员应立即将接触网跳闸情况、故障标定装置指示地点的里程及限速要求通知列车调度员。列车调度员立即向尚未经过该地点的本线及邻线首列列车发布口头指示限速 45km/h 注意运行,限速位置原则上按故障标定装置指示地点前后各 2km 确定。司机应注意观察接触网状态,发现影响行车异常情况时应立即停车并向车站值班员(列车调度员)报告,车站值班员报告列车调度员,车站值班员(列车调度员)立即通知尚未经过异常地点的后续列车停车,不得再向该区间放行列车,立即通知供电部门检查处理，并按供电部门登记的行车限制条件组织行车;无异常时,司机在通过限速地点后立即向车站值班员(列车调度员)报告,车站值班员报告列车调度员。车站值班员(列车调度员)根据本线司机确认本线无异常的报告组织本线后续列车正常运行,根据邻线司机确认邻线无异常的报告组织邻线后续列车正常运行。

同时,供电调度员应立即组织供电人员登乘本线或邻线列车巡视检查设备。供电人员根据需要通过车站值班员向列车调度员提出利用列车运送人员处理故障的申请(讲明登乘站、上车人数、临时下车地点),列车调度员应及时安排。

第157条 接触网停电排查故障电力机车、动车组的规定(《技规》第403、407条)

1. 接触网跳闸重合闸失败且原因不明时（判断系所亭、过负荷、AF线等原因除外),供电调度员应通知列车调度员要求所在供电臂内电力机车(含动车组,本条下同)全部降弓,进行试送电。试送电前,供电调度员应撤除本线重合闸功能,按规定确认供电、行车及人身安全条件。司机未得到准许升弓的通知前,禁止升弓。

2. 试送电失败,供电调度员应立即通知供电设备管理单位查找故障。

3. 试送电成功，供电调度员应立即联系列车调度员,列车调度员通知供电臂内司机确认电力机车状态（含外观检查、车顶绝缘检测、感应网压、车内报警信息确认),发现电力机车故障及其他异常情况时,司机应及时向车站值班员(列车调度员)汇报,经司机或随车机械师现场判断为机车(动车组)故障时不得再次升弓。列车调度员通知供电臂内其他无异常的电力机车逐台升弓确认,直至确认完供电臂内所有电力机车。供电臂内所有电力机车确认完后,列车调度员通知司机恢复正常操作。

(1)当电力机车升弓过程中引起跳闸,供电调度员应通知列车调度员要求该电力机车立即降弓且不得再升故障弓,并通知供电设备管理单位对该处接触网进行检查。当确认该电力机车故障弓降弓后,供电调度员再次送电,剩余的电力机车仍逐台升弓确认。

(2)电力机车逐台升弓过程中,司机严格按列车调度员指令执行,需换弓时,司机报告列车调度员并经准许后方可换弓。列车调度员准许换弓前,应得到供电调度员同意。现场已判断为故障电力机车(动车组)需再次升弓或进行换弓时,按机务、车辆部门相关规定执行。

(3)在故障排查中,现场无异常反馈,但集团公司供电调度员通过跳闸信息分析供电臂内电力机车(动车组)疑似故障时,该车(CRH1 型动车组除外)再次升原弓前应对该供电臂停电,待该车升弓后供电调度员合闸送电。遇发生接触网跳闸故标指示沿电力机车运行方向变化或同一供电臂内接触网多次跳闸等情况时,供电调度员应通过列车调度员通知该供电臂内司机重点检查电力机车或动车组状态。

4. 单独向动车所(段)、机务段、客整所供电的接触网供电臂应退出重合闸功能,该供电臂跳闸时(判断系所亭、过负荷、AF 线等原因除外),供电调度员在没有得到相应供电臂故障信息的情况下,按规定确认供电、行车及人身安全条件后进行一次试送电;若试送电成功,通知供电设备管理单位巡视相关设备,不再执行本条 1、2、3 点。若试送电不成功,仍按本条第1、2、3点执行。

5. 动车所(段)、机务段、客整所内的供电臂跳闸时,相关单位现场人员应根据接触网跳闸时的声、光、电现象判断故障处所或故障机车,并将情况及时汇报车站值班员(列车调度员),必要时及时查看视频监视记录,以便尽快进行故障查找、处理。

第158条 接触网上挂有异物的处置规定 (《技规》第407条)

1. 司机在运行中发现本线或邻线接触网上挂有异物时的处置办法。

司机在运行中发现本线或邻线接触网上挂有异物时,应立即采取措施并向车站值班员(列车调度员)汇报异物情况和故障地点,车站值班员(列车调度员)及时通知供电部门检查处理,在《行车设备检查登记簿》内登记,车站值班员报告列车调度员。列车调度员转报供电调度员。

(1)本线挂有异物的处置规定。

本线挂有异物时,如异物情况不影响行车,司机按正常行车方式通过。本线降弓可以通过时,司机按降弓方式通过该地点,列车调度员向该线后续列车发布降弓通过故障地点的调度命令,降弓位置原则上按司机汇报故障地点前后各200m确定。不能降弓通过时司机应立即停车并报告,车站值班员(列车调度员)应立即通知本线后续列车停车,不得再向该区间放行列车。

(2)邻线挂有异物的处置规定。

邻线挂有异物时,如司机汇报邻线异物不能降弓通过,车站值班员(列车调度员)应立即通知邻线尚未经过该地点的列车停车,不得再向邻线该区间放行列车。如司机汇报邻线异物可降弓通过或异物情况不影响行车,邻线按第(1)项规定执行。

如司机汇报不能确定异物是否影响邻线行车,列车调度员应立即向邻线尚未经过该地点的首列列车司机发布口头指示限速 80km/h 注意运行,限速位置原则上按司机汇报故障地点前后各 2km 确定。司机应注意观察接触网设备状态。根据该司机确认情况,后续处理按第(1)项规定执行。

2. 供电部门处置的规定。

供电调度员接到报告后,应立即组织供电人员登乘本线或邻线列车巡视检查设备并处理。供电人员根据需要及时向列车调度员提出利用列车运送人员处理故障的申请,列车调度员应及时安排。

供电部门检查处理后,列车调度员按供电部门登记的行车限制条件组织行车。故障处理完毕后,列车调度员根据供电部门在《行车设备检查登记簿》内的销记,恢复正常行车组织。

第 159 条 受电弓挂有异物的处置规定(《技规》第 407 条)

1. 列车运行途中, 司机接到通知或发现受电弓有异物时,应立即降弓、停车,报告车站值班员(列车调度员),车站值班员报告列车调度员;动车组司机还须通知随车机械师。

司机(随车机械师)目视检查受电弓无明显损坏时,隔离受电弓,经车顶绝缘检测良好后,报告车站值班员(列车调度员),可换弓继续运行。

2. 车站值班员(列车调度员)得到报告后,应立即通知区间内后续列车停车,不得再向该区间放行列车。

3. 需登顶作业时,司机(动车组列车为随车机械师通过司机)向车站值班员(列车调度员)提出请求。列车调度员与供电调度员办理停电手续，得到供电调度员已停电的通知后,发布准许作业的调度命令。司机(随车机械师)在接到接触网已停电准许登顶作业的调度命令后,亲自验电、挂好接地线,方准登顶作业。作业完了,司机须立即向车站值班员(列车调度员)报告。

4. 司机(动车组列车为随车机械师)现场检查发现受电弓滑板及托架有损伤或接触网有异状时,应及时报告车站值班员(列车调度员)。列车调度员通知供电部门对接触网设备进行检查处理,根据供电部门在《行车设备检查登记簿》内登记的行车限制条件组织行车。

司机(随车机车机械师)经检查确认不能继续运行时,应立即请求救援。

5. 处理完毕后,司机应报告车站值班员(列车调度员),列车调度员与供电调度员办理接触网送电手续,通知该停电供电臂内的列车升起受电弓,恢复正常行车。

第 160 条 电力机车、动车组降弓通过接触网故障地点的补充规定(《技规》第 407、445、461 条)

1. 临时降弓通过接触网故障地点的组织办法。

(1)供电单位确认需临时降弓通过的地段,应按规定在车站登记,列车调度员应发布调度命令。供电单位应插设降、升弓标或显示降、升弓手信号。显示降、升弓手信号的人员,应站在列车运行方向的左侧,距故障地段前 50m 及电力机车(动车组)越过故障地段处显示信号,在电力机车(动车组)已执行信号要求,并越过显示人时,即可收回手信号,但挂有后部补机时,须待补机越过显示人后,方可收回手信号。

(2)突然发现接触网故障,经判明仍能降弓运行时,地面发现人员应插设降、升弓标或显示降、升弓手信号；如不能降弓运行时，应站在故障地点前方不少于按线路最大速度等级的列车紧急制动距离处显示停车手信号，并及时将故障情况报告供电调度员或列车调度员。供电调度员或列车调度员接报后应及时通知供电部门前去处理。

(3)需临时单弓通过的地段，供电单位应按规定在车站登记，列车调度员应发布调度命令。

(4)接触网状态不良需限速运行时，供电单位应按规定在车站登记，列车调度员应发布调度命令。

2. 需较长时间降弓通过接触网故障地点的管理规定。

(1)需长期(24h 及以上)降弓通过的地段，集团公司应在月度施工计划中公布，并纳入运行揭示，机务段必须向有关乘务员传达清楚，列车调度员不再发布调度命令。供电单位应按《技规》第 214 图规定设置信号标志(隧道内可设置在隧道口)。

(2)需长期(24h 及以上)单弓通过的地段，由设备管理单位按规定提报，并纳入运行揭示。

第 161 条　其他规定

1. 电气化区段列车运行补充规定。

(1)对开往电气化区段的列车，各衔接电气化区段的编组站、区段站，车站货检人员按规定预检列车装载情况，对押运人员及回送机车、机械冷藏车乘务员等宣传安全注意事项。局管内装往(通过)电气化区段车辆的押运员，由发站根据《货规》规定发给《押运人须知》通知书。对不符合通过电气化铁路规定的人员和物件，应及时处理。

(2)接发列车人员要认真监视列车运行状态，如发现车辆上部篷布、绳索松脱，罐车顶盖打开及敞车装载的货物与接触网有接近危险时，严禁盲目处理，应立即报告车站值班员，要求调度停电处理或调往无电区进行整装。

(3)电力机车在运行中发现接触网设备故障危及行车安全或受电弓损坏时，必须立即停车，并汇报车站值班员(列车调度员)经处理后方可运行。

(4)电气化区段发生断杆、断线影响邻线列车运行时，应拦停邻线列车。

2. 正线、到发线轨道电路故障补充规定。

(1)正线、到发线有机车车辆占用，轨道电路红光带(灯)不亮时，发出列车，可开放出站(发车进路)信号机；对存放车辆的线路，应在控制台上揭挂"停有车辆"表示牌，计算机联锁设备车站应将该线路两端信号机封闭，并将道岔开通其他线路。

(2)正线、到发线无机车车辆占用而轨道电路亮红光带(灯)，必须利用该线路接车时，应在确认接车线路空闲后改按引导办法接车。

第十三章　信号显示

第 162 条　局管内部分联系用的手信号的规定（《技规》第 408 条）

1. 局管内联系用手信号显示方式规定如下：

顺序	信号名称	显示时机	显示方式	
			昼间	夜间
1	指示列车司机加速运行信号	车站(助理)值班员转告司机加速运行时	拢起的手信号旗上下大摇	白色灯光上下大摇
2	好了信号	互相表示一件工作完了,确认无误时	拢起的手信号旗或单臂转动作圆形	白色灯光转动作圆形
3	停留车位置预告信号	推进车列进行连挂前,调车指挥人以手信号通知司机停留车位置	①停留车在线路头部时：拢起的手信号旗或用手拍头 ②停留车在线路中部时：拢起的手信号旗或用手拍腰 ③停留车在线路后部时：拢起的手信号旗或用手拍腿	①停留车在线路头部时：白色灯光高举左右划横波浪形 ②停留车在线路中部时：白色灯光左下右上摇动 ③停留车在线路后部时：白色灯光划“∞”形
4	调车时要求加速信号	指挥机车向显示人方向来时	展开的绿色信号旗下部左右大摇	绿色灯光在下部左右大摇
		指挥机车向显示人反方向去时	展开的绿色信号旗上下大摇	绿色灯光上下大摇
5	连续连挂信号	要求司机以不超过 5km/h 的速度不停车连续连挂	先显示规定的连结信号后，再以拢起的红色信号旗在上，拢起的绿色信号旗在下,在胸部平举	先显示规定的连结信号后，再以红色灯光左右大摇一次及白色灯光左右大摇一次

续上表

顺序	信号名称	显示时机	显示方式	
			昼间	夜间
6	进入车辆内方作业时的防护信号	调车人员进入车辆内方摘结软管和调整钩位时	进入车辆内方前，向调车指挥人显示停车手信号，在得到调车指挥人回示停车手信号后，方可进入	同左（以红色灯光显示）

2. 地区性联系用的手信号由车站制定，纳入《站细》。

第 163 条 影响信号显示的树木的处理办法（《技规》第 410 条）

1. 集团公司林业主管部门(工务部)应每年三季度组织有关部门和单位对沿线树木进行一次全面检查，做出记录，对影响信号显示的树木按规定及时处理。

2. 集团公司林业主管部门发现或得到树木影响信号显示的通知时，属于铁路林权的树木及自然生长的杂树，由林木管护单位负责处理；属于路外林权的树木，联系当地相关林权部门处理。

第 164 条 在站内线路上检查、修理、整备车辆或进行装卸作业时安全防护的补充规定(《技规)第 437 条)

1. 在站内线路上装卸车时，装卸人员负责按规定设置带脱轨器的防护信号。移动式防护信号的设置地点为距离车列 20m~30m 之间；如不足 20m 时，可设于警冲标的相对处(设有信号机时为信号机相对处)，此时，应通知车站将道岔锁闭于不能通往该线路的位置。防护信号的设置和撤除以及车站与装卸作业人员的联系办法纳入《站细》。

2. 在站内线路上检查、修理、整备车辆，按《技规》第 437 条设置防护信号时，移动式防护信号的设置地点，应控制在距离车列 20m~30m 之间。如不足 20m 时,可设于警冲标的相对处(设有信号机时为信号机相对处),此时,应通知车站将道岔锁闭在不能通往该线路的位置。

3. 车辆部门设置防护信号办法。

(1)到达列车停妥后,后端应按规定设置防护信号。利用本务机车进行自动制动机的试验时,前端可只在第一辆车上安插红旗(灯)。自动制动机试验完了或不用本务机车进行自动制动机的试验时,应将机车摘离车列 30m 及其以上,再按规定防护。如确有困难机车距离车列不足 20m 时,至少应距车列 10m 设置防护信号。遇防护信号距机车不足 10m 时,列检人员应通知司机禁止机车后退。

不换挂机车的到达列车,机车不摘离作业,后端仍按规定设置防护信号,前端只在第一辆车上安插红旗(灯)。此时,本务机车禁止移动。列车进站前,车站值班员应将机车不换挂信息通知列检值班员,由列检值班员通知列检现场作业人员。

(2)始发列车本务机车挂车时,只将前端的防护信号撤除。如机车连挂后,需前后移动时,车站应通知列检人员,将前后防护信号撤除后,方可进行。本务机车挂妥(移动)后,后端仍按规定防护,前端可只在第一辆车上安插红旗(灯)。此时,本务机车禁止移动。

(3)列车编成后,调车机车摘离时,设置防护信号方法与到达列车的本务机车同样办理。

(4)在到发线、编发线上,按规定进行列车技术检查设置防护信号时,可不与车站联系(车站应通知列检编组完了时间)。在其他站线上检修车辆时,须先征得调车领导人同意并在前后端第一辆车上安插红旗(灯)后,方可进行。

4. 装卸部门设置防护信号方法。

(1)使用跳板跨线装卸时,应在跳板两侧不少于20m的线路上设置防护信号。但跨越正线、到发线时,须经车站值班员同意。

(2)在线路上进行装卸作业或维修装卸机械时,在到发线上应得到车站值班员同意,在调车线上应得到调车领导人同意,在装卸线上应得到货运员同意,并按规定防护后,方可进行。

5. 两个车组距离不足40m时,应在两组车的外方设置防护信号。

6. 向设有防护信号的线路上进行调车作业时,机车车辆不得侵入距防护信号10m及其以内。

7. 车辆和装卸部门的移动防护信号,应设在车组两端来车方向的左侧钢轨上(尽头线仅为来车一端)。

8. 车辆和装卸部门的移动防护信号应固定存放位置,专人使用,并保持防护信号牌(灯)的清洁明亮。用完后立即撤除,放置在不影响人身和行车安全的地点。

9. 固定式防护信号,定反位均应加锁,并有专人管理。此时,车辆段、装卸部门应与车务段、直属站和机务段共同商定防护信号的使用办法,并列入《站细》。

10. 货检作业时的防护办法,各站根据具体情况,在《站细》中明确。

第165条 手信号显示的补充规定(《技规》第359、362、365、440、443条)

1. 手信号显示的基本要求。

显示手信号要做到位置适当,正确及时,横平竖直,灯正圈圆,角度准确,段落清晰。

2. 手信号显示及收回时机。

(1)通过手信号:自列车头部进入接车线前、线路所为能看到列车头部时起,至列车头部越过显示地点后止。

(2)发车信号:自列车完全具备发车条件后起,至列车起动后止。

(3)引导手信号:自列车接近站外制动距离时起至列车头部越过显示地点后止。

第166条 设置信号、线路标志的补充规定(《技规》第453、454、455条)

1. 补机终止推进标、机车(动车组)停车位置标的规定。

补机终止推进标的设置位置由机务部门会同工务部门共同确定。机车(动车组)停车位置标的设置按本规则附件9执行。

2. 信号、线路标志维护管理分工按本规则附件9执行。

第167条 其他规定

1. 听觉信号的补充规定。

顺序	信号名称	显示时机	显示方式	
			昼间	夜间
1	要求试验自动制动机信号	①司机要求再试验,遇联系不通时 ②车站(助理)值班员要求司机试验,遇联系不通时	机车鸣笛或以口笛吹鸣:“·–”一短一长声	
2	司机要求移动列车的信号	列车停车后要求移动列车,遇联系不通时	①前移时:鸣笛“–·–”一长一短一长声 ②后移时:鸣笛“–··–”一长二短一长声	

2. 限鸣时的信号联系方式。

顺序	信号名称	显示时机	显示方式
1	连挂信号的回示信号	本务机在站挂车，司机确认时副司机（列检或车辆乘务员）显示的挂车手信号时	司机使用机车边光灯“1短闪”回示
2	十、五、三、一车信号、停车、连挂、试拉、起动、推进等信号的回示信号	站内、机务（折返）段内调车作业，司机确认十车、五车、三车、一车、停车、连挂、试拉、起动、推进等信号。	司机分别用电台语音及时回示
3	要道信号	未配备无线电台前，司机要道	司机使用机车边光灯“二短闪一长闪”（短闪时间为1s、长闪时间为3s）
4	回示还道信号	未配备无线电台前，司机回示还道	司机使用机车边光灯“一短闪”回示

3. 地面列车信号机与机车信号显示方式的对照表（《技规》第435条）。

机车信号显示方式	地面列车信号机		
	信号机名称	显示方式	说明
一个绿色灯光	进站、进路、出站及区间通过信号机、接近信号机	一个绿色灯光	
	出站信号机反向出发	一个绿色灯光和进路表示器的白色灯光	经道岔直向出发
一个半绿半黄色灯光	进站、进路、出站及区间通过信号机、接近信号机	一个绿色和一个黄色灯光	
一个黄色灯光	进站、进路、出站及区间通过信号机、接近信号机	一个黄色灯光	当接近信号机无显示时，机车信号显示一个黄色灯光
	出站信号机反向出发	一个黄色灯光和进路表示器的白色灯光	四显示区段，经道岔直向出发

续上表

机车信号显示方式	地面列车信号机		
	信号机名称	显示方式	说明
一个带“2”字的黄色闪光灯光	进站信号机前方第一架区间通过信号机及接近信号机(出站信号机)	一个黄色灯光(进站信号机显示一个黄色闪光和一个黄色灯光)	未设通过信号机的区间或半自动闭塞站间区间较短，出站信号机起进站信号机前方第一架区间通过信号机或接近信号机一样的预告作用。
	进路信号机	一个黄色灯光(次一架信号机显示一个黄色闪光和一个黄色灯光)	
一个带“2”字的黄色灯光	进站信号机前方第一架区间通过信号机及接近信号机(出站信号机)	一个黄色灯光(进站信号机显示两个黄色灯光)	
	进路信号机	一个黄色灯光(次一架信号机显示两个黄色灯光)	
一个双半黄色闪光	进站、接车进路、接发车进路信号机	一个黄色闪光和一个黄色灯光	
	出站、发车进路信号机	一个绿色灯光,两个绿色灯光,一个绿色和一个黄色灯光 (经18号及其以上道岔侧向位置进路)	有进路表示器同时显示进路表示器的白色灯光
一个半黄半红色闪光	进站、接车进路、接发车进路信号机	一个红色灯光和一个月白色灯光	
	区间装有容许信号的通过信号机	一个蓝色灯光	
一个双半黄色灯光	进站、接车进路、接发车进路信号机	两个黄色灯光	
	出站、发车进路信号机	一个绿色灯光,两个绿色灯光,一个绿色和一个黄色灯光,一个黄色灯光(经道岔侧向位置进路)	有进路表示器同时显示进路表示器的白色灯光
一个半黄半红色灯光	进站、进路、出站及区间通过信号机	一个红色灯光(或一个红色灯光和一个月白色灯光)	

说明:①机车信号显示一个红色灯光表示列车已越过地面红色灯光的信号机;

②机车信号显示一个白色灯光表示不复示地面上的信号显示，机车乘务人员应按地面信号机的显示运行;

③当地面接近信号机无显示列车可越过,并按机车信号的显示运行。

4. 列车信号机的特定显示方式与设置地点表(《技规》第408条)。

线别	站名	信号机名称	信号机编号	显示方式	指示条件	附注
京沪	南京东	到达场供1道上行发车进路信号机	SⅠ1	一个蓝色灯光	准许列车越过该信号机至供1道上行第二发车进路信号机(SⅠ1F)前停车	蓝色灯光灭灯时,司机按车站值班员的口头通知越过。
京沪	兴卫村	上行5道出站兼发车进路信号机	S5Ⅱ	一个蓝色灯光	准许列车越过该信号机至出站信号机(S5Ⅰ)前停车	蓝色灯光灭灯时,司机按车站值班员的口头通知越过。

5. 动车所(存车场)存车股道中部分隔信号机显示方式。

设于动车所(存车场)存车股道中部的分隔信号机显示红色灯光时起阻挡列车运行作用,显示蓝色灯光、月白色灯光时其显示含义与《铁路技术管理规程》(普速铁路部分)第426条一致。

(1)采用红色灯光、蓝色灯光、月白色灯光3个灯位的分隔信号机:

①向设有分隔信号机的线路办理长进路接车时,当进站(接车进路)信号机开放后(引导信号除外),动车所(存车场)股道中部接车方向的分隔信号机由红色灯光转换为蓝色灯光。

进站(接车进路)信号机开放后,遇分隔信号机防护的区段出现红光带时,进站(接车进路)信号机与分隔信号机同时显示红色灯光。

②向设有分隔信号机的线路办理接车时,当进站(接车

进路)信号机开放引导信号后,动车所(存车场)股道中部接车方向的分隔信号机显示红色灯光。

(2)采用红色灯光、月白色灯光、绿色灯光(封闭)3个灯位的分隔信号机:

①向设有分隔信号机的线路办理长进路接车时,当进站(接车进路)信号机开放后(引导信号除外),动车所(存车场)股道中部接车方向的分隔信号机由红色灯光转换为月白色灯光。

进站(接车进路)信号机开放后,遇分隔信号机防护的区段出现红光带时,进站(接车进路)信号机与分隔信号机同时显示红色灯光。

②向设有分隔信号机的线路办理接车时,当进站(接车进路)信号机开放引导信号后,动车所(存车场)股道中部接车方向的分隔信号机显示红色灯光。

6. 信号显示的特殊规定。

浦口北、赵甸站进站信号机以及亭子山线路所、金华南线路所、贡兴线路所、圩洋线路所、虹北线路所、七宝线路所、平东线路所通过信号机显示黄闪黄时,其显示含义与《技规》(普速铁路部分)第415、420条一致。

连云港普速场(SY、SYF、XG、XGF)、盐城北、金华南、丽水、青田、安亭西站进站信号机显示黄闪黄时,其显示含义与《技规》(高速铁路部分)第469条一致。

上述车站遇新增或有变动时,由集团公司电务部公布。

第十四章　附　则

第 168 条　实施日期、废止的前发相关文件及解释部门的规定

本规则自 2018 年 4 月 1 日起施行，前发《上海铁路局关于印发〈上海铁路局行车组织规则〉的通知》(上铁师〔2014〕435 号)、《上海铁路局关于第一次修改〈上海铁路局行车组织规则〉和〈上海铁路局高速铁路行车组织细则〉部分内容的通知》(上铁师〔2015〕115 号)、《上海铁路局关于第二次修改〈上海铁路局行车组织规则〉和〈上海铁路局高速铁路行车组织细则〉部分内容的通知》(上铁师〔2015〕261 号)、《上海铁路局关于第三次修改〈上海铁路局行车组织规则〉和〈上海铁路局高速铁路行车组织细则〉部分内容的通知》(上铁师〔2015〕491 号)、《上海铁路局关于第四次修改〈上海铁路局行车组织规则〉和〈上海铁路局高速铁路行车组织细则〉部分内容的通知》(上铁师〔2016〕220 号)、《上海铁路局关于第五次修改〈上海铁路局行车组织规则〉和〈上海铁路局高速铁路行车组织细则〉部分内容的通知》(上铁师〔2016〕442 号)、《上海铁路局关于公布第五次〈行规〉、〈行细〉修改内容部分条款实施日期及勘误的通知》(上铁师电〔2016〕241 号)、《上海铁路局关于第六次修改〈上海铁路局行车组织规则〉和〈上海铁路局高速铁路行车组织细则〉部分内容的通知》(上铁师〔2017〕39 号)、《上海铁路局关于第七次修改〈上海铁路局行车组织规则〉和〈上海铁路局高速铁路行车组织细则〉部分内容的通知》(上

铁师〔2017〕173号)、《关于公布〈上海铁路局江阴轮渡管理办法〉的通知》(上铁师发〔2012〕440号)同时废止。

本规则由集团公司科信部负责组织有关编写部门进行解释。

重点用语说明

《技规》:《铁路技术管理规程》(普速铁路部分)

《危规》:《危险货物运输规则》

《事规》:《铁路交通事故调查处理规则》

《救规》:《铁路交通事故应急救援规则》

《行规》:《普速铁路行车组织规则》

《站细》:《车站行车工作细则》

《段细》:《机务段行车工作细则》

《所细》:《动车所行车工作细则》

《货细》:《车站货运管理细则》

及其以上、及其以下:均包括本数。

超过、不满、不足、以上、以下:均不包括本数。

前端:指列车或车列最前一辆车的前端。

后端:指列车或车列最后一辆车的后端。

前部:指列车或车列前部的适当位置。

后部:指列车或车列后部的适当位置。

前方站、后方站:列车开往的车站为前方站,反之为后方站。

信号机内方、外方:信号机防护的方面为内方,反之为外方。

信号机前方、后方:信号机显示的一方为前方,反之为后方。

隔开设备:指安全线、避难线和能起隔开作用的道岔。

超限车:装载超限货物的车辆。

超限列车:挂有超限货物车辆的列车。

超过×坡道：一般是指该线路有效长内的各单项坡道加总后的平均坡道。

要求对停留车辆采取防溜措施的坡道和手推调车的限制坡道是指单项实际坡道;

进站信号机外制动距离内的下坡道是指平均坡道减去曲线阻力相当量坡道的换算坡道;

进站信号机外制动距离内的上坡道是指平均坡道加上曲线阻力相当量坡道的换算坡道。

道口:是指在铁路线路上铺面宽度在2.5m及以上,直接与道路贯通的平面交叉。

平过道:是指在车站、货场、段管线、专用线内,专为内部作业使用,不直接贯通道路的平面交叉。

人行过道:是指在铁路线路上铺面宽度不足2.5m,与道路贯通的平面交叉。其中城市人行过道的宽度一般为0.75m~1.5m,乡村人行过道的宽度一般为0.4m~1.2m。人行过道只准行人及自行车通过,禁止畜力车、机动车通行。

列车信号机:指示列车运行条件的信号机。

特快旅客列车：指列车运行图规定的速度超过120km/h不超过160km/h的旅客列车。

特快旅客列车运行区段(间):指列车运行图规定的旅客列车实际运行速度超过120km/h不超过160km/h的区段(间)。

三显示自动闭塞:指区间通过信号机有红、黄、绿三种显示的自动闭塞。

四显示自动闭塞:指区间通过信号机有红、黄、绿黄、绿四种显示的自动闭塞。

自动站间闭塞：指区间未设通过信号机，与集中联锁设备结合使用，采用轨道检查装置自动检查区间空闲，发车站办理发车进路后即自动构成站间闭塞，出站信号显示允许运行信号的闭塞。

按站间组织行车：在自动闭塞区间，不改变原闭塞方法，但按站间区间放行列车。未接到列车到达前方站的到达点前不得开行后续列车，称为按站间组织行车。

原规定为通过的旅客列车：指列车运行图规定为通过的旅客列车；以书面文件、电报修改运行图，规定为通过的旅客列车；临时加开旅客列车时，调度命令指定为通过的旅客列车(凡是没有指定时刻的临时列车，一律按停车的列车办理)。

压岔调车：指机车车辆压上前进方向的道岔(含集中联锁区域压上轨道绝缘节)，导致运行方向调车信号无法开放(含未设调车信号机)时的调车作业。

列车推进运行：本务机车挂于列车后部，列车运行方向与列车车次规定的运行方向一致时，为列车推进运行。

单机返岔：单机调车作业时，一个调车行程中在折返点的作业。

一切电话中断：指行车室内列车调度电话、FAS 台、站间行车电话、自动电话、列车无线调度通信设备、GSM-R 手持台、地方移动电话在内的电话均无法联系。

按旅客列车办理：除有关条款特别说明外，仅指在办理相对方向同时接车和同方向同时发接列车以及在相邻线上调车作业的限制均按旅客列车的条件办理(不含回送动车组在所在段所与车站间的出入)。

附件：1. 行车人员佩戴臂章和站名印、车站行车专用章、反方向行车章、××线行车章样式

2. 防止机车车辆溜逸管理办法

3. 无线调车灯显设备调车作业标准以及调车设备使用、管理、维修办法(《技规》第 282 条)

4. 调车作业安全措施

5. 车务人员安全规则

6. 装卸机具的限界及不作业时停放位置的规定

7. 转发原铁道部、总后勤部《关于做好军用保密物资运输安全工作的几项规定》的通知(83)上铁局运字 245 号、(83)军运字 004 号

8. 检修车回送及色票使用

9. 车、机、工、电、辆、供等部门对设备管理分工的规定

10. 列车无线调度通信设备使用、维修、管理办法

11. 信号、闭塞设备使用办法

12. TDCS 行车调度指挥系统运用管理以及非 TDCS 区段调度命令处理系统规定

13. 单班单司机值乘有关作业办法

14. 旅客列车制动和供风系统异常情况应急处理办法

15. 各类簿册、表格、通知单

附表：1. 管内长大下坡道区间及列车进行持续一定时间的全部试验的车站

2. 铁路车辆禁止溜放和限速连挂表

3. 管内出站方向区间内有瞭望不良的地形或有长

大上坡道禁止跟踪出站调车的站名表

4. 仅限使用停止车辆制动作用的棚车装运危险货物品名表

5. 易燃普通货物品名表

6. 调度集中区段车站 CTC 基本操作方式

7. 车务备品表

附件1

行车人员佩戴臂章和站名印、车站行车专用章、反方向行车章、××线行车章样式

一、站长、副站长、车站值班员、助理值班员和道口员等在执行职务时,除应穿戴规定的制服和制帽外,并应于左臂上佩带能识别的臂章。

二、臂章应经常保持颜色鲜明,红底黄字,编号方法为××(单位)×号,如×段×号。其式样及尺寸规定如下:

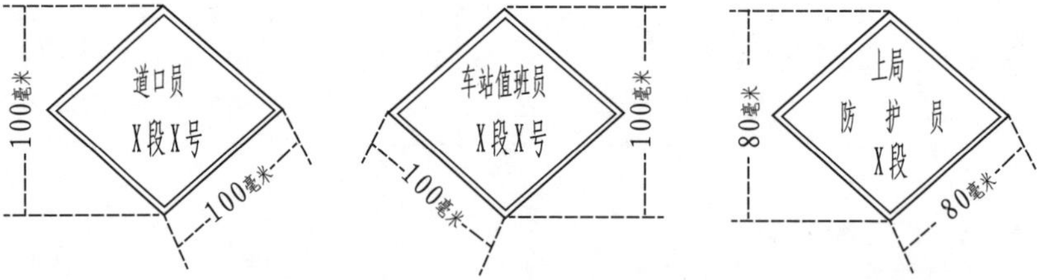

三、车站(线路所)行车人员和道口员的臂章由站段统一制作发给使用。

四、车站配备的站名印、行车专用章应按车站的实际站名刻制,其内容为"××站"、"××站行车专用章",样式为长方形(长40mm×宽30mm)。如车站有多个信号楼或行车室,可在站名印、行车专用章上增加号码以示区别。

五、"反方向行车"章,其内容为"反方向行车";"××线行车"章,其内容为"××线行车";样式均为长方形(长40mm×宽10mm)。

附件2

防止机车车辆溜逸管理办法

根据原铁道部《关于印发〈防止机车车辆溜逸管理办法〉的通知》(铁运〔2006〕145号),结合集团公司实际情况,做如下补充,请认真学习,一并遵照执行。

一、铁路机车、自轮运转特种设备、车辆停留以及调车作业的线路,平、纵断面资料必须齐全,并按规定要求纳入《站细》、《段细》。

线路设备管理(产权)单位应及时、正确、完整地向设备使用单位(车务站段、机务段等)提供有关技术资料,并按规定要求定期进行复测,发生变化时须及时提供更正的技术资料。对缺少平、纵断面资料的线路,车务站段、机务段等使用单位应主动联系(书面函告)有关线路设备管理(产权)单位,限期解决,对长期不解决有可能影响行车安全的专用线应停止取送作业。设备管理(产权)单位未及时提供或提供的技术资料错误引发行车事故时,应追究提供单位的责任。

二、衔接车站正线、到发线的岔线、段管线、货物线无安全线等隔开设备时,应及时行文上报集团公司予以改造或安装防溜脱轨器。在设备未改造或安装以前,必须制定切实有效的安全防溜措施,停留车辆的防溜原则上以使用防溜铁鞋为主。

三、原则上应对两端车辆采取防溜措施。

四、执行两种防溜措施的车站和线路,调车人员在现场监护的情况下,连挂前可撤除一种防溜措施(防溜铁鞋或木止轮器)。其中,电气化区段摘车前,应先设置防溜铁鞋(木止轮器),待机车车辆提开车钩与停留车辆分离后再设置人力制动机紧固器；连挂前，应先撤除防溜铁鞋（木止轮器），连挂后再撤除人力制动机紧固器。

五、尽头式车站正线上停留车辆的防溜执行到发线防溜规定。

六、车站应及时掌握天气变化情况，遇大风天气（指气象预报8级及以上风力、集团公司通知或大风天气的实际为准）时，执行一种防溜措施的车站和线路以及一批调车作业中临时停留的车辆，须采取两种防溜措施；编组（区段）站及比照区段站办理的中间站，整列停放的客车底允许在一条钢轨上车列一端车辆两个台车架的最外车轮两侧相对方向各放置一对木止轮器（铁鞋）进行防溜。

遇大风天气，有关单位应每4h组织对停留车辆的防溜措施进行一次检查并做好记录。

七、停留车辆因装卸车对货位等情况不能连挂在一起时，对中间车组允许分组采取一种防溜措施。

八、岔线、段管线停留车辆的防溜原则上按中间站的要求执行，与车站正线、到发线衔接且衔接端未设隔开设备或防溜脱轨器的岔线停留车辆时，除按规定采取防溜措施外，还应在衔接端设置防溜枕木。防溜枕木应设置在岔线衔接最外方道岔内方距警冲标不少于10m处（岔线设有大门时，应置于大门内方），但不得设于共用走行线上，并固定加锁；防溜枕木不使用时，应置于开通状态（顺向线路），并加锁固定。

防溜枕木由岔线产权单位负责撤设，其中由车站担当取送作业的岔线，应在车站调车人员监督下进行；由企业自行担当取送作业的岔线，应与车站办理取送车手续前撤除。

有关站段应与产权单位签订安全协议，除应明确作业的要求和安全责任划分外，还必须明确停留车辆的防溜方法、防溜的分工和包括防溜措施在内的车辆交接、防溜互签等事项。具体见《防溜交接簿》。

九、在位于超过6‰坡度的线路上停留车辆装卸作业时，应连挂机车后方可进行。

十、在超过2.5‰坡度的线路上停留车辆应采取安全的防溜措施；仅采用人力制动机防溜时，应拧紧足够数量的人力制动机(拧紧人力制动机与停留车辆数量比例应不少于1:4)。

十一、中间站一批调车作业中临时停留的车辆，须拧紧两端车辆的人力制动机或以防溜铁鞋(木止轮器)止轮；如中间站(指执行两种防溜措施的车站和线路)一批调车作业中临时停放的车辆停于平均坡度或实际单向坡度超过2.5‰的线路上时，除须拧紧两端车辆的人力制动机外，还应在下坡方向一端以防溜铁鞋(木止轮器)牢靠固定。

十二、中间站(不含比照区段站办理的中间站)保留列车到达后，车站除对停留车列采取两端两种防溜措施外，每端还应顺延拧紧一辆人力制动机，遇保留列车停留线路与正线及旅客列车进路无隔开设备或平行进路时，还应在无隔开设备及平行进路端增设防溜枕木防溜；比照区段站办理的中间站，保留列车到达后应按《站细》规定采取防溜措施，遇保留列车停留线路与正线及旅客列车进路无隔开设备或平行进路时，还应在无隔开设备及平行进路端增设防溜枕木防溜。

到达列车，列车进站停车后，司机应使车列处于制动保压状态，车站应按规定及时(不超过20min)对车列或停留的车辆采取防溜措施。在车站折角(返)、换挂机车以及终到后进行调车作业的列车，机车立即(不超过20min)挂头时，车列自动制动机处于制动保压状态下，对该车列可不采取其他防溜措施；车站折角(返)、换挂机车超过20min挂头时，允许在车列一端采取一种防溜措施，终到后进行调车作业的列车超过20min挂头时仍按规定采取防溜措施。

十三、中间站有调车作业的列车，列车进站停车后，司机应使车列处于制动保压状态；司机在未得到调车指挥人显示的起动信号前不得缓解，调车指挥人未得到防溜措施已做好的报告，不得显示起动信号；担任提钩作业的调车人员，在提钩前必须确认停留车列在制动状态，如发现司机已缓解，不得进行提钩作业。

十四、正线、到发线以及与正线、到发线接轨而无平行进路或隔开设备的其他线路上使用木止轮器防溜时，宜与人力制动机共同使用（一批调车作业中临时防溜允许使用的除外），停留车辆的防溜应以人力制动机为主。

十五、客车（不含宿营车，本款下同）存放地点应相对固定，具体存放的车站（处所）由车辆部商运输部确定后公布。

中间站（比照区段站办理的中间站除外）停放的客车，应拧紧两端车辆的人力制动机，并采取两端放置木止轮器（铁鞋）牢靠固定；编组（区段）站及比照区段站办理的中间站停放的客车，采取两端放置木止轮器（铁鞋）的防溜措施，整列停放的客车底允许在车列一端台车架最外车轮两侧相对方向各放置木止轮器（铁鞋）进行防溜。客车技术整备所以及光新路站客车停放场比照区段站防溜规定执行。

需设置、撤除客车人力制动机时，客车随车人员应配合打开车门。

中间站站长（副）或指派胜任人员每4h对防溜情况进行一次检查并做好记录。各站具体防溜规定应在《站细》中明确。

十六、人力制动机故障或不能使用人力制动机紧固器的车辆遇特殊情况必须单独停留时，两端应使用防溜铁鞋一种防溜措施进行防溜。停留车组遇两端第一位车辆不能使用人力制动机时，在连挂成组的前提下，可顺延使用下一车辆人力制动机；其中，执行一种防溜措施的车站，应在第一位车辆端加设防溜铁鞋（木止轮器）。

十七、电气化区段在挂有接触网导线的线路上，对不能采用人力制动机防溜的车辆，应使用人力制动机紧固器或防溜铁鞋防溜。具体的防溜办法，各站段应根据站场及作业实际在《站细》《段细》中确定。

十八、木止轮器、防溜枕木材质和式样、规格以及登记、揭示使用的符号。

（一）木止轮器应采用软质类木料，如松木、杉木等。

（二）木止轮器、防溜枕木式样、规格。

1. 等腰梯形的规格为：下底长30cm，上底长6cm，高7.5cm，木料厚度5cm，木柄长8.5cm。

2. 梯形的规格为：下底长20cm，上底长6cm，高7.5cm，木料厚度5cm，两侧木柄长8.5cm。

防溜枕木应选用一类木枕（长2500mm×宽220mm×高160mm）、斜口夹角30°、深100mm、宽90mm（式样见附件4）。

（三）制作好的木止轮器应涂上红色并编号。防溜枕木应进行防腐处理，两端300mm应涂有反光材料的红色油漆。

（四）为区别木止轮器与防溜铁鞋登记、揭示使用的符号，木止轮器符号为原铁道部规定的防溜铁鞋符号并在编号外加画圆圈。

十九、防溜器具的管理、使用、维修。

（一）管理要求。

1. 各有关单位应制定防溜器具"用、管、修"办法，并指定专人负责管理，建立台帐，定期进行检查，对不符合要求的作业岗点应进行整治。

2. 针对防溜器具使用上的变化,有关单位管理人员要加强对停留车辆尤其是临时存放车辆防溜的检查,确保防溜措施落实到位。

3. 作业岗点配备的人力制动机紧固器、防溜铁鞋、木止轮器、防溜枕木数量应与《站(段)细》规定一致,如有损坏,车站应及时收回并补充,保证现场作业正常使用。

4. 人力制动机紧固器、防溜铁鞋、木止轮器原则上应存放在岗点室内,有关作业岗点应设置专用箱柜或木架,按照"五号管理"(编号、标号、对号、销号、交号)要求实行定置管理,并落实保管人。由于作业原因,确实需要在作业站场内存放的,应在固定地点设置固定铁箱并加锁,防止被盗。

5. 如发现防溜铁鞋遗失,应立即查明原因,同时向驻站派出所报案。未查明遗失原因时,不得随意编号补充。

6. 交接班前《站(段)细》指定人员应按规定进行防溜检查,认真核对占线板(簿)上注明的标识和存放数量,对口交接后,在交接班簿上签认。其他岗点人员交接、检查、签认办法由各有关单位制定。

(二)使用要求。

1. 调车作业前,调车领导人在布置计划时,设置或撤除防溜措施应作为重点事项进行交待,调车人员应做好作业分工,根据作业计划准备好所需的防溜器具并进行检查。

2. 调车作业中,调车组之间及调车组与行车室之间要落实安全互控,应根据作业需要或车站规定加强联系和汇报。

3. 设置人力制动机(紧固器)前,应排尽该车制动缸余风,并确认车辆缓解和闸链完好。

4. 一批作业完毕,作业人员应及时将防溜器具使用情况及编号在占线板上按线别注明。作业繁忙的中间站或有越区作业的车站,占线板的注明或联系、汇报办法由车站制定。

5. 防溜器具使用后，回收时必须进行检查，并按规定存放,不得任意乱放。

6. 人身安全。

(1)设置或撤除人力制动机紧固器、防溜铁鞋时,连结(制动)员应向调车指挥人报告并显示“紧急停车”信号,作业完毕后向调车指挥人报告并显示“解锁”信号。

(2)设置防溜铁鞋防溜时,要尽量避免紧靠车轮作业,应先将铁鞋安放在钢轨上后再调整位置；撤除防溜铁鞋时,应利用铁鞋防溜索取出后再用钥匙开启防溜铁鞋锁爪取下。

(3)向钢轨上安放防溜铁鞋时,应利用铁鞋手把或后部立板,严禁手持铁鞋档板。

(三)保养维修要求。

1. 木止轮器、防溜枕木由各使用单位按规定式样、规格自行制作,使用中发生损坏时应及时更换。

2. 应经常检查人力制动机紧固器转动部位是否锈蚀,防溜铁鞋锁具开闭是否灵活，必要时应根据情况适当注油,保持润滑。

3. 作业人员发现人力制动机紧固器、防溜铁鞋不能正常使用时,应及时汇报,由使用单位统一交厂方修复或购置更新。

附件:2-1. 铁道部《关于印发〈防止机车车辆溜逸管理办法〉的通知》(铁运〔2006〕145号)

2-2.《防溜交接簿》格式

2-3. 制动铁鞋的制造、验收与管理办法

2-4. 防溜枕木式样

附件 2–1

铁道部《关于印发〈防止机车车辆溜逸管理办法〉的通知》(铁运〔2006〕145 号)

铁道部文件

(铁运〔2006〕145 号)

关于印发《防止机车车辆溜逸管理办法》的通知

各铁路局：

为加强机车车辆防溜工作，规范防溜安全管理，现将《防止机车车辆溜逸管理办法》发给你们，请按照执行。

二〇〇六年八月一日

防止机车车辆溜逸管理办法

第一章　总　则

第 1 条　为防止机车车辆溜逸，加强防溜工作管理，根据《铁路技术管理规程》、《铁路调车作业标准》、《机车操作规程》等有关规定，特制定本办法。

第 2 条　凡在国家铁路、合资铁路、地方铁路、专用铁道、专用线、工程线等线路上停留的机车车辆，必须执行本办法。

第二章　车站设备与线路

第 3 条　车站应设在线路平道、直线的宽阔处。

车站必须设在坡道上时，其坡度不应超过 1‰；在地形特别困难的条件下，会让站、越行站可设在不大于 6‰的坡道上，但不应连续设置，并保证列车的起动。

第 4 条　铁路局应按有关规定对线路平面及纵断面定期组织复测，设备管理单位应及时准确将复测资料提供给车务段(车站)、机务段等使用单位。

第 5 条　线路平面及纵断面应保持原有状态。凡施工、维修等情况引起线路平面或纵断面变更时，竣工后设备管理单位应立即复测，并形成完整准确的变更资料，提供车务段(车站)、机务段等使用单位。

第 6 条　衔接车站正线、到发线的岔线、段管线、货物线无安全线等隔开设备时，各铁路局应制定计划，予以改造。不具备设置隔开设备条件时，应安装防溜脱轨器，有条件的应纳入车站联锁。

第三章　防溜设备和器具

第 7 条　防溜设备及器具，应制定技术标准。人力制动机、人力制动机紧固器、防溜铁鞋、防溜枕木、防溜脱轨器、止轮器等防溜设备、器具必须符合技术标准。

第 8 条　积极研究开发新型防溜设备及器具，不断增强防溜设施科技含量。

新研制的防溜设备及器具,应具备防盗、防漏撤等功能,并通过铁道部或铁路局运输、科技、安全等有关部门审查鉴定合格后,方准使用。

第 9 条　防溜设备及器具的研制(生产)部门,应向使用单位提供其设备技术资料及使用方法说明书。

第 10 条　车辆部门应保证车辆人力制动机的状态良好,损坏时要及时维修处理。段修、辅修等各类修程后的机车、车辆必须保证人力制动机作用良好。

第 11 条　车站(助理)值班员室、调车组待班室、扳道房,以及岔线、段管线、货物线、工程线等有关处所,应根据实际情况配备足够数量的防溜器具。

机车、重型轨道车、救援列车、接触网检修车、巡检车、大型养路机械等自轮运转特种设备及各种工程列车,均应配备防溜铁鞋和人力制动机紧固器各不少于 4 只。电气化区段货运机车,应配备不少于 20 只人力制动机紧固器。

第 12 条　编组、区段站驼峰尾部,应根据需要安装可控停车器或停车顶。尽头式线路的末端应安装挡车器(设有尽头站台时除外)。

第四章　机车车辆停留及防溜作业限定

第 13 条　列车及机车车辆必须停在警冲标内方。调车作业中，车辆临时停在警冲标外方时，一批作业完了后，应立即送入警冲标内方。因特殊情况需在警冲标外方进行装卸作业时，须经车站值班员、调车区长准许，在不影响列车到发及调车作业的情况下方可进行，装卸完了后，应立即送入警冲标内方。

第 14 条　安全线、避难线、机车固定走行线上，禁止停留机车车辆。

正线上不得停留车辆。到发线上停留车辆时，须经车站值班员准许，在中间站并须取得列车调度员的准许，方可占用。

牵出线、走行线、渡线、道岔联动区及轨道衡上也不得停留车辆。必须停留时，由《站细》规定。

第 15 条　中间站到发线停留车辆时，两端道岔应扳向不能进入该线的位置并加锁(有轨道电路时除外)。

装载爆炸品、压缩气体、液化气体的车辆及救援列车必须停在固定的线路上，两端道岔应扳向不能进入该线的位置并加锁；临时停留公务车线路上的道岔也应扳向不能进入该线的位置并加锁；集中操纵的道岔可在控制台上进行锁闭。

第 16 条　禁止溜放的车辆、线路及其他限制：

1. 装有禁止溜放货物的车辆；

2. 非工作机车、动车、轨道起重机、大型养路机械、机械冷藏车、大型凹型车、落下孔车、客车和特种用途车；

3. 乘坐旅客的车辆及停有该车辆的线路；

4. 超过 2.5‰坡度的线路（为溜放调车而设的驼峰和牵

出线除外)；

5. 停有正在进行技术检查、修理、装卸作业车辆及无人看守道口的线路；

6. 停有装载爆炸品、压缩气体、液化气体车辆的线路；

7. 停留车辆距警冲标的长度，容纳不下溜放车辆(应附加安全制动距离)的线路；

8. 中间站正线、到发线及与其衔接而未设隔开设备的线路；

9. 调车组不足 3 人时，禁止溜放作业；

10. 不准采用牵引溜放法调车。

第 17 条 编组站、区段站在到发线、调车线以外的线路上停留的车辆不进行调车作业时，应连挂在一起，并须拧紧两端车辆的人力制动机，或以铁鞋(止轮器、防溜枕木等)牢靠固定。因装卸车对货位等情况，不能连挂在一起时，应分组做好防溜措施。

编组站和区段站的到发线、调车线是否需要防溜，由铁路局规定。

第 18 条 中间站停留车辆，无论停留的线路是否有坡道，均应连挂在一起，拧紧两端车辆的人力制动机，并以铁鞋(止轮器)牢靠固定。因装卸车对货位等情况，不能连挂在一起时，应分组做好防溜措施。

一批调车作业中临时停留的车辆，须拧紧两端车辆的人力制动机或以铁鞋(止轮器)止轮。

作业量较大中间站执行上述规定有困难时，由铁路局规定。

第 19 条 调车作业摘车时，必须停妥，采取好防溜措施，方可摘开车钩；挂车时，没有连挂妥当，不得撤除防溜措施。

编组站、区段站和较大中间站执行有困难时，由铁路局规定。

第20条 转场及在超过2.5‰坡度的线路(驼峰、禁溜线、牵出线除外)上调车时，10辆及以下是否需要连结制动软管及连结制动软管的数量，11辆及以上必须连结制动软管的数量，由车站和机务段根据具体情况共同确定，并纳入《站细》。

第21条 手推调车，须取得调车领导人的同意，人力制动机作用必须良好，由胜任人员负责制动，手推调车速度不得超过3Km/h。下列情况，禁止手推调车：

1. 在超过2.5‰坡度的线路上(确需手推调车时，须经铁路局批准)；
2. 遇暴风雨雪或夜间无照明时；
3. 接发列车时，能进入接发列车进路的线路上无隔开设备或脱轨器；
4. 装有爆炸品、压缩气体、液化气体的车辆；
5. 电气化区段，接触网未停电的线路上，对棚车、敞车类的车辆。

第22条 在尽头线上调车时，距线路终端应有10m的安全距离；遇特殊情况，必须近于10m时，应一度停车，调车速度不得超过5km/h。

第五章 防溜工作安全措施

防溜作业基本要求

第23条 各类机车车辆的防溜措施，均须确认止轮牢固可靠。使用人力制动机或人力制动机紧固器防溜时，须拧紧制动机；使用铁鞋(止轮器)防溜时，鞋尖(止轮器)应紧贴车轮踏面,牢靠固定;使用防溜枕木防溜时,应在距停留车辆不大于5米处放置。

第24条 电气化区段不能采用人力制动机防溜时,应使用人力制动机紧固器防溜,使用的条件和办法比照人力制动机防溜的规定办理。

人力制动机故障的车辆或车组不能按规定采取防溜措施时,应与人力制动机使用良好的车辆连挂在一起,禁止单独停留。遇最外方人力制动机故障时,可顺延使用下一车辆人力制动机,车组两端仍须按规定采取防溜措施。

第25条 在超过6‰坡度的线路上,不得无动力停留机车车辆(包括列车在区间被迫停车后需分部运行时)。有特殊困难时,由铁路局规定。

第26条 手推调车前,必须事先办理申请手续。在正线、到发线及与其衔接而无隔开设备的线路手推调车时,须经车站值班员准许;其他线路上手推调车时,须经调车领导人准许。

批准人应将手推调车作业计划(时间、径路和辆数)传达给有关人员,由胜任人员负责制动,并提前对人力制动机进行试验。必要时,按规定做好防护。装卸线内移动车辆时,由货运人员监督,且每批移动不准超过重车一辆或空车两辆。

手推调车完了后,应及时将车辆停留位置、防溜措施等报告调车领导人。

第27条 因车辆进行技术检查或故障处理等作业,列检(维修)人员在撤除车站采取的防溜措施前,应根据检修作业的要求,按规定重新设置防溜措施,技术检查或故障处理完毕,应及时恢复原防溜措施。

第28条 到达列车应使全列自动制动机保持制动状态

后,方可摘开机车。有地面试风设备的车站,出发车列技检作业完了,应使全列自动制动机保持制动状态。

第29条 推进车辆运行前须试拉。连续连挂时,可不停车连挂,但要确认连挂状态,车组间距超过十车以上时,必须顿钩或试拉。被连挂车辆距警冲标较近(不足30米)时,须采取相应安全措施。列车编组完了最后一钩,应进行试拉。

岔线、段管线防溜措施

第30条 由车站担当专用线、段管线取送车作业时,由车站作业人员负责采取防溜措施;一批作业结束,车站作业人员与专用线、段管线指定人员在《防溜交接簿》上办理防溜互签后,方准摘开机车。

第31条 专用线、段管线内,原则上不准手推调车。确需手推调车时,必须在《运输安全协议》中明确手推调车申请、批准程序及安全措施。参加推车人员必须熟知有关安全要求及防溜知识,必须由胜任人员负责制动。推车作业完了后,及时向车站汇报停留车位置、防溜措施等情况。

严禁使用未经批准的动力设备移动车辆。

第32条 调车作业中,按规定连接车辆制动软管时,应进行自动制动机简略试验,检查确认制动主管贯通。运行中,机车司机应按规定掌握速度,严禁超速行驶。

第33条 岔线、段管线调车作业完成后,车站值班员(信号员)应及时将其与车站正线、到发线相衔接的道岔开通牵出线、安全线等隔开的位置。

机车停留防溜措施

第34条 机车出段(库)后及运行途中停留时,机车乘务员必须坚守岗位,不得二人同时离开司机室,并对车列和机车实施制动。不准关闭空气压缩机。

第35条 机务段内整备线停留的运用机车由到达司机实行单阀制动,机车闸缸压力不低于300kPa,机车总风缸压力不低于700kPa。应将电钥匙、换向手柄、单阀手柄、自阀手柄、车门钥匙按规定交接保管,锁好车窗、门,电力机车要降下受电弓。停留时间超过3小时,除单阀实行制动外,由到达司机按规定拧紧人力制动机。当停留线路的坡度超过2.5‰时,还须在下坡方向端左第2位轮下放置铁鞋牢靠固定。

第36条 动车组在库内停留时,防溜工作由整备人员负责,机车制动储能装置必须保持良好状态。前后端司机并各自负责所担当机车的防溜,将铁鞋内向放置在司机侧第2轮下牢靠固定;动车前,仍由司机负责撤除。

第37条 停留的备用机车由指定人员在第2、5位轮下对向放置铁鞋牢靠固定;同一股道停放的机车,必须连挂在一起,对于连挂在一起的多台机车应在两端机车第2、5位轮下对向放置铁鞋牢靠固定。

第38条 段内机车转线、移动、调车作业时,整备司机与扳道员到齐后方准作业。单机作业后,整备司机须单阀制动,通知指定人员在第2、5位轮下对向放置铁鞋牢靠固定。

第39条 多台机车出入段、在段内移动、转线等作业,需要摘开机车前,由本务司机通知重联司机实行机车制动,前后机车司机均实行单阀制动,机车闸缸压力不低于300kPa。

第40条 机车检修前后停留时,由整备司机通知指定人员在第2、5位轮下对向放置铁鞋牢靠固定。

第41条 救援列车归位后,两端由当班工长负责放置铁鞋和防溜枕木,道岔由指定人员负责加锁。

第 42 条　油库停放线由燃整值班人员负责、车辆停放线由设备值班人员负责对停留车辆按规定采取防溜措施。

区间列车车组停留防溜措施

第 43 条　列车在区间不超过 6‰的线路上被迫停车以及单机牵引列车需摘开机车时，按列车分部运行规定办理；双机(多机)牵引列车,需摘开一台机车时,由本务司机通知重联(次位)司机保持列车制动后,方准摘开机车。

第 44 条　列车在区间被迫停车后,司机应使列车保持制动状态。如遇旅客列车自动制动机故障,必须使列车就地停车时,司机应通知运转车长(无运转车长为车辆乘务员)立即组织列车乘务人员拧紧全列人力制动机，以保证就地制动。其他列车被迫停车后,就地制动工作由司机负责。在坡道上停车时，机车乘务员还应将铁鞋放置于下坡端机车车轮下。电化区段必须使用人力制动机紧固器使列车制动。

第 45 条　列车分离被迫停车后,对遗留车辆无人看守和未采取防护、防溜措施,不得分部运行,应立即对分离的车列采取防溜措施。长大上坡道线路上遇列车后部车辆分离时,本列不得连挂,必须请求救援。

第 46 条　列车在区间被迫停车请求救援后,司机应使列车保持制动。救援机车司机应与被救援列车(车列)防护人员进行防溜联系后,方准连挂。

第 47 条　挂有列尾装置的列车在区间停车时,开车前必须查询尾部风压,试验列车制动主管贯通,确认列车完整。

查询不到尾部风压或尾部风压异常时,司机应指派机车乘务组人员携带手持电台到列车尾部进行检查确认,具备开车条件后方可开车。因列尾装置故障不能消除,影响继续运行时，关闭尾部车辆折角塞门，进行简略试验；确认列车制动主管贯通后，继续运行，同时报告就近车站值班员，由车站值班员转报列车调度员，并按列车调度员的指示运行。

工程机车车辆停留防溜措施

第48条 进入区间作业前，机车(含其他动力，下同)乘务员应进行自动制动机试验，确保区间作业时制动机作用良好。

第49条 严禁任何车辆(车列，含轨道平车等)无动力在区间停留或进行甩挂。

第50条 机车在区间作业时必须做到人不离车，并监视风表压力，保证压力符合规定。

第51条 因特殊作业需要停机等待时，在平坡道的线路上须拧紧机车人力制动机，并派胜任人员负责在列车尾部车辆以铁鞋牢靠固定；在不超过6‰坡度的线路上须拧紧机车和列车尾部车辆人力制动机，并在列车两端以铁鞋牢靠固定。在超过6‰坡度的线路上有动力停留机车车辆时，应全列接通制动软管，不得停机。

第52条 工程列车在工程线区间被迫停车后，应按《技规》和本文规定采取防溜措施。

第53条 铺架机在站内停留时，必须停在警冲标内方(包括悬出部分)，并在铺轨机、架桥机每个轮对两面使用铁鞋防溜，派专人看护。

重型轨道车等停留防溜措施

第54条 重型轨道车、大型养路机械等自轮运转特种设备的防溜作业，由司机(副司机)负责；动车前，司机须确认防溜撤除后,方可动车。

第55条 重型轨道车、大型养路机械等自轮运转特种设备,及其专用车辆在段管线停留时,车辆应连挂在一起,拧紧前后两端车辆(轨道车)人力制动机,并以铁鞋牢靠固定;不能连挂时,应分组做好防溜。

第56条 重型轨道车、大型养路机械等自轮运转特种设备在中间站停车会让列车时,必须实施保压制动,减压量应达到100kPa以上。未得到车站值班员的开车通知,不得缓解。

第57条 重型轨道车、大型养路机械等自轮运转特种设备在车站停机等待时,防溜措施按停留车辆的要求办理。

第58条 重型轨道车、大型养路机械等自轮运转特种设备区间停留在不超过6‰坡度的线路上停机时,司机应拧紧两端车辆(设备)的人力制动机,并以铁鞋牢靠固定。停留在超过6‰坡度的线路上或人力制动机故障时,司机不得离开驾驶室、不得停机,并实施保压制动。

第59条 重型轨道车、大型养路机械等自轮运转特种设备在区间被迫停车后,如遇发动机故障熄火时,应拧紧其驾驶机辆(设备)及附挂设施的全部人力制动机,并在两端放置防溜铁鞋牢靠固定。

第六章 防溜工作管理

第60条 为加强防溜管理,车站、岔线、段管线等有关处所根据需要设置防溜揭示板(簿)。岔线、段管线进行取送车作业时,车站调车人员须与岔线、段管线指定人员在《防溜交接簿》内进行签认交接。

工程列车、重型轨道车、大型养路机械及其自轮运转特种设备等由管理单位确定防溜揭示板(簿)设置处所。

第61条 现场防溜应与板(簿)揭示一致,揭示使用符号规定:止轮器或铁鞋“◺1”或“◿2”、人力制动机紧固器“┼1╯”或“╰2┼”、人力制动机“⊗”、防溜枕木“▯”、双面脱轨器“△”。

第62条 因调车作业改变原停留位置、辆数或防溜措施时,应及时重新填记。

第63条 交接班时,接班人员必须按《站细》规定现场检查停留车辆防溜措施,严格办理交接。

第64条 一批调车作业结束后,调车作业人员应及时将防溜措施情况报告调车指挥人(编组场、编发场除外),并由调车指挥人将停留车防溜措施按现场实际情况在防溜揭示板(簿)内填记。

第65条 设有路厂(矿)交接线和工程交接线的车站,交接线内停留车辆防溜措施的检查交接按双方签订的协议执行。

第66条 加强防溜设备、器具管理,对防溜器具应统一编号、固定存放、保证数量、质量良好。防溜器具的保管、交接由指定的人员负责。有关单位应制定防溜设备、器具的“用、管、修”办法,严格管理,加强保养、维修工作,保证设备、器具良好。发现有设备、器具损坏、丢失时,应查找销号,及时补齐。

第七章 防溜工作有关要求

第67条 各铁路局应加大防溜设备、器具配备及其科研开发的投入,计划、财务、劳资部门应积极配合,保证资金、人员到位。

第68条 各单位、各部门要加强结合部管理,对结合部管理要明确职责,强化控制。

第 69 条 铁路公安部门应加强站、车、线的治安管理,防止防溜器具丢失,预防、控制因治安问题引起的车辆溜逸事故发生。

第 70 条 各单位应建立防溜工作检查考核制度,各级领导要把防溜工作作为重点进行检查。

第 71 条 加强职工防溜知识的培训,凡参与防溜和检查的人员必须掌握防溜规定及有关要求。

第 72 条 各车辆工厂和车辆段要加强对车钩及缓冲装置的检查修理,严格落实货车厂、段修工艺,严格按规定进行探伤检查,对钩体、钩尾框、钩舌、钩腔内部配件等严格按照检修工艺要求进行检修。对车钩落成检查要严格落实"三检一验"制度,保证车钩质量,防止因车钩质量问题造成列车分离而导致车辆溜逸。严格把住新造出厂车钩及部件的质量关。

第 73 条 遇有暴风雨雪等不良天气时或位于大风地区车站,应增设防溜措施,具体由铁路局规定。

第八章 防溜工作应急预案

第 74 条 车站值班员发现或接到车辆溜逸的报告时,对溜逸车辆应立即组织人员采取人力制动机制动或通知就近人员放置铁鞋、防溜枕木等措施进行制动。必要时,应立即将溜车方向的进路开通于通往隔开设备的空闲线路。

第 75 条 遇机车、车辆溜入区间时,车站值班员应立即通报邻站及列车调度员,车站应禁止向区间发出列车,区间设有道口时,还需及时通知道口。

区间有列车运行时,立即用列车无线调度电话通知区间运行的列车司机。发生对向溜逸时,司机应立即停车或退行,条件许可时,可使用铁鞋、脱轨器等器具对溜逸车辆进行果断处理;发生同向溜逸时,运行列车不得无故停车或退行。

第九章　附　则

第76条　本办法自2006年9月1日起实行。

第77条　本办法由铁道部运输局负责解释。

第78条　由于设备、劳动组织、技术条件不一致时,各铁路局结合本局实际情况制定具体实施细则。

附件2–2

《防溜交接簿》格式

（封面格式：长180mm×宽110mm）

______（单位）防溜交接簿 ______年

（页内格式：长 180mm×宽 110mm）

设置时间			股道编号	防溜器具名称	防溜器具编号	按协议规定已做好防溜措施	
月	日	时分				车站设置人姓名	接受单位确认人姓名

附件2–3

制动铁鞋的制造、验收与管理办法

制动铁鞋(以下简称铁鞋)是调车作业的主要工具之一。为保证行车安全,提高调车作业效率,特制定铁鞋的制造、验收与管理办法如下:

一、各站应于每年九月末,向材料供应单位提出次年全年分季的铁鞋需用计划或钢板材料计划,由材料供应单位按期供应。

二、材料部门供应的铁鞋或钢板必须符合标准规格,均衡供应,并保证精确、平滑、焊牢。用料应符合AY3型钢板标准。

三、新造铁鞋出厂以前,须经工厂指定的人员检验。领用的铁鞋或由车站修造的铁鞋,须经车站指定的人员验收合格。

四、铁鞋的验收标准规定如下:

1. 铁鞋外观检查,鞋头安装必须对准中心线,立板要直,不得倾斜和弯曲。

2. 垫板、立板、档板、叉孔和鞋边必须左右对称。

3. 各部门电焊必须牢固,不得有电焊沙眼。

4. 鞋底保持平滑,鞋底与钢轨须有四个点接触,即鞋尖压紧部分、垫板下部、鞋头中部及后部。

5. 各部分钢板厚度必须符合规定,即加强板立铁10mm厚(见图①),档板6mm厚(见图②),其他部分8mm厚。

6. 档板及鞋尖弧度与420mm半径的车轮必须保持密贴;铁鞋垫板着力点(即压紧部分)与鞋尖距离的长度在50~60mm之间(见图③),鞋尖与垫板的距离为20mm(见图⑯)。

7. 两立板之间的支撑铁宽度为30mm,可$\pm_{0}^{2}$mm,其厚度为10mm(见图④)。

8. 垫板宽度:向叉孔延伸部分为50$\pm_{0}^{2}$mm,向鞋尖端部分40$\pm_{0}^{2}$mm;鞋尖垫板厚度不得超过6mm(见图⑤);垫板变坡点与鞋尖距离为110$\pm_{5}^{0}$mm(见图⑥)。

9. 立板最高点与鞋底距离为125mm(见图⑦);立板最低点与鞋底距离为62mm,可±2mm(见图⑩)。

10. 鞋底内侧距离(包括R5)为78$\pm_{0}^{2}$mm(见图⑨),鞋边内侧距离为82mm,可$\pm_{0}^{2}$mm(见图⑩)。

11. 鞋尖宽度为50mm,可$\pm_{3}^{0}$mm(见图⑪),鞋尖厚度不得超过2mm,可$\pm_{0.5}^{0}$mm(见图⑫)。

12. 两叉孔内侧距离不得超过90mm,可$\pm_{3}^{0}$mm(见图⑬),叉孔上下高度为20mm(见图⑭)。

13. 档板宽度不得小于60mm,可$\pm_{3}^{0}$mm(见图⑮)。

五、铁鞋的配置。

1. 各站配置的铁鞋,应根据作业的繁简,规定出每一线路及全站应配置的数量。

2. 在线路每隔10~30m钢轨外侧作业方向的枕木头上,设置鲜明的标记(此项标记,其他部门不得涂抹或迁移),将铁鞋放置整齐。

3. 在连结员(防溜)室应配备固定数量的铁鞋,以便损坏时更换。

4. 铁鞋必须在固定线路使用。

六、连结员(防溜)应管好、用好铁鞋,并执行"三检、三整"制度。

1. 接班前,全面检查所包线路上的铁鞋数量是否配齐,质量是否良好,放置是否整齐并进行必要的整理。

2. 每次作业前,必须认真检查,备足铁鞋。作业完了后,应及时取下,检查有无损坏,并按规定地点整理好。

3. 交班前,应全面检查整理,做到数量不少,质量良好并与接班人认真交接。

七、车站应在防溜器具“用、管、修”办法中明确规定铁鞋的验收、保管、领发、更换及检查等管理办法。

为随时掌握铁鞋使用、维修和损坏情况,车站应建立铁鞋台帐。

铁鞋标准式样图见下图:

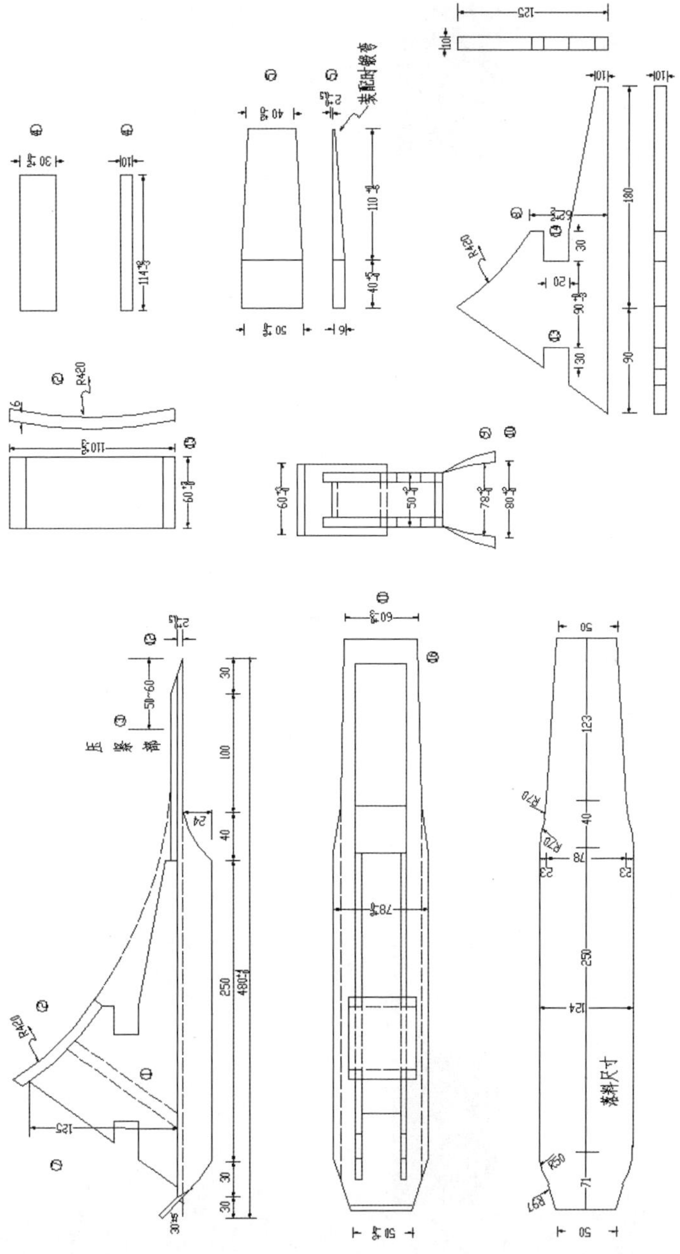

附件2–4

防溜枕木式样

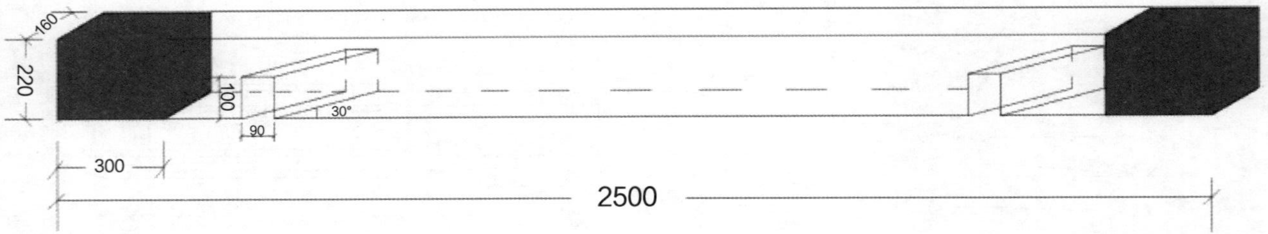

附件3

无线调车灯显设备调车作业标准以及调车设备使用、管理、维修办法

（《技规》第282条）

第一部分　无线调车灯显设备调车作业标准

一、作业基本规定。

1. 无线调车灯显设备必须按规定进行试验后使用。

2. 平面调车作业时，“起动信号” 只有在指挥单机或机车牵引车辆起动运行时使用，使用前调车指挥人必须通话辅助说明作业方式。驼峰作业指挥推峰的“起动信号”显示方式由车站规定，驼峰解散根据驼峰主体信号进行。

“推进信号”只有在机车车辆向空线或向不进行连挂的有车线推送时使用，调车人员根据作业计划或确定停车位置后，仍必须呼叫和显示“十、五、三、一车”距离信号指挥作业，使用前调车指挥人必须通话辅助说明作业方式。

3. 推送连挂前，调车人员必须向司机预告停留车位置。车列前端调车人员确认停留车位置后，应掌握适当提前量呼叫“十、五、三、一车”距离信号，调车指挥人在听到距离信号的呼叫后，应及时向司机显示灯显信号。作业中，作业人员应严格掌握通话联系时机，严禁在连挂、推送过程中插话或按下通话按钮，以防干扰(危及安全时除外)。

4. 带车作业时，原则上应有连结员跟车作业，推送车辆时，车列前部应有人进行瞭望，及时呼叫信号。因作业需要，允许调车指挥人在机车带车不超过5辆时直接显示灯显信号

指挥作业。机车带车超过5辆时,应指派连结员在车列前端瞭望和呼叫。

5. 连挂车辆的10车距离为110m、5车距离为55m、3车距离为33m、1车距离为11m。在连挂作业中,当推送车列与被挂车辆的距离不足10车时,显示“五车”信号;不足5车时,显示“三车”信号;不足3车时,呼叫实际距离、显示“连结”信号。

6. 按规定可用口头方式布置、变更的调车作业计划,允许使用电台通话向有关人员布置,但必须在停车状态下传达,并听取复诵。

7. 调车作业中,调车组人员必须携带口笛并根据实际需要携带信号灯(旗)等调车工具。

8. 司机应认真确认信号(指令),对调车人员显示的信号(指令)应电台语音回示,严格按信号显示(作业指令)的要求进行操作。凡电台信号(指令)不清、机控器发出“故障停车”语音报警时应立即停车。没有信号(指令)、计划不明,严禁动车。

调车指挥人显示距离信号后未得到司机电台语音回示、车列前端调车人员呼叫距离信号后未听到机控器语音回示时,均应立即采取停车措施。司机与调车人员及有关人员信号(指令)的回示方式按集团公司有关规定执行。

9. 由调车组人员负责扳动的道岔,在扳道(检查确认)后,调车人员间、调车人员与司机间均使用无线电台要道还道,司机凭调车指挥人“×道开通”的通知和“起动信号”越过该道岔。

10. 调车人员在作业中对停留车辆采取(撤除)防溜措施后应据实向调车指挥人汇报。

11. “紧急停车”及“解锁”信号的使用规定。

(1)连结员发出的红灯为“紧急停车”信号。正常作业需停车时,由调车人员向调车指挥人呼叫停车,调车指挥人向司机显示停车信号。当调车人员遇到危及行车及人身安全等紧急情况时,应直接显示“紧急停车”信号。

(2)连结员进车档或车下作业(摘结软管、调整钩位、处理钩销、设置或撤除防溜铁鞋和人力制动机紧固器等)前,应向调车指挥人报告,得到同意后显示“紧急停车”信号,作业完毕后向调车指挥人报告并显示“解锁”信号。

12. 灯显(信号)指令显示含义。

A型

内容 操作员	按键方式	显示方式	辅助语音	指令含义
调车指挥人	红	红灯	停车、停车	停车信号
	绿(2 S)	绿闪数次后熄灭	起动、起动	起动信号
	绿、绿	绿灯长亮	推进、推进	推进信号
	绿、红	绿红灯交替后绿灯长亮	连结、连结	连结信号
	绿、黄	绿黄灯交替后绿灯长亮	溜放、溜放	溜放信号
	黄(1.5 S)	黄闪亮后绿灯长亮	减速、减速	减速信号
	黄黄黄	黄灯长亮	十车、十车	十车信号
	黄黄绿	黄灯长亮	五车、五车	五车信号
	黄绿	黄灯长亮	三车、三车	三车信号
	黄绿	黄灯长亮	一车、一车	一车信号
连结员	红(0.5 S)	双红灯亮	紧急停车,报连结员号码。	紧急停车信号
	绿(1S)	灭第二红灯	报连结员号码及解锁	解锁信号

B型

内容 操作员	按键方式	显示方式	辅助语音	指令含义
调车指挥人	红	红灯	停车、停车	停车信号
	绿(1.5 S)	绿闪数次后熄灭	起动、起动	起动信号
	绿、绿	绿灯长亮	推进、推进	推进信号
	绿、红	绿红灯交替后绿灯长亮	连结、连结	连结信号
	绿、黄	绿黄灯交替后绿灯长亮	溜放、溜放	溜放信号
	黄、黄	黄闪亮后绿灯长亮	减速、减速	减速信号
	黄(1.5 S)	黄灯长亮	十车、十车	十车信号
	黄(0.5 S)	黄灯长亮	五车、五车	五车信号
	黄(0.5 S)	黄灯长亮	三车、三车	三车信号
	黄(0.5 S)	黄灯长亮	一车、一车	一车信号
	黄(0.5 S)	黄灯长亮	减速、减速	减速信号
	黄、绿	黄灯长亮	五车、五车	直发五车信号
	黄、红	黄灯长亮	三车、三车	直发三车信号
连结员	红(0.5 S)	双红灯亮	紧急停车，报连结员号码。	紧急停车信号
	黄(1S)	灭第二红灯	报连结员号码及解锁	解锁信号

二、灯显电台操作及用语标准

作业程序			岗位作业标准				技术要求及说明事项
程序	项目	内容	调车指挥人	连结员	司　机	调车领导人	
一、准备作业	1. 电台检验	作业前试验	通知调车司机打开机控器。		接通电源30S后，打开机控器，并呼叫："×调(×次)已开机。"		
			1. 听到司机打开机控器的回答后，呼叫："×调(×次)司机及作业人员试验电台"。 2. 按分工代号顺序逐个呼叫："×号试机。" 3. 监听通话及"紧急停车"和"×号解锁"信号及语音。 4. 依次显示"起动"、"推进"、"连结"、"十、五、三、一车"、"停车"信号。 5. 试验完毕后保留停车信号，呼叫："电台试验完毕，准备作业。"	1. 按分工代号顺序应答："×号有"。 2. 显示"紧急停车"信号，听紧急停车音响及"×号"语音；显示"解锁"信号，听"×号解锁"语音。 3. 确认良好后，呼叫："×号电台好。" 4. 监听电台试验全过程。	1. 听到调车指挥人呼叫后回答：×调(×次)"司机有"。 2. 确认机控器信号(指令)显示和语音回示正确后回答："×调(×次)信号好"。		1. 调车指挥人编号为"0号"，连结员由"1号"开始顺序编号。 2. 信号试验需增加部分，由站段自定，列入站段无线调车管理办法。 3. 其他岗位用于作业联系的电台试验，由站段按作业需要确定。

续上表

作业程序			岗位作业标准				技术要求及说明事项
程序	项目	内容	调车指挥人	连结员	司　机	调车领导人	
一、准备作业	2. 变更计划	变更传达	1. 应答："0 号有。" 2. 听取变更计划内容后，复诵变更计划。 3. 逐个呼叫作业有关人员："司机"、"×号"，…… 4. 听取有关(或指定)人员复诵。	1. 应答："×号有"。 2. 听取变更计划内容。 3. 复诵变更计划。	1. 应答："司机有。" 2. 听取变更计划内容。 3. 复诵变更计划。	1. 呼叫："0 号，变更计划"。 2. 听到调车指挥人应答后，布置变更计划内容……。 3. 听取复诵。	由指定人员复诵时，其他人员监听正确后，应答"×号明白"。
	3. 检查确认	检查线路车辆	应答："0 号明白"	1. 按作业计划及分工提前检查线路、车辆。 2. 检查完毕，呼叫："×号×道检查完毕，停留车在（头、中、尾)部。"			不能事先检查时，入线前必须停车检查。

续上表

作业程序			岗位作业标准				技术要求及说明事项
程序	项目	内容	调车指挥人	连结员	司　机	调车领导人	
	4. 准备进路	1. 要道还道	1. 呼叫:“×号，准备×道进路”。 2. 听取报告后回示:“×道开通,0号明白”。	1. 应答“×号明白”。 2. 准备好进路后呼叫:“×号汇报,×道开通”。			调车组负责扳动的道岔,应按分工提前进行检查及准备进路,不能提前时应在道岔前一度停车。
		2. 问路调车	1. 呼叫车站值班员[助理值班员(内勤)]:“0号请求×道进路”。 2. 得到通知后,应答:“0号明白”。	1. 呼叫车站值班员[助理值班员(内勤)]:“×号请求×道进路”。 2. 得到通知后,应答:“×号明白”。	1. 单机时,呼叫车站值班员[助理值班员(内勤)]:“××(次、号)机车请求×道进路。” 2. 得到通知后,应答:“××(次、号)机车明白”。	确认进路开通正确后,呼叫调车组人员(单机为司机):“×号或××(次、号)机车,×道进路好准备好了”。	1. “问路”调车按集团公司有关规定执行。 2. 执行“问路”调车时,车站值班员[助理值班员(内勤)]未得到调车人员的要道请示不得擅自排列调车进路。

续上表

作业程序			岗位作业标准				技术要求及说明事项
程序	项目	内容	调车指挥人	连结员	司　机	调车领导人	
二、指挥作业	1. 连挂作业	1. 单机作业	1. 呼叫:"×道连挂",显示"起动"信号。 2. 接近连挂时,显示"连结"、"停车"信号。		1. 确认进路信号。 2. 确认机控器显示的"起动"信号及语音后电台语音回示,按规定作业。 3. 掌握速度、稳准连挂。		1. 单机返岔除外。 2. 调车长显示"起动信号"前,应负责调整好调机钩位。
		2. 带车作业	直接或根据呼叫指挥作业时, 1. 呼叫:"×道开通,停留车在(头、中、尾)部。" 2. 显示"连结"信号。 3. 分别显示"十车、五车、三车、一车"距离信号及"减速"、"停车"信号。 4. 监听机车电台语音回示。	确认调车进路开通正确后, 1. 呼叫:"×道开通,(头、中、尾)部连挂。" 2. 正确观距后分别呼叫:"十车、五车、三车、一车"距离信号及"减速"、"停车"信号。 3. 监听机控器语音回示。	确认机控器显示的信号(指令)及语音,电台语音回示、按规定作业。		如需连续连挂时,呼叫"连续连挂"。连续连挂作业,最后一组车必须一度停车后再进行连挂。

续上表

作业程序			岗位作业标准			技术要求及说明事项
程序	项目	内容	调车指挥人	连结员	司　机	
二、指挥作业	2. 牵出作业	1. 起动	1. 呼叫"牵出"、显示"起动"信号。 2. 听到"尾部好"的呼叫，应答："尾部好"。	1. 确认车列挂妥或开口作业提钩后呼叫："牵出"。 2. 确认车列起动无误后呼叫："尾部好"。	确认前方进路开通，按规定速度牵出运行。	1. 车列起动后，0 号要注意调车人员安全上车等情况。 2. 开口辆数超过十辆及其以上时应附有开口车号。
		2. 指挥停车	确认停车位置或根据调车人员的呼叫，显示"减速"、"停车"信号。	根据作业计划确认停车位置，呼叫："减速"，"停车"。	按照机控器显示的"减速"、"停车"信号，掌握速度，及时停车。	
	3. 推送作业	1. 指挥动车	直接或根据呼叫指挥作业时，呼叫："×道推进"，显示"推进"信号。	确认进路开通正确后，呼叫："×道开通"、"推进"。	电台语音回示。	
		2. 推进运行	直接或根据呼叫指挥作业时，显示"十车、五车、三车、一车"距离信号及"减速"、"停车"信号。	掌握停车位置，呼叫："十车、五车、三车、一车"距离信号及"减速"、"停车"信号。	电台语音回示。	推进过程中如需司机鸣笛时，呼叫："鸣笛"。

续上表

作业程序			岗位作业标准			技术要求及说明事项
程序	项目	内容	调车指挥人	连结员	司机	
二、指挥作业	4. 溜放作业	1. 联系	听取调车人员汇报后，分别应答："0 号明白。"	1. 车列牵出后、溜放作业前，呼叫："×号×道试闸好。" 2. 提钩人员在听取"×号×道试闸好"的汇报并做好提钩准备后，呼叫："提钩准备好"。		1. 溜放作业前应按规定做好"一闸二试"。 2. 按计划核对车数及开口处软管摘开，无抱闸。 3. 溜放作业前，调车人员应按《站细》规定，确认调车信号或进行要道还道。
		2. 指挥溜放	1. 显示"溜放"信号，需要加速时，呼叫："加速"。 2. 达到需要的速度后，显示"减速"、"停车"信号。	1. 提钩人员应根据调车长"溜放"信号并在车列起动后，掌握适当的时机提钩。 2. 正确观速观距，均衡调速，稳妥连挂。	1. 电台语音回示。 2. 按机控器显示的"溜放"、"减速"、"停车"信号(指令)要求，正确及时地操作。	

续上表

作业程序			岗位作业标准			技术要求及说明事项
程序	项目	内容	调车指挥人	连结员	司　机	
二、指挥作业	5.试拉、对货位、压钩、防溜作业	1.试拉	1. 呼叫“试拉”、显示“起动”信号。 2. 听到停车的呼叫后显示“停车”信号。 3. 应答“试拉好”。	1. 确认车辆挂妥后，呼叫：“试拉”。 2. 确认车列全部起动后，呼叫：“停车”。 3. 停车后呼叫：“试拉好”。	电台语音回示。	1. 推进车辆前及编组列车、列车摘挂最后一钩完了，应进行试拉。 2. 作业完毕的汇报按《站细》执行。
		2.对货位	1. 听到呼叫后，显示“推进”、“停车”信号。 2. 显示 “起动”、“停车”信号。	1. 推进对货位时呼叫：“推进，对货位×车”、“稍行移动”、“停车”。 2. 牵出对货位时呼叫：“牵出，对货位×车”、“稍行移动”、“停车”。	电台语音回示。	长距离推进(牵出)对货位作业按“推送(牵出)作业”项目执行。
		3.压钩	1. 显示“连结”信号。 2. 显示“停车”信号。	1. 车钩提不开，呼叫：“压钩”。 2. 呼叫：“停车”。		

续上表

作业程序			岗位作业标准			技术要求及说明事项
程序	项目	内容	调车指挥人	连结员	司机	
二、指挥作业	5.试拉、对货位、压钩、防溜作业	4.防溜及撤除	应答："0号明白"。	×号或胜任人员汇报： ×道×端×位手闸（铁鞋、木止轮、紧固器）防溜好（防溜撤除）。		
三、进挡作业	防护与解锁	1.防护	应答："0号明白"。	1. 进入车挡前呼叫："×号进车挡，××（作业内容）"。 2. 显示"紧急停车"信号。 3. 确认"紧急停车"音响和"×号"语音。	确认信号（指令），电台语音回示。	1. 调车指挥人需进车挡作业时，应向司机显示"停车"信号并通知司机。 2. 作业过程中发现危及行车及人身安全时，按此项办理。
		2.解锁	1. 确认"解锁"信号后，按压"停车"键。 2. 根据调车人员的呼叫指挥作业。	1. 作业完毕退出车挡后呼叫："×号作业完毕"。 2. 显示"解锁"信号。 3. 听到"停车"语音后按下一项作业呼叫。	确认信号（指令），电台语音回示。	

第二部分　无线调车灯显设备和录音装置使用、管理、维修办法

一、无线调车灯显设备使用、管理、维修办法。

(一)使用。

1. 利用无线电台指挥调车作业必须使用灯显设备。各使用单位的电台主机和电池数量及备用数量（含发生故障、维修情况下)必须满足现场作业的实际需求。无线电台应达到调车人员人手一机、固定使用的配置要求,暂达不到要求或因客观原因需轮流交接使用时,必须建立检验交接制度。

2. 调车作业必须执行单一指挥,除调车指挥人外其他作业人员均不准使用带有指挥信令的电台。在固定作业区域范围内,必须使用规定的频率,如频率因受到干扰等问题确需更换时,报集团公司电务、运输部。在规定的作业区域内,调车无线电台除当班人员使用外,其他人员禁止使用(安全把关、作业检查除外)。禁止将调车无线电台挪作他用。

3. 不能正常使用无线电台指挥调车作业时,应改用调车手信号进行作业。机控器发生故障时,严禁通话指挥调车作业，调车组人员之间确需使用无线电台进行作业联系时,站段应制定安全措施。

4. 调车作业时,调车组人员使用的无线电台必须置入皮套并扣好,佩带方式由各使用单位根据安全、便利的原则自行规定。

5. 新职工或未使用过无线调车灯显设备的调车人员(包括机车乘务人员),必须经过培训并考试合格后方可使用。

(二)管理。

1. 站段是无线调车灯显设备的管理、使用主体，应制定“用、管、修”细则。建立设备履历台帐，对配置日期、数量、型号、频率、编号、使用人员、起用及报废日期进行登记。加强对现场保管、使用和维修工作的检查及影响设备完好的分析与考核，确保无线调车灯显设备正常使用。

2. 各无线电台使用单位必须遵守国家、铁路有关管理条例的规定，接受集团公司、地区无线电管理机构的监督和检查，严格执行调车无线电台配置、使用、报废的制度和程序。

3. 调车无线电台应实行统一编号集中管理方式，设专用箱(柜)分班次或个人分别保管。在作业岗点应设电台、便携式机控器固定放置处(架、柜等)，作业完毕后，设备应立即归位，实行定置管理。

4. 机控器及附属设备的保管和拆卸安装工作按集团公司规定分别由车务和机务单位负责。

(三)维修。

1. 新配置的设备必须符合部颁TB/T2834–2002行业标准(铁路平面无线调车灯显设备技术条件)，新设备在保修期内，保修办法按有关合同(协议)执行。保修期外的维修，原则上仍按集团公司、地区、站段三级维修网点的职责要求进行，并签订维修协议。

2. 集团公司维修中心应向申请购置的单位提供维修所需的设备配件及资料，并根据实际需要适时组织对地区和站段维修人员进行业务培训和交流。

3. 集团公司维修中心、地区维修站应加大技术力量及维修设备的投入，不断提高维修质量、兑现修复时间上的承诺，要建立定期走访用户和现场服务制度，以满足站段生产实际需求。

4. 站段无线调车灯显设备维修人员应建立日常维修台帐,及时登记设备故障原因及维修情况,实行动态跟踪管理。除一般故障维修外,应加强现场巡查和定期进行设备维护保养、电池电压测试。调车无线电台每年必须进行一次检测。

5. 为避免发生设备停用现象,各车务段及直属站管辖的中间站无线调车灯显设备故障后,应立即向站段管理(维修)人员汇报,送修的设备修竣后应及时进行检验,并同时做好送修日期、故障概况、修竣日期、恢复使用日期的记录。

二、录音装置使用、管理、维修办法。

(一)使用。

1. 录音装置应安装在车站固定地点,必须装接通讯良好的无线电台(经年检测试在规定使用期中的电台),无线电台应配有固定电源座,除故障、维修外不得任意移动和折装。

2. 存储卡是录音装置整体组成部分,用于记录调车作业过程信息,应处于锁闭状态不准随意取出。

3. 录音装置面板上的时间显示要准确,当发现时间显示与北京时间误差超过2min时,应于校正。

4. 录音装置安装地点应根据调车作业区域的距离或实际情况,选择室内或室外接收天线,确保无线调车信号、通话能清晰接收。凡发现调车录音内容模糊、干扰噪音时应及时调查原因,并采取措施设法解决。

5. 调车机车上的机务监控装置与灯显装置连接后,能自动记录调车指令、时间、距离、速度及机车动作,但不能记录调车人员的通话,凡发生安全问题,该存储卡必须封存,防止录音装置自动抹消录音内容,待分析完毕后方可使用。

(二)管理。

1. 调车录音装置是用于车站无线调车作业安全监控的

专项设备。必须保证调车录音装置正常、不间断的使用,严禁擅自关闭(故障、维修时除外)。

2. 站段管理人员应加强对设置在中间站、运转车间录音装置“用、管、修”工作的检查,对人为关机停用、故障报修不及时、不按规定抽听检查调车录音等情况应限时进行整改。

3. 录音装置应放置具有散热条件的专用存放箱 (橱),由车站指定的专职人员管理,并负责保养、定期检查。

4. 中间站站长、运转车间主任、调车指导及有关管理人员都应掌握录音装置的操作方法,根据作业关键或重点时间段抽听检查各班(组)的调车作业录音,并按“调车作业录音检查表”附调车作业通知单(调车作业示意图)逐项做好记录。当发现调车录音中有违反国铁集团、集团公司有关规定、作业标准及与调车作业无关的内容时,应进行严格分析和考核。具体要求:

(1)设有调车指导的中间站站长(副)、运转车间主任(副)每周不少于3次,每次不少于30min。

(2)调车指导每日不少于40min。

(3)未设调车指导的中间站站长(副)每日不少于二批(其中夜间不少一批)。

5. 调车作业录音检查表

车站(间)：		班组：		班次：
检查日期：		计划号：		检查人：
检查调车录音的主要内容	1. 电台通话及灯显信号试验			
	2. 传达、变更计划与复唱			
	3. 检查线路、车辆联系汇报			
	4. 连挂前预告停留车位置（头、中、尾）			
	5. 正确呼叫及显示距离信号			
	6. 调车作业时标准用语			
	7. 调车作业时灯显信号正确显示			
	8. 推送前、列车编妥后试拉			
	9. 进入车档作业联系及信号防护			
	10. 作业联系的时机掌握			
	11. “问路调车”执行情况			
	12. 排风摘管、选闸试闸等联系汇报			
	13. 作业时设置或撤除防溜措施汇报			
	14. 无线调车作业纪律			
	15. 其他			
存在问题的处理意见				

(三)维修。

1. 录音装置发生故障时,中间站、运转车间应及时通知站段有关专职人员检查和维修,并做好送交检修的记录。

2. 专职人员应建立设备检修台帐,做好故障现象及日期的登记,并告知录音装置维修单位和站、段主管部门。

3. 集团公司无线调车灯显设备维修中心负责全局调车录音装置维修任务,应做到:

(1)在接到车站报修电话的2h内应作出处理意见,对不能及时修复的设备,应采取先借用后修复换回措施。

(2)根据车站的要求定期进行巡视检查或专业保养,协同调查和解决具体问题,指导使用达到最佳效果。

(3)负责对地区、站段维修点的技术指导和配件供应。

4. 录音装置3年保修期逾期后,各有关站段、集团公司无线调车灯显设备维修中心双方应签订维修合同。

附件4

调车作业安全措施

为进一步规范调车安全管理，加强调车作业安全关键控制，现将调车作业安全措施重新清理公布如下，请各单位遵照执行。

一、中间站调车。

1. 调车人员不足3人时，中间站站长应根据作业情况，对到达进行调车作业的列车指派胜任人员按规定对列车末端进行防溜。

2. 有调车作业且配有专(兼)职调车人员的车站，必须配备无线调车灯显设备和调车录音装置。

3. 集中联锁的车站，控制台应由专人操纵，非指定的控制台操纵人员禁止在作业中操纵控制台。

4. 调小机车比照驻站调机，使用流动调车组作业的中间站比照有固定调车组中间站。

5. 中间站本务机、非驻站调机的调车作业计划下达前，站长(行车干部)必须进行审核并签名，并使用“中间站调车关键程序控制表”(见附件4-1)对调车进路、停留车辆防溜等调车重点工作进行把关和检查，使用后的“中间站调车关键程序控制表”应保存一年。

编组、区段站及比照区段站办理和有驻站调机的中间站，对穿越正线的调车作业计划应在下达前进行审核并在调车作业通知单上签名，强化安全控制。

6. 无固定调车组的中间站进行调车作业时，应严格按调车预案安排调车作业。中间站站长(副)应严格按调车预案对调车作业进行把关，重点把好调车进路、停留车辆防溜关，调车作业完毕后必须对停留车辆的防溜措施进行一次复查。

把关人员、当班的车站值班员[助理值班员（内勤）]不准在调车预案中担当调车作业。

7. 调度所应将中间站甩挂计划纳入调度日（班）计划，对临时甩挂故障车要进行重点布置，站段要重点掌握。

8. 站段应对“无专职调车人员中间站临时甩挂故障车的调车预案”重新进行审定，日常对调车预案指定的作业人员要加强调车职业技能培训。对重点中间站（如车辆红外线轴温探测点、车辆运行安全监测设备的相邻站）应配备足够能胜任调车作业的人员以完成临时甩挂故障车任务。对担当临时甩挂故障车任务确有困难的中间站，应明确调车作业担当的人员和岗位。

9. 车务段及管辖较多中间站的直属站应抽调力量成立安全专业检查组，采用驻站、添乘等方法不间断地监督检查调车作业及安全措施的执行，重点是作业中的“动态”防溜和手推调车后的两次防溜。要做到人换组不散，长年不中断，工作有记录、违章违纪有考核，对查出的问题必须有反馈的整改措施，强化对调车作业的现场控制。

二、编组（区段）站调车。

1. 驼峰解散作业。

(1)严格控制推峰速度和解散车组间隔。作业人员应严格执行车站制定的“前大后小”、“前空后重”车组（包括难行线、难行车）以及连续同线、同束隔钩单个车解散作业的规定。严格按照《站细》的规定掌握推峰速度，发现溜放车组间隔不足时，应及时停止推峰。

(2)遇天气不良时应适当降低推峰速度。遇雪天轨面积雪影响车辆走行时,向同一线束解散必须待前钩车组进入分歧道岔警冲标内方,向同一股道解散必须待第一钩越过三部位后,后钩车组方可继续解散。

(3)遇减速器出口速度偏高(雨、雪、霜、露等天气制动系数下降)或夹慢(制动系数增强)情况时,车站应及时通知电务部门处理。

2. 发生非正常情况下的应急处理。

(1)正常驼峰解散作业中不得随意进行人工干预。遇设备发生故障、系统发出故障报警(根据驼峰操作手册要求)、系统在三部位发出超速报警时,必须立即停车,不准臆测和强行使用,并密切注意已脱钩下峰车组的进路、命令、速度,发现危及安全情况且有处理条件时应立即进行人工干预。

(2)及时登记《行车设备检查登记簿》、通知电务部门处理;设备恢复正常后,要确认电务部门销记并进行试验后方可进行作业。

(3)系统在三部位发出超速报警后(空线溜放除外),必须通知列检和货检人员对车辆、货物装载进行检查。

(4)根据设备发生故障情况,车间或安全(技术)科应派员到岗把关。

3. 峰尾防溜作业。

(1)站调(调车区长)编制调车计划时,驼峰向空线解散第1位车辆应尽可能安排重车,必须以空车车辆作为防溜车辆时,应重点进行布置。

(2)驼峰向空线解散作业,驼峰调车长在未得到连结员(防溜)已做好准备工作的汇报时,不得向该线解散作业。

(3)向空线解散时,连结员(防溜)应在《站细》规定的线路一侧设置“双基本”铁鞋,面向来车、立岗瞭望,车辆压上铁鞋后，在第1位车辆设置“补鞋”，形成"一基一补"铁鞋防溜。

(4)对车辆未走行到位(未压上防溜铁鞋)、停留单小组车后续解散大组车、停留空车车组后续解散重车车组或车辆在三部位超速出口的线路，连结员(防溜)必须到该线进行防溜监护，防止意外或车辆连挂后继续滑行。

(5)编尾调机入线挂车或开钩挂车，《站细》规定由连结员(防溜)负责撤除和重新设置铁鞋的车站，应明确连结员(防溜)与编尾调车组的安全联控办法。编尾调机向有车线推送摘车，连结员(防溜)或编尾调车组设置铁鞋后，应撤除原防溜铁鞋，对暂时不能撤除的情况，车站应根据作业区域的划分，明确联系、汇报和记录办法。

(6)设有停车器的线路，驼峰向空线解散或遇有上述情况时，连结员(防溜)必须到该线进行防溜监护。车站在没有得到集团公司通知之前不得撤消连结员(防溜)或减员，并要制定具体的作业及各岗位之间的联系办法。

4. 各站段要牵头工、电部门加强驼峰作业安全攻关，针对出现的新情况、新问题要认真进行分析、调研和制定对策，及时对安全隐患进行整治。

5. 各站段要加强对驼峰设备运用状态、作业人员操作是否规范的日常检查，按“驼峰作业安全分析表”(见附件4-2)，每月进行一次统计和分析。

6. 各站段要制定和完善岗位之间的安全互控办法，强化拉风、峰顶、作业楼及作业楼与峰尾防溜作业人员对作业过程的安全控制。

三、“问路式”、“指路式”调车规定。

(一)“问路式”调车作业办法。

1. 下列情况必须执行“问路式”调车作业。

(1)动车组、自轮运转特种设备在集中联锁区域每钩调车作业必须执行“问路式”调车规定。

(2)三等及其以下集中联锁的车站每钩调车作业必须执行“问路式”调车规定。

2. 执行“问路式”调车作业时，车站值班员[助理值班员(内勤)]未得到调车人员(牵引为调车长，推进为车列前端人员，其他为司机)[以下简称“调车人员(司机)”]的问路不得排列调车进路，调车进路未排列妥当不得通知。

3. 牵引调车按规定由调车指挥人“问路”时，调车指挥人须在得到车站值班员[助理值班员(内勤)]“×道调车进路好”的通知后，提醒司机确认调车信号，并呼叫司机：“确认调车信号”，司机应答：“司机明白”。

4. 返岔作业时，机车车辆应运行至返岔地点停妥后，方准“问路”。

5. 车站值班员在得到问路的请求后，因接发列车等原因不能排列调车进路时，应及时应答并说明原因，待进路准备妥当后再通知调车人员(司机)。

(二)“指路式”调车作业办法(开通CIPS/SAM系统的车站除外)。

1. 二等及其以上集中联锁的车站，除动车组、自轮运转特种设备执行“问路式”调车规定外，其他情况每钩调车作业必须执行“指路式”调车的规定。

2. 执行“指路式”调车作业时，调车进路未准备妥当，车站值班员[助理值班员(内勤)]不得提前通知调车人员(司机)，调车人员(司机)得到车站值班员[助理值班员(内勤)]调车进路准备妥当的通知后，应确认地面信号。

(三)“问路式”、“指路式”调车作业安全卡控措施。

1. 电力机车调车作业执行联控时，调车人员（司机）、车站值班员[助理值班员（内勤）]应在规定用语前冠以“电力”字样。

2. 调车指挥人站立在不能让机车乘务组看见其显示信号的位置指挥调车作业（遥控指挥）时，司机不得动车。

（四）执行“问路式”调车作业，因无线电台故障、干扰或其他原因造成联系不上，车站值班员[助理值班员（内勤）]反呼叫调车人员（司机）三次无人应答时，车站可先行排列进路开放信号，调车人员（司机）应凭信号显示动车；执行“指路式”调车作业，调车信号开放后，因无线电台故障、干扰或其他原因造成联系不上，车站值班员[助理值班员（内勤）]应呼叫调车人员（司机）三次，调车人员（司机）应凭信号显示动车。

四、车站排列进路规定。

1. 三等及以下集中联锁的车站调车进路必须一次排列到到发线、调车线、牵出线、机待线等股道，不准分段排列调车进路。二等及其以上集中联锁的车站调车进路原则上应一次排列，遇调车进路未排列到到发线、调车线、牵出线、机待线等股道时，车站值班员[助理值班员（内勤）]应在排列进路前预告司机停车位置，并听取司机复诵后方可准备进路。

2. 集中联锁的车站，遇调车作业压岔、压轨道（侵限）绝缘节等导致调车信号机不能开放时，应严格执行“一锁闭、二复核、三通知”制度。

（1）车站值班员[助理值班员（内勤）]应通过控制台确认压岔、压绝缘状态，遇控制台无法确认时，应询问调车人员（司机）机车车辆压岔位置。准备调车进路时，能使用调车进路锁闭的道岔必须用调车进路锁闭，无法用调车进路锁闭的道岔必须单独锁闭，并接通光带确认进路开通正确（无法接通光带的车站通过道岔定反位确认)。

(2)设有助理值班员(内勤)的车站在调车进路准备妥当后,助理值班员(内勤)应通知车站值班员复核调车进路开通位置正确;未设有助理值班员(内勤)的车站在调车进路准备妥当后,车站值班员应通知把关人员或胜任人员复核调车进路开通位置正确;车站值班员[助理值班员(内勤)]在得到复核人员复检调车进路开通位置正确的报告后,方可通知调车人员(司机)。

(3)调车指挥人得到车站值班员[助理值班员(内勤)]调车进路准备妥当的通知后,方可通知司机进行作业。

附件:4-1. 中间站调车关键程序控制表

4-2. 站驼峰作业安全分析表

附件4–1

中间站调车关键程序控制表

<table>
<tr><td>时间</td><td colspan="5">月　日　时　分至　时　分</td><td>车次</td><td></td><td>调车作业小结与重点点评</td></tr>
<tr><td rowspan="2">调车人员报到</td><td>及时到岗</td><td>调车计划审核</td><td>传达计划</td><td>交待关键</td><td>分工明确</td><td>安全预想</td><td>作业前准备</td><td rowspan="3">1. 调车计划编制及执行情况
2. 调车作业标准执行情况
3. 人身安全作业标准执行情况
4. 其他有关事项</td></tr>
<tr><td></td><td></td><td></td><td></td><td></td><td></td><td></td></tr>
<tr><td colspan="5">调车作业计划</td><td colspan="3">关键作业程序控制</td></tr>
<tr><td>顺序</td><td>股道</td><td>作业方式</td><td>辆数</td><td>记事</td><td>问路情况</td><td>车辆防溜设置情况</td><td>车辆防溜撤除情况</td><td rowspan="13"></td></tr>
<tr><td>1</td><td></td><td></td><td></td><td></td><td></td><td></td><td></td></tr>
<tr><td>2</td><td></td><td></td><td></td><td></td><td></td><td></td><td></td></tr>
<tr><td>3</td><td></td><td></td><td></td><td></td><td></td><td></td><td></td></tr>
<tr><td>4</td><td></td><td></td><td></td><td></td><td></td><td></td><td></td></tr>
<tr><td>5</td><td></td><td></td><td></td><td></td><td></td><td></td><td></td></tr>
<tr><td>6</td><td></td><td></td><td></td><td></td><td></td><td></td><td></td></tr>
<tr><td>7</td><td></td><td></td><td></td><td></td><td></td><td></td><td></td></tr>
<tr><td>8</td><td></td><td></td><td></td><td></td><td></td><td></td><td></td></tr>
<tr><td>9</td><td></td><td></td><td></td><td></td><td></td><td></td><td></td></tr>
<tr><td>10</td><td></td><td></td><td></td><td></td><td></td><td></td><td></td></tr>
<tr><td>11</td><td></td><td></td><td></td><td></td><td></td><td></td><td></td></tr>
<tr><td>12</td><td></td><td></td><td></td><td></td><td></td><td></td><td></td></tr>
</table>

注：①正确执行时打“√”，执行不达标标明原因。②车辆防溜情况可按实际情况填记，无专职调车人员的车站，临时甩挂作业必须钩钩填写。③调车作业通知单附在背面备查。

附件4–2

站驼峰作业安全分析表

____年____月

<table>
<tr><td colspan="15">一、驼峰设备故障统计</td><td rowspan="2">解体冲撞列检扣车总辆数</td></tr>
<tr><td colspan="2">三部位超速出口</td><td colspan="3">错道</td><td colspan="3">夹停</td><td colspan="3">系统故障</td><td colspan="4">其他</td></tr>
<tr><td colspan="2">次数：</td><td colspan="3">次数：</td><td colspan="3">次数：</td><td colspan="3">次数：</td><td colspan="4">次数：</td><td></td></tr>
<tr><td colspan="16">二、冲撞破损车辆的解体作业情况</td></tr>
<tr><td rowspan="2">日期、时分</td><td rowspan="2">解体车次</td><td rowspan="2">钩序</td><td rowspan="2">股道</td><td rowspan="2">辆数</td><td rowspan="2">测长</td><td rowspan="2">自、手动</td><td colspan="3">二部位速度</td><td colspan="3">三部位速度</td><td>车种车号</td><td>品名</td><td>电务销记情况</td></tr>
<tr><td>入口</td><td>定速</td><td>出口</td><td>入口</td><td>定速</td><td>出口</td><td></td><td></td><td></td></tr>
<tr><td></td><td></td><td></td><td></td><td></td><td></td><td></td><td></td><td></td><td></td><td></td><td></td><td></td><td></td><td></td><td></td></tr>
<tr><td></td><td></td><td></td><td></td><td></td><td></td><td></td><td></td><td></td><td></td><td></td><td></td><td></td><td></td><td></td><td></td></tr>
<tr><td></td><td></td><td></td><td></td><td></td><td></td><td></td><td></td><td></td><td></td><td></td><td></td><td></td><td></td><td></td><td></td></tr>
<tr><td></td><td></td><td></td><td></td><td></td><td></td><td></td><td></td><td></td><td></td><td></td><td></td><td></td><td></td><td></td><td></td></tr>
<tr><td colspan="9">三、设备故障原因分析及对策措施</td><td colspan="7">四、车站作业存在问题分析</td></tr>
<tr><td colspan="9"></td><td colspan="7"></td></tr>
</table>

附件5

车务人员安全规则

第一章　基本要求

第1条　车务部门各级领导要坚持管生产必须管安全的原则，认真执行劳动安全各级安全生产责任制，切实抓好人身安全工作。要有一名领导干部分工管安全，并按规定配设专人负责劳动安全工作。对劳动保护用品和用具，应按有关规定及时配备、补充，并检查督促职工正确使用。严格执行上级规定的班制、劳动时间及各种安全工作制度，并积极总结推广安全生产的先进经验。

第2条　车务部门各级领导，在按规定检查行车设备的同时，应检查本规则规定的各项防护设备及有关建筑物的安全条件。对影响安全的设备，应及时督促有关部门改善。

车站设备新建或改建时，均须符合《技规》、《行规》及本规则的规定。各级专职劳动安全人员要参加设计审查和竣工验收工作，对影响安全的新建设备，劳动保护人员有权停止使用。路内有关单位需在车站站场周围设置建筑物、设备或堆料时，事先必须征得站长同意。

企业岔线由铁路担当调车作业时，其有关设备及作业场所也必须符合《技规》、《行规》及本规则的要求。如不符合规定时，站、段领导应通知企业单位进行整修。确实危及人身或行车安全时，站、段领导有权停止取送车辆，直到企业单位负责整修完毕，经有关部门检查合格后，再恢复取送车。

第3条　四、五等站站长、车站值班员、助理值班员、扳道

长(扳道员)、车站调度员、调车区长、调车长、连结员、车号长(车号员)、道口员等人员的健康条件必须符合下列标准:

听力:新录用职工,在3m距离每耳能听细语或在1m距离能听表声(怀表、马表)。已任职的职工,在5m距离每耳能听平常谈话或在1m距离每耳能听细语为合格。

视力:新录用职工,裸眼视力各1.0为合格(指入路时第一次检查)。已任职的职工,裸眼视力,两眼分别检查结果相加不少于1.5,最差的一只不少于0.5(调车人员最差不得少于0.8,两眼分别检查结果相加不少于1.6),带矫正镜达到1.0为合格。

赤绿色盲、赤绿色弱、全色弱或全色盲均不合格。

神经及精神状态:必须神经及精神健康。凡有神经及精神疾患症,例如:痴呆、癫痫、头骨外伤引起精神、神经障碍症或因神经疾患遗留的功能障碍等症均为不合格。

其他疾患例如:残废、高度新陈代谢症、白血病、血友病,恶性肿瘤、肺气肿、肝硬变、重症喘息、显著心肾疾患及其他妨害作业的伤病等症亦为不合格。

第4条 行车岗位新职、转职(岗)、晋升人员,应依据《铁路职业技能培训规范》、《高速铁路岗位培训规范》和《铁路劳动安全培训规范》规定,进行岗前资格性培训,相关岗位的安全知识、专业理论、实作技能三项考试考核均须合格,经跟班实习后,方可单独上岗作业。其中新职人员劳动安全培训,须进行单位、车间、班组三级安全培训,安全培训合格后,还要在经验丰富的师傅带领下,一定阶段跟班实习并考核合格后方可独立上岗,主要行车工种人员跟班不少于3个月。行车岗位职工连续脱离原岗位一年以上的,须参加转职(岗)的岗前资格性培训;不足一年的,须组织安全知识培训考试和跟班学习，在此期间本岗位技术装备和规章标准发生较大变化的,还应增加相应内容的适应性培训和考试。

变更工作场所的,应安排一定时间,跟班熟悉场所、设备情况及安全作业有关规定。

运输站段应加强职工日常劳动安全教育培训，结合日常技术业务学习培训,每年组织一次本规则和《站细》补充规定的考试。

第5条 建立安全生产奖惩制度。对一贯遵守劳动纪律,认真执行各种安全生产制度和师带徒有成绩的职工,应及时予以表扬或奖励。对严重违章作业,经教育后仍不改正的人员,应给予一定的纪律处分。

第二章　车站设备的安全条件

第6条 对妨碍人身和行车安全的建筑物及设备,车站领导应与有关部门共同制订计划,进行改建、拆除或迁移。在未改善前,应采取安全措施。遇设备临时发生变化或因检修威胁安全时,应由施工单位设置“危险”注意牌和灯(红底白字,“危险”的字体要大而明显,夜间要有照明),并由车站领导及时将注意事项传达有关人员。

第7条 经常进行调车作业的线路，须有良好的照明设备,保证夜间作业安全。调车机车(包括替班机车)前后,须有适于调车人员登乘的脚踏板和把手。

到发线及调车线路之间,应保持平坦。施工维修单位,在作业完毕后,应立即进行整理。

调车作业繁忙的线路间,应用细砟铺平,并不得低于枕木面20mm。在中间站调车作业经常上下车的地点,应有不少于50m的平坦跳车地段。现有不符合上述规定的,应报告集团公司，安排费用，由工务部门逐步改善。

第8条 驼峰及牵出线两旁，应铺设便于调车人员作业的人行走道。在经常进行摘解作业的一边，距离轨枕端宽度不得少于1.5m，另一边距离轨枕端不得少于1m。

第9条 调车线路中间，禁止堆放钢轨、岔心、轨枕、砂石等材料。线路施工需要临时堆放时，必须注意堆放稳固，并不得侵入限界，每天收工前或施工完毕后，应及时整理或撤除。站线上，列检使用的检修工具、材料及换下的轮对、制动梁、闸瓦等，应安放在站、段双方商定的适当地点。

第10条 行车人员值班室和办公房屋，距离钢轨头部外侧在2.5m以内时，门前应设置防护栏杆或顺着线路开门。

第11条 车站各个作业场所，应保持排水设备良好。站内危及人身安全的明沟、地井等，应由设备所属单位设置复盖板，并负责养护维修。

第12条 防寒和防暑工作，除按《技规》第25、26条执行外，对新建和改建的行车人员值班室，须有永久性的防暑凉棚、纱窗、纱门、降温和取暖装置。

第三章 行车人员的工作安全

第13条 行车人员的工作安全应按国铁集团相关规定执行。

第14条 为保证车站接发车人员安全作业，旅客列车停站会车时，列车员应按车站接发车人员的要求，及时打开车门，以便通过。

第15条 对站台、雨棚柱、通话柱、接触网支柱以及其他影响调车人身安全的设备设施，应由车站制订调车安全作业措施，列入《站细》。

第16条 禁止站在机车前进方向的脚踏板上去岔线作业。调车作业时禁止站在车辆连挂端的手制动台上与客车进行连挂。

第17条 调车、接发列车及其他作业人员不得直接或间接地与接触网各导线、部件及电力机车的电力设备接触。

第四章 其 他

第18条 使用安全带的规定。

一、安全带使用前,应检查有无裂纹,安全挂钩开口是否灵活, 连结带有无折断现象。发现有任何不正常的现象时,应停止使用,立即更换。车站领导要定期检查安全带的质量。

二、安全带使用方法。

1. 安全带应扎于衣服的外面。安全挂钩在不使用时,须装入钩套内。

2. 登上人力制动机踏板台(低于车钩下平面的人力制动机踏板台除外)时,必须将安全挂钩挂在闸盘与闸杆固定杆之间的闸杆上,无闸杆的挂在闸盘边的扶手上。

3. 长距离调动车辆时,为减轻体力,可利用挂钩挂于车体侧面把手上,但手仍须抓住把手。

三、使用安全带的限制。

1. 禁止在平车、集装箱车、砂石车、罐车、无闸台或折叠式人力制动机的车辆上使用安全带作业。

2. 禁止将安全挂钩挂于车辆闸盘上、篷布绳索上或其他未规定的处所。

四、安全带由材料供应单位统一制作和检验。由使用单位向材料供应单位领用(不得向路外自行购用)。各单位收到安全带后，须经劳动安全人员检验，发现不良时，应立即更换。安全带应列为调车组的固定备品之一。

第19条 各单位应根据本规则及国铁集团和集团公司相关规定，结合实际，制订本单位的人身安全补充规定。

附件6

装卸机具的限界及不作业时停放位置的规定

一、在货物线或岔线两侧包括上空装设的大型装卸机具(如卸煤机、走行门吊车),不得侵入《技规》附图1客货共线铁路建筑限界(v≤160km/h)规定的建筑限界尺寸标准。

在走行线上不准建造上述设备。如必须建造时,应考虑基础自然下沉及调车人员安全作业的附加尺寸。

二、于建造前,须提出设计图纸及说明书,商得车站同意,并报集团公司有关部门核备。

三、上述机具建成后,须设专人管理,专人操作。在不进行装卸作业时,须将机具的各活动配件升高或移离线路建筑接近限界(《技规》附图1客货共线铁路建筑限界(v≤160km/h))以外,并牢靠固定。对在轨道上走行的设备还应做好可靠的防溜措施。

四、对现有侵入《技规》附图1客货共线铁路建筑限界(v≤160km/h)建筑限界尺寸标准的装卸机具设备,暂准保留,但应有计划地进行改造。在未改造前,车站应制定安全措施,列入《站细》。

五、使用单位于每年秋季应会同车站进行检查,并复测装卸机具的限界尺寸。

附件7

转发原铁道部、总后勤部《关于做好军用保密物资运输安全工作的几项规定》的通知

(83)上铁局运字245号

(83)军运字004号

现将原铁道部、总后勤部(82)铁运字2177号《关于做好军用保密物资运输安全工作几项规定》(以下简称《规定》)以及(83)194号部电转发给你们,结合我局情况,并提出以下具体贯彻意见,望组织有关人员认真学习,明确职责,严格执行《规定》,杜绝责任事故,确保运输安全。开创军事运输工作的新局面。

一、各站段和驻各铁路局军代处,对有装运弹药、特种装备和国家尖端保密产品的车站,要召开托运单位参加的联席会议,共同学习《规定》,明确票据的填写方法和职责。

二、各装载站在受理《规定》范围内的运输时,应严格与托运单位核对把关,在向特调报请求车时,要同时报危险货物的组级代号、超限货物等级、件数(特种装备报特货号及件数),"禁止溜放"GW以及其他要求和注意事项。特调应认真与计划摘录核对,防止差错。

三、《规定》中第二款第二条的含意是指(65)铁密运货字第2161号、(65) 参交字第118号文中第一款所列要捆绑的范围,其他车辆、火炮仍按不捆绑的通知执行。

四、(略)。

五、为执行《规定》第三项,根据铁道部运输局二月二十四

日解释补充如下：

1. 注有GW的车辆，可以通过驼峰不解散或溜放，但按1195号文件办的车辆仍不得通过驼峰；

2. 遇夜间或节假日，车站调车指导不在时，可由值班站长、站长(副)监督下进行注有GW的车辆的调车作业；

3. 三之2，系指平面调车，调车车列中有注有GW的车辆进行编组、转线作业时，须接通机车所挂车五分之一软管；

4. 在接近、连挂注有GW的车辆以及带有这种车辆连挂其他车辆时，须在十车处一度停车后，再行连挂作业。

附件：原铁道部、总后勤部(83)铁运字2177号《关于做好军用保密物资运输安全工作的几项规定》及(83)194号铁道部电报

《关于做好军用保密物资运输安全工作的几项规定》原铁道部、总后勤部(82)

铁运字2177号

近年来,在军用弹药、特种装备和尖端保密产品等保密物资运输中,多次发生重大事故,损失严重,影响很坏。铁路、军队有关单位必须高度重视,立即采取有效措施,搞好军用保密物资运输安全。为此,各单位除严格执行铁路军运有关规章外,必须遵守下列规定:

一、严格审核、填制军运计划和各种票据。

1. 军交部门对“特殊运输”、“重点运输”计划,要严格审核控制。该批“重点”的,不批“特殊”运输;该批“一般”的不批“重点”运输。要尽量压缩特殊和重点运输数量。

2. 按规定需要“禁止溜放”、“停止制动”等的军用物资,应在“军运计划表”、“后付凭证”、“计划摘录”以及货票、封套、车牌、列车编组顺序表、调车作业单等票据上,将“禁止溜放”、“停止制动”等字样填记齐全、准确、清晰。

3. 凡属“特殊运输”中的特殊装备、特种材料、精密仪器和尖端保密产品,在上款所列票据内还应填注“GW”符号。

4. 如因票据错填、漏记而造成作业上的差错或事故时,应追查填制票据单位的责任。

二、改善装载加固方法。

1. 铁路车站和装车单位都要按规定挑选合格的车辆装载军用物资。在停止制动作用的条件下,装防火板的木底棚车和未装防火板的木底棚车可以通用。“木底棚车”包含车门口处辅有铁板的P50、P60型棚车，但装车时在门口处需采取安全措施。

2. 带轮的装备必须使用合格的三角木顶紧轮胎、钉牢，并用8#或9#镀锌铁线8股拉成八字形捆绑、绞紧。有制动装置(含走行部分以外的制动装置)的应全部制动,制动把柄和拉杆,应用铁线捆绑固定。汽车还应将变速器置于初速位置。装有物资的军用汽车,物资和汽车均应施行捆绑加固。

3. 今后不准再添制绳子和菱苦土的三角木做为军用捆绑加固材料。各保管站应对现有绳子和菱苦土的三角木进行严格检查,破损的即行报废,完好的限用至一九八三年年底。

4. 装车单位对军用自备车及棚车内的货物，应合理码垛,稳妥加固,使货物的装载加固状态能适应列车紧急制动和调车作业规定速度连挂。装车单位应对货物的装载加固状态负责。

三、改进调车作业方法。

1. 注有GW的车辆调车作业时,严格禁止溜放。设有调车指导的车站,应在调车指导监督下进行作业;未设有调车指导的车站,应派业务熟练的干部监督作业,严防违章调车。

2. 编组和编挂注有GW的车辆时，机车与编挂的车辆应连接软管，接软管的车数与所牵车数的比例不少于一比五，即五辆车内至少有一辆接软管。

3. 在接近、连挂注有GW的车辆以及带有这种车辆连挂其他车辆时,要在“十、五、三”车制前的十车处一度停车后,再进行连挂作业。

4. 其他车辆向停有GW车辆的站线溜放或送车时，必须留有10m天窗,严禁溜放连挂。

四、加强运行通报和调度指挥。

1. 军交部门之间的运行通报内容,除按《铁路车事运输管理办法》的规定执行外,在“注意事项”栏内应注明危险货物的组级代号、超限货物等级、件数(特种装备填记特货号及件数)、“禁止溜放”、GW以及其他要求和注意事项。

2. 列车确报的内容增加GW。

3. 铁路局和军交部门各级调度,对注有GW的车辆,应逐级重点布置掌握。

五、加强押运工作。

发运危险货物和特运物资必须按规定派人押运。押运人员需经过培训, 要熟知押运物资性能及安全防护的有关规定,熟悉铁路的有关规定,能及时正确地处理运输中出现的紧急情况。押运人员应具有高度的责任心,严守岗位,严禁捎带危险品。

六、抓好有关运输人员的教育。

铁路、军队等有关部门,要教育有关人员加强责任心,熟悉军运规章,明确岗位责任,严格遵守规章制度.坚持标准化作业,万无一失的完成特运任务。对于防止事故有功人员应及时给以表彰奖励,对于玩忽职守违章作业造成事故者.要认真追查责任,严肃处理,其中情节恶劣并造成重大损失者,应依法追究刑事责任。

以上规定自一九八三年三月一日起实行。

一九八二年十二月十八日

铁道部(83)194号电报

原铁道部、总后勤部(82)铁运字2177号文件规定“列车确报的内容增加GW”,现做如下说明:

一、从三月一日起,凡编挂注有GW车辆的列车,在编制“列车编组顺序表”时,均应注明GW,并按“列车预确报办法”的规定办理确报。

二、为便于使用电传打字电报机传递列车确报,对GW符号可用“GW”为代字,在译电时译GW。

三、(82)铁运字243号《列车预确报办法》附表1,增加“15”项,“军用特种保密资资”,代字“GW”。

铁道部运输局

铁道部电务局

一九八三年二月十一日

附件8

检修车回送及色票使用

一、检修车回送时,须有车辆检修车回送单(车统–26)。事故车施修时,须有铁路货车破损技术记录(车统–25)。

二、扣修或回送的货车,须插有下列色票:

1. 送往专用修理线的货车,应插有红斜线的色票(车统–16)。插有该项色票的车辆禁止编入列车。

2. 送往车辆段的货车,应插有红方块的色票(车统–17)。该项色票仅限于车辆段所在站使用。

3. 送往修理工厂的货车,应插有红三角的色票(车统–18)。

4. 需要倒装的货车,应插有红"V"字的色票(车统–19)。

5. 在无施修能力的地点,发现列车内货车有故障,但对运行尚无防碍,须送往附近车辆段、站修作业场、列检作业场施修或送往货物到达站卸空后再扣修的不良货车,应填插"送往附近列检作业场"的黄票(车统–20),并在票面上方注明送往场所。

以上第1、2、3项以及第4项倒装后须扣修的车辆,须同时填发车辆检修通知书(车–统–23)或检修车回送单(车统–26)。第5项车辆,应在送到指定地点后办理扣车手续。

各种检修色票,只准列检人员插撤,其他人员不准办理。在无检车人员的车站,如发现车辆故障时,车站应负责通知附近列检人员进行处理。

三、为加速检修车回送,凡在局管内回送的检修车或事故车,一律凭检修车回送单(车统–26)办理。跨局回送时,除应有车统–26外,还应有集团公司车辆调度员发布的命令方可办理。

附件9

车、机、工、电、辆、供等部门对设备管理分工的规定

第1条 本规定仅对涉及结合部的设备管理分工进行明确,其他不涉及结合部管理的设备以及未尽事宜仍按照国铁集团、集团公司相关规定执行。

第2条 信号、联锁、闭塞、信息系统、供电、通信等设备安装在车站房屋内的,由房屋使用单位负责保管;安装在段管线、岔线上的,由段管线、岔线所属单位负责保管;安装在线路上及区间房屋内有专人管理的,由该管理人员负责保管;安装在线路上的,由所属设备管理单位负责管理。

负责保管是指保持信号、联锁、闭塞、信息系统、供电设备的完整,机件表面清洁,并于机件不完整、动作不正常以及发现通信铁塔、通话柱、通信模式转换标志、电杆倾斜时,通知有关单位进行修理,必要时采取措施保证行车安全。

第3条 电务与车务部门对行车设备的清扫、注油及调整的分工。

一、电务部门应根据检修周期,对设备进行全面清扫、调整和注油以及电气集中色灯信号机和道岔的清扫工作。

二、车务部门(含调度所)负责每日对室内各种计算机联锁、TDCS、CTC设备显示器及键盘、鼠标、控制台、FAS台、无线列调、闭塞机、视屏监控终端等设备以及非集中联锁的道岔握柄、联锁箱、道岔表示器和转换锁闭装置的外部清扫工作,并负责道岔表示器的灯罩、灯芯及电灯泡的清扫、调整和更换。CTC/TDCS设备中打印机及绘图仪的纸张、色带、硒鼓、墨

盒等耗材由使用单位负责管理。

清扫是指保持设备表面清洁，消除设备上及其动作范围内的灰尘、积雪和障碍物，并进行滑动面的抹油工作。

第4条 电务与工务部门对行车设备养护维修的分工。

一、道岔转换及锁闭装置。

1. 工务负责。

(1)轨距杆、基本轨长垫板、滑床钣(含滚轮)、尖轨间的连接杆(不包括第一连杆上的象鼻铁及其紧固螺丝)、岔枕、岔枕拉条、限位铁、轨撑、顶铁及内锁闭道岔可动心轨连接铁的维修;

(2)工务部门在道岔转辙部分作业影响电务设备时(如改道、起道、拨道、拉轨匀缝等),电务部门应予配合。

2. 电务负责。

(1)密贴调整杆(包括象鼻铁及其紧固螺栓)、尖端杆(包括L铁)、道岔安装装置,提速道岔的锁闭杆、锁闭销、锁闭框、连接铁、表示杆、导管及T型拐的维修。

(2)轨道电路及道岔安装装置的钻孔工作。

(3)电务部门在道岔转换处作业,影响工务设备时(如道岔装置的安装或更换等),工务部门应予配合。

二、密贴调整工作。

1. 工务负责联锁道岔转辙部分的轨距及基本轨的移动不超过限度,基本轨不横移,尖轨转动灵活、不偏斜及前后爬行不超过20mm。

2. 电务负责联锁道岔的密贴调整工作。

三、轨道电路。

1. 轨道绝缘处的部件更换时的分工。

(1)电务负责轨端绝缘、绝缘垫、绝缘套管的维修及所需材料。按检修规定,对钢轨间绝缘性能进行定期测试,如发现绝缘不良,应联系有关工务部门进行维修,但不得拆卸鱼尾板螺栓。

(2)工务负责对带绝缘的轨距杆及尖轨连结杆和钢轨绝缘接头的鱼尾板、鱼尾板螺栓、钢轨绝缘等部件的维修以及所需材料,并对钢轨绝缘接头加强捣固维修和检查。如发现钢轨绝缘接头的鱼尾板和鱼尾板螺栓有裂纹或折损时,应联系有关电务部门配合维修。

(3)属于工务部门维修的带绝缘的轨距杆及尖轨连结杆等设备,工、电部门每季应进行定期联合测试,并将测试结果作成书面记录。如发现绝缘性能不良时,工务部门应迅速更换。

(4)需进行钢轨绝缘的更换、分解或检查,以及更换伤损鱼尾板或鱼尾板螺栓时,工务和电务部门应共同商定更换检修的日期和时间。由工务负责拆装钢轨零件(鱼尾板、鱼尾板螺栓等)。电务部门负责绝缘件安装工作。在钢轨绝缘接头和鱼尾板卸下后,基本轨因曲线或温度关系有变化,造成轨缝不足6mm或轨缝过大鱼尾板安装不上时,由工务部门负责解决。

(5)工务部门应经常保持道砟的清洁。道砟与轨底应保持30mm的间隙。轨枕板区段,轨底与轨枕板之间应保持间隙。安装绝缘处的钢轨轨缝,应经常保持在6~15mm之间。

2. 钢轨胶接绝缘接头的分工。

(1)胶接绝缘接头属电务轨道电路设备。

(2)电务部门按规定对胶接绝缘接头处钢轨间绝缘性能进行测试,如发现绝缘不良,经工、电双方确认后,由工务部门负责更换或处理,电务配合并测试验收。

(3)当胶接绝缘接头的轨缝拉开,工务部门必须及时拧紧接头螺栓和前后各50m扣件螺栓,并做好更换的准备。

(4)经电务部门检查发现绝缘失效时,工务部门必须及时进行处理。

3. 在轨道电路区段,工务部门进行线路大修或维修工作,需更换钢轨或道岔时,对轨道电路导接线的更换和钻孔等工作的分工。

(1)在轨道电路区段,工务部门进行大修换轨、更换道岔等工程任务中,有关电务部门维修的项目,由工务部门委托电务部门设计、施工并备料。

(2)在轨道电路区段,工务部门在日常维修中需更换钢轨或道岔时,电务部门应根据工务部门的施工计划,负责导接线更换和钻孔、倒棱工作。

(3)由于道床不清洁,致使轨道电路道床电阻不够1Ω/km时,电务部门应在每年九月底前将需要清筛道床数量与处所,提交工务部门列入次年计划进行清筛。

四、车辆减速器。

1. 工务部门负责整体道床、过渡道床、基本轨、护轮轨、枕木、固定基本轨的配件及其螺栓、轨距杆、枕木上部的承座的日常维修及更换,并保持减速器区段内轨距、水平不超过限度。

2. 电务部门负责制动轨、内外制动钳、连杆、支座等制动设备及制动部分动力设备的维修,电务上部设备大修时,同步进行整体道床、过渡道床大修。

第5条 进路表示器、发车表示器由电务负责维修。道岔表示器,凡有联锁的,由电务负责维修;无联锁的道岔表示器(包括转辙装置和导管装置)由工务负责维修,电灯座线由电务负责维修,电源由供电部门负责提供。

安装在有联锁的脱轨道岔、脱轨器上的脱轨表示器由电务负责维修。安装在车挡上的车挡表示器,由车挡的管理单位负责维修,使用电灯的,电源由供电部门负责提供。

第6条 专用线内设备由产权单位负责维修,无维修能力时,由签订合同的单位负责维修。

第7条 信号表示器的保管,按本规定第2条办理。其中道岔表示器、脱轨表示器、车挡表示器的外部清扫工作,由使用单位负责。

第8条 线路和信号标志的管理。

1. 工务部门负责:公里标、半公里标、百米标、曲线标、圆曲线和缓和曲线始终点标、桥梁标、涵渠标、隧道(明洞)标、坡度标及集团公司、工务段、线路车间、线路工区界标,警冲标、桥梁减速信号标、站界标、司机鸣笛标、防洪重点地段标志牌、防洪呼叫标的管理。

2. 供电部门负责:断电标、禁止双弓标、合电标、接触网终点标、准备降下受电弓标、降下受电弓标、特殊降弓标、供电单位管界标、电力机车禁停标的管理。

3. 电务部门负责:预告标、引导员接车地点标、区间信号标志牌、中继站标志牌、四显示机车信号接通和断开标、轨道电路调谐区标、点式设备标、机车信号上下行码转换标、级间转换标的管理。需要设置引导员接车地点标时,设置位置由车务、机务部门商定。

4. 机务部门负责:补机终止推进标的管理。

5. 车务部门负责:车站机车(动车组)停车位置标(与警冲标保持不少于30m的安全距离)的设置、更换和维修。

(1)在有动车组列车客运作业的车站应设置动车组列

车停车位置标。停车位置标分横式和竖式，横式用于悬挂，竖式用于设置地面或嵌贴。材质：不锈钢，表面涂贴反光膜（漆）。

(2)高速铁路与普速铁路共线的车站，普速场（未划分车场时为车站）设置的动车组停车位置标可采用高速铁路“动车组停车位置”标式样。

(3)采用悬挂方式时，停车位置标设置高度为底边距钢轨面高为3.5m；设置在地面或雨棚柱上时底边距钢轨面高为3m。停车位置标内侧距线路中心均不少于3.1m。

(4)动车组停车位置标原则上应采用地面或嵌贴等方式，如采用悬挂方式时，设置位置应与雨棚立柱对齐。动车组停车位置标具体设置方式和位置，由车站会同机务段（CTCS–2级区段还应通知电务段）根据动车组长度、站台长度、地面建筑物以及地形、股道应答器设置位置等实际情况商定。

(5)新建或施工改造高站台启用时，车站应在安排高站台办理动车组客运乘降前10天完成停车位置标设置。

(6)横式“CRH停车位置标”式样。

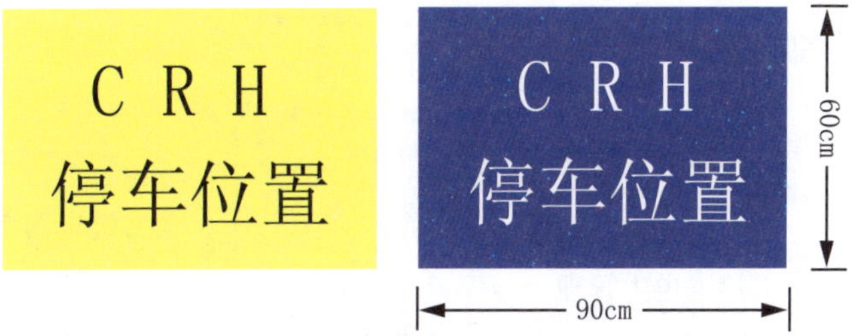

(7)竖式“CRH停车位置标”式样。

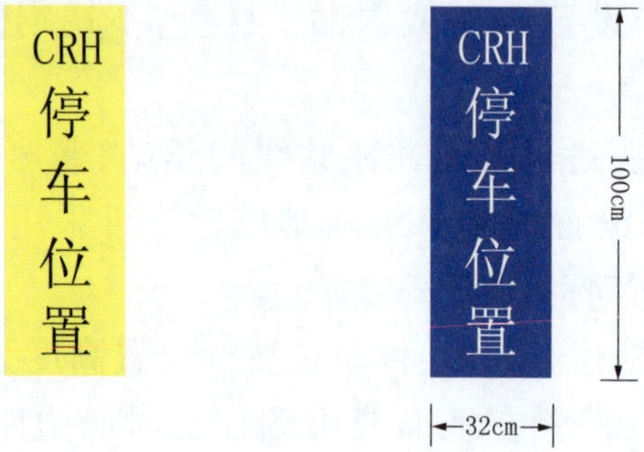

6. 通信部门负责:通信模式转换提示标志牌的管理。

7. 线路安全保护标志管理:除电缆标由所属电缆设备单位,严禁进入标由供电部门负责管理外,其他全部由工务部门负责管理。

8. 车辆部门负责:动车段(所)、客整所内动车组停车位置标的设置、更换和维修。

第9条 信号、联锁、闭塞、信息系统设备、道岔融雪设备由供电单位负责供应电力。其分工如下:

1. 信号楼继电器室信号电源供电的电力与电务分界按以下三种图例所标分工:

(1)原自动闭塞区段安装。

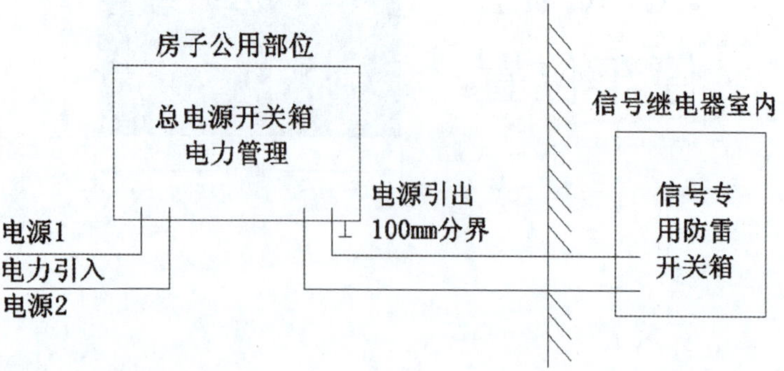

(2)今后自动闭塞区段新设时取消一只箱子,应按下图安装分工:

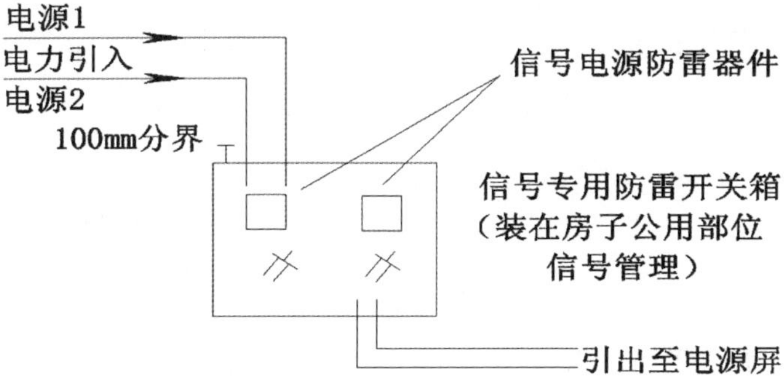

(3)一般车站电源引接信号与电力分界图:

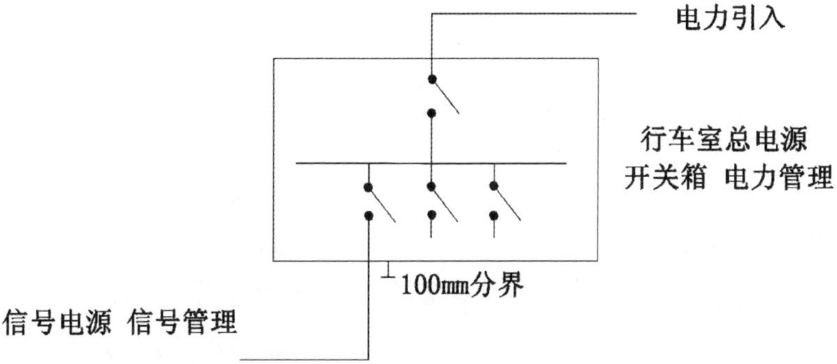

2. 在区间,由自动闭塞电力线路供电的220V信号点电源,均应二路引至信号设备箱(室),二路电源在信号设备箱(室)内转换,分工点在距信号设备箱(室)引入口100mm处分界。不符此方式的应由电力、电务单位配合逐步改造。方案见下图:

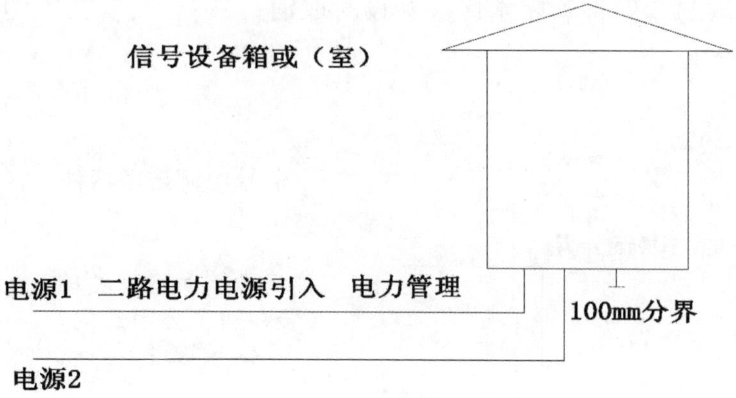

3. 在有交流电源车站上的道岔表示器、室外继电器箱等信号、联锁、闭塞设备,由供电单位负责供电。其分管办法:以上述设备处的电缆桩上的熔断器(闸刀)分界。熔断器(闸刀)、电缆桩由供电单位维修,熔断器（闸刀）下部引出线100mm以后的信号设备,由电务段负责维修。

4. 道岔融雪装置由供电单位负责供电,供电与电务设备以低压开关柜(箱变)至室外第一个道岔融雪控制柜进线桩头的电源侧100mm处为界，分界点向电源侧由供电单位负责管理,分界点向负荷侧由电务单位负责管理。

5. 站内有关通信设备供电的分界比照本条第1项规定办理。

第10条　机车信号、列车运行监控装置和列车无线调度通信设备(简称三项设备)和无线调车灯显设备的管理分工如下:

一、电务部门负责。

1. LKJ车载设备:监控装置主机、人机界面单元、专用速度传感器、专用压力传感器、调车灯显接口盒、GPS信息接收装置（含GPS天线)、LKJ总线扩展盒、LKJ本/补切换装置、事故状态记录器、LKJ功能扩展盒(含鸣笛转换器)、警惕按钮、机车信号设备、应答器信息接收单元(BTM)、速度信号隔离装置。

2. TAX设备:TAX装置、机车语音记录装置、DMIS单元、机车信号通信单元。

3. LAIS系统车载设备:主机、天线、接线盒、合路器及通话器。

4. 机车车号识别设备:车载编程器(即TMIS单元,装在TAX箱中)、电子标签。

5. 机车信号设备主机、机车信号信号机、接线盒、机车信号设备内部连接线缆及附属部件等设备的检修。

6. 机车综合无线通信设备 (CIR)、列车防护报警系统(LBJ)、数字货列尾机车台、调机450M通用式电台的检修。

二、机务(车辆)部门管理设备。

1. 与LKJ系统相关的车载设备:司机室语音箱、通用屏幕显示器接线盒(含转换开关)、数模转换盒、双针速度表、常用制动装置、紧急制动装置、停车继电器、V/F转换器、A/F转换器、协议转换器。

2. LKJ信息获取设备:机车(动车)工况辅助接点(向前、向后、牵引、制动、零位/非零位)、柴油机转速信息接点(含ND5机车档位转换装置)、电力机车原边电流信息接点、防撞车挡(土挡)信息接受装置(含转换盒)。

3. 安装在TAX设备中的机车轴温检测 (走行部检测)单元、内燃机车当量公里记录单元、电力机车智能电表记录单元、轮轨润滑控制信息单元、机车音视频单元。

4. 机车信号设备的安装架、箱、座,以及全部金属管路的维护和检修(电务加装的除外)。

三、通信部门负责列车司机使用的 GSM-R 手持电台和列车无线调度通信系统450MHz手持电台的维修。

四、车务部门负责。

无线调车灯显设备的主机、灯显机构、连接电路(含无线连接设备)以及地面调车信息发送设备的检修和拆装。安装在机车上的无线调车灯显设备由机务部门负责保管,电务部门负责提供设备接口。

五、工务部门管理设备。

安装在TAX设备中的轨道检测单元。

六、供电部门管理设备。

安装在TAX设备中的电力机车弓网检测单元。

七、设备分界原则。

1. LKJ车载设备、TAX设备、机车车号识别设备、LAIS车载设备之间通过电缆连接的,以接插件(插头与插座)、接线排(接线座与线鼻)划分管理界限。

2. 电务部门管理设备之间的连接电缆由电务部门负责;机务、车辆部门管理设备之间的连接电缆由机务、车辆部门负责。电务部门在进行连接电缆检修时,机务、车辆部门须予以配合。相关部门在实施机车、动车组本体相关LKJ基础设施大修时,电务部门予以配合。

3. 电务部门管理设备与机务、车辆部门管理设备之间的连接电缆,按对信息或电源"谁取用(需要)、谁负责"的原则,由取用信号或取用电源的设备管理部门一并负责。

八、电气故障检查判断原则。

1. 电务部门管理设备及其连接电缆的检查和故障判断处理由电务部门负责,机务、车辆部门管理设备及其连接电缆的检查和故障判断处理由机务、车辆部门负责。

2. 电务部门管理设备与机务、车辆部门管理设备之间的通讯为逻辑信号、电源时,由信号(电源)取用(需要)方牵头进行检查判断,信号(电源) 提供方负责按技术规范、技术条件规定的信号定义、电平(电压)提供信号。

3. 电务部门管理设备与机务、车辆部门管理设备之间的通讯为计算机通信时,双方按技术规范、技术条件规定的通信协议规程进行检查判断,由通信主机(主叫)方牵头负责检查接口线路、通信链路、通信代码等。

九、设备安装结构分界。

1. 机车、动车组在制造时安装的LKJ及相关配套设备(包括TAX装置、LAIS车载设备、传感器、人机界面单元、天线等),以将设备固定在车本体、机架或安装台上的螺孔、螺丝(栓)分界,车体、机架或安装台由机务、车辆部门负责管理。设备安装时涉及在机车或动车本体及机柜(架)上切割、钻孔、施焊的,相关工作由机车、车辆部门负责。

2. 如机车或动车上需要加装改造LKJ等设备时,本着“谁管理、谁负责”的原则完成加装改造相关工作。其中:

(1)LKJ专用轴端式速度传感器:以安装速度传感器的机车或动车轴箱端盖分界,速度传感器及其固定螺栓由电务部门负责,机车、车辆管理部门负责提供符合速度传感器安装机械结构要求的轴箱盖及轴端连接装置。

(2)LKJ专用压力传感器(鸣笛转换器):以压力传感器(鸣笛转换器)与制动管系或装置连接的接头分界,压力传感器(鸣笛转换器)及密封垫圈由电务部门管理;机车、车辆部门负责提供符合压力传感器(鸣笛转换器)安装机械结构要求的管路连接座及固定装置。

3. 车、电设备共用接线排(接线座)的,遇有检修作业时,其连接状态按“谁施修、谁紧固、谁负责”的原则。

4. 机车信号条件线的连接端子板属于机务部门,信号控制引出线属于电务部门;机车信号电源设备及电源线路的检查、维修和拆装,机务部门与电务部门的维修分界为电源开关,电源开关、开关的引入线属机务部门,电源引出线属电务部门。

第11条 电气化铁路区段工务、电务、机务、供电部门对行车设备维护管理分工的规定。

一、工务与电务部门间维护管理分工。

1. 工务部门需更换钢轨、辙叉心、鱼尾板等工作时,必须事先联系电务部门配合,并由工务部门负责预先对需断开处进行“两横一纵”连接;更换工作结束后,应得到电务部门同意后方可拆除“两横一纵”连接线,以确保牵引电流能正常通过。

2. 电务部门在配合工务更换钢轨、辙叉心、鱼尾板等设备时,应得到工务部门同意后,方可拆除轨道接续线、引接线等器材;工务部门更换钢轨、辙叉心、鱼尾板等工作结束后,电务部门应及时连通有关轨道接续线、引接线等器材,并检查确认良好后方可通知工务部门拆除“两横一纵”连接线。

二、电务与供电部门间维护管理分工。

1. 电气化供电的吸上线与扼流变压器(含空扼流变压器及区间轨道电路空心线圈)相连时,轨道电路用的扼流变压器中心连接板及区间轨道电路空心线圈由电务部门维护管理;吸上线及吸上线与扼流变压器中心连接板、区间轨道电路空心线圈中心抽头相连的螺栓由供电部门维护管理;

2. 电务部门在维护过程中,如需拆装或更换连有吸上线的扼流变压器中心连接板、区间轨道电路空心线圈时,应预先联系供电部门配合。

三、自动过分相装置的分工。

1. 无砟轨道预埋化学锚栓型式地面磁感应器配属供电部门，由供电部门负责管理；有砟轨道磁轨枕配属工务部门，轨枕由工务部门负责管理，磁感应装置由供电部门负责管理。有砟轨道磁枕由工务部门负责备料，进库和上道前由供电部门对预埋磁感应装置性能进行检测。因磁感应装置损坏需要更换时，由供电部门提出，工务部门配合。因磁轨枕损坏需要更换时，由工务部门提出，供电部门配合。

2. 机车或动车组上的信号接收、处理、控制装置，分别由机务和车辆部门管理和维修。

第12条 电化区段接触网设备管理分工。

1. 接触网设备与工务设备管理分界。

设立在铁路桥支墩上的接触网钢柱及拉线基础、无砟轨道区段支柱及拉线基础、轨枕板上的分相磁钢本体、固定框架、紧固螺母、植入轨道板的化学锚栓由供电部门负责日常管理。化学锚栓强度不足需要更换轨道板时，供电部门提出，工务部门负责配合更换。

2. 接触网设备与房建设备管理分界。

(1)利用雨棚柱固定安装接触网支撑装置时，房建单位与供电单位以焊接处为界，房建单位负责雨棚柱主体结构管理，焊接件以及焊接件以外的接触网悬吊设施由供电部门负责管理。

(2)利用在隧道内、上跨桥下(含桥墩侧面)及建筑物外表面安装预埋槽道或植入化学锚栓用以固定接触网吊柱、弹性支撑装置或补偿装置时，预埋件、紧固螺母、吊柱及补偿装置固定角钢等由供电部门负责日常管理。发现问题需要维修时，应征得隧道、上跨桥及建筑物管理部门的同意。

第13条　上跨立交、站房等设施管理分工。

一、路产设施设备的划分。

1. 站房、各类无柱雨棚,站内旅客天桥、廊道,旅客地道、站台由房建部门负责维修管理;其中站内旅客地道的主体结构由工务部门负责维修管理。

2. 站内各种电梯、空调、通风设备由相关直属站(车务段)或使用单位负责维护管理。

3. 铁路产权各类上跨立交桥桥梁主体（含防撞墙、防抛网、防护桩等设施)由工务部门负责管理。车站环形高架桥与站房为一体化结构时,设备(含防撞墙、防抛网、防护桩等设施)维修管理由房建部门负责。

4. 其他人行天桥主体包括所有设施由工务部门负责维修管理。

二、非路产设施设备划分。

各工务、供电、电务、通信段对非路产上跨铁路的各类建筑物、构筑物、桥梁均有安全检查及监管责任,日常必须建立对上述建筑物、构筑物、桥梁定期检查的制度,及时发现和联系处理可能威胁自身设备的安全隐患。其中:渡水槽,输送带栈桥,上跨铁路立交桥的主体、防抛网、防撞墙、桥头防护桩等,由工务部门负责检查监管;上跨铁路的电力线包括杆塔等电力设施设备由供电部门负责监管;通信杆塔等通信设施设备由通信部门负责监管。

第14条　工务设备与车辆设备管理分界。

动车所内动车清洗库线路、动车轮对检测库线路、动车检测库内线路、不落轮镟库线路,工务与车辆管理分界点设在库房外第一个钢轨接头,接头(不含)向库内方向由车辆部门管理,接头向库外方向由工务部门管理。

第15条 高速铁路自然灾害及异物侵限监测系统设备管理。

一、灾害监测系统维护管理范围划分如下。

1. 信息专业:集团公司中心系统(信息处理平台、监测业务终端、网络设备、网络安全设备,时间同步设备及其软件等),按线建设的灾害监测系统监控数据处理设备(即设置在铁路沿线或上海调度所的监控数据处理设备) 及调度所(行车、工务调度)和应急指挥台等相关监测业务终端。

2. 信号专业:监控单元至信号机房之间的电缆、信号系统侧的灾害监测系统接口设备及电务段监测维护终端。

3. 通信专业:监控单元(含专用配电箱)及配套网络设备,现场采集设备至监控单元之间的电(光)缆,通信段监测维护终端。

4. 工务专业:风、雨、雪、异物、地震等现场采集设备,工务段监测维护终端。

5. 供电专业:监控单元端子排(不含)至变电系统之间的设备。

二、灾害监测系统维护管理分界如下。

1. 工务和通信的分界点。

(1)风、雨、雪、异物现场采集设备与监控单元间:现场轨旁控制箱外电缆进线端100mm处为界, 该点往轨旁控制箱侧由工务部门负责维护;往监控单元侧由通信部门负责维护。

(2)地震现场采集设备与监控单元间:地震仪外罩外电缆进线端100mm处为界,该点往外罩侧由工务部门负责维护;往监控单元侧由通信专业负责维护。

(3)工务段监测维护终端:以通信专业提供的广域网第一处网络接口为分界点,该点往监控终端设备侧(含局域网)由工务部门负责维护，往通信设备侧由通信段负责维护。

2. 信息和通信的分界点。

(1)集团公司中心系统(包括按线建设的灾害监测系统监控数据处理设备)及调度所(行车、工务调度)监控终端：以通信专业提供的广域网第一处网络接口为分界点，该点往监控数据处理设备或监控终端设备侧(含局域网，不含协议转换器)由信息部门负责维护，往通信设备侧(含协议转换器)由通信段负责维护。

(2)调度所新调度楼三楼信息托管机房内网络汇聚交换机、局域网协议转换器、传输网络、防火墙、网络接入交换机等以及监控数据处理设备和六楼大厅内灾害监测系统终端主机、显示器、键盘鼠标、网络设备等，应急指挥调度台复示终端，大厅配线间内网络接入交换机等设备由信息技术所负责维护。

3. 信号和通信的分界点。

电务部门信号和通信的分界点(监控单元与信号机械室、信号中继站间)：以通信基站、牵引变电所或分区所监控单元内配线端子以外100mm处为界，该点往监控单元侧由通信部门负责维护，往信号机械室、信号中继站侧由信号部门负责维护。

4. 通信和供电的分界点。

(1)监控单元：以监控单元内第一开关箱上桩头100mm处为分界点。该点往监控单元侧由通信部门负责维护，往电源设备侧由供电部门负责维护。

(2)牵引变电所或分区所：灾害监测系统设置专用配电箱或防雷箱的，以配电箱上桩头100mm处为分界点，该点往监控单元侧由通信部门负责维护，往电源设备侧由供电部门负责维护。灾害监测系统未设置专用配电箱或防雷箱的,以电源屏空气开关下桩头100mm处为分界点，该点往监控单元侧由通信部门负责维护,往电源设备侧由供电部门负责维护。

(3)牵引变电所内监控单元与保护控制屏:以牵引变电专业保护屏端子排接入电缆下100mm处为分界点，该点往监控单元侧设备由通信部门负责维护,往保护控制屏侧设备由供电部门负责维护。

5. 信息和供电的分界点。

(1)集团公司中心系统(含设置于信息机房按线建设的灾害监测系统数据处理设备)电源维护管理按照集团公司《调度大楼设备管理分工规定》有关要求执行。

(2) 设置于沿线按线建设的灾害监测系统数据处理设备电源:由供电单位管辖设备直接供电的,以灾害监测系统数据处理中心设备机房内第一开关箱上桩头100mm处为分界点。该点向数据处理中心侧由信息部门负责维护管理,向电源侧由供电部门负责维护管理。

第16条 无线通信设备管理分工。

无线通信设备按固资归属划分管理责任。借用其他单位设施安装无线设备(如天线、挂吊通信电缆等)须与相关单位签订安全协议。

第17条 站内(含动车段、所)照明设备管理。

设置在电杆、灯塔、灯桥上的照明设备(含基础设备),由供电部门负责维护和管理。简易照明设备,由使用单位负责。

由基建项目配套的站内设置的作为站房配电所第三路电源的应急电源柴油发电机组以及车站(含中继站)配套的信号设备专用应急柴油发电机组由供电部门负责维修、管理和使用,其中车站配套的信号设备专用应急柴油发电机组应急时由车站负责启动供电,中继站信号设备专用应急柴油发电机组应急时由供电单位负责启动供电。动车所专用变电所由动车段负责管理，与供电单位以变压器低压桩头100mm处分界,低压配电柜由动车段负责管理,变压器及以上设备由供电单位负责管理,动车组地面电源由动车段负责管理,以高压桩头100mm处分界，分界点至电源侧设备由供电单位负责管理,分界点至负荷侧设备由动车段管理。

客运专线车站BAS系统(用于控制投光灯塔)与电力部门的管理分界以投光灯塔(灯桥)杆下电力控制箱控制光缆下桩头100mm处分界,分界点至投光灯塔侧,由供电单位负责管理,分界点至BAS系统侧由车站负责管理。

第18条 电缆管沟管理。

专业电缆管沟及盖板由各电缆设备管理单位管理。

信号、通信、供电等单位共用的综合电缆沟和盖板,在院室内的,由院室内单位负责维修;在院室外的,由电务单位负责维修。

与站台、桥梁采用混凝土一体浇筑的电缆沟,由站台、桥梁设备管理单位负责管理。

第19条 综合接地系统管理。

综合接地系统的贯通地线由电务部门负责管理与维护,综合接地系统内的各接地装置（含引接线和两端接头或端子)由各所属专业负责管理和维护,各专业需接入贯通地线时须经电务部门同意。

各专业接入综合接地系统的主要地线种类表

序号	专业	地线种类
1	信号	沿线信号设备(所有相关金属设备外壳)的安全地线和屏蔽地线、工作地线。
2	通信	沿线漏泄电缆悬吊钢索、通信电缆金属外皮的屏蔽地线,通信设备接地,避雷器的安全接地。
3	供电	电力电缆的金属外皮屏蔽地,电力变压器中性点接地线及设备外壳接地线,接触网回流线接地。
4	车辆	红外线轴温探测站、复示站的接地。
5	房建	1. 站台上雨棚、天桥及房建金属构筑物安全接地。 2. 车站信号楼、行车室、区间中继站、直放站、基站等房屋的避雷接地和照明线路保护接地。
6	工务	1. 无砟轨道板、隧道内、桥墩内非预应力钢筋接地。 2. 沿线距接触网带电体5m范围内金属构件(如桥栏杆、声屏障等)的防感应接地。
7	信息	沿线信息化系统设备的安全地线和屏蔽地线、工作地线。

第20条 站车消防设备管理。

1. 各生产场所按消防安全管理规定配备的消防设施,由各设备管理单位负责管理。客运车站候车室、售票处、站台、地道、天桥等处所的消防设施设备(含监控设备)由客运部门负责管理;信号楼行车(监控)室等处所配备的消防设备,由运输部门负责管理;货场配备的消防设备由货运部门负责管理;隧道配备的共用消防设施设备,由工务单位负责管理;隧道洞室内配备的专用消防设备,由洞室使用单位负责管理(多个单位共用时由主要使用单位负责);动车组以及客车上配备的消防设备由车辆单位负责管理;机车配备的消防设备由机务单位负责管理。

2. 设置在建筑物内的消防设备由各使用单位自行负责管理、维护;建筑物有多个单位共用时,公共部分由主要使用单位负责管理、维护。

3. 消防供水管理。

(1)设置在客运车站站内的消防泵房机电设备由车站负责管理、维护,设置在车站站外的消防泵房机电设备由房建单位负责管理、维护,车站内外以站区封闭设施为界。

供水管道由房建单位负责管理、维护(三等及以下客站室外消防供水管道由市政水源直供时,由车站负责管理、维护)。

对安装在地道、雨棚、站台、房舍外、上跨桥等设施上的消防供水管道,由房建单位负责管理,被附属物设备管理单位负监管责任,发现问题应及时向责任管理单位反馈。

(2)铁路沿线牵引变电所、配电所、隧道、大桥、沿线工区、货场等生产场所设置的消防泵房机电设备、室内外消防管道及消火栓等消防设施由各使用单位负责管理、维护。

(3)综合维修基地内专用消防系统,消防泵房机电设备、消防管道及消防终端设施(消火栓等)由工务部门牵头管理、维护,综合维修基地外(以水表或建筑物外5m为界)消防管道由房建单位负责管理、维护。

(4)编组站、客整所、动车所、存车场内设置的消防泵房机电设备、消防专用供水管道及消防终端设备、设施(含消火栓等)由编组站、客整所、动车所、存车场管理单位负责管理、维护,编组站、客整所、动车所、存车场外设置的消防泵房机电设备、供水管道由房建单位负责管理、维护。

(5)建筑物外消防和生活用水合用管网的,泵房机电设备和供水管道由房建单位负责管理、维护,建筑物内由使用单位(多家共用时由主要使用单位)负责管理、维护。

(6)院内有两个及以上单位建筑物共同使用消防泵房机

电设备和供水管道时，由主要使用单位负责管理、维护，院外（以院墙外5m为界）由房建单位负责。

（7）集团公司房建单位需提供满足其流量和压力要求的水源（路外水源直接供水的除外）。

4. 建筑物主要使用单位的确定按照以下原则执行：

（1）按使用单位的建制大小顺序，如站段级、车间级、班组级。

（2）按房屋使用面积大小顺序。

（3）按上述原则仍不能明确主要使用单位时报集团公司土房部研究确定。

第21条 长大桥梁、隧道固定照明和报警设备管理。

长大桥梁、隧道照明设施的高压引入及相关的变配电设备、变压器二次出口配电电源箱由电力部门管理并负责提供所需电源，低压线路及相关的配电、控制设备以及灯具等由工务部门管理；其分界点在变压器二次配电电源箱开关下桩头100mm处。

第22条 供电与用电单位设备管理。

采用架空引入方式的，供电部门负责管理第一横担以外的设备；采用电缆引入方式的，供电部门负责引入的电缆至电缆终端头进入用户配电箱引入线电源端子。用电单位或建筑物产权单位对采用架空引入方式的供电，负责第一横担至房屋内侧（包括建筑物上的横担、绝缘子、导线、电缆）设备的管理；对采用电缆引入方式供电的，负责配电箱（含）至负荷相关设备的管理。

第23条 车站与货运中心作业与设备管理。

一、设备管理。

车站与货场内各类设备，按照专业分工，维持既有管理规定。

二、有关作业办法。

1.货场内调车取送作业按《站细》相关规定执行。货运中心与车务站段协商一致,明确相关责任。

2.发生货运相关问题,在有货运业务的车站,由车务站段通知货运中心处理;在没有货运业务的车站,由车务站段负责应急处理后,通知货运中心派人处理。

第24条 动车所(动车存车场)作业与设备管理

一、动车所管理工作分工。

1. 动车所实行一体化管理，管理的主体单位为相关动车段。

2. 线路、平过道等工务设备(库内除外)由相关工务单位负责维护和管理。

3. 信号、通信等电务设备由相关电务、通信单位负责维护和管理。

4. 接触网等牵引供电设备由相关供电单位负责维护和管理。

5. 行车组织工作由相关车务单位负责。

二、动车所实行全封闭管理,围墙、栅栏等封闭设施由相关动车段负责维护和管理,进所通道以及无法封闭的处所应派人看守,动车所应建立日常巡检制度,及时清理各类闲杂人员,制止各类违规行为。

三、动车所内道路和平交道、人行过道由相关动车段负责管理,按规定设置安全警示设施,必要时应指派看守人员。

四、其他设备或作业的管理由相关动车段负责,管理有困难的,可委托相关单位进行,但须签订相关协议,明确责任和义务。

五、动车所与区间或车站的分界。

1. 设有进站信号机的，动车所与区间以进站信号机为界。

2. 未设进站信号机但设有调车信号机的，动车所与区间或车站以最外方调车信号机为界。

3. 动车所未设进站信号机的，车站与动车所间走行线按照区间管理。

4. 动车所具体分界在动车所行车工作细则中予以明确。

六、动车所施工管理。

1. 动车所内施工按照营业线施工管理，涉及动车所设备的施工项目，动车所必须派人参加相关施工协调会、预备会、点名会、总结会，以了解施工内容和影响范围，及时调整所内作业计划，减少对所内作业的影响。

2. 动车段负责及时将施工计划下发到动车所。

3. 施工人员凭施工派遣单进出动车所，并到动车所信号楼车站值班员处办理登销记手续。

七、动车存车场管理分工。

单独设置且附近未设置动车所(客整所)的动车存车场，管理的主体责任单位为车务单位(金山卫站存车场由动车段负责管理)，比照车站管理相关要求进行管理。

1. 动车存车场设置的化粪池及其附属设施属于房建设备，由相关房建单位负责维修管理，车站负责日常清理。

2. 动车存车场围墙、栅栏等封闭设施的维护和管理，比照车站有关规定进行管理。车站对进场通道门以及无法封闭的处所应派人看守，同时建立巡查制度，及时清理各类闲杂人员，制止各类违规行为。

3. 动车存车场内道路和平交道、人行过道由车务单位负责管理,按规定设置安全警示设施。线路、平过道等工务设备由工务单位负责维护,其他设备按照专业分工负责。

4. 车务单位负责行车组织相关工作,负责动车组看守并制定看守巡检制度。

5. 动车段负责动车组吸污、洗车作业以及冬季防寒防冻相关作业。

第25条 其他规定。

1. 声屏障和风屏障、客运专线旅客应急疏散通道、轨道控制网由工务部门负责维护和管理。

2. 有关道口设备管理分工的规定由集团公司道口办负责制定。

3. 有关信息设备与其他信号、通信、供电、车辆等设备管理分工的规定由信息管理部门负责制定。

4. 铁路上跨地方公路桥梁和地方桥梁上跨铁路时,因冬季结冰产生冰凌时,电气化线路上方影响供电行车设备安全的桥梁、出水孔冰凌,由供电单位负责处理,其他冰凌由工务单位负责处理。

5. 桥梁栏杆内外电缆槽道管理,按照“谁使用谁负责”的原则进行管理分工。信号、通信等单位共用的综合电缆槽,由电务单位负责管理。对未使用的电缆槽道,槽道下方为电气化铁路的,由供电单位负责;其他由电务单位负责。

对共用的电缆槽道,电缆迁移后,迁移单位应通知共用单位,最后使用单位电缆迁移后,应同步撤除电缆槽道。

6. 吸污设备管理,在车站、动车所(客整所)内设置的固定式和移动式吸污设备由车辆单位负责管理。

7. 客专电子围栏设备管理,工务部为栅栏、围墙部分的电子围栏责任管理部门,相关工务单位为责任管理单位。客运处为站台部分的电子围栏责任管理部门,相关车务单位为责任管理单位。电子围栏涉及通信网络部分由通信部门负责,电源部分由供电部门负责,具体设备管理分界在维修办法中明确。

8. 给用水设备管理分界。

(1)由集团公司供水管理单位提供水源的局管内运营单位及住宅区,在房屋、建筑物外部的供水公共管道、水栓由集团公司供水管理单位负责管理、维修;在房屋、建筑物内部的管道、水栓及支管由使用或负责房屋、建筑物维修的单位负责管理、维修。其分界点原则,以房屋、建筑物外部5m为界,其分界标志可为阀门或水表分界点,应便于双方人员对设备的检查和维修,水表或阀门归集团公司供水管理单位管理维修。

(2)局管内的生产企业单位和国铁集团所属以及路外的单位,以其院外(一般指围墙外)水表(总表)或院外5m为界,水表的来水侧部分(包括水表)由集团公司供水管理单位负责管理、维修,水表的去水侧部分由使用单位管理、维修。

(3)在集团公司供水管理单位管理、维修的管道上安装的水鹤、列车洒水栓、客车给水栓、货车给水栓、槽车给水栓、室外消火栓由供水管理单位维修,由各使用单位管理并指定专人负责保管。

(4)各单位自建的独立给水设备和由路外水源直接供给其生活生产用水的给水设备,不论室内、外,均由使用单位或产权部门负责管理、维修。

(5)其他有特殊要求的供水设备的分界,可由供用水双方另行约定执行,但必须签订供用水协议。

9. 客运车站上水线路走道板管理分工的规定。

(1)利用电缆沟盖板作为走道板时,盖板管理的分工按照第18条规定执行,即专业电缆管沟盖板由各电缆设备管理单位管理,信号、通信、供电等单位共用的综合电缆沟盖板,由电务单位负责维修。与站台、桥梁采用混凝土一体浇筑的电缆沟盖板,由站台、桥梁设备管理单位负责管理。

(2)利用线路排水沟盖板作为走道板时,盖板由工务单位负责管理。

(3)利用供水管沟盖板作为走道板时,盖板由供水管理单位负责管理。

(4)直接铺设在地面的专用上水线路走道板,由车站负责管理。

(5)利用吸污管沟盖板作为走道板时,盖板由车辆单位负责管理。

10. 接触网支柱上加装的定位系统射频卡由工务部门负责维护管理。

11. 路外单位需在铁路区间和站内(含站房内)安装各类非路产通信设备设施时,由电务部门负责归口管理,制定具体管理办法,牵头组织对技术方案和施工方案进行审查,经审查同意后方可准许安装。

通信段牵头与非路产通信设备设施产权单位签订协议,明确各自权利义务、责任分担等。

对安装在隧道、雨棚、站台、房建、上跨桥等铁路设备上的各类通信设备设施,需经被附着设备管理单位同意。相关单位发现问题应及时向通信段反馈。

12. 铁路线路上设置大门时,大门管理单位应在大门中间揭挂直径为300mm的带反光材料的红色圆牌。

13. 铁路桥墩上设置的电缆爬架(梯)管理分工的规定:

(1)工务、电务、供电等设备管理单位专用的电缆爬架(梯)和防护桩按照“谁使用、谁管理”的原则,由使用单位负责管理。

(2)工务、电务、供电等设备管理单位共用的电缆爬架(梯),由电务单位负责管理。

14. 既有车站(线路所)撤销(关闭)时,相关设备设施由原设备管理单位负责拆除。特殊原因无法拆除或需继续保留的,由原设备管理单位负责管理;相关设备设施继续使用的,由原设备管理单位和现使用单位按规定办理移交手续,由接管单位负责管理。

附件10

列车无线调度通信设备使用、维修、管理办法

第一章 列车无线调度通信系统概述

列车无线调度通信系统由五个分系统组成，分别是列车无线调度电话系统、TDCS无线车次号校核系统、调度命令无线传送系统、列车尾部安全防护装置和列车防护报警系统（LBJ）。

GSM-R系统能实现列车无线调度通信、无线车次号传送、调度命令无线传送等功能，是对传统模拟制式列车无线调度通信系统的数字化改造。机车综合无线通信设备（CIR）是上述各功能的集成，安装于机车或动车组上，兼容模拟列车无线调度通信和数字通信功能。

一、列车无线调度电话系统。

列车无线调度电话系统分模拟列车无线调度电话系统和GSM-R数字列车无线调度电话系统。

模拟列车无线调度电话系统由无线列调总机、车站电台、车站语音记录仪、机车电台（或CIR）、助理值班员电台（便携电台）、车辆乘务员电台（便携电台）等组成。GSM-R列车无线调度电话系统由数调台（FAS台）、移动交换系统（MSC）、基站子系统（BSS）、分组数据无线系统（GPRS）、移动终端设备（CIR或GSM-R手机）等组成，可实现调度所调度员、机车司机、车站值班员（助理值班员）、车辆乘务员）之间通信。

GSM-R系统通常情况下采用点对点的通信方式，使用者需注册本岗位的功能号，可使用功能号、短号码（12XX，13XX

等)或直接用预分配的号码(11位电话号码)进行呼叫。当遇紧急情况需向其他移动台或相关调度员、车站值班员发布紧急事项时,可采用“紧急呼叫”或“组呼”功能进行呼叫。

二、TDCS无线车次号校核系统。

TDCS无线车次号校核系统能实时显示列车运行位置。该系统由车载设备和地面设备组成。车载设备由无线列调机车电台(或CIR)、车次号编码器、TDCS接口适配器和机车安全信息综合监测装置(TAX箱)(由电务段维护)组成;地面设备有车次号无线接收机、车次号解码器、TDCS系统(由电务段维护)组成。每当列车通过某一车站的进站信号机和出站信号机时,车载设备向地面接收设备发送车次号信息,地面设备收到信息后在车站、调度所TDCS系统的显示终端上显示该次列车的车次信息,并标注当前的列车位置。

三、调度命令无线传送系统。

列车调度员或车站值班员利用该系统可直接向机车司机发送调度命令(包括行车凭证、调车作业通知单、列车接车进路预告等信息,以下同)。该系统由车载设备(或CIR)和地面设备组成。地面设备由行车调度台、车站转接器、无线列调车站电台、TDCS无线车次号校核系统、TDCS系统组成。列车调度员或车站值班员根据列车运行位置,选择合适的车站,向机车发布命令;车载设备收到调度命令后,在显示终端上显示调度命令内容,同时车载设备提醒司机签收。地面设备将司机的签收信息传送到调度台和各相关车站。

四、列车尾部安全防护装置(列尾装置)。

列车尾部安全防护装置(列尾装置)分为客车列尾装置和货车列尾装置,列车司机可通过列尾装置查询列车尾部风压和实施尾部排风。其中,客车列尾装置由客车列尾主机

(KLW)和列车防护报警装置(LBJ)设备组成,KLW主机由车辆部门维护,LBJ设备由电务段维护;货车列尾装置由CIR或列尾机车台和列尾主机组成,CIR、列尾机车台由电务段维护,列尾主机由运输部门维护。

五、列车防护报警系统(LBJ)。

列车防护报警系统(LBJ)是列车在运行过程中,当遇突发事件需向其他列车或道口通报列车位置的装置,当司机压下CIR操作面板上的"报警"按钮后,LBJ持续发布机车故障报警信息,再次按压"报警"按钮后,报警消除。

第二章　列车无线调度通信系统设备使用、维修、管理

一、模拟列车无线调度通信系统设备使用、维修、管理。

1. 列车无线调度通信系统属行车专用通信设备,设备的使用、维修、管理牵涉多个单位,各单位间应建立联劳协作制度。

2. 未经集团公司无线电管理委员会办公室同意,不得擅自为非无线列调电台设置无线列调频点。

3. 各使用单位发现无线列调频率受到干扰时,应及时报告集团公司无线电管理机构,各单位应为地方和铁路无线电管理机构查找干扰提供方便。

4. 列车无线调度通信系统日常使用人员为:

调度所:值班主任、列车调度员、机车调度员;

车　站:车站值班员、助理值班员;

机务段(大机运用检修段):段调度员、司机、副司机;

车辆段:车辆乘务员;

其　他:自轮运转特种设备司机、救援列车主任、道口看

守员、防洪抢险救灾人员以及电务添乘检查人员。

5. 便携台按每人一台配置,日常的充电工作原则上由各使用单位负责。便携台电池、天线、皮套属易耗品,由通信段根据实际性能状态更新,确保设备使用质量。

6. 使用单位应妥善保管好电台,发生丢失和人为损坏电台的,应由责任人进行赔偿。

7. 为保证列车无线调度通信系统的运用质量,机车设备由电务段负责专业养护维修。机务段(动车段)每月应将机车(动车组)进出厂检修需拆装电台的计划及时通知电务段。

8. 各单位应将列车无线调度通信系统中的所有设备(包括备用设备)纳入检修计划,落实日常维护、定期检修和重点整治制度;每月应对管内列车无线调度通信设备的运用情况进行添乘检查,发现问题及时处理,保证设备经常处于良好状态。便携电台的检修计划由通信段编制并送交使用单位,使用单位负责检修电台的取送。

9. 通信段、电务段应明确无线电台故障受理部门,向各使用单位公布故障受理电话,每天 24h 受理故障申告,车站电台故障须在 4h 内修复。

10. 外段机车发生电台故障时, 由机车乘务员向机务值班员报告并填写“机统-6”,电务段接到通知后应立即进行检修。

11. 通信段、电务段负责提供必要的专业知识培训。各设备使用单位要对新上岗的人员进行操作培训,设备维护单位提供技术支持。

二、GSM-R 列车无线调度电话系统设备维修、管理。

GSM-R 列车无线调度电话系统网络设备由通信段维修管理,司机用手持台维修由通信段负责;其他岗位手持台的维修由各单位负责,通信段和电务部协助联系维修单位。

第三章　使用无线列调时的有关注意事项

一、使用列车无线调度电话联系列车运行注意事项时,应语言清楚,简短扼要,受语者必须复诵。发话者确认受话者复诵无误后,方可认为联系事项传达完毕。

二、双机重联时,本务机车电台开启并注册车次功能号,重联端机车电台只能注册补机功能号,不准注册与操控端相同的车次功能号;对双机重联且双端相同机车号的机车,重联端机车电台须关闭。

三、为确保列车调度员的行车指挥和执行车机联控制度,使用双工制无线列调设备的区段,车站值班员与司机间通话应使用单工通话方式。除发生危及人身及行车安全情况外,不准车站值班员、司机使用"隧道/紧急"按钮进行通话或切断他人通话。

附件 11

信号、闭塞设备使用办法

一、6502 型电气集中设备使用办法。

(一)设备概况。

6502 型电气集中设备,分为室内和室外两部分。室内设备有:供行车人员操纵的单元控制台、人工解锁盘。在继电室内设有继电器组合及组合架,供电气集中设备使用的交流电源屏、直流电源屏以及分线盘等。室外设备有:色灯信号机、电动转辙机、轨道电路和信号电缆。与自动闭塞结合时,室内还设有移频电子盒。与半自动闭塞结合时,也设有继电半自动闭塞设备。

(二)6502 型电气集中设备应保证下列技术条件:

1. 当进路上的有关道岔开通位置不对或敌对信号机未关闭时,该信号机不能开放。信号机开放后,该进路上的有关道岔不能扳动,其敌对信号机不能开放。

2. 当进路内轨道区段有车占用时,有关列车信号机不能开放。道岔区段有车占用时,有关道岔不能扳动。

3. 与进站色灯信号机同方向的位于正线上的出站信号机未开放时,进站色灯信号机不能显示绿色灯光。主体信号机未开放时,预告及复示信号机不能显示表示主体信号机开放的信号。

4. 在控制台上,能监督线路及道岔区段是否占用,检查线路开通方向,反映有关信号机的显示,监督是否挤岔,并于挤岔的同时,使进路的有关信号机自动关闭。

5. 在道岔第一连接杆处的尖轨与基本轨间有 4mm 及其

以上不密贴时,应无表示及不能锁闭道岔或开放信号机。

6. 列车及调车进路应设有进路锁闭和接近锁闭。在排好进路开放信号机后,首先构成进路锁闭,当列车或车列进入信号机的接近区段时,应构成接近锁闭。未设接近区段时,信号机开放后应构成接近锁闭。

7. 在进站信号机外制动距离内有超过6‰的下坡道而接车线末端无隔开设备时，除办理通过进路及延续进路外，相对方向的接车进路、非同一到发线上同向的发车进路以及对方咽喉的调车进路均不能同时排列。

8. 当进站(进路)及正线出站信号机显示的红色灯光熄灭时,应不能开放该信号机。在信号机开放后,应对开放的信号机的灯丝状态不间断地进行检查。列车信号机应具有主副灯丝自动转换设备。

9. 下列情况开放的信号机应自动关闭:

(1)列车信号机:当列车第一轮对越过该信号机后。

(2)调车信号机:当车列全部进入其内方时。在调车信号机外方接近区段内留有车辆或无接近区段的情况下,当车列出清信号机内方第一轨道区段时。

(3)当信号机防护的进路条件发生变化时(如道岔失去表示、轨道区段故障,防护道岔被摇动等)。

(4)当信号机灯泡主副灯丝均断丝时。未设灯丝转换设备的调车信号机,当灯丝断丝时。

10. 为了防止由于守车跳动，使轨道电路瞬间分路不良造成提前错误解锁,采用出清道岔区段后延时3s的解锁办法。

11. 进路解锁采用逐段解锁方式。人工解锁实行下列延时解锁:

(1)进站或正线出站列车进路延时3min;

(2)侧线出站进路和调车进路延时30s。

12. 为提高大站调车作业效率，在咽喉区设置中间调车信号机，调车进路设中途返回解锁，允许相对方向同时向同一股道调车。

13. 电动道岔转动后，应保证能转换到底。如因故被阻不能转换到底时，经操纵后应能返回原位。

14. 在排列长调车进路时，不论在该进路上有几架同方向的调车信号机，均能保证这些信号机由远而近依次开放。

15. 到发线腰部道岔，均需满足进路联锁的要求，一般采用电动道岔并设调车信号机。如采用电锁器道岔，则不设调车信号机。

16. 当道岔单独操纵按钮拉出亮红灯时，再排列进路，该道岔不能转换。

(三)按钮的用途及表示方式。

在控制台盘面上，装有站场线路的模拟图形、按钮和表示灯。车站值班员利用按钮集中操纵全站的道岔和信号机，并通过表示灯和光带了解设备状态和线路占用情况。有关区间闭塞的按钮和表示灯也设在控制台上。各种按钮和表示灯的用途如下：

1. 进路按钮。

为二位自复式带灯按钮，每架信号机处设一个，对于出站兼调车信号机则设两个，一个为列车按钮(绿色)，一个为调车按钮(白色)。在无信号机的进路终端处，设列车或调车终端按钮。

在进路排列过程中，始端按钮表示灯闪光，当进路锁闭时，始端按钮改亮稳定灯光，至信号机开放时灭灯。

进路按钮以操纵顺序先后，既可作始端按钮，又可作终端按钮。始端按钮除用来排列进路外，当重复开放信号机、取消进路和人工解锁时也均须使用。

2. 进路排列表示灯。

两端各设一个，排列进路时亮红灯，进路排通或未排进路时灭灯。

3. 接通光带表示按钮。

为二位自复式按钮，两端各设一个。按下时点亮白光带，供检查进路用。

4. 变更按钮。

为二位自复式带灯按钮，设在变更进路处，如该处有调车信号机时，即以调车按钮兼用。排列变更进路时，须先按下始端按钮，再按下变更按钮，然后按下终端按钮。

5. 总取消按钮、总人工解锁按钮。

总取消按钮采用二位自复式按钮，总人工解锁按钮采用二位自复式带铅封按钮，两端各设一个。取消进路时，要同时按下总取消按钮和进路始端按钮。人工解锁时，要同时按下总人工解锁按钮和进路始端按钮。

在办理取消进路或人工解锁时，控制台上均有红灯表示。

6. 道岔单独操纵按钮、道岔总定位按钮、道岔总反位按钮。

道岔单独操纵按钮采用三位非自复式带灯按钮，按下为自复式，拉出为非自复式。道岔总定位和总反位按钮采用二位自复式。不论单动或双动道岔均设一个单独操纵按钮，两端各设一个道岔总定位和总反位按钮。操纵道岔至定位（或反位）要同时按下单独操纵按钮和总定位（总反位）按钮。

7. 接通道岔表示按钮、道岔表示灯。

为二位非自复式按钮，两端各设一个，用于检查该端道岔位置。按下按钮，使道岔定位或反位表示灯亮灯。绿灯表示道岔定位,黄灯表示道岔反位,道岔故障时无表示。

8. 切断挤岔电铃按钮。

为二位非自复式带灯按钮,全站设一个。当道岔被挤或长时间(13s)无表示时,按钮上表示灯亮红灯,同时挤岔铃响。此时,可按下按钮切断响铃电路。待道岔修复后,红灯熄灭,电铃又响,拉出按钮即恢复正常。

9. 引导信号按钮、引导总锁闭按钮。

引导信号按钮采用二位自复式带铅封按钮,引导总锁闭按钮采用二位非自复式带铅封按钮,前者每架进站、进路信号机设一个,后者两端各设一个。开放引导信号要按下引导按钮。

在不能按正常引导方式开放引导信号时, 要实行全咽喉道岔总锁闭引导。此时,应先按下引导总锁闭按钮,再按下引导信号按钮。

10. 轨道停电恢复按钮(6502 新电路无此按钮)。

为二位自复式带灯按钮,两端各设一个,用于监督轨道供电情况,并防止进路错误解锁。按钮表示灯平时灭灯。表示轨道电路供电正常。如轨道供电因故障停电,按钮表示灯亮白灯。故障修复后,按下按钮才能恢复向轨道供由。使进路解锁,按钮表示灯灭灯。

11. 电源切换按钮。

为二位非自复式按钮,全站设一个。主电源供电时,控制台上表示灯亮绿灯,副电源供电时,表示灯亮白灯。如主电源自动切换,由副电源供电时,则电铃鸣响,按下按钮切断电铃。反之,由自副电源恢复为主电源供电时,电铃又响。拉出按钮恢复正常。

12. 通过按钮。

为二位自复式带灯按钮，在办理通过车站的进路时，有的站是按始端的进路按钮和终端的通过按钮；有的站是始端按通过按钮，终端按进路按钮。

13. 区段人工解锁按钮。

为二位自复式带铅封按钮，每个道岔区段和无岔区段各设一个。当区段因故障不能按进路方式解锁时，可用它和总人工解锁按钮配合，实现个别区段的人工解锁。当以正常手续不能关闭信号机时，也可用它手动关闭信号机。

14. 信号表示灯。

(1)进站、进路信号机表示灯，平时亮红灯，表示信号机在关闭状态。开放进站、进路信号机时，表示灯亮绿灯，开放引导信号时，表示灯亮红灯和白灯。

当信号机显示的红色灯光熄灭时，表示灯闪红灯。当信号机显示的绿色灯光或黄色灯光熄灭时。表示灯绿灯熄灭变为红灯。当引导信号开放后月白色灯光熄灭时，表示灯闪白灯。

(2)出站兼调车信号机表示灯，平时不亮灯，表示信号机在关闭状态。开放出站信号机时，表示灯亮绿灯。开放调车信号机时，表示灯亮白灯。

当信号机显示的红色灯光熄灭时，表示灯闪白灯；当信号机开放后显示的绿色灯光或白色灯光熄灭时，表示灯绿灯或白灯熄灭。

(3)调车信号机表示灯，平时不亮灯，表示信号机在关闭状态。开放调车信号机时，表示灯亮白灯。

当信号机显示的蓝色灯光熄灭时，表示灯闪白灯。当号机开放后显示的白色灯光熄灭时，表示灯白灯熄灭。

15. 轨道光带表示灯。

平时光带不亮灯,表示进路没有锁闭,轨道区段无车占用。当排列进路锁闭后,亮白光带。列车或车列进入轨道区段后,该区段白光带熄灭而亮红光带。列车或车列出清轨道区段后,红光带熄灭。列车或车列全部进入股道进路解锁后,该股道上亮两节红光带。当办理正常引导时,进路显示白光带。当不能按正常引导方式开放引导信号时,则无白光带,但当列车进入进路内轨道区段时有红光带表示。

16. 接近及离去表示灯。

在自动闭塞区段,上下行各设两个接近(一接近、二接近)和两个离去(一离去、二离去)表示灯。在半自动闭塞区段,上下行各设一个接近和一个离去表示灯。

当列车进入接近区段时,接近表示灯亮灯,并瞬间铃响(自动闭塞区段,在列车进入第二接近区段时响铃)。当列车进入离去区段时,离去表示灯亮灯。当列车出清接近或离去区段后,表示灯熄灭。

(四)操纵使用办法。

1. 排列进路。

6502 型电气集中采用双按钮进路式排列基本进路的方法,但在排列非基本进路(变更进路)时,则应附加操纵手续,办理进路的方法如下:

(1)排列基本进路时,先按下进路始端按钮,后按下进路终端按钮。排列通过进路时,应使用通过按钮排列。

(2)排列列车变更进路时,先按下进路始端按钮,后按下变更进路处的变更按钮或调车按钮,再按下进路终端按钮。

(3)排列调车变更进路时,若变更进路处为差置、并置调车信号机,或为单置调车信号机,且该信号机和始端调车信号机方向相同时,均应采取分段办理调车进路。

(4)排列列车通过进路或长调车进路(排列的调车进路上有两架及其以上调车信号机)时,可一次办理或分段办理。

(5)办理非进路调车时,应按下非进路调车按钮(为二位非自复式带灯按钮),按钮上表示亮闪白灯,进路上道岔即开通牵出线位置并锁闭,同时进路上调车信号机全部开放。此时,按钮表示灯亮稳定白灯。

(6)办理局部控制(以下简称局控)调车时,信号楼操纵人员确认该区段无机车车辆占用后,按下局控按钮,控制台和地面局控盘上,局控表示灯均亮闪白灯。此时,地面局控盘操纵人员按下局控按钮,表示灯均亮稳定白灯,即可由地面局控盘进行操纵调车。

当局控调车完毕,确认机车车辆已出清该轨道区段后,地面局控盘操纵人员拉出局控按钮,信号楼和地面局控盘局控表示灯又亮闪白灯。此时,信号楼操纵人员即可拉出局控按钮,表示灯均熄灭,恢复集中控制。

2. 取消进路。

(1)当进路办好以后,如列车未进入接近区段时,同时按下总取消按钮和进路始端按钮,信号机即行关闭,进路即可取消。

(2)当进路办好以后,如列车已进入接近区段时,同时按下总人工解锁按钮和进路始端按钮,信号机即行关闭。但进路需经下列延时后解锁:

①进站和正线出站列车进路延时 3min。

②侧线出站进路和调车进路延时 30s。

3. 进路锁闭及解锁方式。

(1)进路排列完成后,即实行进路锁闭,该进路显示白光带。当列车或车列占用轨道区段后变红光带,并随列车或车列走行逐段变红光带，出清轨道区段后，红光带即逐段熄灭，进路分段顺序解锁。

进路正常解锁一般采用三点检查法，任何一个区段解锁，都要检查前一区段被占用过，本区段占用后又出清，确已进入下一个区段。但进站(进路)、出站(进路)信号机、差置调车信号机、尽头线调车信号机的内方第一轨道区段，因相邻前方区段为到发线、区间、无岔区段或尽头线，在满足后两点检查后即可解锁。

(2)在进路正常解锁过程中，如因故造成某一区段或几个区段漏解锁时，在确认该区段无机车车辆占用后，由两人配合同时按下总人工解锁按钮和所要解锁的区段人工解锁按钮，该区段即可解锁。

(3)开放的长调车进路未全部占用，可中途返回解锁，即出清返回信号机调车进路时，其返回信号机外方区段应自动解锁。

(4)非进路调车的进路解锁：值班员在确认该进路空闲后，拉出非进路调车按钮，按钮表示灯闪白灯，调车信机即行关闭，但进路需延时30s才能解锁，按钮表示灯熄灭。

办理非进路调车时，控制台上无白光带(也有亮白光带的)，但当车列进入进路内轨道区段时均有红光带表示。

(5)交流停电后的解锁：当主副两路电源均停电时，控制台无表示。恢复供电后，出现白光带(轨道区段有机车辆占用时亮红光带)，此时值班员应先按下轨道停电恢复按钮，由两人配合同时再按下总人工解锁按钮和各区段人工解锁按钮，进路即可解锁，白光带熄灭。

(6)轨道电路停电后的解锁：当未排进路时，如轨道电路停电，控制台上出现红光带，恢复供电后，红光带熄灭，进路自动解锁，但值班员仍需按下轨道停电恢复按钮，使解锁电路恢复正常。当已排进路时，如轨道电路停电，控制台上出现红光带，恢复供电后，红光带熄灭变为白光带，进路不能自动解锁。如此时列车未进入按近区段，应先按下轨道停电恢复按钮，同时再按下总取消按钮和进路始端按钮，进路经延时后才能解锁(6502 新电路无轨道停电恢复按钮)。

(7)中岔的解锁。

凡排列到发线有中岔的列车进路时，该中岔(电动道岔)应自动转到规定位置(定位)，并在锁闭后，才能开放信号机。

接车时，列车全部进入到发线后，如未压上中岔区段时，该道岔需延时 3min 才能解锁。如已压上中岔区段时，该道岔不能解锁。如压上并出清中岔区段时，该道岔立即解锁。进站信号机开放后又取消时，该道岔立即解锁。

发车时，如列车出清中岔区段，当列车头部进入出站信号机内方时，该道岔立即解锁。如到发线留有车辆，列车压上并出清中岔区段，当列车头部进入出站信号机内方时，该道岔立即解锁。如到发线留有车辆，列车未经中岔区段，当列车头部进人出站信号机内方时，该道岔需延时 3min 才能解锁。如到发线留有车辆占用中岔区段，当列车全部出清发车进路后，该道岔也不能解锁。出站信号机开放后又取消时，如到发线无车，该道岔立即解锁。如到发线有车，未压中岔区段，该道岔需延时 3min 才能解锁。

调车时，只要车列完全出清中岔区段，该道岔即可解锁。调车信号机开放后又取消时，如接近区段无车，该道岔立即解锁。如接近区段有车，该道岔需延时 30s 才能解锁。

4. 引导信号的开放。

(1)正常引导方法。

如进站(进路)信号机发生故障或轨道电路故障而不能开放时,应采用正常引导方法开放引导信号。值班员用进路按钮或道岔单独操纵按钮,先排列好进路(如轨道电路故障,还须把故障区段的道岔按钮拉出,以防故障修复后该区段的道岔解锁),然后按下引导信号按钮,进路锁闭,引导信号开放,控制台上有白光带表示(轨道电路故障的区段为红光带)。当列车第一轮对越过进站(进路)信号机后,引导信号自动关闭。列车进入股道后,进路仍不解锁,值班员应确认列车完全到达后,同时按下总人工解锁按钮和进站(进路)信号机的始端按钮,引导进路一次解锁,白光带熄灭。

引导信号开放后又需关闭时,值班员可同时按下总人工解锁按钮和进站(进路)信号机的始端按钮,使引导信号关闭,引导进路一次解锁,白光带熄灭。

(2)总锁闭引导方法。

当道岔失去表示或向非到发线接车时,应采用总锁闭引导方法开放引导信号。值班员须确认道岔位置正确,进路空闲,敌对进路未办理及敌对信号机未开放(如手摇道岔时,应按《行规》规定办理),按下引导总锁闭按钮,控制台上表示灯亮白灯,此时道岔实行全咽喉锁闭,但无白光带表示,再按下引导信号按钮,引导信号开放。列车第一轮对越过进站(进路)信号机后,引导信号自动关闭,值班员应确认列车完全进入股道后,将引导总锁闭按钮拉出,表示灯白灯熄灭,咽喉区道岔即行解锁。

引导信号开放后又需关闭时,值班员先拉出引导总锁闭按钮,使引导信号关闭,咽喉区道岔解锁,同时再按下总人工解锁按钮和进站(进路)信号机的始端按钮,使引导按钮电路复原,否则同一咽喉区出站信号机不能开放。

(3)如进站(进路)信号机内方第一轨道区段故障时,因引导信号开放后不能保留，值班员要一直按下引导信号按钮,至列车头部进入进站(进路)信号机内方后才能松手。

(五)注意事项。

1. 办理进路,应于进路排列表示灯和总取消按钮表示灯灭灯时进行。当进路排列中,部分道岔不能转动时,应将进路上的所有进路按钮都进行一次取消或人工解锁后,再重新排列。在已排好的进路上,不准再办理交叉和重迭进路,也不准由两个方向同时向同一个无岔区段调车。

2. 在办理进路过程中,如错办进路、误按按钮时,应同时按下总取消按钮和进路始端按钮，使进路取消后再重新排列。如道岔不能转换到底(挤岔铃响),除取消进路外,并将道岔恢复原位。

3. 进路排列后,如信号机因故跳回,按下原进路始端按钮,信号机即可重复开放。当控制台信号表示灯闪光或开放信号机后无表示时,如确认地面信号机显示良好,可继续使用,但应通知信号工区修理。已增设灯丝转换报警的车站,当信号机主灯丝断丝转亮副灯丝时,控制台上断丝表示灯亮红灯。同时响铃,按下切断断丝电铃按钮。电铃停响。值班员应立即通知信号工区检查处理。修复后,表示灯红灯熄灭。电铃又响。拉出按钮即恢复正常。

4. 以正常手续不能关闭信号机时,可使用区段人工解锁按钮关闭信号机。但关闭列车信号机时,应按下进路的第一个道岔区段按钮。关闭调车信号机时,应按下该进路的最后一个道岔区段按钮。

使用总人工解锁按钮和区段人工解锁按钮时,须确认所解锁的区段无机车车辆占用。

5. 道岔区段故障出现红光带时，该区段内道岔不能解锁。此时,可使用手摇把转动道岔。

6. 采用总锁闭引导接车时,如同时有平行作业,应事先准备好平行进路,再按下引导总锁闭按钮。

7. 改按电话闭塞法发车或引导接车不能锁闭道岔时,可开放调车信号机锁闭道岔,也可将进路上有关道岔的单独操纵道岔按钮拉出进行单独锁闭。但手摇道岔时,应按《行规》规定办理。

8. 单置调车信号机作为长调车进路中的阻挡信号时,如分段办理调车进路,该按钮要按压两次,前一次作为进路终端,后一次作为进路始端,但按第二次时,要在进路排列表示灯灭灯后进行。差置或并置调车信号机的进路终端(起阻挡作用的调车信号机)和终端按钮不在同一地点,办理时,终端按钮应按压其背向的调车信号机按钮。

9. 清扫或维修道岔时，应取得车站值班员同意后方可进行。此时,车站值班员应将有关道岔单独操纵按钮拉出并使用安全夹(帽)。办理本咽喉人工解锁时,不准单独操纵道岔。

10. 因电务设备故障,需破封使用引导信号按钮、引导总锁闭按钮、总人工解锁按钮、区段人工解锁按钮和电动道岔手摇把时,应办理登记手续并及时通知信号工区加封。

(六)下列情况,禁止办理。

1. 在同一咽喉区内,当所排列的进路排列表示灯未熄灭前,同时排列另一条进路。

2. 在同一咽喉区内,当排列一条进路后,控制台光带未亮白光带前,即取消另一条进路。

3. 在排列进路时，使用两种不同用途的按钮排列进路

(办理变更进路时除外)。

4. 溜放调车时,控制台面上,出现"红一白一红"光带,在未确认该解锁不了的区段确无机车车辆占用的情况下,使用人工解锁按钮解锁。

5. 在前一条进路或进路中某一区段尚未解锁时,预先办理与此区段有关的进路。

6. 当进路已形成接近锁闭的情况下,因故关闭信号机,在延时解锁时间内,强行使用区段人工解锁按钮,解锁进路。

(七)计算机联锁设备,其设备性能、按钮设置及表示方式和操作办法各不相同,但技术条件应符合本办法所列的技术条件。各站可根据本站设备的具体情况,制订补充使用办法。

二、8505 型色灯电锁器设备使用办法。

(一)设备概况。

8505 型色灯电锁器联锁的室内主要设备有,控制台、继电器架。室外主要设备有:色灯信号机、转辙握柄、转换锁闭器和信号电缆。与半自动闭塞结合时、室内还有继电半自动闭塞设备。

控制台是车站的控制中心,用于控制、监督进路和信号机。继电器架是实现联锁的设备。用色灯信号机显示各种信号。用转辙握柄及转换锁闭器转换和锁闭道岔。

(二)8505 型色灯电锁器设备应保证实现下列技术条件:

1. 进站、出站信号机开放后,其电路应对进路联锁条件不间断地进行检查。上述信号机关闭后,未经再次办理,不得重复开放。

2. 接发车进路,应在防护该进路的信号机开放前被锁闭。经过人工操纵后,才能解锁进路。

3. 应保证车站值班员对接发车进路的控制,并能及时关闭信号机。

4. 不能单独使用按钮和手柄接点完成敌对联锁条件。

5. 进站、出站信号机的操纵方式,采用按区间方向设置接发车按钮各一个,并按每股到发线设上、下行进路检查按钮各一个(不论区间方向多少)。接发列车时,通过按压两个按钮以锁闭进路和开放信号机。

6. 进站、出站信号机点灯电路,应具有主、副灯丝的自动转换装置(引导信号不设灯丝转换装置)。进站及办理通过的正线出站信号机应设有灯丝监督。当该信号机的红灯灭灯时,该信号机应不能开放。

进站、出站信号机及引导信号开放后,在电路中,应对信号机的灯丝状态不间断地进行检查。

7. 引导信号开放后,不检查进路的开通状况,对另端咽喉也不进行检查,但须检查所属主体信号机未开放及红灯在点灯状态。

8. 有条件的车站,到发线应设有轨道电路。

(三)按钮及表示方式。

在控制台盘面上装有站场线路的模拟图形、按钮和表示灯,车站值班员通过进路表示灯确认进路,利用按钮开放信号机并监督信号机的开放情况。有关区间闭塞的按钮和表示灯也设在控制台上。各种按钮和表示灯的用途如下:

1. 表示灯。

(1)进站信号机表示灯,平时亮红色,表示信号机在关闭状态。开放进站信号机后,表示灯亮绿色(有的车站在开放进站信号机时亮黄灯)。开放引导信号时,表示灯亮红灯和白灯。

当进站信号机显示的红色灯光熄灭时，该表示灯灭灯。此时,该信号机不能开放。当进站信号机显示的绿色灯光或黄色灯光灭灯时,开放信号机后,表示灯变为红灯。当引导信号开放后,显示的月白色灯光熄灭时,表示灯只亮红灯。

(2)出站信号机表示灯,平时不亮灯,表示信号机在关闭状态。开放出站信号机后,表示灯亮绿灯。当出站信号机显示的绿色灯光熄灭时,开放信号机后,表示灯无显示。

(3)进路表示灯,平时不亮灯,当某一进路开通后,该进路表示灯亮白灯。

(4)锁闭表示灯,平时不亮灯,当办理预先锁闭后,锁闭表示灯亮红灯。

2. 按钮。

(1)锁闭按钮。

为三位自复式按钮,两端各设一个。按下该按钮后,可将已开通的进路实现预先锁闭。取消锁闭时,拉出该按钮。

(2)进站信号机按钮。

为三位自复式按钮,每架进站信号机设一个,在开放进站信号机时使用。

(3)出站信号机按钮。

为三位自复式按钮,两端各设一个。在开放出站信号机时使用。

(4)停电按钮。

为二位非自复式带灯按钮。当交流供电的主电源停电时该按钮表示灯亮红灯,同时响铃,按下该按钮后,停止响铃。

(5)引导信号按钮。

为二位自复式带封按钮,两端各设一个。当开放引导信号能保证对进路有关道岔施行锁闭时，可采用开放保留方式，但开放后应能随时将其关闭。当开放引导信号后不能保证对进路有关道岔施行锁闭时，不得采用开放保留方式。

(四)操纵使用办法。

1. 操纵进站信号机。

当值班员确认接车进路准备妥当，该进路表示灯亮灯后，按下预先锁闭按钮，锁闭表示灯亮红灯。然后按下需开放的进站信号机按钮，该信号机即行开放。取消信号时，先拉出锁闭按钮，随即再拉出进站信号机按钮，已开放的进站信号机即行关闭，同时锁闭表示灯红灯灭灯，进路解锁。

2. 操纵出站信号机。

当值班员确认发车进路准备妥当，该发车进路表示灯亮灯，发车闭塞已办理，先按下预先锁闭按钮，锁闭表示灯亮红灯，然后按下出站信号机按钮，该进路上的出站信号机开放。取消信号时，先拉出锁闭按钮，随即拉出出站信号机按钮，已开放的出站信号机即行关闭，同时，锁闭表示灯灭灯，进路解锁。

3. 办理引导信号。

当进站信号机因故不能显示绿灯或黄灯时，可破封按下引导信号按钮，即可开放引导信号。

三、64D(64Y)型继电半自动闭塞设备使用办法。

1. 基本原则。

单线64D(64Y)型继电半自动闭塞必须在收到接车站发送的同意接车信号后，才能开放出站或通过信号机。

2. 设备概况。

(1)在车站值班员室设有单元控制台，其盘面上有三个二位式按钮(非单元控制台的车站是二个三位式按钮：一个是按下闭塞，拉出复原；另一个是拉出故障复原)二组表示灯和闭塞电铃。

(2)按钮(以控制台有三个按钮的为例)。

①闭塞按钮:办理请求发车或同意接时,按下该按钮。

②复原按钮:办理取消复原或到达复原时,按下该按钮。

③故障按钮:办理故障复原时,按规定办理申请手续并经双方联系后,破封按下该按钮。

(3)表示灯。

①发车表示灯。

a.黄色:表示发车站请求发车。

b.绿色:表示接车站同意接车。

c.红色:表示列车出发,区间闭塞。

②接车表示灯。

a.黄色:表示发车站请求发车。

b.绿色:表示接车站同意接车。

c.红色:表示发车站列车出发,区间闭塞。

③发车表示灯和接车表示灯同时显示红灯和黄灯,表示原发车站同意原接车站预办发车。

④发车表示灯和接车表示灯都显示红灯,表示列车到达接车站。

(4)电铃。

①发车站请求发车,以及接车站同意按车发出同意信号时,电铃鸣响。

②发车站请求发车;接车站同意接车;发车站列车出发;以及按下取消复原、到达复原或故障按钮时,电铃鸣响。

3. 正常办理闭塞。

顺序	发车站				接车站			
	电铃	发车表示灯	接车表示灯	动作过程	动作过程	接车表示灯	发车表示灯	电铃
1				定位状态(区间空闲)	定位状态(区间空闲)			
2	响	黄		请求发车,取得接车站同意后按下闭塞按钮。		黄		响
3	响	绿			同意接车,按下闭塞按钮。	绿		
4		绿		开放出站信号机		绿		
5		红		列车出发,当列车驶入出站端轨道区段时,区间闭塞。		红		响
6	响	红		列车进入区间	请求预办折返发车,取得对方站同意后,按下闭塞按钮。	红		
7		红	黄	同意对方站预办折返发车,在电铃鸣响过程中按下闭塞按钮。		红	黄	响
8		红	黄		开放进站信号机,列车进入进站信号机内方,压上轨道区段(集中联锁车站为列车头部进入进站信号机)。	红	红	
9	响		绿		确认列车整列到达,按下复原按钮。		绿	
10			绿		开放出站信号机,待发列车出发。		绿	

如不办理预办闭塞时,无6、7、10三项手续。接车站值班员确认列车整列到达后,按下复原按钮,办理到达复原,两站表示灯均灭灯,闭塞机恢复定位。

4. 非正常办理。

(1)取消复原。

①发车站办妥闭塞手续后,需取消闭塞时,经双方联系后,由发车站值班员按下复原按钮,办理取消复原,双方闭塞表示灯均灭灯,闭塞机恢复定位。

②在办妥闭塞手续后，接车站因故要求取消闭塞时,经双方联系后,亦由发车站值班员按下复原按钮,办理取消复原,双方闭塞表示灯均灭灯,闭塞机恢复定位。

③集中联锁车站,发车站值班员根据发车闭塞表示灯绿灯开放出站信号机后,在列车出发前,当一方要求取消闭塞时,经双方联系后,由发车站关闭出站信号机,待发车进路解锁后,再接下复原按钮,办理取消复原,双方闭塞表示灯均灭灯,闭塞机恢复定位。

(2)故障复原。

遇下列情况之一，按规定办理申请手续并经双方联系后,由发生故障的车站,破封使用故障按钮(必须登记计数器号码)。

①闭塞机断电,需要重新恢复时。

②轨道电路发生故障或其他原因引起闭塞机不能正常复原时(发车站开放出站信号机后,遇发车站轨道电路发生故障时,发车站按下故障按钮,接车站在电铃鸣响的同时,按下复原按钮才能使闭塞机恢复定位)。

③电锁器联锁车站,发车站开放出站信号机后,遇特殊原因,需取消闭塞,关闭出站信号机时,发车站值班员必须确认列车没有出发和区间空闲后,方可破封使用故障按钮复原。

5. 注意事项。

(1)设有预办闭塞设备的车站,在列车未到达接车站时,原接车站可预先与原发车站办理闭塞手续。但原接车站如已同意原发车站办理跟踪出站调车作业，在未得到跟踪出站调车作业完毕的通知时，禁止办理预办闭塞手续。

(2)接车站轨道电路发生故障时，车站值班员必须确认列车整列到达后，方可使用故障按钮。

(3)半自动闭塞区间，接近区段出现轨道电路红光带(灯)不灭时，出站信号机可继续使用。

四、双线 64 F 型继电半自动闭塞设备使用办法。

1. 基本原则。

双线 64 F 型继电半自动闭塞必须在收到接车站发送的前次列车到达的复原信号后，才能开放出站或通过信号机。

2. 设备概况。

(1)在车站值班员室设有单元控制台，其盘面上有二个二位自复式按钮(有的车站是二个三位自复式按钮，一个是按下办理取消复原，拉出办理到达复原，另一个是拉出办理故障复原)，二组表示灯和闭塞电铃。

(2)按钮(以控制台上有二个按钮的为例)。

①闭塞按钮：办理取消复原或到达复原时，按下该按钮。

②故障按钮：办理故障复原时，按规定办理申请手续并经双方联系后，破封拉出该按钮(有的车站是破封按压该按钮)。

(3)表示灯。

①发车表示灯。

a.绿色：表示接车站同意发车站发车。

b.红色：表示发车站列车出发，区间闭塞。

c.黄色：表示列车到达接车站。

②接车表示灯。

a.红色：表示发车站列车出发，区间闭塞。

b.黄色：表示列车到达接车站。

(4)电铃。

当列车自发车站出发,进入出站端轨道区段,以及列车到达接车站时,电铃鸣响。

3. 正常办理闭塞。

顺序	发车站				接车站			
	电铃	发车表示灯	接车表示灯	动作过程	动作过程	接车表示灯	发车表示灯	电铃
1				定位状态(区间空闲)	定位状态(区间空闲)			
2		绿		请求发车,用电话与接车站联系,取得同意后开放出站信号机。				
3		红		列车出发,当列车驶入出站端轨道区段时,区间闭塞。	开放进站信号机	红		响
4		黄			列车进入进站信号机内方,压上轨道区段(集中联锁车站为列车头部进入进站信号机)。	黄		响
5	响		绿		确认列车整列到达,按下复原按钮。			

4. 非正常办理。

(1)取消复原。

发车站开放出站信号机后,需要取消闭塞时,经双方联系后由发车站值班员先关闭出站信号机,再按下闭塞按钮,发车表示灯熄灭,闭塞机复原。

(2)故障复原。

遇下列情况之一,按规定办理申请手续并经双方联系后,由发生故障的车站,破封使用故障按钮。

①闭塞机断电,需要重新恢复时。

②轨道电路故障或其他原因引起闭塞机不能正常复原时。

③电锁器联锁的车站,开放出站信号机后取消闭塞时。

使用故障按钮时, 两站值班员须先确认列车没有出发,区间空闲,列车已整列到达后,方可由接车站值班员破封拉出故障按钮,发车站发车表示灯和接车站接车表示灯均亮黄灯后,再由接车站值班员按下闭塞按钮,两站表示灯灭灯,闭塞机复原。

电锁器联锁的车站,开放出站信号机后,取消闭塞时,由发车站值班员先按下闭塞按钮,发车表示灯亮黄灯后,再通知接车站按上述手续办理。

五、改进 64D 型半自动闭塞设备试用办法。

改进 64D 型半自动闭塞控制台设备与原设备相同,正常办理闭塞手续仍按原规定办法办理。当发生非正常情况时,按下列办法办理:

1. 使用半自动闭塞法行车,列车出发后,尚未到达接车站之前,当错误使用故障按钮时,亦不能办理复原。

2. 列车到达接车站,由于轨道电路发生故障,闭塞机不能复原时,应立即停止使用,并及时通知电务人员检修,使用故障按钮不能办理复原。

3. 办妥闭塞手续后,因故需要取消闭塞时,经双方联系仍按原规定由发车站值班员按下复原按钮办理取消复原。

4. 电锁器联锁车站开放出站信号后,不允许任意取消闭塞。如因特殊原因需取消闭塞时,应先确认列车没有出发,然后关闭出站信号,经过 3min 延时(发出表示灯再亮一个黄灯)后,可用复原按钮办理取消闭塞手续。电气集中车站开放出站信号机后需要取消闭塞时,仍按原规定办理。

5. 停电时,使用下列办法复原。

(1)在区间未办理半自动闭塞情况下,如其中一站一度停电后恢复,经两端站确认区间空闲后,由未停电站使用故障按钮办理复原。

(2)如两站均一度停电后恢复,不能再使用故障按钮复原,经双方共同确认区间空闲后,改用电话闭塞法行车。接车站应开放进站信号或引导信号接车,列车进站时,接发车表示灯均亮红灯,电铃鸣响,车站值班员经确认列车全部到达后,解锁进路,收回路票,用复原按钮办理到达复原。

6. 列车因故返回原发车站时,发车站开放进站信号(引导信号),列车进站压上半自动闭塞轨道电路,接发车表示灯亮双红灯、电铃鸣响。列车整列到达后,经两端站共同确认区间空闲,两站同时按压复原按钮,办理到达复原。如接车站在发车站按复原按钮同时(响铃时间内)未按压复按钮,接车站闭塞机不能复原,此时只能由发车站使用故障按钮的同时接车站再按压复原按钮才能使闭塞机复原。

7. 使用中,临时发生其他问题,由车站值班员向列车调度员汇报后,按列车调度员的指示办理。

停电复原手续办理表

区间状态	停电状态	处理方法
区间空闲	甲(乙)站停电后又恢复供电	乙(甲)站用故障按钮办理复原
	甲、乙站同时停电后又复原供电	改用电话闭塞法运行一趟列车,接车站应开放进站(引导)信号机,待列车完整到达,进路解锁,收回路票后,用复原按钮办理复原。
	甲(乙)站长时间停电(已改电话闭塞法)后又恢复供电	恢复供电后,再按电话闭塞法运行一趟列车,使闭塞机复原。办理手续同上。

续上表

区间状态	停电状态	处理方法
区间占用	发车站停电后又恢复供电	区间运行的列车到达接车站，办理正常到达恢复。
	接车站停电后又恢复供电	同上，接车站应开放进站(引导)信号机。
	甲、乙站同时停电又恢复供电。	同上

六、ZPW-2000 型四显示自动闭塞使用办法。

1. ZPW-2000 型轨道电路采用无绝缘轨道电路，站间设有双线双向运行设备，双线正方向为四显示自动闭塞；双线反方向为自动站间闭塞，各站反方向运行线路的右侧进站信号机相对处设有反方向进站信号机，在距反方向进站信号机900、1000、1100m 处设有规定的进站预告标。

2. 进站信号机前方第一、二架区间通过信号机的机柱上，分别涂有三、一条黑斜线。涂有三条黑斜线的区间通过信号机，表示该架信号机距进站信号机仅有一个闭塞分区的长度；涂有一条黑斜线的区间通过信号机，表示该架信号机距进站信号机有两个闭塞分区的长度。

3. 在四显示自动闭塞区段与非四显示自动闭塞区段分界处设“四显示机车信号接通标”或“四显示机车信号断开标”，式样见《技规》第 454 条第 219、220 图。

4. 区间通过信号机内方 29m 处，列车反方向运行的右侧设置了“轨道电路调谐区标志”式样见《技规》第 454 条第221、222、223 图。正方向运行的列车停车时，应停在区间通过信号机的外方，反方向运行的列车停车时应停在“轨道电路调谐区标志”的外方。单机、动车、重型轨道车等单个机车车辆禁止在调谐区内停留，特殊情况不得已停在调谐区内无法移动时，司机或乘务人员应立即报告两端站和列车调度员，并采取短路调谐区标外方轨道电路等防护措施。

5. 车站集中控制台上增设第三接近和第三离去表示，进站信号机的接近锁闭区段改为第一、二、三接近三个闭塞分区或第二、三接近两个闭塞分区，正线上的出站信号机、进路信号机的接近锁闭，当其前方第一架信号机列车信号开放后，延长至其前方第三架或第二架信号机。列车进入接近锁闭区段，若车站值班员因特殊情况办理总人工解锁，则需经3min 延时后，方能解锁进路。

6. ZPW—2000 型无绝缘轨道电路每隔 70 至 100m 设有一个调谐电容，并固定于两钢轨之间；每架区间通过信号机处还设有调谐单元和空心线圈，与钢轨连接并固定于轨旁设备基础上。工务部门在线路养护维修及大机养护作业时，应通知电务部门配合。

七、自动闭塞区段改变运行方向使用说明。

1. 允许改变方向按钮的设置及使用。

当本站(场)与相邻站(场)间为自动闭塞时，在每个正向接车口设置一个允许改方按钮，(正向发车口及单线双向运行线路不设允许改方按钮) 当需办理经正向接车口向邻站(场)反向发车时需按压该按钮。

2. 自动闭塞区段改变运行方向操作方法。

设甲站为原接车站，乙站为原发车站，平时甲站接车表示灯亮黄灯、发车表示灯灭灯，乙站接车表示灯灭灯、发车表示灯亮绿灯。

(1)正常办理改变运行方向电路。

当(区间空闲、区间监督灯灭灯)要改变运行方向时，由甲站破封按下“允许改方”按钮后,“允许改方”表示灯亮(闪)红灯，此时甲站值班员即可办理发车进路开放出站信号,使方向电路自动改变方向。改变方向后,甲站接车表示灯变为灭灯、发车表示灯变为亮绿灯,乙站接车表示灯变为亮黄灯、发车表示灯变为灭灯,此时可拉出“允许改方”按钮,“允许改方”表示灯灭灯(发车进路锁闭后两站区间监督灯均亮红灯,发车进路取消后区间监督灯灭灯)。当需将方向电路改为正向运行状态时,由乙站直接办理正向发车进路,方向电路将自动改为正向状态,乙站发车表示灯亮绿灯,甲站接车表示灯亮黄灯。

(2)辅助办理改变运行方向电路。

当因故不能按正常办理方法改变运行方向(如电路处于双接状态)，以及区间轨道电路故障或区间监督继电器电路故障(区间监督表示灯亮红灯)时,应采用辅助办理方法改变运行方向。办理时,两站值班员必须共同确认区间空闲。

①由甲站(需发车的车站)值班员破封按下“总辅助按钮”后,再破封按下“发车辅助”按钮(计算机联锁车站在按下“总辅助按钮”后 10s 内,应及时按压“发车辅助”按钮)并不能松手,此时甲站“辅助办理”表示灯亮白灯(计算机联锁车站的“辅助办理”表示灯白灯未点亮前,在 10s 内应重复点压“发车辅助”按钮)。

②随后由乙站(需接车的车站)值班员破封按下“总辅助按钮”后,再破封按下“接车辅助”按钮,待“辅助办理”表示灯亮白灯后,即可松开“接车辅助”按钮(计算机联锁车站的“辅助办理”表示灯白灯未点亮前,在 10s 内应重复点压“接车辅助”按钮)。当乙站“接车表示”灯亮黄灯、“发车表示”灯灭灯、“辅助办理” 表示灯白灯灭灯时，说明乙站辅助办理已经结束,已改成了接车站。

③当甲站的“发车表示”灯绿灯点亮,“接车表示”黄灯灭灯时,表示辅助办理已经结束,本站已改为发车站,这时值班员可松开“发车辅助”按钮,但“辅助办理”白灯仍亮着。当办理的发车进路锁闭(当区间轨道电路故障时,不能开放出站信号;当区间轨道电路正常, 区间监督表示灯灭灯时能开放信号;当区间轨道电路正常,区间监督表示灯亮红灯时,第一次办理进路不能开放出站信号,待第一列车出发进入区间并全部达到邻站后,办理后续出发进路时能开放出站信号)并在列车出发越过出站信号机后,甲站“辅助办理”表示灯白灯灭灯。

④甲、乙两站在辅助办理操作手续办妥后,应及时将“总辅助按钮”拉出,以免使其他正常发车信号不能开放。

⑤当需将方向电路改回原运行状态时,甲、乙两站按接、发车站的要求操作,方法相同。

⑥重点注意掌握:“辅助办理”按钮必须由需发车的车站先按且在辅助办理过程中不能松手, 否则可能会出现两站“双接”的现象,使方向电路动作错乱,不能正常工作。

(3)改变成反方向电路工作后,区间占用应不能开放出站信号。

(4)改变方向时(由正改反或由反改回正)应检查对方车站未向该区间办理发车进路。

(5)当办理改变运行方向的操作后,因故未成功改方时,须间隔不小于 13s 方可再次办理。

(6)双线自动闭塞区段区间方向电路改为反方向自动站间闭塞工作后,该区间所有信号机应灭灯;单线双向自动闭塞任一方向工作时,相反方向的信号机应全部灭灯。

八、计轴自动站间闭塞。

1. 计轴自动站间闭塞设备区间不设轨道电路, 通过区间两端的计轴设备来判别区间是否空闲。发车站车站值班员确认区间空闲,在向接车站发出预告并得到接车站同意接车的通知后就可办理发车进路发出列车,相邻两站无需办理闭塞手续。

2. 遇计轴设备故障需使用计轴复原按钮复原时,比照半自动闭塞故障按钮的使用要求办理。两端站车站值班员应共同确认区间空闲,由故障站向列车调度员请求,列车调度员在查明区间空闲后,向区间有关两端站的车站值班员同时发布准许使用计轴复原按钮的调度命令。此时,两端站应同时按压计轴复原按钮（先后时差可在13s内）使计轴设备复原(计轴数复零)。

3. 按计轴自动站间闭塞办理行车时,列车运行和占用区间的行车凭证暂按半自动闭塞的有关规定执行。遇计轴设备故障无法使用时,由两端站车站值班员共同确认区间空闲,由故障站报告列车调度员请求改为半自动闭塞法行车。列车调度员在查明区间空闲后,向区间有关两端站的车站值班员同时发布停用计轴自动站间闭塞,启用半自动闭塞的调度命令。在得到列车调度员启用半自动闭塞的调度命令后,两端站车站方可破封按下“闭塞切换”按钮,启用64D半自动闭塞办理行车。

4. 计轴自动站间闭塞区段原则上不准运行轻型车辆,必须运行时必须经列车调度员同意。除全区间运行外,轻型车辆在区间上下线路后,区间两端站必须按规定手续使用计轴复原按钮办理闭塞复原。

5. 设有计轴自动站间闭塞设备的区间,计轴传感器两对磁头安装在进站信号机内方2~3m处接车方向左侧钢轨上,工务部门维修线路作业以及使用各种工具应特别注意,避免损坏计轴传感器磁头或干扰计轴器正常工作,单轨小车等施工机械应避免在装有计轴传感器一侧的钢轨上使用。

表一：正常办理改变运行方向电路

办理程序	甲站(原接车站)控制台显示					乙站(原发车站)控制台显示					附注
	接车表示灯	允许改方表示灯	区间监督表示灯	发车表示灯	出站信号表示灯	出站信号表示灯	发车表示灯	区间监督表示灯	允许改方表示灯	接车表示灯	
1.两站定位状态	黄				红	红	绿				
2. 两站确认区间空闲，并接收列车调度员发布准许列车反方向行车的调度命令。	黄				红	红	绿				准许列车反方向运行的调度命令可使用列车无线调度通信设备发布或转达
3.甲站破封按下(计算机联锁设备为点击输入密码，以下同)相应的“允许改方”按钮(非自复式)	黄	红闪或红			红	红	绿				破封后应在《行车设备检查登记簿》内登记(计算机联锁设备除外)
4.甲站办理相应的反方向发车进路(开放出站信号)		红闪或红	红	绿	绿或黄	红		红		黄	
5. 甲站将“允许改方”按钮拉出(按下)			红	绿	绿或黄	红		红		黄	因需使用“允许改方”按钮的作业全部结束后，通知信号工区重新加封(计算机联锁设备除外)。

续上表

办理程序	甲站(原接车站)控制台显示					乙站(原发车站)控制台显示					附注
	接车表示灯	允许改方表示灯	区间监督表示灯	发车表示灯	出站信号表示灯	出站信号表示灯	发车表示灯	区间监督表示灯	允许改方表示灯	接车表示灯	
6.甲站列车出站			红	绿	红	红		红		黄	
7.甲站出发列车到达乙站				绿	红	红				黄	
8.乙站再想由接车站改为发车站，根据列车调度员发布的准许恢复正方向行车的调度命令，乙站直接办理相应的正方向发车进路。	黄		红		红	绿或绿黄或黄	绿	红			

说明：1. 括号内表示可能出现的另一种情况；

2. 6502 型继电集中控制台出站信号机表示灯，当出站信号机未开放为灭灯、出站信号机开放为亮绿灯。

表二：辅助办理改变运行方向电路

办理程序	甲站(原接车站)控制台显示					乙站(原发车站)控制台显示					附注
	接车表示灯	辅助办理表示灯	区间监督表示灯	发车表示灯	出站信号表示灯	出站信号表示灯	发车表示灯	区间监督表示灯	辅助办理表示灯	接车表示灯	
1. 两站在改变方向过程中，不能按正常手续改变运行方向出现故障状态。	黄		红		红	红	绿	红			确认区间占用红灯点亮或两站间出现双接现象是因电路发生故障所致
	（黄）		（红）		（红）	（红）		（红）		（黄）	
2. 两站确认区间空闲，并接收列车调度员发布的准许使用总辅助按钮的命令。	黄		红		红	红	绿	红			
	（黄）		（红）		（红）	（红）		（红）		（黄）	
3. 先由甲站破封按下“总辅助”按钮（非自复式），再破封按压相应的“发车辅助”按钮（自复式）并不能松手，直至本站改为发车站为止。 稍后乙站破封按下“总辅助”按钮（非自复式），再破封按压相应的“接车辅助”按钮（自复式）并不松手，直至本站辅助办理表示灯白灯点亮。	黄	白	红		红	红	绿	红	白		1. 通知信号工区；破封后应在《行车设备检查登记簿》内进行故障登记。 2. 两站应电话联系好正确操作。 3. 计算机联锁车站在按下“总辅助”按钮后10s内，应及时按压“发车或接车辅助”按钮，在车站的“辅助办理”表示灯白灯未点亮前，在10s内应重复点压“发车或接车辅助”按钮。

续上表

办理程序	甲站(原接车站)控制台显示					乙站(原发车站)控制台显示					附注
	接车表示灯	辅助办理表示灯	区间监督表示灯	发车表示灯	出站信号表示灯	出站信号表示灯	发车表示灯	区间监督表示灯	辅助办理表示灯	接车表示灯	
4. 经过适当时间两站方向电路转换过来后,这时甲站值班员可松开“发车辅助”按钮。		白		绿	红	红				黄	若方向电路转换过来后，区间监督红灯仍不灭,表明设备故障。
		(白)	(红)	(绿)	(红)	(红)		(红)		(黄)	
5. 甲站办理发车进路(开放出站信号机)。如列车反方向运行时,事先还应抄收列车调度员的准许列车反方行车的调度命令。		白	红	绿	绿或绿黄或黄	红		红		黄	若发车进路改由调车进路排列锁闭之后,区间监督红灯灭灯，则说明电路恢复正常，此时可以改排发车进路发车。
		(白)	(红)	(绿)	(递交书面行车凭证)	(红)		(红)		(黄)	
6. 甲站列车出站			红	绿	红	红		红		黄	甲、乙两站在辅助办理操作手续办妥后，应及时将“总辅助”按钮拉出(按下)，以免使其他正常发车信号不能开放。
7.甲站出发列车到达乙站				绿	红	红				黄	信号工区故障销记，对破封按钮重新加封。

说明:1. 括号内表示可能出现的另一种情况;

2. 6502 型继电集中控制台出站信号机表示灯,当出站信号机未开放为灭灯、出站信号机开放为亮绿灯。

九、计算机联锁车站控制台，使用下列按钮时，比照使用破封按钮的相关规定执行。

上电解锁、故障、计轴复零、计轴停用、计轴使用、引导、引导总锁闭、区段解锁、总人解、坡道解锁、总辅助、接车辅助、发车辅助。

附件 12

TDCS 行车调度指挥系统运用管理以及非 TDCS 区段调度命令处理系统规定

为确保系统设备运行安全,充分发挥设备效能,逐步实现行车调度指挥现代化,特制订如下规定,请各单位认真组织学习并遵照执行。

一、TDCS 系统设备的隶属和管理。

1. TDCS 系统是实现行车调度指挥现代化的重要基础设施,属重要的运输设备,按一类设备进行管理。

TDCS 系统设备由车站信息采集监视操作系统（包括机务段、客运段调度命令接收系统,以下同)、调度台工作站、局中心机房、信息传输通道和机车无线车次号校核系统组成。其中:车站信息采集监视操作系统、调度台工作站、局中心机房及有关终端和打印设备隶属各电务段;信息传输通道和机车无线车次号校核系统设备隶属上海通信段,各使用单位负责对 TDCS 系统设备的日常使用、设备的外部清洁工作;打印的纸张、墨盒等易耗品由使用部门负责。

2. TDCS 是一个完整而独立的系统设备，所有工作人员都必须严格按照操作规程进行操作；严禁私自在 TDCS 系统设备上挂接其他设备;禁止访问、打开、移动、删除系统文件和建立新文件;禁止外来软盘、光盘在系统上使用;其他无关电器一律不得使用其专用电源。

3. 各电务段要加强对 TDCS 系统设备运用情况的监测和日常检查,定时对设备的运行情况进行巡视、检查并作成记录。TDCS 工区负责每天上午 9:00 对系统服务器时间与北京时间进行校核一次。

4. 为确保TDCS系统设备运行的正常、稳定,车站行车室(信号楼)需保持整洁的环境,冬季不允许生火炉取暖。

5. 通信段与电务段间维修界面划定。

(1)无线车次号校核系统车站设备分界为:TDCS采集机插座为分界点,TDCS采集机插座由电务段维护管理,插座以外包括插头、传输电缆及TDCS无线车次号接收器等由上海通信段维护管理;

(2)系统传输通道界面:各站通信通道接至信号分线盘(或站机机柜内接点)的,其养护、维修分界点在信号分线盘接点(或站机机柜内接点)下10cm处分界。

6. 无线车次号校核系统机车设备管理分界规定为:以机车安全信息综合监测装置(即TAX箱)的48芯插座为分界点,48芯插座以内的TAX箱整体由电务部门管理维修;48芯插座以外(包括数据采集编码器或数据采集编码适配器、连接电缆线等)由上海通信段管理维修,机务部门保管;出现问题双方到场共同处理故障。

二、日常运用操作和管理。

1. TDCS行车调度指挥系统在运用前,各有关单位必须对操作人员按TDCS系统操作程序和要求进行全面的业务培训。

2. 集团公司调度所、各直属站(车务段)、机务段、客运段必须指定专人负责对TDCS系统的日常管理、检查。

3. 调度所、车站、机务段、客运段应将列车调度员、车站值班员、机务段调度员、客运段派班员姓名、密码输入系统,严格使用范围和使用人。每次交接班,上述人员都必须按规定退出或登录系统。登录时,不得套用他人用户名、密码进行登录;严禁利用TDCS设备做与行车无关的事。

4. 列车调度员、车站值班员、机务段调度员、客运段派班员应严格按照TDCS行车调度指挥系统操作说明书要求的作业程序进行操作。列车调度员应正确、及时地编制和下达日班计划、调度命令、列车运行调整方案。车站值班员、机务段调度员、客运段派班员在听到扬声器发出的音响提示后,必须及时接收。

5. 通过TDCS系统下达调度命令,受令人对接收的调度命令必须登记,其中通过网络下达的调度命令,在《调度命令登记簿》内可只填写调度命令号和简要内容,除调度日班计划、临客及军运开行计划、超限车计划等重要命令及需递交司机及施工负责人的调度命令必须立即打印取出外,其他调度命令则存盘退出,打印的调度命令必须按顺序装订保管,非网络下达的调度命令,仍应填记在《调度命令登记簿》内,并按规定传抄、交班。

对超长单机挂车等传抄命令,在TDCS设备能满足对所有受令站一并下达调度命令的条件下,允许列车调度员一次对所有受令站(包括跨调度台的车站)同时下达调度命令,此时车站间不再传抄;反之则列车调度员只对命令申请站发布,其他各站间仍按原规定相互传递抄收。非传抄命令严禁跨调度台发布。

TDCS区段的调度台对管辖区段内个别暂未安装设备的调度命令接收单位发布的调度命令按照电话下达的方式执行,列车调度员在调度命令系统内记载调度命令接收单位、接收人姓名、接收时间。

6. 装设无线车次号校核系统设备的机车,担当列车(包括单机,以下同)时,列车在始发前,本务机车司机须将所担当的列车运行车次正确、及时地输入无线车次号校核系统,遇运行途中变更运行车次时，司机须再次将新车次正确、及时地输入无线车次号校核系统。列车车次跟踪的正确与否是确保TDCS系统正常运行的关键和基础，机务段要加强对机车乘务员车次输入情况的检查、核对和考核。

7. 列车调度员应按阶段根据分界口或相邻调度台列车交接计划、列车开行计划,采用人机结合的方法,编制出列车运行调整计划,及时下达到车站。

8. 系统自动生成《行车日志》(运统-2、3)时,除道口通知密码、试风需记明的车号、摘挂车辆数等须人工输入外,其他各项内容均自动采集生成。

凡未在到发线股道内方停车,而在进站信号机内方临时停车的列车,到发点的采集由车站值班员人工输入《行车日志》。如遇系统采集错误,可进行人工校正。

在系统自动生成《行车日志》(运统-2、3)的情况下,车站值班员可不向列车调度员和后方站报点,但仍需向前方站报本站列车出发点。遇车机联控未执标时,必须报告列车调度员。

9. 列车运行图由系统自动生成。列车调度员发现车站的列车运行点信息采集不准确时,要及时通知车站值班员加以人工校正。为维护实际列车运行图的严肃性,除设备故障外,列车调度员原则上不得修改实际运行图时刻（当前时间左边）。如确需修改时,应督促车站修改。

10. 各站对接入、通过、发出的列车车次须与预告的车次进行核对。遇列车窗口条车次与实际运行列车车次不符时,必须及时提示司机更正。

由未装设无线车次号校核系统设备的机车担当列车时(包括单机、重型轨道车,以下同),列车始发站(场)要及时输入列车车次。途中各站发现车次窗口条内车次与实际车次不符时，车站值班员必须及时更正。

对无线车次号校核系统故障出现非真实车次时，车站值班员要及时更改车次窗口条内的列车车次。

遇列车在车站保留时，车站值班员须在保留列车车次窗口条内保留原车次或输入“保留”字样。严禁输入任何与列车车次无关的内容。

11. 列车调度员在发布临时加开列车命令时，由于系统设定 12h 内不能有相同的车次，因此应避免相同车次出现。路用列车、小运转列车、单机、重型轨道车车次应严格按规定的车次分工使用。

车站值班员在本班、列车调度员在 12h 内列车出现同一车次时，应对前一趟列车车次进行人工修改，在其后加注“-1”、“-2”…，以此类推。

三、TDCS 系统设备日常维护及故障报告和处理。

1. 各设备维护单位应把 TDCS 系统设备纳入到日常设备养护维修当中，日常维护影响设备正常使用时，必须在《行车设备检查登记簿》(运统-46)上登销记。TDCS 通道等级等同于客票、TMIS 等设备通道等级。通道的割接等必须向电务部报批。

2. 遇车站系统发生故障时，车站值班员除立即报告列车调度员外，应及时通知信号工区进行处理，并按规定在《行车设备检查登记簿》(运统-46)上登记。

机务段机调室、客运段派班室终端设备发生故障时，应及时通知 TDCS 工区处理，并报告调度所。

列车调度员在接到系统设备故障的报告或从调度工作站监视屏上发现设备故障后，应立即通知 TDCS 工区处理。

3. 遇调度工作站发生故障时，列车调度员应及时报告调度长并通知 TDCS 工区，同时按规定在《行车设备检查登记簿》(运统–46)上登记。

4. 各信号工区和 TDCS 工区接到车站、机务段、客运段派班室、列车调度员关于系统故障的通知后，必须及时处理并向段调度进行汇报。处理完毕，经试验设备良好后，在《行车设备检查登记簿》(运统–46)上销记。

电务段调度接到 TDCS 工区、信号工区关于系统设备故障的报告后，根据需要迅速组织维修人员赶赴现场处理，必要时电务段领导现场组织指挥。

凡发生涉及传输通道设备故障时，电务段调度应与上海通信段调度联系，并共同派员到现场处理。

各电务段均要建立 TDCS 系统故障分析制度。其中因纯通道原因引起的故障要单独进行统计，并每季报电务部核备。

5. 上海通信段应加强对专用通道的维护和检测，加强对机车车次号无线校核系统设备的日常检查和维护，发现故障时必须迅速处理。

四、非正常情况下的应急处理。

1. 车站信息采集监视系统故障或设备检修停用时，车站全部改为人工作业，设备故障或检修停用时间不超过 2h，设备恢复正常后，车站值班员应及时将停用时间内的列车在本站有关时刻以人工录入方式进行补输，超过 2h 时不再补入，如影响到相邻车站《行车日志》采点，相邻车站值班员以人工录入所缺的时刻，以确保《行车日志》的完整性。

2. 不超过 2 个车站系统故障或设备检修停用时，列车调度员对停用系统车站的行车调度指挥改用人工方式，其他车站仍以 TDCS 系统运用作为指挥方式。系统停用的车站须向列车调度员报点，由列车调度员以人工录入方式进行输入，确保列车运行图的生成。超过 2 个车站时,全调度区段停用 TDCS 系统,改用人工调度指挥方式。

3. 调度台工作站发生故障或检修停用以及传输通道发生故障超过 20min 时,全调度区段停用 TDCS 系统,改用人工调度指挥方式。如故障排除时间不超过 1h,则故障排除后车站需重新将故障时间内的列车信息向中心机房发送。

4. 其他信号设备有计划施工需停用或影响车站 TDCS 系统设备正常使用时,必须在月度施工计划中注明。

对 TDCS 系统中心机房、调度台工作站、车站终端等进行设备更新、升级、检修、维护,需停用系统设备时,由电务段提前提出书面计划报电务部审核,经运输部批准后方可进行。特殊情况需临时停用系统设备时,必须向调度所临时申请要点。

5. TDCS 行车调度指挥系统遇设备故障、检修停用时,列车调度员应布置车站改人工方式作业,恢复正常使用时应及时通知车站。遇 TDCS 系统不能下达调度命令时使用电话发布。

6. 各车站应将《行车日志》等作为常用备品保存;调度所应在各调度台保存一定数量的空白列车运行图和调度命令簿、券、卡片以及笔、尺、橡皮、打印纸等作为常用备品。各单位发现备品缺损、不齐应及时补齐。

7. 为确保在 TDCS 系统设备故障停用时, 列车调度员、车站值班员能正确、及时地进行应急处理,日常除加强非正常情况下演练外,每季度安排一次 TDCS 设备故障应急演练,具体时间由调度所确定,纳入日(班)计划布置有关车站,并通知相关电务段调度。

五、非 TDCS 区段调度命令传真下达系统规定。

1. 使用范围为集团公司管内非 TDCS 区段有关行车调度台和车站。

2. 列车调度员上班时必须使用本人的用户名、密码登陆系统。

3. 按规定在系统编辑、审核调度命令后，列车调度员须先通知受令车站做好接受传真准备。

4. 通过系统下达、接受命令后，车站须主动汇报接受完毕，并复诵命令号码。

5. 遇系统故障，即恢复人工方式。

6. 遇设备故障，使用单位应立即向设备管理单位报修，并在《行车设备检查登记簿》(运统-46)上登记。

7. 遇车站传真电话号码新增、改变，车站应立即汇报调度所，由调度所通知信息技术所进行系统维护。

附件 13

单班单司机值乘有关作业办法

第一章　总　则

第 1 条　为加强单班单司机管理,进一步细化和规范各项作业程序和要求,根据集团公司单班单司机作业实际,特制订本办法。

第 2 条　本办法适用于集团公司管内单班单司机值乘作业和管理。

第 3 条　实行单班单司机的区段和车次,由集团公司机务部另行公布。

第二章　单班单司机值乘列车有关作业办法

第 4 条　单班单司机值乘的重联机车之间的连挂由本务机车司机负责,软管的连结,车钩、软管的摘解,以及连接信号的显示,由被连挂机车司机负责。

第 5 条　列车运行中发生机车故障时,应尽量维持运行到站内停车处理。不能维持继续运行时,必须在停车状态下,并保证全列有效制动后方可处理。严禁司机中断瞭望处理机车故障。

第 6 条　单班单司机值乘须携带列车无线调度通信设备手持电台(包括 GSM-R 手持终端)。原则上司机值乘途中不得擅自离开机车。遇列车在区间被迫停车需要防护、防溜等特殊情况确需离开机车时,须报告两端站车站值班员或列车调度员,对列车采取制动措施,取出制动、方向手柄,随身携带列车无线调度通信设备手持电台，并锁闭两端司机室门窗后，方可下车作业。检查应在非邻线侧进行，遇特殊情况必须在邻线侧检查前，须与车站确认邻线无列车通过，严禁侵入邻线限界。

第7条 正常情况下中间站不得利用单班单司机值乘列车的本务机车进行调车作业。特殊情况下必须利用本务机车调车时，须发给司机附有“示意图”的调车作业通知单；牵出和转线挂车作业，调车指挥人应协助司机进行瞭望。

第8条 列车运行中，有关人员应采取积极措施，避免单班单司机值乘超劳驾驶。列车到达终点站后，要尽快组织机车入段。

第9条 单班单司机值乘的机车需救援旅客列车时，被救援的机车司机须与救援司机核对运行揭示，并配合救援司机做好监控器IC卡临时数据文件的录入、核对。被救援的机车司机（单班单司机值乘的旅客列车除外）到担当救援机车上担任线路和操纵指导。

单班单司机值乘的机车进入区间救援时，车站应安排胜任人员协助司机进行救援作业。

第10条 列车在区间被迫停车时的处理。

1. 单班单司机值乘的货物列车在区间停车后，司机无法单独处理（如利用缓解列车制动方式检查车辆等），需要车站协助处理时，司机应汇报车站值班员。车站值班员（列车调度员）接到报告后，应指派胜任人员前往协助处理。

2. 已请求救援的列车，不得再行移动。机车故障（包括电力机车遇接触网长时间停电），导致机车总风缸压力不能保持定压时，在机车总风缸压力降至700kPa前，司机应对全列车采取制动措施，并降弓、拧紧机车手制动机（或施加蓄能制动)，对机车采取止轮措施。

3. 发生机车弓网故障停车时，按《行规》有关规定执行。如弓网损坏程度不影响列车运行，应换弓维持到前方站停车再做处理。如弓网损坏严重不能继续运行时，司机应立即报告车站值班员（列车调度员），车站值班员（列车调度员）应立即通知供电人员赶赴现场处理接触网故障或配合司机处理受电弓故障。禁止司机单独登顶作业。

第 11 条 列车区间停车后的防护规定按《行规》第 129 条执行。

第 12 条 因司机健康原因停车处理规定。

1. 遇司机身体或生理等健康原因不能正常操纵列车时，必须及时报告前方站车站值班员（集控站为列车调度员，下同），并尽量维持到前方车站停车处理。遇司机突发严重疾病无力坚持驾驶等特殊情况，必须立即采取停车措施，请求救援。

(1)车站值班员接到值乘司机因身体或生理等健康原因请求停车时，应安排列车进站内停车处理，并根据情况采取相应的安全措施，防止因列车溜逸、冒进而造成次生事故的发生。

(2)车站值班员接到值乘司机突发疾病无法操纵列车，已就地停车的报告时，须立即报告列车调度员，组织救援。同时，车站应联系当地医院，做好救治准备。

2. 动车组列车司机值乘中需临时使用卫生间时，司机应提前通知列车长和随车机械师。列车长接到通知后，应确保在前方停车站停车前，司机操纵端就近的卫生间处于空闲状态；随车机械师接到通知后，应赶赴司机室，在司机上卫生间时，由机械师负责监控司机室。

3.动车组随车机械师每次巡视时,应到司机室询问(或观察)司机身体情况,发现司机身体异常时应立即报告列车调度员。

4. 单班单司机值乘的列车在区间非正常停车后,有关人员应按下列规定执行:

(1)动车组列车:列车长应立即使用无线通信设备与司机联系,了解停车原因。无法取得联系时,应立即亲自或指派乘务人员到司机室了解、察看情况。确认司机丧失驾驶能力时,列车长须立即汇报所在局客运调度员,请求救援和当地医院救治, 通知随车机械师等乘务人员做好动车组列车防溜、防护工作。

(2)旅客列车:车辆乘务人员应立即使用列车无线调度通信设备呼叫司机询问列车停车原因,呼叫5min仍无法取得联系时,车辆乘务员拉下车辆的紧急制动阀,通知列车长指派最近车厢乘务人员登上机车了解情况。

确认司机丧失驾驶能力时,应立即向列车长汇报。由列车长通知车辆乘务员,要求车站进行救援和通知“120”组织救治。车辆乘务员负责组织指挥列车乘务人员做好防溜、防护工作。

(3)货物列车:接车站车站值班员发现货物列车区间运行时分超过图定时间20min仍未到达, 亦未接到列车区间被迫停车的通知时,应及时呼叫联系司机,了解原因。如联系不到司机时,应及时报告列车调度员,列车调度员应立即指派有关车站派员并携带通讯工具前往机车了解情况,当确认司机丧失驾驶能力时,应立即报告车站请求救援,通知当地医院组织救治,并做好列车防溜、防护工作。

5. 列车调度员(车站值班员)得到司机丧失驾驶能力的

报告后,须立即将情况通知区间内后续列车。在停车原因消除前不得再放行追踪、续行列车。

第13条 动车组司机室空调故障的处置办法。

运行途中遇动车组司机室空调故障时,应立即通知随车机械师处理,暂时无法处理且影响驾驶时,应由随车机械师打开司机室门,确保与车厢通风,并由列车长指派胜任人员负责看守。特殊情况无法继续运行时,应及时报告列车调度员,维持到前方站停车处理。

第三章 调车机车单班单司机值乘规定

第14条 实施调车机车单班单司机值乘后，取消副司机岗位，原由副司机负责的机车技术作业工作由司机承担；信号瞭望、进路确认由调车指挥人与司机共同负责。对部分作业量大的调车机车可采取小五班制,每台机车配备5名司机。交班时间、地点由车站与机务段根据各站具体情况共同商定。

第15条 小五班制班次按日班、前夜班、后夜班编排。后夜班与日班、日班与前夜班间按既有规定交接。前夜班与后夜班间可实行动态(不停轮)交接。

第16条 为确保调车作业有序衔接，采取小五班制乘务方式的,交接班时段需做机车技术检查时,交班司机按交接点延时工作0.5h(负责由原副司机承担的技术作业内容)。

第17条 实行班前强制休息制度。调车机车单司机夜班值乘前(小五班制为后夜班),必须卧床休息不少于4h,具备本段待乘休息条件的应安排在机务段休息,不具备的应安排在相关车站休息(具体休息和叫班方式、时间由车站与机务段商定)。

第 18 条　机车出入库进行计划修程、临修、加油等作业时，有替补机车的，由替补机车副司机随入库机车出入库作业；无替补机车的，由机务段安排人员协助司机出入库作业。

第 19 条　单班单司机值乘的调车机车须安装使用音视频监视装置。

第 20 条　单班单司机调车作业，由调车指挥人负责共同瞭望时，调车指挥人应登乘司机室，共同瞭望信号、确认进路，并执行呼唤应答制度。单机转线或连挂作业时，起动前司机与调车指挥人共同确认首架调车信号开放并执行呼唤应答制度（调车指挥人不在司机室时可使用无线电台进行呼唤应答），司机凭调车指挥人显示的“起动信号”动车。

第 21 条　下列情况前部瞭望由司机负责。

1. 因溜放作业，调车指挥人提前下车后，无法继续协助瞭望时。

2. 股道内有目的牵引移动但不越过调车信号机时。

附件 14

旅客列车制动和供风系统异常情况应急处理办法

为安全、正确、迅速地处理旅客列车制动、供风系统异常情况，最大限度地减少对列车运行的影响，现将旅客列车制动和供风系统异常情况应急处理办法公布如下，请各单位认真学习，遵照执行。

一、旅客列车在自动制动机试验过程中风压漏泄超过规定值的处理。

1. 当机车乘务员发现列车制动管风压漏泄超过规定值时，应迅速通知列检作业人员（无列检作业时，为车辆乘务员，下同），并及时通知车站值班员转报列车调度员。列检作业人员及车站发车人员接到通知后，应立即前往本务机车协助处理（操纵端司机室）。

2. 机车乘务员应按《技规》第 335 条规定，实行最大有效减压量，并与列检作业人员一起关闭机后第 1 位车辆机车端折角塞门。此后，机车乘务员、列检及车站发车人员共同上机车和机后第 1 位车辆，检查列车制动管风压漏泄情况，并根据检查的结果做出相应处理。

如属机车漏泄，机车乘务员应立即处理；若一时无法恢复正常时，应请求更换本务机车。如属车辆漏泄，列检作业人员应及时查找漏泄原因；需机车乘务员使用列车自动制动机配合试验时，机车乘务员应积极予以配合；若一时无法消除漏泄原因，应尽快提出处理意见，并及时通知车站转报列车调度员。如经确认机车、车辆风压漏泄均不超过规定值时，由三方共同在机车乘务员手册上签字确认后,组织开车。

3. 若确认后机车乘务员、列检作业人员仍有争议时,车站发车人员除责成机车乘务员、列检作业人员继续检查处理外,应及时报告车站值班员转报列车调度员,采取相应措施,以确保旅客列车正常运行。

二、旅客列车在自动制动机试验过程中施行常用制动起紧急制动的处理办法。

1. 当机车乘务员发现列车施行常用制动起紧急制动时,应迅速通知列检作业人员,并及时通知车站值班员转报列车调度员。列检作业人员及车站发车人员接到通知后,应立即前往本务机车协助处理(操纵端司机室)。

2. 机车乘务员向列车管充风至定压600kpa,并与列检作业人员一起关闭机后第1位车辆机车端折角塞门。此后,机车乘务员、列检及车站发车人员共同上机车,由机车乘务员按规定施行最大有效减压试验, 检查机车制动管风压情况。如机车起紧急制动,机车乘务员应立即处理;若一时无法恢复正常时,应请求更换本务机车。

如机车试验正常,则排除机车故障,列检作业人员应立即打开机后第1位车辆机车端折角塞门,机车乘务员向列车管充风至定压600kpa后实施最大减压试验,若未发生紧急制动,由三方共同在机车乘务员手册上签字确认后,组织开车;若再发生紧急制动,则由客列检人员(无客列检人员,由车辆乘务员)分段查找车辆故障原因,机车乘务员应按照列检人员或车辆乘务员要求,做好配合,直至找出故障车辆。

3. 如因车辆分配阀(三通阀)作用不良,列检作业人员应立即更换故障车辆分配阀 (三通阀); 若因故一时无法更换时,准许将故障车辆作“关门”处理,但列车最后一辆不得为关门车。若一时无法消除故障,列检作业人员应尽快提出处理意见,并及时通知车站转报列车调度员。

三、列车在运行中发生制动主管压力异常下降时的处理。

列车运行中,发现制动主管压力急剧下降、波动,空气压缩机不工作或长时间泵风不止,机车乘务员应迅速停止向制动主管充风,解除机车牵引力,及时采取停车措施(在确保安全的情况应维持至前方站停车处理), 并立即向车站值班员或列车调度员报告。列车在区间时,机车乘务员应会同车辆乘务员检查处理;列车在车站时,由车站派人至机车司机室,组织机车乘务员、列检作业人员(无列检作业人员的,为车辆乘务员)查找处理。

1. 若机车空气压缩机异常,由机车乘务员处理。

2. 若机车空气压缩机正常,机车乘务员先将列车制动管充风至定压,实行最大有效减压量,关闭机后第 1 位车辆机车端折角塞门后,共同上机车和机后第 1 位车辆检查制动管漏泄情况。

3. 如机车漏泄,机车乘务员应立即处理;如车辆漏泄,车辆人员应按有关应急处理办法检查处理(处理前需辨别制动主管还是制动支管漏泄),机车乘务员应积极予以配合;如机车、车辆故障无法及时排除时,由机车乘务员、车辆乘务员(有列检作业的,为列检作业人员)提出确保列车运行安全的处理意见并及时报告车站值班员转报列车调度员。

四、双管供风旅客列车总风管风压异常的处置。

1. 机车乘务员:运行途中,发现列车管压力显示正常、列车总风管压力出现波动、机车总风缸压力低于 750kPa 时,应迅速检查机车空气压缩机工作状态。

(1)当确认机车空气压缩机作用不良,应立即停车处理,并报告列车调度员(或车站值班员),当无法处理时,立即请求救援,更换机车。

(2)确认机车空气压缩机作用良好,且长时间工作不止,司机对机车总风管路检查无异常后,立即通知车辆乘务员对车辆进行检查。

(3)接到车辆乘务员故障已排除的通知后,确认机车总风缸压力能保持在 750kPa~900kPa, 且空气压缩机工作正常时,列车继续运行。

(4)接到车辆乘务员采取锁闭全列三分之一厕所措施的通知后,确认机车总风缸压力能保持在 750kPa~900kPa,且空气压缩机工作正常时, 通知车辆乘务员逐一打开锁闭的厕所,打开过程中,若出现机车总风缸压力下降且不能保持在 750kPa~900kPa 时,通知车辆乘务员重新关闭厕所,维持列车运行。

(5)锁闭全列三分之一厕所后,若机车总风缸压力依然无法保持在 750kPa~900kPa 时,通知车辆乘务员继续处置,报告列车调度员(或车站值班员)请求前方站停车处理。接到列车调度员(或车站值班员》的安排后,及时转告车辆乘务员。

2. 车辆乘务员:接到机车乘务员关于列车总风系统漏风的通知时,立即进行检查,发现故障须立即进行处置并通知机车乘务员。

(1)无法判明故障原因时,通知列车长组织锁闭全列三分之一厕所,厕所锁闭后通知机车乘务员。得到机车乘务员关于机车总风缸压力恢复正常、可以逐一打开锁闭厕所的通知后,及时转告列车长组织逐一打开锁闭的厕所,并与司机共同确认列车总风压力情况,维持列车运行。

(2)锁闭全列三分之一厕所后,接到机车乘务员关于机车总风缸压力依然无法保持在750kPa~900kPa的通知时，车辆乘务员通知列车长增加锁闭厕所数量(最多不超过全列二分之一)，厕所锁闭后通知机车乘务员。

(3)接到机车乘务员关于前方站停车处理的通知后，立即转告列车长提前做好前方站停车锁闭全列厕所准备。

(4)相关作业完毕后，及时通知列车长组织逐一打开锁闭的厕所。

3. 列车乘务员：列车长接到车辆乘务员通知后，要组织列车员做好厕所锁闭(打开)和对旅客宣传解释工作，锁闭(打开)作业完毕后应及时通知车辆乘务员。

4. 车站停车处理：车辆乘务员接到列车长关于全列厕所已经全部锁闭的通知后，下车关闭机次一位客车前端列车管、总风管折角塞门，观察列车管风表和列车总风管风表压力变化情况，当列车总风管每分钟漏泄量不大于20kPa，通知司机车辆总风系统正常，反之，进行故障查找、处理，经检查确认无故障的厕所，应通知列车长及时打开；机车乘务员在车辆乘务员关闭机次一位客车前端列车管、总风管折角塞门后，关闭机车列车管和列车总风管折角塞门，观察空气压缩机工作状态及列车管、总风缸压力值，发现空气压缩机工作状态异常或总风缸压力值达不到定值时，立即组织检查处置或按规定请求救援。对列车进行检查、处理时，车辆乘务员与机车乘务员应加强沟通，及时相互通报情况。

附件 15

各类簿册、表格、通知单

1. 牵引供电设备停、送电登记簿
2. 隔离开关使用登记簿
3. 施工(作业)配合停电通知单
4. 施工(作业)停电配合结束允许送电通知单
5. CTC 控制模式转换登记簿
6. 动车所转线计划表

牵引供电设备停、送电登记簿

年　　月

日期	停电区段	行车限制卡号	封锁区段	作业内容	列调批准停电时间	列调批准停电时间	列调签认	停电			送电			
								命令号	时间	电调签认	命令号	时间	电调签认	列调签认
					自　时　分 至　时　分	自　时　分 至　时　分								
					自　时　分 至　时　分	自　时　分 至　时　分								
					自　时　分 至　时　分	自　时　分 至　时　分								
					自　时　分 至　时　分	自　时　分 至　时　分								

（规格：360mm×230mm）

隔 离 开 关 使 用 登 记 簿

日期	时分	股道	停电（送电）	事由	申请人	批准执行				备注
						时分	批准人	操作人	监护人	

（规格：297mm×210mm）

施工(作业)配合停电通知单

____________（供电单位）

<table>
<tr><th colspan="2">供电单位人员填写</th><th colspan="2">需停电配合单位人员填写</th></tr>
<tr><td>日期</td><td></td><td>日期</td><td></td></tr>
<tr><td>停电命令号</td><td></td><td>接单时分</td><td></td></tr>
<tr><td>命令批准时分</td><td></td><td rowspan="2">单位名称</td><td rowspan="2"></td></tr>
<tr><td>安全措施
完成时分</td><td></td></tr>
<tr><td>交单时分</td><td></td><td rowspan="2">填写人姓名</td><td rowspan="2"></td></tr>
<tr><td>填写人姓名</td><td></td></tr>
<tr><td>施工作业地点</td><td colspan="3"></td></tr>
<tr><td>备注</td><td colspan="3"></td></tr>
</table>

说明：1. 本通知单由供电单位人员确认停电、并采取安全措施后，正式填写（包括施工作业地点）。

2. 填写后一式二份，自存一份，交需停电配合单位一份。

3. 本通知单由供电单位提供。

施工(作业)停电配合结束允许送电通知单

__________(需停电配合单位)

<table>
<tr><td colspan="2">需停电配合单位人员填写</td><td colspan="2">供电单位人员填写</td></tr>
<tr><td>日期</td><td></td><td>日期</td><td></td></tr>
<tr><td>交单时分</td><td></td><td>接单时分</td><td></td></tr>
<tr><td>原停电命令号</td><td></td><td>原停电命令号</td><td></td></tr>
<tr><td rowspan="2">填写人姓名</td><td rowspan="2"></td><td>单位名称</td><td></td></tr>
<tr><td>填写人姓名</td><td></td></tr>
<tr><td>施工作业地点</td><td colspan="3"></td></tr>
<tr><td>备注</td><td colspan="3"></td></tr>
</table>

说明:1. 本通知单由需停电配合单位人员在施工(作业)不再需要停电配合允许送电前,正式填写(包括施工作业地点)。

2. 填写后一式二份,自存一份,交供电部门一份。

3. 本通知单中停电命令号、需停电配合单位填写人姓名、供电单位填写人姓名、施工作业地点与《停电通知单》中停电命令号、需停电配合单位填写人姓名、供电单位填写人姓名、施工作业地点应分别一致。

4. 本通知单由需停电配合单位提供。

CTC 控制模式转换登记簿

顺号	分散自律转为非常站控的原因	转入非常站控				转回分散自律				备注
		月日	时分	列车调度员	车站值班员	月日	时分	列车调度员	车站值班员	

（规格 190mm×265mm）

动 车 所 转 线 计 划 表

__________动车所转线作业计划

编制人:__________　　动车所调度:__________

____年____月____日至____年____月____日

序号	到达						所内作业过程	出发					备注
	车次	车型号	辆数	时间	方向	股道		股道	备开车次	线别	时间	序号	

规格:A4,横向

填记说明:1. “所内作业过程”栏内按“股道(作业内容)→股道(作业内容)”编制,每作业完毕一项,用红笔抹划该项。

2. 计划变更需重新编制计划时,在原计划序号上用红笔划“X”。

3. 变更后的计划,采用原计划序号,并在备注栏内注明“变更计划”。

附表 1

管内长大下坡道区间及列车进行持续一定时间的全部试验的车站

序号	线名	行别	试验车站	长大下坡道区间	长大下坡道的起止里程	坡度(‰)	长度(km)	凉闸地点
1	宁西线	下行	合肥东	外局	外局	外局	外局	外局

注:局管内无长大下坡道区间;合肥东站经宁西线发往新丰镇方向的直通、直达货物列车须进行持续一定时间的全部试验;新增或有变动时,由车辆部负责公布有关修订补充内容。

附表 2

铁路车辆禁止溜放和限速连挂表

顺号	种 类	禁 止 溜 放 (调动这些车辆时禁止溜放和由驼峰上解体)	限 速 连 挂 (溜放或由驼峰上解体调车,车辆连挂速度不得超过 2km/h)
1	爆炸品	有整体爆炸危险的物质和物品;有迸射危险,但无整体爆炸危险的物质和物品;有燃烧危险并有局部爆炸危险或局部迸射危险或这两种危险都有,但无整体爆炸危险的物质和物品。	不呈现重大危险的物质和物品;有整体爆炸危险的非常不敏感物质;无整体爆炸危险的极端不敏感物品。
2	气体	罐车(含空罐车)和钢质气瓶装载的易燃气体、毒性气体。	①非易燃无毒气体 ②钢质气瓶以外其他包装装载的气体类危险货物
3	易燃液体	乙醚,二硫化碳,石油醚,苯,丙酮,甲醇,乙醇,甲苯。	①除禁止溜放栏内规定以外的装入玻璃或陶瓷容器的易燃液体 ②汽油
4	易燃固体、易于自燃的物质、遇水放出易燃气体的物质。	硝化纤维素,黄磷,硝化纤维素胶片。	三硝基苯酚 [含水≥30%],六硝基二苯胺[含水] >75%],三乙基铅,浸没在煤油或密封于石蜡中的金属纳、钾、铯、锂、铷,硼氢化物。
5	氧化性物质和有机过氧化物	过氧化氢, 过氧化钠,过氧化钾,氯酸钠,氯酸钾,氯酸铵,高氯酸钠,高氯酸钾,高氯酸铵,硝酸胍,漂粉精和有机过氧化物。	除禁止溜放栏内规定以外的装入玻璃容器的氧化性物质和有机过氧化物
6	毒性物质和感染性物质	玻璃瓶装的氯化苦、硫酸二甲酯、四乙基铅(包括溶液)、一级(剧毒)有机磷液态农药、一级(剧毒)有机锡类、磷酸三甲苯酯、硫代磷酰氯。	①禁止溜放栏内的货物装入铁桶包装时 ②除禁止溜放栏内规定以外的装入玻璃或陶瓷容器的毒害性物质

续上表

顺号	种 类	禁 止 溜 放 (调动这些车辆时禁止溜放和由驼峰上解体)	限 速 连 挂 (溜放或由驼峰上解体调车，车辆连挂速度不得超过 2km/h)
7	放射性物质	二、三级运输包装或气体的放射性货物。	
8	腐蚀性物质	罐车装载以及玻璃或陶瓷容器盛装的发烟硝酸、硝酸、发烟硫酸、硫酸，三氧化硫、氯磺酸、氯化亚砜、三氯化磷、五氯化磷、氧氯化磷、氢氟酸、氯化硫酰、高氯酸、氢溴酸、溴。	除禁止溜放栏内规定以外的装入玻璃或陶瓷容器的腐蚀性物质
9	活动物	鱼苗以及外贸出口的禽、畜。	车内装有禽、畜(外贸出口除外)、蜜蜂、活鱼。
10	超限、超长货物	二级及其以上超限货物，跨装的超长货物。	
11	特种车辆	非工作机车、铁路救援起重机、大型养路机械、机械冷藏车、大型的凹型车、落下孔车、空客车及特种用途车(发电车、无线电车、轨道检查车、钢轨探伤车、电务试验车、除雪车、通信车、检衡车)。	
12	特种货物	按规定"禁止溜放"的军用危险货物和军用特种货物	
13	其他车辆	搭乘旅客的车辆，国铁集团临时指定的货物车辆。	乘有押运人员的货车
14	贵重、精密货物	由发站和托运人共同确定的贵重的以及高级的精密机械、仪器仪表。	电子管、收音机、电视机以及装有电子管的机械。

续上表

顺号	种类	禁止溜放 (调动这些车辆时禁止溜放和由驼峰上解体)	限速连挂 (溜放或由驼峰上解体调车,车辆连挂速度不得超过 2km/h)
15	易碎货物	易碎的历史文物、易碎的展览品，外贸出口的易碎工艺美术品，易碎的涉外物资(指各国驻华使、领馆公用或个人用品,外交用品,国际礼品,展品,外侨及归国华侨的搬家货物)。	鲜蛋类,生铁制品,陶瓷制品,缸砂制品，玻璃制品以及用玻璃、搪瓷、缸砂容器盛装的液体货物。
备注	1. 整装零担车中装有"禁止溜放"的货物,应插挂"禁止溜放"表示牌; 2. 除顺号 1、2、10、11、12、13"禁止溜放"外,其他"禁止溜放"货物车辆可向空线溜放; 3. 货票、封套、车牌、列车编组顺序表和调车作业通知单(示意图)中注有"GW"标记的车辆,禁止溜放调车。		

注:新增或有变动时,由货运部负责公布有关修订补充内容。

附表 3

管内出站方向区间内有瞭望不良的地形或有长大上坡道禁止跟踪出站调车的站名表

车站	线名	行别	区间
泗阳普速场	宿淮线	上行	泗阳普速场~郑楼
洋河	宿淮线	上行	洋河~归仁
泗洪	宿淮线	上行	泗洪~黑塔
朱庄	宿淮线	上行	朱庄~符离集
夹河寨	符夹线	下行	夹河寨~新河
新河	符夹线	下行	新河~段园
萧县	符夹线	上行	萧县~段园
淮北北普速场	符夹线	上行	淮北北普速场~丁里
岱河	符夹线	上行	岱河~淮北北普速场
符离集	符夹线	上行	符离集~梨园线路所
涡阳	青阜线	上行	涡阳~天齐庙
西潘楼	青阜线	下行	西潘楼~插花
插花	青阜线	下行	插花~阜阳北
插花	青阜线	上行	插花~西潘楼
阜阳北	青阜线	上行	阜阳北~插花
沭阳	新长线	上行	沭阳~庙头镇
沭阳	新长线	下行	沭阳~庄圩
袁北	新长线	下行	袁北~淮安
阜宁	新长线	上行	阜宁~仇桥
伍佑	新长线	上行	伍佑~盐城
伍佑	新长线	下行	伍佑~大丰西
无锡西	新长线	上行	无锡西~朱巷线路所
前洲	新长线	下行	前洲~朱巷线路所
江阴北	新长线	下行	江阴北~江阴
夹浦	新长线	下行	夹浦~长兴南
前洲	新长线	下行	前洲~朱巷所
丁山	新长线	下行	丁山~夹浦

续上表

车站	线名	行别	区间
瓦窑	陇海线	下行	瓦窑~新沂西
墟沟	陇海线	下行	墟沟~连云
连云	陇海线	上行	连云~墟沟
亳州	京九线	上行	亳州~王楼
王寨	京九线	下行	王寨~伍明
伍明	京九线	上行	伍明~王寨
府祝	皖赣线	下行	府祝~甲路
甲路	皖赣线	上行	甲路~府祝
甲路	皖赣线	下行	甲路~胡乐
胡乐	皖赣线	下行	胡乐~金沙
际坑口	皖赣线	上行	际坑口~黄土坑
郎家溪	皖赣线	下行	郎家溪~绩溪县
黄山	皖赣线	上行	黄山~篁墩
金村	皖赣线	下行	金村~休宁
休宁	皖赣线	上行	休宁~金村
黟县	皖赣线	上行	黟县~岩前
黟县	皖赣线	下行	黟县~北坑
祁门	皖赣线	下行	祁门~侯潭
倒湖	皖赣线	上行	倒湖~溶口
倒湖	皖赣线	下行	倒湖~营里
巷口桥	皖赣线	下行	巷口桥~宣城普速场
湾沚	皖赣线	下行	湾沚~巷口桥
火龙岗	皖赣线	下行	火龙岗~八里湾
泗安	宣杭线	上行	泗安~广德
广德	宣杭线	上行	广德~誓节渡
星桥	宣杭线	下行	星桥~乔司
沈家塘	宣杭线	下行	沈家塘~星桥
梅峰	宣杭线	上行	梅峰~妙西
梅峰	宣杭线	下行	梅峰~德清西
妙西	宣杭线	上行	妙西~湖州普速场
湖州西	宣杭线	下行	湖州西~湖州普速场

续上表

车站	线名	行别	区间
繁昌	芜铜线	上行	繁昌~峨桥
顺安	芜铜线	上行	顺安~钟鸣
淮南西	西张线	上行	淮南西~望峰岗
望峰岗	西张线	上行	望峰岗~李郢孜
望峰岗	西张线	下行	望峰岗~淮南西
李郢孜	西张线	上行	李郢孜~蔡家岗
李郢孜	西张线	下行	李郢孜~望峰岗
蔡家岗	西张线	上行	蔡家岗~毕家岗
蔡家岗	西张线	下行	蔡家岗~李郢孜
毕家岗	西张线	下行	毕家岗~蔡家岗
颍上	阜淮线	下行	颍上~谢桥
淮南	淮南线	下行	淮南~大通
大通	淮南线	上行	大通~淮南
大通	淮南线	下行	大通~九龙岗
九龙岗	淮南线	上行	九龙岗~大通
九龙岗	淮南线	下行	九龙岗~水家湖普速场
下塘集	淮南线	下行	下塘集~双墩集
双墩集	淮南线	上行	双墩集~下塘集
双墩集	淮南线	下行	双墩集~大包郢线路所
撮镇	淮南线	上行	撮镇~三十里铺
桥头集	淮南线	上行	桥头集~撮镇
烔炀河	淮南线	上行	烔炀河~桥头集
烔炀河	淮南线	下行	烔炀河~中埠
中埠	淮南线	上行	中埠~烔炀河
中埠	淮南线	下行	中埠~巢湖西
巢湖西	淮南线	上行	巢湖西~中埠
巢湖西	淮南线	下行	巢湖西~巢湖
巢湖	淮南线	下行	巢湖~双刘
东关	淮南线	下行	东关~铜城闸
铜城闸	淮南线	上行	铜城闸~东关
裕溪口	淮南线	下行	裕溪口~芜湖东

续上表

车站	线名	行别	区间
合肥	合武绕行线	下行	合肥~桃花店
竹溪	合九线	下行	竹溪~肥西普速场
肥西普速场	合九线	下行	肥西普速场~大官塘
庐江	合九线	下行	庐江~柯坦
柯坦	合九线	下行	柯坦~黄荆苯
桐城	合九线	下行	桐城~范岗
杨树店	合九线	下行	杨树店~安庆西
瓜形	合九线	下行	瓜形~天柱山
凉亭河	合九线	下行	凉亭河~宿松
黄梅	合九线	下行	黄梅~濯港
濯港	合九线	下行	濯港~孔垄
宿松	合九线	上行	宿松~凉亭河
天柱山	合九线	上行	天柱山~瓜形
黄荆苯	合九线	上行	黄荆苯~柯坦
丰乐	合九线	上行	丰乐~大官塘
蚌埠	水蚌线	下行	蚌埠~姜桥
刘府	水蚌线	下行	刘府~西泉街
西泉街	水蚌线	下行	西泉街~武店
武店	水蚌线	下行	武店~年家岗
水家湖普速场	水蚌线	上行	水家湖普速场~张家岗所
蚌埠东	京沪货线	上行	蚌埠东~曹山
蚌埠	京沪线	上行	蚌埠~曹老集
宿州南	京沪线	上行	宿州南~宿州
宿州	京沪线	下行	宿州~宿州南
固镇	京沪线	下行	固镇~连城
曹山	京沪货线	下行	曹山~蚌埠东
林场	京沪线	上行	林场~高里
南京	京沪线	上行	南京~林场
南京	京沪线	下行	南京站~兴卫村
南京	京沪三线	单	南京站~兴卫村
南京站	南京客线	上行	南京~南京西

续上表

车站	线名	行别	区间
南京西	南京客线	下行	南京西~南京
龙潭	京沪线	下行	龙潭~下蜀
龙潭	京沪线	上行	龙潭~南京东
六摆渡	京沪线	下行	六摆渡~镇江普速场
高资	京沪线	上行	高姿~下蜀
镇江普速场	京沪线	下行	镇江普速场~镇江东
镇江普速场	京沪线	上行	镇江普速场~六摆渡
镇江东	京沪线	下行	镇江东~丹阳普速场
丹阳普速场	京沪线	下行	丹阳普速场~丹阳东
新闸镇	京沪线	下行	新闸镇~常州
昆山	京沪线	上行	昆山~唯亭
唯亭	京沪线	上行	唯亭~外跨塘
苏州普速场	京沪线	上行	苏州普速场~苏州西
无锡普速场	京沪线	上行	无锡普速场~无锡北
无锡普速场	京沪线	下行	无锡南~无锡普速场
安亭	京沪线	上行	安亭~陆家浜
沧波门	宁芜线	下行	沧波门~光华门
光华门	宁芜线	上行	光华门~沧波门
光华门	宁芜线	下行	光华门~中华门
中华门	宁芜线	下行	中华门~西善桥
中华门	宁芜线	上行	中华门~光华门
建宁	宁芜线	上行	建宁~西善桥
古雄	宁芜线	下行	古雄~江宁镇
江宁镇	宁芜线	上行	江宁镇~古雄
江宁镇	宁芜线	下行	江宁镇~铜井
铜井	宁芜线	上行	铜井~江宁镇
铜井	宁芜线	下行	铜井~安江
慈湖	宁芜线	上行	慈湖~安江
采石	宁芜线	上行	采石~马鞍山
海安	海洋线	下行	海安~西场
衢州东	沪昆线	下行	衢州普速场~衢州东
新塘边	沪昆线	上行	新塘边~贺村

续上表

车站	线名	行别	区间
东孝	沪昆线	上行	东孝~塘雅
塘雅	沪昆线	上行	塘雅~义乌西
湄池	沪昆线	上行	湄池~萧山
石湖荡	沪昆线	下行	石湖荡~枫泾
马王塘	沪昆线	下行	马王塘~海宁
海宁	沪昆线	下行	海宁~斜桥
临平	沪昆线	下行	临平~乔司
封浜	沪昆线	下行	封浜~七宝
临平	沪昆线	上行	临平~长安镇
长安镇	沪昆线	上行	长安镇~斜桥
海宁	沪昆线	上行	海宁~马王塘
翔南	沪昆线	上行	翔南~上海西
上海西	沪昆线	下行	上海西~翔南
李家塘	沪昆线	下行	李家塘–春申
春申	沪昆线	上行	春申~李家塘
莘庄	沪春线	上行	莘庄~上海南
笕桥	笕杭线	下行	笕桥~艮山门线路所
杭州	沪昆绕行线	下行	杭州~南星桥
南星桥	沪昆绕行线	上行	南星桥~杭州
萧山西	沪昆绕行线	下行	萧山西~萧山
萧山	沪昆绕行线	上行	萧山~萧山西
莘庄	李莘联络线	单	莘庄~李家塘
李家塘	李莘联络线	单	李家塘~莘庄
海湾	浦东线	上行	漕泾~海湾
漕泾	浦东线	上行	金山园区~漕泾
四团	浦东线	下行	四团~芦潮港
何家湾	南何线	下行	何家湾~殷行
新桥	金山线	下行	新桥~车墩
车墩	新闵线	上行	车墩~闵行
金山卫	金山线	上行	金山卫~金山园区
金山卫西	金山线	上行	金山卫西~金山卫
无锡北	朱锡北联络线	下行	无锡北~朱巷线路所

续上表

车站	线名	行别	区间
宁波	杭深线	上行	宁波~庄桥
庄桥	杭深线	下行	庄桥~宁波
宁波北	萧甬线	上行	宁波北~慈城
蜀山	萧甬线	上行	蜀山~余姚
杭州南普速场	萧甬线	下行	杭州南普速场~夏家桥
钱清	萧甬线	下行	钱清~绍兴
绍兴	萧甬线	下行	绍兴~皋埠
皋埠	萧甬线	下行	皋埠~上虞
上虞	萧甬线	下行	上虞~余姚西
余姚西	萧甬线	下行	余姚西~余姚
慈城	萧甬线	下行	慈城~宁波北
萧山西	萧萧联络线	上行	萧山西~杭州南普速场
杭州南普速场	萧萧联络线	下行	杭州南普速场~萧山西
宝幢站	北仑线	下行	宝幢~大碶
功塘	金千线	下行	竹马馆~功塘
兰溪	金千线	下行	功塘~兰溪
兰溪	金千线	上行	兰溪~溪西
新安江南	金千线	上行	新安江~新安江南
新安江	金千线	下行	新安江南~新安江
新安江	金千线	上行	朱家埠~新安江

注:1. 本表所列内容的截至日期为 2023 年 10 月 1 日;

2. 新增或有变动时,由运输部负责公布有关修订补充内容。

附表 4

仅限使用停止车辆制动作用的棚车装运危险货物品名表

顺号	铁危编号	品　　名
1	11001	电引爆雷管【爆破用】(工程电雷管、爆破用电雷管)
2	11002	非电引爆雷管【爆破用】(爆破用非电雷管、工程非电雷管)
3	11007	导爆索【外包金属的】(信管)
4	11008	导爆索【软的】(导爆索【柔性的】)
5	11020	重氮甲烷
6	11035	三硝基甲苯【干的，或湿的，含水<30%】(梯恩梯,TNT,2,4,6-三硝基甲苯)
7	11040	三硝基苯基甲硝胺(特屈儿炸药,特屈儿,2,4,6-三硝基苯甲硝胺)
8	11041A	环三亚甲基三硝胺【湿的,含水≥15%】(黑索金,旋风炸药,RDX,环三次甲基三硝胺)
9	11041B	环三亚甲基三硝胺【减敏的】(黑索金,旋风炸药,RDX,环三次甲基三硝胺【钝感的】)
10	11049A	季戊四醇四硝酸酯【湿的,含水≥25%】季戊四醇四硝酸酯【减敏的,含减敏剂≥15%】(季戊炸药,泰安,喷梯尔)
11	11096	黑火药【颗粒状或粉状】(火药)、黑药
12	11138	硝化甘油混合炸药(爆胶,胶质炸药)
13	11143	硝化纤维素【含氮量>12.6%】(硝化棉)

注:新增或有变动时,由货运部负责公布有关修订补充内容。

附表 5

易燃普通货物品名表(《危规》附件 1)

顺号	品　　　名
1	《铁路危险货物品名表》规定之外的籽棉,皮棉,黄棉花,废棉,飞花,破籽花。
2	《铁路危险货物品名表》规定之外的各种麻类和麻屑。
3	麻袋(包括废、破麻袋),各种破布,碎布,线屑,乱线,化学纤维。
4	牧草,谷草,油草,蒲草,羊草,芦苇,荻苇,玉米棒(去掉玉米的),玉蜀黍秸,豆秸,秫秸,麦秸,蒲叶,烟秸,甘蔗渣,蒲棒,蒲棒绒,芒杆,亚麻草,烤烟叶,晒烟叶,棕叶以及其他草秸类。
5	葵扇(芭蕉扇),蒲扇,草扇,棕扇,草帽辫,草席,草帘,草包,草袋,蒲包,草绳,芦席,芦苇帘子,笤帚以及其他芦苇、草秸的制品。
6	干树皮,干树枝,干树条,树枝(经脱叶加工),带叶的竹枝,薪柴(劈柴除外),松明子,腐朽木材(喷涂化学防火涂料的除外)。
7	刨花,木屑,锯末。
8	纸屑,废纸,纸浆,柏油纸,油毡纸。
9	炭黑,煤粉。
10	粮谷壳,花生壳,笋壳。
11	羊毛,驼毛,马毛,羽毛,猪鬃以及其他禽兽毛绒。
12	麻黄,甘草。

注:1. 用敞、平、砂石车装运易燃普通货物时,应用篷布苫盖严密,在调车或编入列车时,应进行隔离。但对干树皮,干树枝,干树条和带叶的竹枝,由于干湿程度、带叶多少不同应否苫盖篷布由发站根据气温和运输距离在确保运输安全的原则下负责确定。

2. 腐朽木材喷防火涂料或采取其他防火措施后,可不苫盖篷布。

3. 本表未列的品名,是否也属于易燃普通货物,由发站报集团公司确定。

4. 以易燃材料作包装、捆扎、填塞物,以竹席、芦席、棉被等苫盖的非易燃货物,以及用木箱、木桶、铁桶包装的易燃普通货物,均按普通货物运输。以敞车装运时,是否应苫盖篷布,由托运人根据货物的运输安全情况负责确定,并在货物运单托运人记事栏内注明。

5. 新增或有变动时,由货运部负责公布有关修订补充内容。

附表 6

调度集中区段车站 CTC 基本操作方式

线名	序号	车站	基本操作方式	站场设置
沪昆	1	萧山	车站	
沪昆	2	诸暨东	车站调车	
沪昆	3	诸暨普速场	车站调车	
沪昆	4	牌头	中心	
沪昆	5	郑家坞	车站调车	
沪昆	6	义乌普速场	车站调车	
沪昆	7	义乌西	车站调车	
沪昆	8	塘雅	车站调车	
沪昆	9	东孝	车站	
沪昆	10	金华普速场	车站	
沪昆	11	白龙桥	车站调车	
沪昆	12	蒋堂	车站调车	
沪昆	13	汤溪	中心	
沪昆	14	龙游东	车站调车	
沪昆	15	龙游普速场	车站调车	
沪昆	16	衢州东	车站调车	
沪昆	17	衢州普速场	车站调车	
沪昆	18	后溪街	车站调车	
沪昆	19	江山普速场	车站调车	
沪昆	20	上铺	车站调车	
沪昆	21	贺村	车站调车	
沪昆	22	新塘边	车站	
陇海	23	徐州西	车站	
陇海	24	铜山	车站调车	

续上表

线名	序号	车站	基本操作方式	站场设置
陇海	25	夹河寨	车站	
陇海	26	沙塘	车站	
陇海	27	杨楼	中心	
陇海	28	黄口	车站调车	
陇海	29	李庄	中心	
陇海	30	砀山	车站调车	
陇海	31	杨集	车站调车	
陇海	32	夏邑县	车站调车	
陇海	33	虞城县	车站	
京九	34	王楼	车站	
京九	35	亳州	车站调车	
京九	36	油河集	中心	
京九	37	古城集	中心	
京九	38	三堂集	车站调车	
京九	39	王寨	中心	
京九	40	伍明	车站	
京九	41	颍南	车站	
京九	42	三塔镇	中心	
京九	43	阜南	车站	
杭深	44	庄桥	车站	
杭深	45	宁波	车站	
沪蓉	46	长安集	车站	
阜六	48	六十里铺	中心	
阜六	49	南照	中心	
阜六	50	临水	中心	
阜六	51	冯井	中心	
阜六	52	吴集	车站调车	

续上表

线名	序号	车站	基本操作方式	站场设置
阜六	53	白莲	中心	
阜六	54	河口集	中心	
阜六	55	霍邱	车站调车	
阜六	56	曹庙	中心	
阜六	57	清凉寺	中心	
金温	58	金华南	车站	
金温	59	丽水	车站	
金温	60	青田	车站	
宁启	62	海安三场	车站	
宁启	63	南通	车站	
沪昆	64	湄池	车站调车	
宁启	65	南通东	车站调车	
宁启	66	启东	车站调车	
宁启	67	吕四	车站调车	
宁启	68	丰顺村	中心	
沪苏通	69	安亭西	车站	
宣杭	70	大云	车站	
宣杭	71	泗安	中心	
宣杭	72	广德	车站调车	
宣杭	73	誓节渡	中心	
宣杭	74	十字铺	车站调车	
宣杭	75	建国	中心	
宣杭	76	宣城普速场	车站	
皖赣	77	巷口桥	车站调车	
皖赣	78	湾沚	车站调车	
皖赣	79	八里湾	车站	
皖赣	80	火龙岗	车站调车	

续上表

线名	序号	车站	基本操作方式	站场设置
宁芜	81	芜湖普速场	车站	
宁启	82	海门	车站调车	
宁西	83	叶集	车站	
宁西	84	姚李庙	中心	
宁西	85	分路口	车站调车	
宁西	86	六安线路所	中心	
宁西	87	六安普速场	车站	
宁西	88	梓树庄	中心	
温岭动车 A	89	温岭存车场	车站	
沪昆	90	鹤田线路所	中心	

注:1. 本表所列内容的截至日期为 2023 年 10 月 1 日;

2. 注明新增或有变动时,由运输部负责公布有关修订补充内容。

附表 7

车务备品表

一、车站行车室备品数量表

顺序	品名	单位	数量	附注
1	行车规章	套	1	《技规》、《行规》、《事规》及《站细》。
2	行车凭证填写样式	张	1	成册
3	铁路车辆编组隔离表	张	1	
4	禁止溜放的车辆表	张	1	限办理溜放调车的车站
5	车辆重量长度表	张	1	限有调车作业的车站
6	列车运行时刻表摘录	张	1	
7	救援列车专用车辆编组顺序图	张	1	成册
8	行车日志	册	1	
9	车站(助理)值班员交接班簿	册	1	
10	行车设备检查登记簿	册	1	
11	行车设备施工登记簿	册	1	
12	调度命令登记簿	册	1	
13	调度命令纸	册	4	
14	电话记录登记簿	册	1	
15	三、四小时阶段计划记录簿	册	1	
16	隔离开关使用登记簿	册	1	设有手动隔离开关的车站配备
17	路票	张	≥50	各区间路票专用箱不少于50
18	红色许可证	册	1	
19	绿色许可证	册	1	限自动闭塞区段的车站配备
20	书面通知	册	1	限自动闭塞区段的车站配备
21	出站、跟踪调车通知书	册	1	

续上表

顺序	品　　名	单位	数量	附　注
22	半自动闭塞发车进路通知书	册	1	半自动闭塞区段且设有发车进路信号机的车站配备
23	非正常接发列车程序控制表	册	1	
24	调车作业示意图	本	1	限使用调车作业示意图的车站配备
25	手信号旗	套	1	1. 按车站(助理)值班员人数每人配备红、绿旗各一面； 2. 行车室应配备红/绿、红/黄旗各一副备用。
26	手信号灯	盏	1	1. 按车站(助理)值班员人数每人配备红绿色手信号灯各一盏； 2. 行车室应配备红/绿/白、红/黄/白手信号灯各一盏备用。
27	时钟	个	1	
28	口笛	个	1	助理值班员每人配备一个，备用一个。
29	止轮器	个	4	不少于4个，数量自定，应编号，并与《站细》规定相符。
30	各种表示牌	套	1	按《行规》规定要求配备
31	黑板	块	1	
32	火柴(打火机)	盒(个)	1	
33	矿烛	支	6	
34	列尾装置钥匙	把	1	限使用列尾装置的区段
35	道岔电锁器钥匙	把		按《站细》规定配备
36	电动道岔钥匙、手摇把	把		按《站细》规定配备
37	制动软管胶圈	个	6	
38	手电筒、电池、电珠	套	1	数量车站自定
39	简易紧急制动阀	个	1	数量根据作业需要自定

续上表

顺序	品　　名	单位	数量	附　注
40	CTC控制模式转换登记簿	本	1	CTC区段车站配备
41	制动效能证明书	张	50	
42	应急发电机组钥匙	套	1	配备应急发电机组的车站

二、扳道房行车备品数量表

顺序	品名	单位	常备数量				附注
			接发列车有关的扳道房		接发列车无关的扳道房		
			进站端扳道房	一般扳道房	主要扳道房	一般扳道房	
1	列车运行时刻表摘录	张	1	1			
2	备品工具表	张	1	1	1	1	
3	扳道员交接簿	册	1	1	1	1	
4	出站、跟踪调车通知书	册	1				放在指定的扳道房内
5	时钟	个	1		1		站段自定
6	手信号旗	副	1	1	1	1	红、黄旗各一面
7	手信号灯	盏	1	1	1	1	红黄白三色
8	防溜器具	个	4	4	4	车站自定	
9	火柴(打火机)	盒(个)	1	1	1	1	
10	活络扳头	把	1	1	1	1	
11	钢丝钳	把	1				
12	铁锤	把	1	1	1	1	2磅

续上表

顺序	品名	单位	常备数量				附注
			接发列车有关的扳道房		接发列车无关的扳道房		
			进站端扳道房	一般扳道房	主要扳道房	一般扳道房	
13	道岔勾锁器和挂锁	副					按扳道房分管集中联锁道岔所需勾锁器的数量配备，如需使用限位器器挂锁，应再按限位器数量增加挂锁数量。
14	道岔清扫工具						站段自定
15	安全木	个	1	1	1	1	清扫电动道岔或联动道岔时使用
16	小黑板	块	1	1	1	1	
17	手电筒、电池、电珠	套					站段自定
18	道岔锁卡及挂锁	副	非集中联锁车站每组道岔一副		车站自定		
19	口笛	个					每人一个
20	挂于进站信号机柱上的红灯	个	1				

说明：1. 电气化区段，车站行车备品应根据电气化作业的要求在《站细》内规定；
2. 线路所行车室行车备品数量，与车站行车室的相同；
3. 集中联锁车站清扫房的行车备品项目和数量，由车务段、直属站自定；
4. 放置在扳道房行车备品为防止被盗，可根据《站细》规定放在行车室或规定处所并制定使用管理办法；
5. 各车务段、直属站认为必要时，可适当增加备品数量；
6. 车站设助理值班员室时，备品数量，由车务段、直属站根据需要自行规定；
7. 各单位需要的行车备品应向集团公司物资供应单位提出书面计划，由物资供应单位供应；
8. 开通 CIPS/SAM 系统的车站，车站行车室行车备品存放地点由站段明确。

修改文件登记表

年	月	日	文件号	内 容 摘 要

修改文件登记表

年	月	日	文件号	内　容　摘　要

修改文件登记表

年	月	日	文件号	内　容　摘　要